国家社会科学基金项目（20BJY259）

中国省域金融风险测度、预警与防控路径研究
——基于全国省域面板数据的分析

Research on Monitoring, Early Warning and
Prevention Paths of Financial Risks in China's Provincial Regions:
An Analysis Based on National Provincial Panel Data

张安军◎著

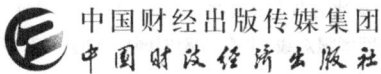

中国财经出版传媒集团
中国财政经济出版社

·北京·

图书在版编目（CIP）数据

中国省域金融风险测度、预警与防控路径研究：基于全国省域面板数据的分析／张安军著．－－北京：中国财政经济出版社，2024.6．－－ ISBN 978－7－5223－3257－4

Ⅰ．F832.1

中国国家版本馆 CIP 数据核字第 20246Z87P9 号

责任编辑：高文欣　　　　　责任印制：史大鹏
责任校对：张　凡

中国省域金融风险测度、预警与防控路径研究
——基于全国省域面板数据的分析
ZHONGGUO SHENGYU JINRONG FENGXIAN CEDUO、
YUJING YU FANGKONG LUJING YANJIU
——JIYU QUANGUO SHENGYU MIANBAN SHUJU DE FENXI

中国财政经济出版社 出版

URL：http：//www.cfeph.cn
E － mail：cfeph@ cfeph.cn

（版权所有　翻印必究）

社址：北京市海淀区阜成路甲 28 号　邮政编码：100142
营销中心电话：010 － 88191522
天猫网店：中国财政经济出版社旗舰店
网址：https：//zgczjjcbs.tmall.com
中煤（北京）印务有限公司印刷　各地新华书店经销
成品尺寸：170mm×240mm　16 开　23.5 印张　333 000 字
2024 年 6 月第 1 版　2024 年 6 月北京第 1 次印刷
定价：98.00 元
ISBN 978 － 7 － 5223 － 3257 － 4
（图书出现印装问题，本社负责调换，电话：010 － 88190548）
本社图书质量投诉电话：010 － 88190744
打击盗版举报热线：010 － 88191661　QQ：2242791300

前　言

"十四五"和未来一段时期是我国经济发展战略机遇期，也是各种经济金融风险矛盾凸显时期：一方面，我国提出"一带一路"倡议并积极实施"人民币国际化"战略以深入推进对外开放，对内深入推进供给侧结构性改革、创新驱动发展战略、双循环战略和全国统一大市场发展战略等，国家有能力保持国民经济平稳向好发展态势；另一方面，经历三年疫情和美国等不断极限施压，我国实体经济下行压力大，同时金融与实体经济失衡仍然严重，部分重要城市房价依然保持在高位，多数省域政府债务偿还压力较大，互联网金融风险监管难度增大，上市公司财务造假风险和资本市场层出不穷的新型投机炒作方式带来了较大金融监管压力，金融市场深入扩大开放下跨境资金流动和国际资本市场波动对我国形成的风险联动冲击效应增强等，对我国防范系统性与区域性金融风险形成了严峻挑战。从我国地域视角，国家金融系统是由31个省域（不包括港澳台等）所组成，省域金融系统运行态势会对国家整体金融安全造成影响，尤其是改革开放40多年来，我国区域经济发展呈现出极大不平衡性，广东、江苏、山东、浙江、北京、上海等沿海经济大省经济与金融运行态势对国家整体金融安全影响程度尤为显著突出。因此，着眼于战略发展眼光来研究金融市场深入扩大对外开放趋势背景下我国省域金融风险测度、预警与监管防控问题，对于查找国家金融风险的区域来源，对于维护区域和国家金融稳定，促进国民经济平稳健康发展具有重要现实意义。

我国作为世界上最大的发展中国家，呈现出大国经济、欠发达经济和转型经济等特征，因此研究中国省域或区域金融风险问题，在国际上本身具有重要学术价值。而当前随着我国金融市场继续深入扩大对外开放，包括全面实施注册制改革、全面取消在华外资银行、证券公司、基金公司等金融机构业务范围限制，减少外国投资者投资设立银行业、保险业机构和开展相关业务的数量型准入条件，取消外国银行来华设立外资法人银行、分行的总资产要求，取消外国保险经纪公司在华经营保险经纪业务的经营年限、总资产要求等。同时扩大投资入股外资银行和外资保险机构的股东范围，取消中外合资银行中方唯一或主要股东必须是金融机构的要求，允许外国保险集团公司投资设立保险类机构；取消证券公司、证券投资基金管理公司、期货公司、寿险公司外资持股比例不超过51%的限制等，将会对我国外汇市场和国内省域金融市场带来更大的开放发展机遇，也会形成较大的风险冲击挑战，立足金融市场扩大开放环境背景下，如何识别我国省域内外源金融风险冲击传导效应，并对省域金融系统风险进行科学定量测度、预警和监管防控研究，则使本书的学术价值和应用价值更加凸显。

  本书立足于我国进入"十四五"时期和新的百年奋斗征程以来金融市场继续深入扩大对外开放的时代背景下，基于国家金融安全的视角并在总体国家安全观理论的指导下，对我国省域金融风险的主要问题进行了探讨。

  第一，对我国省域金融安全的内涵和我国省域经济与金融业发展的主要特征进行了分析，并得出省域金融风险是金融活动的常态，而省域金融安全与独立的经济金融主权相联系，在我国省域金融安全与国家金融安全是紧密联系在一起的，当省域自身金融风险防范能力薄弱，或受到国外各种直接或间接的外部冲击威胁而面临金融风险，并能够影响威胁到国家总体金融安全时，就存在省域金融安全问题。金融安全是指在全球金融一体化背景下，通过加强自身机制体系建设，使本国区域具备抵御各种直接或间接外部冲击威胁的能力，并能够保持金融系统持续健康平稳发展的一种态势。同时本书从经济总量与人均规模指标、三大需求对省域经济增长的贡献、经济内部结构和经济增长方式、省域市场主体结构特征等方面对我国省域经济发展的主要特征进行了总结分析；并基于SWOT分析框架，对我国省域金融业抵御防范风险的优势、劣势、面临的发展机遇和存在的威胁挑战因素分别进行了深入定性与定量相结合归纳总结分析。

第二，以全国 31 个省域为调查研究对象，对我国省域金融的经济风险、省域金融市场风险、省域正规银行类金融机构风险、省域影子银行与民间金融风险、省域互联网金融风险、省域政府债务风险等主要风险分别进行了定性与定量相结合分析；同时，基于内外因相结合视角，从我国省域在金融市场开放过程中面临的外源性金融风险和省域自身面临的内源性金融风险两大维度，对经济新常态以来我国省域金融风险的主要影响因素进行了归纳总结分析，并为省域金融风险测度与预警分析提供了前期铺垫。

第三，在国内外关于省域或区域金融风险监测评估研究成果基础上，并结合我国经济进入新时期以来省域金融系统面临的传统金融风险新变化和新兴金融风险影响因素的调查分析结果，本书从省域金融安全条件（即我国省域面临的各种外源性直接或间接冲击威胁风险）与省域金融安全能力（即通过加强自身机制体制建设以抵御内外源冲击威胁金融风险的能力）两大逻辑维度出发，从省域对外经济贸易风险、外资性银行类机构进入威胁风险、国际热钱流动冲击风险、地方政府外债偿还风险、省域宏观经济运行风险、正规银行类机构和影子银行等运行风险、股市与房市资产价格泡沫风险、地方政府内债偿还风险 8 大重点领域精选了重要测度指标并构建了我国省域金融风险测度指标体系。在此基础上，通过 AHP 法与熵值法相结合测算了各测度指标的相应权重，集中了国内外专家学者的智慧成果与课题组对我国近 20 年来金融经济发展实情判断，科学合理设定了各测度指标的临界警限区间，并对我国 31 个省域 2010~2021 年的金融风险程度与各重要子领域的金融风险程度进行了一次全面动态定量测度评估与时间序列分析，对我国省域金融风险程度变化原因进行了重点深入解读分析。与此同时，本书通过全局莫兰指数和局部莫兰指数对我国 31 个省域 2010~2021 年的空间自相关程度与空间风险集聚类型程度进行了定量测算分析，并进一步通过空间基尼系数分解法对 2010~2021 年我国 31 个省域金融风险区域差异度进行了成分分析。最后通过 H-P 滤波法与多种计量模型对我国省域金融风险指数的演进过程进行了动态计量拟合分析。

第四，在前面分析基础上，首先，根据国内外关于省域或区域金融风险预警相关研究成果，在界定省域金融危机的表现形式并结合我国省域经济与金融风险内在传导机制的基础上，从省域实体经济运行风险、省域金融市场运行风险和省域财政领域运行风险3大领域分别选取了25项重点先行预警指标并构建了我国省域金融风险先行预警指标系统。其次，从省域存贷款比例变化、实际利率变化和新增信贷投放额变化3大方面构建了省域金融风险压力指数，并以31个省域2004年1月至2021年12月的月度样本频率数据为对象，通过TAR门限自回归模型对省域金融风险压力指数门限个数与门限值进行了测算与检验，根据门限阈值对省域金融风险压力指数风险等级进行了标准划定分析。再次，本书通过面板单位根检验和面板格兰杰因果关系检验模型对我国31个省域金融风险压力指数与省域金融风险预警指标的先行显著性效果作了进一步检验筛选识别。最后，本书构建了我国省域面板Ologit排序概率预警模型，并根据方程拟合程度、方程整体显著性水平、预警指标的稳定显著性水平及模型的简洁有效性等主要参数对预警模型的类别与核心预警指标进行了检验识别与反复调试，并最终发现省域出口增长率、进口增长率滞后一期、固定资产投资增长率滞后一期、消费增长率滞后一期、通货膨胀率、房地产投资增长率、房地产开发贷款占省域新增信贷比重、财政收入增长率、财政赤字和金融风险压力指数滞后一期对当期省域金融风险具有良好的短期预警效果，进一步发现面板排序概率预警模型要优于混合排序概率预警模型，动态面板排序概率预警模型要优于静态面板排序概率预警模型，而且动态面板Ologit排序概率预警模型要略优于动态面板Oprobit排序概率预警模型；通过对样本内数据进行预警发现，严格区制预警的准确率为36.5%，而大类区制的预警准确率达到了53.9%，明显优于国内外经典模型的预警效果。在此基础上，本书以31个省域2004年1月至2020年12月作为样本内观测值，并对2021年1月至2021年12月（即未来12个月）作为样本外数据对模型预警的准确度进行了检验分析，实证研究结果表明，基于动态面板Ologit排序概率预警模型的金融风险大类区制预测准确率达到 52.8%，其中轻警警度及更轻以下的预警准确率高达 75.6%，而中警警度及更严重以上预警准确率也高达 57%，均明显优于以往金融风险预警模型的预警效果。

第五，基于中央新成立的"一委一行一局一会"和省域地方对应的"一行两局"金融监管体制构架下，对中央与地方主要金融监管机构的职责分工权限分别进行了详细介绍分析；同时，对国际上主要金融监管模式和 2008 年国际金融危机以来美国、英国、澳大利亚、法国、比利时和欧盟等主要国家和地区的金融监管改革实践经验进行了分析总结基础上，本书提出了未来一段时期我国从中央到省域金融风险防控宜采用"改进的伞形监管模式"，分别介绍了中央与省域层面的"改进的伞形监管模式"运行机制，并对我国省域金融风险监管防控改革的着力点进行了重点分析。在此基础上，本书对我国省域金融风险监管的理论进行分析，提出了我国省域金融风险监管防控的一般机制路径；并且根据前面对我国 31 个省域金融风险进行测度与预警实证分析结果，提出了未来一段时期我国省域金融风险监管防控的具体对策建议。

目　录

第一章　导论 ……………………………………………………… 1

　　第一节　研究背景与意义 ……………………………………… 1
　　第二节　国内外研究现状 ……………………………………… 3
　　第三节　研究目标与研究内容 ………………………………… 8
　　第四节　研究思路与研究方法 ………………………………… 12
　　第五节　创新之处 ……………………………………………… 14

第二章　中国省域金融安全内涵与金融业风险特征分析 ………… 16

　　第一节　经济"新常态"下我国省域金融安全内涵分析 …… 16
　　第二节　经济"新常态"下我国省域金融业风险特征分析 … 22

第三章　中国省域金融风险现状与影响因素分析 ………………… 59

　　第一节　中国省域金融风险主要现状特征分析 ……………… 60
　　第二节　中国省域金融风险的影响因素分析 ………………… 107

第四章　中国省域金融风险同步测度动态分析 …………………… 123

　　第一节　中国省域金融风险同步测度指标系统构建 ………… 125
　　第二节　中国省域金融风险同步测度评估模型 ……………… 146
　　第三节　中国省域金融风险程度动态测度评估与检验 ……… 167

第五章 中国省域金融风险趋势预警机制分析 ················ **228**

第一节 中国省域金融风险趋势预警指标体系构建 ·········· 229

第二节 中国省域金融风险动态趋势预警模型构建 ·········· 249

第三节 中国省域金融风险趋势预警实证分析
（未来12个月）···································· 294

第六章 新时期中国省域金融风险防控路径分析 ··············· **298**

第一节 中国省域与国家总体金融风险监管协调机制分析······ 299

第二节 中国省域金融风险防控路径分析 ················ 338

参考文献 ································· **356**

第一章 导 论

第一节 研究背景与意义

从国际上，世界经济与金融发展形势仍错综复杂，俄乌冲突的持续对世界能源与粮食出口的影响、美国持续的加息影响、以美国为首的西方国家对中国经济的不断封锁打压制裁等，给包括我国经济在内的世界主要经济体未来经济发展带来了较大不稳定性风险，而新兴市场国家经济与金融体系亦面临较大脆弱性与外部不确定性冲击风险。1998年亚洲金融危机对于东南亚快速成长的新兴经济体留下了深刻历史教训，2008年国际金融危机爆发直接导致中国外向型贸易企业与金融体系受到严峻冲击考验，而2014年12月俄罗斯卢布在短期内大幅度贬值引发的当地货币危机及社会恐慌，对新时期我国防范全国性与区域性金融风险给予了鲜活的警示。2018年3月以来，美国特朗普政府对中国不断挑起的贸易摩擦对我国对外经济金融风险形成了重要考验，而自2022年美国民主党拜登总统上台后将中国视为战略竞争对手，并在高新技术制裁、对华贸易制裁以及在中俄关系、中东关系等各方面的干涉指责等，对中美乃至全球贸易走势都带来了较大不确定性风险。当前我国正在以建设上海国际金融中心为契机并加快构建新型大国金融体系，防范全国与区域系统性金融风险以促进经济金融体系健康平稳发展尤为重要。

从全国来看，自2011年以来，经济发展过程中面临一系列重要突出问题。自2018年中美贸易摩擦升级以来我国面临更加严峻的内外经济金融形势考验。例如，沿海和内地用工成本上升明显，人口红利逐渐消退，低附加值产品出口竞争力下降；新能源产业面临欧美等较大竞争打压，产业结构转型升级比较艰难；杭州、温州、海南等经济发展对房地产投资依赖严重，房价高企难下而房企债务风险较高，如何减轻社会买房负担同时保持房地产业平稳健康发展仍面临较大挑战；民营资本进入传统银行领域，互联网金融与影子银行快速发展，以及利率市场化改革深入推进对传统银行业务带来了较大风险冲击；疫情造成大量中小企业经营非常困难，大批企业裁员大量人员失业，资本市场持续低迷，老百姓收入面临下降，国内消费需求面临疲软等，使我国省域金融系统在当前及未来一段时间既面临难得的发展机遇，更面临严峻的经济金融风险考验。

2022年10月16日，习近平总书记在主持中共十九届中央政治局第三十次集体学习时强调，"我们着力防范和化解金融风险，克服经济脱实向虚的倾向，重点解决不良资产风险、泡沫风险等"。《国家"十三五"规划纲要》明确指出要"防止发生系统性、区域性金融风险"。《国家"十四五"规划纲要》指出要"健全金融风险预防、预警、处置、问责制度体系，守住不发生系统性风险的底线""加强系统重要性金融机构和金融控股公司监管，强化不良资产认定和处置，防范化解影子银行风险，有序处置高风险金融机构，严厉打击非法金融活动，健全互联网金融监管长效机制。完善债务风险识别、评估预警和有效防控机制"。党的十九大报告曾提出，防范重大风险是到2020年决胜全面建成小康社会的三大攻坚战首要任务，而防范重大风险的重点是防范金融风险，也是金融工作的生命线。党的二十大报告明确指出，"我们要健全国家安全体系，完善高效权威的国家安全领导体制，完善国家安全法治体系、战略体系、政策体系、风险监测预警体系"。当前，我国正处于继续扩大经济开放与深化经济金融体制改革关键时期，采取了一系列措施包括稳步推进利率市场化改革，人民币国际化与汇率形成机制改革，对资本账户继续放松管制，加快国有企业改革与传统金融机构加快市场化进程，进一步放宽境外投资者对证券、基金、保险公司等持股比例限制，取消对中资银行和金融资产管理公司的持股比例限制等，未来一段时期是我国经济金融发展关键时期，也是面临内外金融风险凸显激增时期。

在此背景下，本书将我国31个省域全部纳入研究范围，深入研究新时期下我国省域金融系统风险测度与预警内在机制，并根据区域经济发展变化规律，提出我国省域金融风险监管防控一般路径及防范化解省域金融风险的具体对策建议，既具有重要理论研究价值，更具较强紧迫的现实意义。

第二节 国内外研究现状

金融风险与人类经济金融活动不确定性相伴而生，但国外学者真正关注金融风险所引发的危机破坏是在1929~1933年大萧条之后，并试图对金融危机产生原因进行理论解释（Irving Fisher，1933；John Maynard Keynes，1936）。以美元货币主导的布雷顿森林体系瓦解加剧了世界金融市场的动荡，从20世纪70年代石油危机爆发、日本房地产泡沫到90年代墨西哥、东南亚、俄罗斯等金融危机频发，引起了国外学者高度关注，并从各个角度探讨金融危机产生的根源（Kindleberger，1978；Stiglitz and Weiss，1981；Minsky，1983；Bernanke and Gertle，1989；Mishkin，1996），并逐渐形成了具有代表性的四代货币危机理论（Paul Krugman，1979；Obstfeld，1986、1996；Mekinnon，1997；Paul Krugman and Aghion，1999），与此同时，国外学者试图对金融危机的发生进行预警分析，并主要集中在主权国家或国际区域：1994年墨西哥金融危机后，IMF经济学家Morris Goldstein（1995）首次提出了7项经济预警指标。刘遵义（1995）在南非召开的联合国世界经济预测项目秋季年会上，通过使用10项危机预警指标来对东南亚金融危机的爆发可能性进行了预测。Frankel和Rose（1996）运用105个发展中国家1971~1992年的季度数据，并建立了FR概率模型来预测金融危机的发生。之后，Sachs，Tornell和Velasco（1996）以月度数据为样本数据，利用线性回归的方法建立了STV回归模型。Kaminsky，Lizondo和Reinhart（1997）选取了15个月度指标建立了金融危机预警的 KLR 信号分析模型，并经过 Kaminsky（1999）作了进一步完善，已成为国际上比较受欢迎的危机预警模型。此后国外学者在以上经典预警模型基础上进行改进，并试图提出了新的预警模型成为研究热点。例如，Andrew Berg 和 Catherine Pattillo（1999）针对新兴市场国家在 KLR 模型基础上改进后提出了 DCSD 模型。同时 Berg 和 Pattillo（1999）比较了以上经典的预警模型后发现，KLR 信号分析模型能够产生较好的预警效果，并且长期预警模型要优于主观推测和中介机构信评预测（Berg et al.，2005）。Nag 和 Mitra（1999）使用人工神经网络建立货币危机预警系统，突破了传统模型的线性范式，其优势在于灵活的规则与捕捉变量间复杂关系的能力。Kumar，Moothy 和 Perraudin（2002）提出了基于滞后宏观经济和金融数据的 Simple Logit 模型，构建了投机冲击的预测模型。Bussiere 和 Fratzscher（2006）提出了一种多项 Logit 选择回归预警模型，并区分了平静期、危机爆发期与后危机时期 3 个时段。2008 年国际金融危机爆发对传统的金融风险或危机预警模型形成巨大挑战，并引起了国外学者反思，相关研究可分为 3 类：一是比较传统经济金融先行指标的显著性或预警效果（Llaudes et al.，2010；Frankel and Saravelos，2012；Berkmen et al.，2012；Frost and saiki，2014；Gianfelice et al.，2015；Purificación et al.，2016；Desai et al.，2016；Ryan，2016）。二是对现有的预警模型的实际预警效果进行比较分析，如 Beckmann 等（2006）使用 20 个国家 1970 年 1 月到 1995 年 4 月的样本数据发现参数预警系统比非参数预警系统对金融危机事件的预警效果更好。Cumperayot 和 Kouwenberg（2013）应用极值理论和 46 个国家 1974~2008 年样本数据，对 3 种货币危机方法和 18 个预测危机中常用指标的尾部依赖性特征进行了评估，并发现了现有的货币危机预警系统表现都较差的原因。Comelli（2014）利用参数与非参数预警系统 EWS 对新兴市场国家货币危机发生可能性进行了样本内与样本外的预测分析，发现参数预警系统在样本外预测效果要优于非参数预警系统。Candelon 等（2014）使用动态 Logit 预警模型和最大似然估计法对 16 个国家的货币危机进行样本内与样本外预测时，发现动态 Logit 预警系统模型相比传统静态预警模型表现了显著更好的预测能力。三是试图利用新的技术方法构建金融风险或危机预警模型。Oet 等（2013）在宏观和微观审慎预警系统基础上，并考虑金融系统结构特征和反馈放大机制提出了混合预警模型。Sevim 等（2014）利用土耳其 1992 年 1 月至 2011 年 12 月经济数据，并通过 ANN、决策树和 Logistic 回归模型构建了货币危机预警系统模型。

国内学者对我国国家与省域金融风险问题进行系统性探讨是在 1998 年东南亚金融危机之后，其中沿海发达省域因对外贸易显著、市场化活跃且易受国内外风险冲击而成为关注重点。蔡则祥（1999）首先提出了建立我国金融安全区以防范金融风险的构想；姜建华等（1999）对我国经济发展非均衡格局下的区域金融风险形成传导原因进行了分析；陈松林（2000）对我国区域金融安全的内涵进行了探讨。随着 2001 年中国加入世贸组织（WTO），外商投资与国际资本大量进入中国境内，在促进地区经济发展的同时也带来了区域经济与金融不确定性风险，如何监测预警区域金融风险以维护区域金融安全稳定成了关注的重点。

一是构建评价指标体系以对我国省域区域金融风险/稳定状态进行定量监测评估分析。艾洪德（2005）从银行体系、资本市场状况与金融制度变迁 3 个方面对辽宁省金融风险状态进行了探讨；易传和等（2005）、殷兴山等（2005）构建了区域金融稳定评价指标体系；汪祖杰等（2006）从区域金融安全内在微观、宏观、生态环境监测指标和外在影响性指标四个方面构建了我国区域安全衡量指标体系，并对苏州市 2003～2004 年金融安全状况进行了实证分析；孙清等（2008）从区域经济环境、区域银行机构、区域证券机构和区域保险机构风险 4 个方面构建了我国区域金融风险评价指标体系，并对江浙沪 3 省域金融风险进行了实证分析；谭中明（2010）从区域外部影响因素与内部影响因素两个方面共选取了 39 项区域金融风险衡量评价指标，并对江苏省 2007 年金融风险状况进行了定量评价。李建军等（2013）通过构建民间借贷利率风险指数与规模风险指数对浙江省 2008～2012 年的民间金融风险进行了实证分析。但该文仅涉及民间金融风险且存在监测数据难以获取，持续监测操作性较差等问题。中国人民银行上海总部（2015）每年公开出版《中国区域金融稳定报告》，其中该报告主要从宏观经济、金融机构与金融生态环境3个方面共选择了25项区域金融稳定监测评估指标，并对我国东、中、西部与东北地区的金融稳定状况进行了定量监测评估分析。但存在监测指标选取来源无解释说明，只注意到内源性金融风险而忽略外源性冲击威胁风险，同时忽略了传统民间金融与新时期互联网金融带来的风险影响。郭俊峰等（2015）从经济因子、信用法律因子、金融因子和制度干预因子4个方面构建了江苏省域金融稳定评价指标体系，并对江苏省1999~2012年金融稳定与经济增长关系进行了实证分析。罗晓蕾等（2018）从区域宏观经济状况、政府调控能力、企业经营状况、银行业运营状况、证券业运营状况、保险业运营状况、金融法治环境和金融信用服务环境8个方面分别选取了共39项监测指标，通过信号分析法对河南省2014~2016年的金融安全状况进行了定量分析。但该研究存在选择指标过多与表征含义重叠、选取逻辑重点不明确等问题。王晓婷等（2019）构建了山西省金融企业部门、金融部门、政府部门、家户部门账面宏观资产负债表和或有权益以及宏观资产负债表，并构建了山西省区域金融风险评价指数且对山西省2007~2016年金融风险程度进行了度量评价分析。李凯风和李星（2019）基于熵权Topsis法和综合模糊评价法对我国各省域的债务水平进行测算和风险程度评估分析。刘凤根等（2022）从宏观经济、政府调控、银行业、保险业、房地产业和规模以上企业选取了18项指标构建了我国区域金融风险压力指数，并通过熵权法对我国省域金融风险压力指数进行了测度分析。然而该研究指标体系选取逻辑不明，同时忽略了外源性风险对区域金融风险造成的冲击影响。同时，欧阳禹（2005）、孙清（2008）、黄萍（2012）、荣梦杰和李刚（2020）、张帅等（2021）也对区域金融风险的评价指标体系进行了探讨。

二是构建省域或区域金融风险/稳定预警指标体系和模型方法以对省域或区域金融风险进行提前预警分析。仲彬等（2002）从微观审慎和宏观先行视角构建了我国区域银行预警指标体系，并通过ARIMA模型对预警指标进行预测分析；文洪武（2011）利用系统方程模型构建了我国区域金融稳定状况的金融稳定指数，并以河北省为例进行了实证分析。贾拓等（2012）从宏观经济金融、区域经济与区域金融三个方面选取了26项预警指标，同时构建了区域经济金融、区域经济与区域金融压力指数，并通过马尔科夫区制转移向量自回归模型 MS-VAR 对泰州市1998~2010年金融风险的区制转换状态进行了实证分析。张安军（2020）构建了排序概率模型并对浙江省域金融风险进行了走势预警实证分析。同时，周才云（2006）、王立平等（2007）、姚星垣等（2008）、闵剑和朱娇娇（2020）、程建华和程硕（2021）也对区域金融风险或稳定预警体系进行了探讨。

通过以上文献发现：（1）在研究地域上，尽管国外对金融风险问题研究较早，并且对主权国家（如美国、日本、墨西哥、俄罗斯等）或东南亚地区、拉美地区、欧盟区等国际区域金融风险或危机如何提前预警是研究热点，但对于国家内部区域，尤其是经济发展非均衡的大国区域性金融风险监测预警问题研究则相对不足。（2）在样本数据与指标选取视角上，国内虽然部分学者对江苏、浙江、湖北、河北等沿海部分省域金融风险监测预警问题进行过探讨，但多以个别省域年度样本数据定性分析为主且发展缓慢，缺乏将全国31个省域的大样本统计数据纳入研究范围进行全面深入计量实证检验分析，这与我国近些年来以沿海为代表的省域加快内外金融市场开放与省域庞大经济体量影响力不相符，也与我国省域重要经济金融风险指标统计数据滞后或残缺不全等相关。（3）在省域或区域监测预警指标体系设计上，目前国内学者主要考虑了常规性风险指标，如区域宏观经济风险、微观银行机构经营风险等，而结合当前我国以"一带一路"倡议和建设上海国际金融中心为契机，深入扩大金融市场对外开放趋势下对区域外源性金融风险冲击威胁（如外资银行大量进入风险，全球金融一体化后国际短期热钱对省域资本市场冲击影响、利率完全市场化后对传统银行业务等冲击风险，以及影子银行风险、民间金融风险与互联网金融风险监测监管等）并纳入考察范围进行重点深入研究还存在严重不足。（4）在预警准确性上，目前国内外还有没一套成熟预警体系与模型方法能对一国或区域金融风险程度及危机爆发可能性进行准确预测。

国外虽然对金融风险或危机问题关注较早，风险预警模型方法也渐趋复杂，但总体预警成功概率较低，而20世纪90年代以来世界各地频发的金融危机和2008年国际金融危机的爆发及其蔓延深化，表明新时期对金融风险的认识与预警模型方法研究还需进一步深化。（5）在预警模型方法改进上，传统概率预警模的因变量主要是二元选择变量1（发生危机）或0（不发生危机），而对于自变量预警指标包含信息连续性变化所带来的金融风险状态的连续变化，则无法体现出来，而多元选择概率模型将各选择行为视为平等，无法体现金融风险变化的风险压力排序递进特征，由于我国没有出现如西方国家所遭受的真正意义的金融危机爆发，对于我国国家和省域地区更多地表现为金融风险的持续压力变化而未见到突破临界值的危机发生。为了能够更加准确地捕捉金融风险压力信号程度，迫切需要在二元或多元选择模型的基础之上进行多元压力概率预警模型来对我国区域或省域金融风险进行动态预警分析。基于此，本书在归纳总结以往文献研究不足的基础上，将全国31个省域全部纳入研究范围，深入分析我国省域当前及未来一段时间面临的外源性与内源性风险冲击影响，并全面构建我国省域金融风险测度指标体系和测度评估模型，预警指标体系及预警模型，并对我国近10年省域金融风险程度进行全面深入测度、预警实证分析，并提出省域金融风险监管防控机制路径与具体针对性防范对策。

第三节　研究目标与研究内容

一、研究目标

本书的主要研究目标如下。

1. 通过对金融市场扩大开放条件下我国省域内外源金融风险影响因素准确识别剖析，建立我国省域金融风险动态同步测度模型。

2. 通过对金融市场扩大开放条件下我国省域金融风险先行预警影响因素准确识别检验，建立我国省域金融风险多阶段风险压力面板

Ologit 排序概率预警机制模型。

3. 基于我国中央"一委一行一局一会"和地方"一行两局"的金融监管体制构架，建立我国省域常规金融风险与突发应急金融风险监管防控路径模式。

二、主要研究内容

（一）我国省域金融安全内涵与金融风险特征

根据金融安全理论与区域经济发展理论，通过文献检索与实地调研深入研究新时期我国省域金融安全内涵与新的风险特征，以及对我国省域金融风险监测与预警相互作用机制进行深入分析。

1. 经济新常态下省域金融安全内涵分析。根据经济新常态的特点，从时间、空间、逻辑维度等对省域金融安全的新内涵及与国家金融安全相互关系展开深入分析，并作为后面分析基础。

2. 经济新常态下省域金融风险特征分析。通过文献检索与实地调研，借助 SWOT 分析方法等，对经济新常态下我国 31 个省域金融市场面临的新风险特征进行深入分析，并揭示其面临的优势劣势、机遇与威胁。

3. 省域金融安全监测与预警互动机制。根据金融安全监测预警理论与经济发展周期理论，从内涵、时效性、方法、目的等方面对我国监测与预警差异性进行分析；同时，从内在逻辑联系、省域金融安全内在要求、经济发展运行的演变关系等视角对我国省域金融安全监测与预警之间的互动关系机理进行深入分析。

（二）我国省域金融风险现状特征与影响因素分析

通过文献阅读、实地调研和专家访谈法，多视角方法对近 10 年来我国省域金融风险主要现状特征进行定量评估分析，并对省域内外源重点风险影响因素进行深入识别分析。

1. 中国省域金融风险主要现状特征分析。自 2008 年国际金融危机爆发以来，特别是我国进入新时期以来，从省域金融的经济风险、省域金融市场风险、省域正规金融机构风险、省域影子类银行机构风险、省域互联网金融风险、省域民间金融风险、省域政府债务风险等主要领域分别选取相应风险表征指标和观测数据，对近10年来我国31个省域金融风险的主要现状特征进行全面深入梳理评估分析。

2. 中国省域金融风险影响因素分析。通过文献阅读、实地调研与专家调查等方法，基于省域内外源金融风险双维度视角，对金融市场深入扩大开放下我国省域传统金融风险影响因素面临的新变化，以及新时期省域面临的新兴金融风险冲击影响因素等进行深入识别剖析，并作为后面研究基础。

（三）我国省域金融风险同步测度动态分析

根据系统科学理论与区域经济发展理论，从金融安全条件与金融安全能力双维度构建新时期我国省域金融风险同步测度指标系统；同时，借助经熵值法改进的AHP法和线性综合加权法等构建我国省域金融风险综合测度模型，并以最新样本数据对我国31个省域金融风险程度进行全面动态定量测度评估分析。

1. 中国省域金融风险同步测度指标系统构建。根据新时期省域金融风险源一般特征，从金融安全条件（金融扩大开放条件下我国省域面临的直接或间接的外源性风险冲击威胁，如外资金融机构进入风险、国际资本流动冲击风险、对外债务偿付风险、国际互联网金融风险等）与金融安全能力（通过加强自身机制体制建设以抵御内外金融风险冲击威胁的能力，包括宏观经济运行风险、正规银行机构运营风险、影子银行机构风险、互联网金融风险、民间金融风险、政府债务风险等）响应双维度等选取相应风险度量指标并构建金融市场扩大开放条件下我国省域金融风险测度评估指标系统，同时对新时期风险测度指标面临的新的安全阈值进行设定分析。

2. 中国省域金融风险同步测度评估模型。通过熵值法改进的AHP法对测度指标系统权重进行科学测定基础上，通过功效系数法、主因子分析与线性综合加权法等多视角方法途径建立我国省域金融风险同步测度评估模型。

3. 中国省域金融风险程度动态测度评估检验。在前面基础上，通过调研收集最新统计数据，对我国省域最近 10 多年的金融风险程度进行一次全面定量动态测度评估分析，同时对我国 31 个省域金融风险态势进行时间序列与空间分布的演化特征进行归纳总结分析。

（四）我国省域金融风险趋势预警机制分析

根据金融风险预警理论和经济发展周期理论，通过门限向量自回归模型（TAR）和面板 Ologit 排序概率模型相结合，构建我国省域金融风险动态趋势预警模型，并对未来 12 个月进行预警实证分析。

1. 中国省域金融风险预警指标体系构建。根据金融风险预警理论与经济发展动态周期理论，通过预警指标先行性、直接与间接关联性、变化显著性和易于获取高频统计观测数据标准，从先导性（先于省域金融安全形势恶化而提前发出预警信号）与免疫性（抵御外源性金融风险冲击威胁并对省域金融安全能力提升起到免疫保障之功能）双逻辑维度构建我国省域金融风险预警指标体系。

2. 中国省域金融风险动态趋势预警模型构建。第一，从省域存贷款比率变化、实际利率变化和货币供应量变化 3 个方面构建我国省域金融风险压力指数并进行平稳性检验；第二，通过门限向量自回归模型（TAR）对我国省域金融风险压力指数的门限压力等级值进行定量测算与实证检验；第三，通过 Ologit 排序概率函数构建我国省域金融风险面板 Ologit 排序概率预警模型，并以我国主要省域近 10 年的月度统计指标观测数据为研究样本进行面板计量拟合与稳健检验；第四，为了进一步检验上述面板 Ologit 排序概率预警模型的准确度，本书以最新 12 个月为样本外观测数据，而以前期月份为样本内观测数据，对上述预警模型的准确度进行经济统计检验与反馈修正。

3. 中国省域金融风险趋势预警实证分析。根据前面面板 Ologit 排序概率预警模型，拟选取对国家总体金融安全影响程度较大的重点省域的最新月度统计观测数据为样本，并对各省域未来 12 个月的金融风险程度进行样本外趋势预警实证分析。

(五) 我国省域金融风险防控路径分析

省域金融风险监管防控系统包括对风险准确识别、风险同步监测和趋势预警,以及风险联防控制路径过程。结合"十四五"规划纲要远景判断与党的十九大和党的二十大以来中央宏观审慎监管和区域性金融风险防范要求,提出金融市场扩大开放趋势背景下我国省域金融风险监管防控路径模式。

1. 中国省域与国家总体金融风险协同监管机制分析。对 2008 年国际金融危机以来欧美主要国家金融监管改革实践经验和目前世界上主要金融监管模式的优缺点进行深入总结,并立足新时期中央"一委一行一局一会"金融监管体制构架和省域"一行两局"的金融监管体制构架,从我国中央与地方经济金融从分权视角探讨中央与省域金融风险监管协同的互动机制。

2. 中国省域金融风险防控路径分析。将我国省域金融风险监管划分为常规风险监管与突发应急风险监管 2 大类,根据前面定量测度与预警分析结果和我国省域内部金融监管权限安排,从防范外源风险冲击和优化内源金融安全能力提升视角,提出我国省域金融风险监管的防控路径模式。

第四节 研究思路与研究方法

一、研究思路

本书将遵循问题识别→风险剖析→同步测度→趋势预警→防控路径的研究思路。

第一,通过文献检索掌握前期相关研究资料,同时课题组成员赴不同地区典型城市等进行实地深入调研与金融风险数据资料获取,建立金融扩大开放趋势下我国省域金融风险调研数据库,以作为本书的研究基础。

第二，从新时期省域金融安全内涵与主要金融风险特征分析入手，对近10年我国省域金融系统面临的外源性风险冲击威胁变化因素与内源性风险免疫响应因素进行系统深入梳理剖析，以为后面的分析奠定基础。

第三，根据系统科学理论与区域经济发展理论，从外源性金融安全条件与内源性金融安全能力双维度，构建新时期我国省域金融风险同步测度指标系统；同时通过熵值法改进的 AHP 法对指标系统权重进行科学测定基础上，借助主因子分析法、线性综合加权模型等构建我国省域金融风险同步测度模型，并以最新月度数据对我国省域金融风险进行全面动态测度评估与模型有效性检验。

第四，根据金融风险预警理论和经济发展周期理论，在前面分析基础上，从先导性与免疫性双逻辑维度构建我国省域金融风险先行预警指标体系；建立省域金融风险即时压力指数并通过平稳性检验和 Granger 因果检验等对主要预警指标进行遴选的基础上，通过门限向量自回归模型（TAR）和面板 Ologit 排序概率函数相结合构建我国省域金融风险趋势预警模型；以最新10多年月度样本数据对预警模型进行面板计量拟合和准确度检验修正的基础上，对我国重点经济省域未来12个月的金融风险程度进行样本外实证预警分析。

第五，基于后危机时代欧美主要国家金融监管改革实践经验的总结，根据党的十九大以来我国区域性金融风险监管要求，中央和省域金融监管体制构架安排，并结合前面趋势预警实证分析结果，从常规性金融风险与突发应急金融风险两个方面建立我国省域金融风险监管防控具体路径模式。

二、研究方法

（一）调查研究法

调查法是重要科学研究方法，在本书中得到重要体现：一是文献调查，通过到各级图书馆、档案馆、报刊室等调查阅读相关研究著作文献资料，掌握与研究问题相关的重要材料；二是互联网调查，通过现代互联网技术对相关统计数据、文献资料等进行检索查询收集；三是亲自到统计局、金融监管部门等进行实地走访了解实情，并索取相关统计资料、文字材料、图表资料等；四是专家调查，在课题研究前期与中期申请人和课题组将通过函询和邀请国内金融风险领域若干位同行专家对本书进行意见反馈与查缺补正。

（二）定性分析与定量模型相结合法

定性分析是基础和前提，只有通过对问题进行定性分析清楚后，才能采用定量模型来具体辨别和实证。本书中定量分析主要体现在：通过功效系数法和线性综合加权法等对我国省域金融系统内外源风险程度进行定量测度分析；通过 DF-GLS 方法和 Granger 因果关系模型对预警指标数据平稳性和因果关系进行检验；通过门限向量自回归模型（TAR）对我国省域金融风险压力指数进行门限值识别分析和检验；通过构建面板 Ologit 排序概率计量模型对我国省域金融风险进行动态趋势预警实证分析。

（三）比较分析与国际借鉴法

通过对新时期我国省域金融系统面临的内外源性风险冲击威胁因素的调查剖析，综合比较得出当前与未来一段时期我国省域金融系统重要突出的风险影响因素；通过比较不同预警指标检验效果，遴选出对我国省域金融风险的适宜预警指标；通过比较借鉴后金融危机时代欧美发达国家金融监管改革实践方案和世界范围内主要金融监管模式优劣，根据我国当前金融监管体制构架和未来发展趋势实情等，构建新时期我国省域金融风险有效可行的防控路径模式。

第五节　创新之处

1. 理论层面。对经济新时期下我国省域金融安全的内涵与金融风险特征进行了深入分析；对金融市场深入扩大开放环境下我国省域金融风险监管模式与应急监管的一般路径进行了理论与实践相结合分析。

2. 研究区域。将我国 31 个省域全部纳入研究范围，全面深入研究我国省域金融风险的测度、预警和防控路径问题，弥补了以往学者仅以个别省域、市域金融风险为对象的研究区域样本不足的问题。

3. 风险视角与样本数据。不仅关注省域内部常规性金融风险，更将外资类金融机构进入威胁、国际热钱流动冲击、政府外债偿还压力风险等外源性风险冲击威胁纳入省域测度与预警范围，综合构建我国省域金融风险测度评估系统，克服国内以往主要关注省域内源性风险因素研究的不足；同时，在样本数据上，针对国内学者仅以年度样本数据的信息滞后不足问题，本书将利用我国省域月度高频次样本统计数据，以更加及时灵敏地捕捉省域金融系统风险变化状态。

4. 预警模型方法。针对传统 Logit 或 Probit 概率风险预警模型因变量主要是二元或多元选择概率模型，存在无法捕捉自变量预警指标数据信息的连续变化，或无法反映金融风险压力梯度变化特征，本书将改进面板 Ologit 排序概率选择模型，以更加准确地捕捉省域金融风险压力递阶程度信号。

第二章 中国省域金融安全内涵与金融业风险特征分析

研究我国省域金融风险测度和预警问题的基本前提是必须清楚揭示我国省域金融安全的内涵及其风险特征。因此,本章对我国省域金融安全的内涵进行了分析,并对近些年来,特别是"新常态"以来我国省域经济发展与金融业风险的主要特征进行了深入归纳分析。

第一节 经济"新常态"下我国省域金融安全内涵分析

一、省域金融安全内涵分析

1997年东南亚金融危机之后,我国区域或省域金融安全问题逐渐引起了部分学者的关注并进行了相关探讨。陈松林(2000)认为区域金融是指一个国家金融结构与运行在空间上的分布状态,在外延上表现为不同形态、不同层次和金融活动相对集中的若干金融区域,而该区域内的金融安全问题即表现为区域金融安全。刘清江等(2001)认为金融安全区是按金融权力的空间结构划分的区域内无严重金融危机,无金融财富重大损失,金融市场稳定,金融机构健全,金融运行有序、正常发展,金融监管主动有效,未因客观的经济金融因素而使金融政策偏离既定目标,金融运行也未对政治、经济、军事等安全状况造成负面影响,即为区域金融安全状态。刘锡良等(2004)认为区域内的金融结构与区域的金融安全存在密切联系,而且金融安全状态会有区域性差异，金融风险也会在区域之间转移和传递，并对国家的整体安全状态产生影响。张汉飞等（2010）认为区域金融安全是指某个地区的金融安全问题，描述的是某个地区的金融体系是否处于稳定、有序和规范的运行状态，其实质是国家金融安全的空间表现。研究发现，目前国内对于区域金融安全的内涵还处于零散探讨阶段而没有达成一定共识，而现有学者往往就区域论区域，忽略了我国特殊的金融机构从中央到地方垂直条块运行体系与金融监管机构特殊的体制安排，割裂了区域金融安全与国家金融安全之间的内在联系，而对于区域金融安全进行系统定量研究亦存在严重不足。

如果从自然地域空间的角度出发，国家金融活动是由区域金融活动组成，因此理论上国家金融活动可以按区域进行划分，区域研究法就是从省域或区域角度来研究国家金融安全的。然而，由于金融安全的特殊性，如同不能简单地说存在区域经济安全的提法一样，我们也不能简单地类推说存在区域金融安全，比如说存在江苏金融安全、浙江金融安全、宁夏金融安全等。

首先，国内各区域经济与金融活动之间存在广泛密切联系性，特别是经济发展较好的省域，尤其是区域性或全国性中心城市存在强大的经济溢出效应和对周边区域资金、人才、技术和数据信息等虹吸效应等而超出了原有地域界线。例如，上海作为全国经济与金融中心，其金融活动的溢出效应可辐射到整个长三角地区，乃至全国各地，因此有时候经济活动很难按行政区划来进行机械的地域分割。

其次，我国金融监管机构是从中央到地方的垂直纵向管理体制。我国传统"一行三会"到"一行两会"，再到如今的"一行一局一会"分业监管模式，如中国人民银行总行到派驻各省、市、县域等分支行，如中国人民银行武汉分行、江西省南昌中心支行等，地方政府无权干预中央派驻地方的监管机构履行其职权义务。同时证监会、金融监管总局（即原来的银保监会），国家外汇管理局等主要分业监管机构管理体制亦类似，中央政府在监管全国金融系统运行以维护国家金融安全方面具有绝对的资源优势与行政主导权，而省域地方政府在这方面权限则受了很大的限制。

再次，从占全国和各省域金融市场主体金融企业来分析，各省域银行类金融机构目前还占据各省域金融市场的主体地位。例如，数据显示，银行业占全国金融业资产比重，2007年为68%，而到2021年为81.8%，近10年来比重不仅没下降反而缓慢上升。在各省域银行业内部，大型商业银行、股份制商业银行与城市商业银行则占据主体地位，我国大型商业银行和股份制商业银行总部等多集中在北京，其次为上海、深圳、广州等，实行的是从总行到省、市域分支行的多层级垂直管理体制。我国主要商业银行（如长期以来占我国银行业主体的工、农、中、建、交和邮储6家大型商业银行，以及主要股份制商业银行等）都已经被国家独资企业（如中央汇金或财政部等）直接或间接控股，因此从对省域金融市场主体的控制力上分析，主要集中在中央层面。

最后，也是最重要的，是我国省域地方政府没有经济主权，包括对本地经济金融政策独立制定权、经济与金融活动独立管辖权，对本地区经济金融活动重要战略性资源的独立控制权、代表本省域在国外各种重要经济金融组织活动中独立参与活动并发表言论和缔结各种经济金融关系的自主权等，当前我国从上至下的行政体制中地方政府的经济金融自主权受到极大限制。因此，中国31个省域，很难有独立的区域金融安全的概念与提法，而主要表现为影响国家金融安全的区域金融风险因素，即存在区域金融风险并可能影响到国家总体金融安全。

但是，我国目前还处于欠发达发展中转型经济时期，国内区域经济与金融活动发展的极不平衡性，使得某些区域或省域经济金融活动对全国总体金融安全影响尤为突出重要（如广东、江苏、山东、浙江、北京、上海等东部重要经济大省域以及长三角地区、珠三角地区等国内重要城市群区域等），但是我国国内区域或省域金融不安全不一定等于国家金融总体不安全，关键要看区域或省域金融风险对国家总体金融安全的影响力程度，可能情况是存在较大区域金融风险（如广东省出现金融风险问题），并可能给广东和国家总体金融安全造成较大威胁影响。只有当国家金融安全基本决定于某一个或某几个区域时，区域金融安全的概念才可能存在。因此我们认为，金融安全与独立的经济主权相联系,在我国区域金融安全与国家金融安全是紧密联系在一起的,当区域自身金融风险防范能力薄弱,或受到国外各种直接或间接的外部冲击威胁而面临金融风险,并能够影响威胁到国家总体金融安全时,就存在区域金融安全问题。金融安全是指在全球金融一体化背景下,通过加强自身机制体系建设,使本国区域具备抵御各种直接或间接外部冲击威胁的能力,并能够保持金融系统持续健康平稳发展的一种态势。由于我国从上至下的特殊的行政权力体制,因此研究我国区域金融安全问题需要立足我国国情并站在国家总体金融安全的视角下来考察。

二、省域金融安全与省域金融风险之间的关系

金融风险是金融系统运行的常态,只要存在金融活动,就存在金融风险,这主要源于经济金融系统活动内在的不稳定性。然而,省域金融系统存在金融风险,并不代表省域金融系统存在金融不安全,更不代表省域金融系统的不安全会影响到国家总体金融安全性。如果从单个(区域)省域范围考察,省域金融安全主要表现为省域内经济金融主权独立,主要金融机构稳健经营,金融市场规范有序运行,金融系统稳步向前发展的一种态势(包含状态与能力)。

然而由于我国各省域(区域)不存在独立的金融主权,因此,我国各省域也就不存在单独的省域(区域)金融安全的提法,更多的是省域金融风险程度大小,并可能影响威胁到国家总体金融安全。因此通常所述的省域(区域)金融安全概念一定是立足于主权国家总体金融安全的视野范围内而言的,不然就容易将金融安全泛化(将金融风险、金融稳定、金融危机等相关内容与影响因素都往金融安全概念里面装)、同化(生搬硬套国外的类似概念名词,而不了解分析我国的实际国情加以运用)、虚化(将金融安全问题过于轻视化或严重化)与固化(墨守原有指标体系,以及方法标准,不根据实际情况环境条件的变化而加以改进和扩展)。在我国探讨省域金融安全问题需要立足于国家整体范围与国家总体金融安全的视角来考察,既各省域可以

存在金融系统风险，并可能影响威胁到国家金融安全。

省域金融风险是金融系统运行的常态，而省域金融安全是相对省域金融不安全，而省域金融不安全主要表现为不同程度的金融风险乃至金融危机。一般存在金融风险，但不一定会导致出现省域金融安全问题，只有当这种金融风险超出控制或承受能力范围时，才可能导致金融安全问题。金融安全本质上是风险合理可控的状态，包括金融主权独立可控，而且金融风险在较合理的控制范围内。金融风险是金融活动的常态，而金融安全主要与国家经济金融系统对外开放紧密相连，对外开放程度越高，本国或本地区面临外源于金融风险冲击威胁的程度越大，则可能影威胁到本国的金融安全。而对于封闭经济体，外来风险冲击威胁的影响程度较小，金融安全问题主要表现为潜在的安全状态。

三、省域金融风险监测与预警之间的关系分析

金融风险监测是指以金融运行过程为对象，对金融安全风险状况进行实时动态监测分析，以做出全面完整的评价过程。金融风险监测可分为国家整体金融风险监测、区域金融风险监测与金融机构风险监测。既可以对某一时点进行监测，也可以对某一时段进行监测（如年度、季度、月度、周度等），而且通过对连续时点或时段的监测可以体现监测的动态性。由于国家、地区或金融机构的金融安全状况既有随着时间推移而逐步变化的因素，也有突发性的因素，如政局发生变动、社会突发动乱、战争突然爆发、自然地理因素等，因此金融安全风险监测可分为常规性的监测分析与突发性监测分析。由于金融风险的易变性与突出性特点，常规性监测与突发性监测之间没有明确的界线，当某一常规因素发展变化到一定极端水平（即突破一定阈值之后），也会对金融安全造成全局性的影响。

金融风险预警是根据预警的基本理论与技术方法，对国家或地区，以及金融机构可能出现的金融不安全状况进行定性判别与定量分析，以提前作出预告警示的动态过程。对国家或省域（区域）金融安全风

险进行预警，一般包括明确警情、寻找警源、分析警兆与预报警度4个阶段（顾海兵，1997）。其中，明确警情，指预警的对象是什么，警情包括警素与警度，警素是构建警情的指标是什么，警度是指警情的程度；寻找警源是指什么因素导致警情发生变化的内在原因；分析警兆，是进行预警的关键环节，是对进行预警的警素指标进行分析，这需要进一步分析警兆与警素之间的数量关系，找出与警素中的警限相对应的警兆区间，然后借助警兆的警区进行警素的警度预报；预报警度是预警的目的所在，即对国家金融安全状况可能发生变化之前提前发生预警信息。其中明确警情是预警的大前提，是进行预警研究的基础，寻找警源、分析警兆则是对警情内容进一步深入定性与定量分析，而预报警度则是这项工作的目的所在。

金融风险监测与金融风险预警存在较大区别：首先，内涵不同。监测旨在对待评估对象作出较为完整的综合性的观测、分析和评价，比较注重整体的对象即时运动状态；而预警则注重对待评估对象运行中的关键指标趋势性的观测和评估，从而预报和提供对象系统升"峰"落"谷"的重要信息。其次，时效性的不同。监测（Monitoring）是与待评估对象安全同时进行的并行过程性测试，是对整个对象系统的即时性观测与评价。而预警（Early Warning），具有对待估对象未来可能进行的状态转变进行时点估计与预测的意思，在时效上具有超前性。再次，所使用的方法有差异，由于监测过程更加注重金融系统的整体全面性，监测更多使用系统性综合性定性或定量评价方法，尤其是近些年定量方法被广泛采用，如线性综合评价法、非线性综合评价法、主成分综合得分法、多目标模糊综合评价法等；而预警过程主要是抓住对金融系统具有直接相关且灵敏性强，被历史检验预警效果显著的少部分关键对标，在近些年则偏重使用多元回归分析、概率回归分析、KLR信号分析方法、马尔科夫区制预测、人工神经网络预警等方法。最后，过程目的差异性。虽然监测与预警的最终目的都是防范金融风险、维护国家或区域金融安全与稳定，但在过程目的上存在差异。监测过程主要是对已经发生的金融行为过程并通过收集到的观测指标数据（对数据采集获取技术的时效性要求较高，在我国由于受各种原因影响，不同指标数据统计周期不同，如以年、季、月或周等为统计周期，所呈现的数据有些也已成为历史数据）的风险变化来显示当前时点或时段的风险状态程度，并及时作出风险防范应对措施；而预警过程则更加强调提前性，对一些具有先行性指标的风险状态变化通过预警机制进行处理，根据所发出的预警信号并提前预测未来可能导致的金融风险变化，是对未来可能发生的风险进行提前预测并提前作出应对防范的过程。

从理论上分析，金融风险监测与金融风险预警是密切相连的，是同一金融安全系统中的两个不同阶段，工作上可以相辅相成、相互支持。金融风险预警是建立在金融风险监测工作的基础之上的，而金融风险预警又是金融风险监测的目的和继续。但是两者在任务与要求方面都有侧重区别。金融风险监测是对现时的金融安全状况作出全面科学的测度与合理评估，因此在选取金融风险监测指标时既要体现全面性也要有侧重性，而金融风险预警指标的选取则要体现指标的先行性与灵敏性特点，以对金融安全状态未来预期的变化提前发出预警信号，以利做好充分的防御准备。

第二节 经济"新常态"下我国省域金融业风险特征分析

要科学合理监测预警省域金融风险问题，先要对我国省域的整体经济特点及省域范围内金融业风险的基本特征从总体上进行科学的把握分析，因为金融活动主要服从与服务于当地实体经济活动，金融活动的性质与范围也不可能脱离当地的实体经济活动而独立存在。因此，本书先对我国省域经济发展的主要特征进行归纳总结分析。①

---

① 以下各主要指标变量分析过程中可能会出现所分析的年份区间不一致，这主要是受限于所能获取统计数据资料，课题组为了便于更好揭示说明问题，尽量以所能获取的最新资料数据进行统计核算。

一、我国省域金融的经济发展主要特征分析

(一) 从经济总量与人均规模上,我国各省域发展水平差异明显,东部经济强省域领先地位明显

从全国各省域（包括自治区、直辖市，但不包括港澳台地区，下同）GDP 总量上，如图 2-1 所示，2021 年广东、江苏、山东、浙江和河南依然居全国 GDP 前 5 强，其中广东为 12.437 万亿元，江苏为 11.6364 万亿元，山东为 8.3096 万亿元，浙江为 7.3516 万亿元，而西藏、青海、宁夏、海南和甘肃的 GDP 居全国倒数后 5 位。从全国 31 个省域的人均 GDP 来看，如图 2-2 所示，北京（18.39 万元）、上海（17.38 万元）、江苏（13.73 万元）、福建（11.75 万元）、浙江（11.39 万元）居前 5 强。从全国 31 个省域城镇居民可支配收入来看，上海（82429 元）、北京（81518 元）、浙江（68487 元）、江苏（57743 元）和广东（54854 元）居前 5 位。从全国各省农村居民可支配收入来看，上海（38521 元）、浙江（35247 元）、北京（33303 元）、天津（27955 元）和江苏（26791 元）居前 5 强。

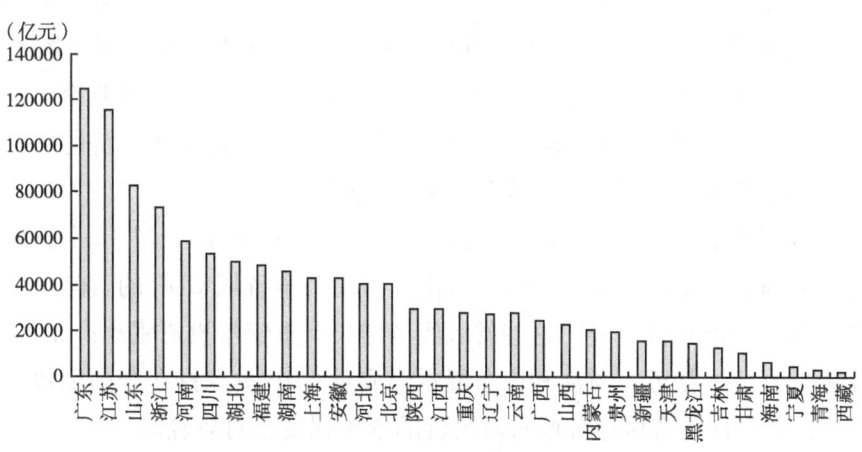

图 2-1　全国分省域 GDP 排名 (2021 年)

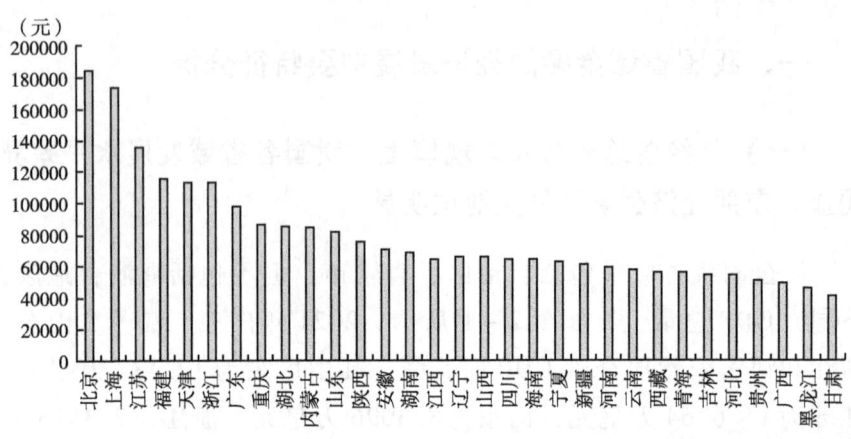

图 2-2 全国分省域人均 GDP 排名（2021 年）

（二）从三大需求对省域经济发展的拉动贡献率分析，消费与投资需求是全国绝大多数省域经济增长主要拉动力，但相比全国主要发达省域，净出口对省域经济增长的贡献当中东部沿海主要经济大省域排在全国前列

从净出口对 GDP 增长的贡献率分析（见表 2-1）：2017 年在全国 31 个省域中，浙江、江苏、广东、上海、福建和山东进出口对本省域 GDP 的贡献率依次排在全国前 6 位；青海、西藏、宁夏、新疆、云南和海南净出口对 GDP 贡献均为负数并排在全国倒数后 6 位。对全国 31 个省域分析，2017 年仅有 7 个省域净出口对本省域 GDP 的贡献率为正数，其余 24 个省域均为负数，表明我国净出口对我国总体经济的增长主要依靠东部沿海几个经济大省域来贡献的。

从资本形成对 GDP 增长的贡献率分析：2017 年在全国 31 个省域中，青海、宁夏、西藏、新疆、云南和河南对本省域 GDP 的贡献率依次排在全国前 6 位，表明这些省域经济增长严重依赖投资驱动；北京、上海、辽宁、江苏、浙江和广东资本形成对 GDP 贡献排在全国倒数后 6 位，表明这些省域经济增长对投资的依赖程度相对较轻。

从消费对 GDP 增长的贡献率分析：2017 年在全国 31 个省域中，西藏、青海、甘肃、新疆、云南和黑龙江消费对本省域 GDP 的贡献率依次排在全国前6位,表明这些省域经济增长也严重依靠消费驱动;吉林、福建、陕西、天津、河北和重庆消费对GDP贡献排在全国倒数后6位,表明这些省域经济增长对消费的依赖程度相对较轻。

从全国来分析,2017~2022年投资对经济增长的贡献率平均为43.3%,消费对经济增长的平均贡献率为54.7%,而净出口对经济增长的平均贡献率为-2%,即我国经济增长主要依靠消费需求驱动,其次依靠投资驱动,而近六年净出口对经济增长的贡献率为负数。

表2-1 三大需求对全国31个省域GDP的贡献率(2017年) 单位:亿元,%

省域	支出法GDP	最终消费支出	资本形成总额	货物和服务净流出	消费对GDP的贡献率	投资对GDP的贡献率	净出口对GDP的贡献率
浙江	51768.26	25478.95	22764.48	3524.83	49.2	44.0	6.8
江苏	85869.76	43020.75	37353.35	5495.66	50.1	43.5	6.4
广东	89705.23	45128.95	39657.52	4918.76	50.3	44.2	5.5
上海	30632.99	17550.97	12193.11	888.91	57.3	39.8	2.9
福建	32182.09	13150.91	18509.31	521.87	40.9	57.5	1.6
山东	72634.15	35185.91	36412.57	1035.67	48.4	50.1	1.4
北京	28014.94	16842.14	10946.30	226.50	60.1	39.1	0.8
安徽	27018.00	13498.86	13723.44	-204.30	50.0	50.8	-0.8
四川	36980.22	19365.69	18021.18	-406.65	52.4	48.7	-1.1
江西	20006.31	10223.22	10025.14	-242.05	51.1	50.1	-1.2
重庆	19424.73	9290.60	10380.68	-246.55	47.8	53.4	-1.3
天津	18549.19	8424.17	10467.18	-342.16	45.4	56.4	-1.8
辽宁	23409.24	13777.30	10127.48	-495.54	58.8	43.3	-2.1
山西	15528.42	8756.37	7154.70	-382.65	56.4	46.1	-2.5
河北	34016.32	16055.70	19083.16	-1122.54	47.2	56.1	-3.3
湖南	33902.67	18075.98	17585.44	-1758.75	53.3	51.9	-5.2
吉林	14944.53	5799.91	9980.11	-835.49	38.8	66.8	-5.6
湖北	35478.09	17171.77	20853.57	-2547.25	48.4	58.8	-7.2
广西	18523.26	10505.44	9364.46	-1346.64	56.7	50.6	-7.3
陕西	21898.81	9675.25	14414.84	-2191.28	44.2	65.8	-10.0
内蒙古	16096.21	8463.40	10298.32	-2665.51	52.6	64.0	-16.6

续表

省域	支出法GDP	最终消费支出	资本形成总额	货物和服务净流出	消费对GDP的贡献率	投资对GDP的贡献率	净出口对GDP的贡献率
甘肃	7459.90	5148.33	3804.55	-1492.98	69.0	51.0	-20.0
河南	44552.83	23129.62	31047.72	-9624.51	51.9	69.7	-21.6
贵州	13540.83	7506.42	9356.45	-3322.04	55.4	69.1	-24.5
黑龙江	15902.68	10122.51	9735.03	-3954.86	63.7	61.2	-24.9
海南	4462.54	2781.82	2815.67	-1134.95	62.3	63.1	-25.4
云南	16376.34	10506.05	15486.95	-9616.66	64.2	94.6	-58.7
新疆	10881.96	7272.10	10852.08	-7242.22	66.8	99.7	-66.6
宁夏	3443.56	2113.16	3806.87	-2476.47	61.4	110.6	-71.9
西藏	1310.92	1045.14	1376.13	-1110.35	79.7	105.0	-84.7
青海	2624.83	1815.42	3897.01	-3087.60	69.0	148.5	-117.6
全国	915774.3	506134.9	402585.2	7054.2	55.3	44.0	0.8

注：目前国家分地区该项统计数据仅公布到2017年而没有最新数据，故以2017年为例。
数据来源：国家统计局地区统计数据。

（三）从经济结构上看，第一产业和第二产业增加值所占比重总体呈现逐渐下降，而第三产业增加值所占比重在逐渐上升，经济结构正面临转型升级

2010~2021年全国三次产业增加值所占比重的变化分析（见图2-4），我国第一产业增加值所占比重从9.33%逐渐下降到7.26%，第二产业增加值所占比重从46.5%逐渐下降到39.43%，第三产业增加值所占比重从44.18%不断上升到53.31%。表明近10年来我国经济增长主要依靠第二产业和第三产业增长推动，尤其是第三产业对我国经济增长的贡献率不断上升，经济结构正向服务业和高附加值产业转移。

从全国各省域三次产业增加值对经济增长的贡献（见图2-3），尤其是第三产业增加值对经济增长的贡献分析，北京、上海、海南、天津、广东、西藏、浙江、山东、湖北、重庆分别排在前10位，除了海南主要依靠房地产等拉动，西藏经济体量太小，严重依赖固定资产

投资，以及产业发展受国家政策性贷款倾斜影响外，其他前10位的省域第三产业增加值所占比重均超过了50%，尤其是北京、上海、天津、广东和浙江第三产业增加值所占比重位居前列，表明这些省域经济结构转型相对走在全国前列。

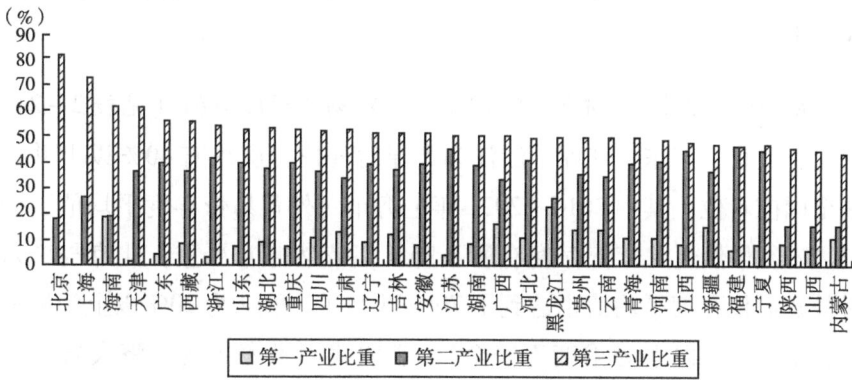

图2-3　全国分省域三次产业增加值所占比重排名（2021年）

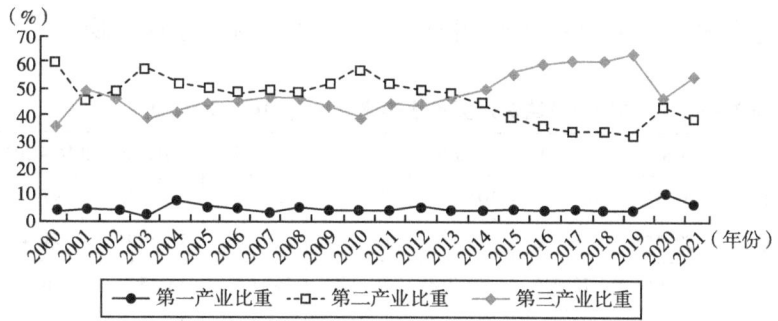

图2-4　全国三次产业增加值所占比重变化趋势（2000~2021年）

从全国近22年来三次产业增加值所占比重的变化趋势来分析，可以明显发现第一产业增加值所占比重在缓慢下降，到2019年仅为3.9%，但2020年第一产业受疫情影响最小，GDP占比迅速增加至10.4%，随着2021年疫情逐渐缓和，比重下降至6.7%；第二产业增加值所占的比重也在缓慢下降，受疫情影响稍小在2020年有所提高，到2021年下降为38.4%；第三产业增加值所占比重在逐步上升，除2001年的短暂超越外，2014年首次超过第二产业增加值比重，2020

年第三产业受疫情影响最大,占比从 63.5% 降至 46.3%,2021 年略有提升,至 54.9%。

(四)从经济增长方式,东部沿海主要省域外向型经济特征明显,对外贸易依赖严重,而西部多数省域对外贸易依存度则相对较低

从 2016~2021 年对全国各省域对外贸易依存度分析(见表 2-2),上海、北京、广东、江苏、浙江和天津对外依存度均有 40% 以上并排在全国前 6 位。其中 2016~2021 年上海市对外贸易依存度平均值达到 97.4%,虽然近几年依存度有所下降,但依然非常严重;北京与广东对外贸易依存度平均值也达到了 70% 以上(一般认为 20% 以上为极高度安全,40% 以上为重度不安全)。表明我国沿海主要经济大省得益于改革开放红利,大力发展海外贸易并对本省域经济增长作出了重要贡献,同时也在一定程度上反映了我国沿海主要经济大省对海外贸易发展依赖严重,并容易受到国际经济与金融市场风险冲击影响。

表 2-2　　全国分省域对外贸易依存度对比(2016~2021 年)

地区	2016 年	2017 年	2018 年	2019 年	2020 年	2021 年	2016~2021 年
上海	101.7%	105.3%	104.1%	89.3%	90.1%	93.97%	97.4%
北京	72.7%	76.0%	73.6%	66.4%	64.0%	75.59%	71.4%
广东	78.0%	78.3%	89.7%	81.1%	64.6%	66.48%	76.4%
江苏	43.4%	49.5%	50.7%	49.5%	52.4%	44.79%	48.4%
浙江	47.0%	46.6%	47.3%	43.5%	43.3%	56.35%	47.3%
天津	37.9%	41.2%	43.0%	52.1%	52.3%	54.58%	46.8%
福建	35.9%	36.0%	34.5%	31.4%	32.1%	37.77%	34.6%
全国平均	21.9%	23.0%	23.6%	22.9%	20.2%	24.6%	22.7%
重庆	23.3%	23.2%	25.6%	24.5%	26.1%	28.68%	25.2%
山东	22.8%	24.7%	25.2%	28.8%	30.3%	35.26%	27.8%
海南	18.5%	15.7%	17.6%	17.1%	16.9%	22.79%	18.1%
辽宁	25.7%	28.8%	29.9%	29.1%	26.2%	28%	28.0%
新疆	12.1%	12.8%	10.9%	12.1%	10.8%	9.82%	11.4%

续表

地区	2016年	2017年	2018年	2019年	2020年	2021年	2016~2021年
江西	14.3%	15.1%	14.4%	14.2%	15.7%	16.81%	15.1%
西藏	4.5%	4.5%	3.2%	2.9%	1.1%	1.93%	3.0%
广西	17.2%	21.1%	20.2%	22.1%	22.0%	23.97%	21.1%
黑龙江	7.1%	8.1%	10.7%	13.7%	11.2%	13.4%	10.7%
安徽	12.0%	13.5%	13.8%	12.8%	14.1%	16.09%	13.7%
四川	9.9%	12.5%	14.6%	14.6%	16.6%	17.67%	14.3%
云南	8.9%	9.7%	11.0%	10.0%	11.0%	11.58%	10.4%
河北	9.6%	9.9%	9.9%	11.4%	12.3%	13.39%	11.1%
吉林	8.2%	8.4%	9.0%	11.1%	10.4%	11.37%	9.7%
河南	11.6%	11.7%	11.5%	10.5%	12.1%	13.93%	11.9%
湖北	8.0%	8.8%	8.9%	8.6%	9.9%	10.74%	9.2%
甘肃	6.2%	4.4%	4.8%	4.4%	4.2%	4.8%	4.8%
陕西	10.2%	12.4%	14.4%	13.6%	14.4%	15.95%	13.5%
宁夏	6.8%	9.9%	6.7%	6.4%	3.1%	4.73%	6.3%
山西	8.4%	7.5%	8.1%	8.5%	8.5%	9.87%	8.5%
湖南	5.5%	7.2%	8.4%	10.9%	11.7%	12.97%	9.4%
贵州	3.2%	4.1%	3.4%	2.7%	3.1%	3.34%	3.3%
内蒙古	4.2%	5.8%	6.0%	6.4%	6.1%	6.02%	5.8%
青海	3.9%	1.7%	1.7%	1.3%	0.8%	0.94%	1.7%

从我国近20年对外贸易指标时间序列趋势比较（见表2-3），进出口贸易总体上呈现较快增长势头，其中对外贸易依存度从2001年的38.47%上升至2006年最高值65.17%，之后缓慢下降到2021年的34.1%，表明自2007年以来我国对外贸易依存度总体上呈现不断下降态势，尤其是2018年中美贸易摩擦以来，我国对外贸易依存度下降比较显著。近几年受中美贸易摩擦、全球新冠疫情大流行，以及俄乌冲突影响，国际市场环境愈发复杂不利，我国及时提出了双循环政策，鼓励扩大国内消费以降低对海外市场严重依赖的不利后果，通过近10年对外贸易依存度的不断下降，表明无论是我国大力推动产业结构转型升级还是实施双循环政策，都取得了较好效果。

表2-3　全国进出口贸易增长与对外贸易依存度变化趋势（2001~2021年）

年份	进出口总值（亿美元）	出口（亿美元）	进口（亿美元）	GDP（万亿元）	人民币对美元汇率	对外贸易依存度（%）
2001	5096.51	2660.98	2435.53	11.09	8.28	38.47
2002	6207.66	3255.96	2951.70	12.17	8.28	42.7
2003	8509.88	4382.28	4127.60	13.74	8.28	51.89
2004	11545.54	5933.26	5612.29	16.18	8.28	59.76
2005	14219.06	7619.53	6599.53	18.73	8.19	63.22
2006	17604.38	9689.78	7914.61	21.94	7.97	65.17
2007	21761.75	12200.60	9561.15	27.01	7.60	62.73
2008	25632.55	14306.93	11325.62	31.92	6.95	57.29
2009	22075.35	12016.12	10059.23	34.85	6.83	44.24
2010	29740.01	15777.54	13962.47	41.21	6.77	50.57
2011	36418.64	18983.81	17434.84	48.79	6.46	50.1
2012	38671.19	20487.14	18184.05	53.86	6.31	47
2013	41589.93	22090.04	19499.89	59.30	6.19	46
2014	43015.27	23422.93	19592.35	64.36	6.14	41.4
2015	39530.33	22734.68	16795.64	68.89	6.23	36.3
2016	36855.57	20976.31	15879.26	74.64	6.64	32.4
2017	41071.38	22633.45	18437.93	83.20	6.75	33.6
2018	46224.44	24866.96	21357.48	91.93	6.61	33.7
2019	45778.91	24994.82	20784.09	98.65	6.9	31.8
2020	46559.13	25899.52	20659.62	101.36	6.9	31.5
2021	60501.70	33630.20	26871.40	114.37	6.45	34.1

数据来源：根据《中国统计年鉴》整理而成。

（五）从市场主体结构上，全国各省域均以私营企业数量为绝对主体

从全国分省域民营企业的法人单位数量来进行分析（见表2-4），全国所有省域中私人控股法人企业数量所占比重都明显领先于其他类

型的控股企业，表明在我国私人企业数量在各省域还是占据绝对的市场主体地位，对各省域经济发展和吸纳就业等方面起到巨大的促进作用。如私人控股企业数量占比最低的海南也达到了84.1%，最高的河南达到了98.3%，而且除上海、西藏与海南外，其他省域私人控股企业数量占比均达到了90%以上，而且河南、重庆、内蒙古、山东、宁夏、湖北、河北、浙江、福建和山西居全国前10位。

从全国各省域国有控股企业所占比例分析，2021年全国各省域国有控股企业数量占比均在5%以下，全国各省域的平均值仅为1.63%。从全国各省域的相关数据横向对比发现，2021年西藏、新疆、甘肃、上海与青海的国有控股企业数量占比居全国前5位，表明这些省域国有企业数量在全国各省域走在前列。山东、江苏、浙江、广东与福建国有控股法人企业数量占比居全国最后5位，表明这些省域国有企业数量相对较少，而民营经济成分占比较大。如以浙江省为例，浙江近些年来国家控股企业数量在本省占比基本上都位于全国最低水平，而集体控股企业在本省占比也位于全国中下游水平，表明浙江是典型民营经济大省，相比今天浙江涌现出大量优秀民营企业的良好态势，浙江民营企业主要靠自身抓住机遇而努力经营发展壮大。值得注意的是，上海的港澳台资企业数量占比和外商控股企业数量占比明显高于全国其他省域，其次是广东，表明上海作为我国的经济与金融中心，广东作为我国改革开放的前沿地区，吸引了大量港澳台资与外资企业从事生产经营活动，也表明上海与广东的对外经济开放程度较高，经济相对更加活跃。

表2-4　全国各省域按控股情况的企业法人单位数量占比（2021年）

地区	国有控股	集体控股	私人控股	港、澳、台	外商控股	其他
北京	1.4%	1.2%	95.1%	0.5%	0.7%	1.0%
天津	2.0%	0.7%	95.8%	0.6%	0.9%	0.0%
河北	1.1%	0.6%	97.6%	0.1%	0.1%	0.6%
山西	1.5%	0.8%	97.5%	0.0%	0.0%	0.0%
内蒙古	1.6%	0.5%	97.8%	0.1%	0.1%	0.0%

续表

地区	国有控股	集体控股	私人控股	港、澳、台	外商控股	其他
辽宁	1.7%	1.3%	93.9%	0.2%	0.5%	2.3%
吉林	2.1%	0.8%	94.3%	0.1%	0.2%	2.5%
黑龙江	2.6%	1.1%	92.9%	0.1%	0.1%	3.1%
上海	2.5%	1.4%	87.9%	2.5%	3.6%	2.0%
江苏	0.7%	0.4%	97.3%	0.5%	0.6%	0.7%
浙江	0.7%	0.6%	97.6%	0.3%	0.6%	0.2%
安徽	1.1%	0.6%	97.2%	0.1%	0.1%	1.0%
福建	0.8%	0.4%	97.6%	0.8%	0.4%	0.1%
江西	1.4%	0.5%	97.0%	0.2%	0.1%	0.8%
山东	0.6%	0.3%	97.8%	0.1%	0.3%	0.8%
河南	0.8%	0.5%	98.3%	0.1%	0.1%	0.2%
湖北	0.9%	0.6%	97.7%	0.1%	0.2%	0.5%
湖南	1.2%	0.5%	96.0%	0.1%	0.1%	2.1%
广东	0.8%	0.7%	92.0%	1.9%	0.5%	4.2%
广西	1.2%	0.8%	97.5%	0.2%	0.2%	0.1%
海南	1.7%	0.9%	84.1%	0.4%	0.2%	12.7%
重庆	1.0%	0.3%	98.3%	0.2%	0.2%	0.0%
四川	2.0%	1.1%	95.7%	0.2%	0.2%	0.9%
贵州	2.2%	0.9%	96.8%	0.1%	0.1%	0.0%
云南	1.5%	1.5%	96.7%	0.1%	0.1%	0.1%
西藏	4.5%	2.5%	84.6%	0.1%	0.1%	8.3%
陕西	1.8%	0.8%	94.7%	0.1%	0.1%	2.5%
甘肃	2.6%	1.0%	91.1%	0.1%	0.0%	5.3%
青海	2.4%	0.8%	96.7%	0.1%	0.1%	0.0%
宁夏	1.2%	0.3%	97.8%	0.1%	0.1%	0.6%
新疆	3.4%	0.6%	90.1%	0.1%	0.1%	5.8%
全国	1.1%	0.7%	96.1%	0.5%	0.4%	1.3%

数据来源：根据《中国统计年鉴（2022）》整理而成。

从全国各省域民营企业所吸纳的就业人口数量占全国比重情况分析（见图2-5），广东（13.1%）、江苏（12.8%）、浙江（9.8%）居全国前3位，其次为山东（7.2%）、上海（6.3%）、北京（5.3%）、重庆

(4.4%)、福建（4%）、湖北（3.4%）、河南（3.2%）居全国前 10 位，对全国吸引城乡人口就业的贡献最大。

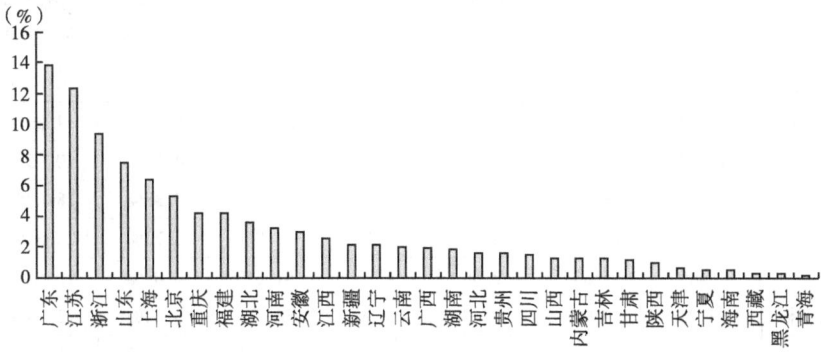

图 2-5　全国各省域民营企业吸纳就业人数占全国比重（2021 年）

从规模以上工业企业的主要财务指标分析（见表 2-5），对省规模以上工业企业数量分析发现，广东、江苏、浙江、山东与河南位居全国前 5 强，而西藏、海南、青海、宁夏与甘肃居倒数后 6 位。对规模以上企业营业收入总额分析，广东、江苏、山东、浙江和福建位居前 5 强，而西藏、海南、青海、宁夏和甘肃居倒数后 5 位。对单位企业总资产与净资产规模分析，北京、西藏、内蒙古、青海与宁夏位居全国前 5 强，而湖南、江西、浙江、福建、安徽与广东居全国倒数后 6 位。这表明广东、浙江等省域虽然规模以上企业数量较多，但多以轻工业为主。对企业资产负债率分析，青海、山西、宁夏、广西和贵州规上企业的平均资产负债率都在 60% 以上，总体财务杠杆较大财务风险比较高；而北京、上海规上企业的平均资产负债率在 50% 以下，总体财务杠杆较小而财务风险相对较低。对企业盈利能力分析，福建、江西、湖北、内蒙古、陕西和重庆的规上企业总体盈利能力排在前 5 强，而西藏、黑龙江、宁夏、甘肃和辽宁规上企业平均盈利能力位居倒数后 5 位。这表明对于我国东部沿海的发达经济省域，无论是企业数量、总资产规模与净资产规模，以及营业收入上均处于全国领先，而且多以轻资产为主，但平均盈利能力上位居全国中等水平。

表 2–5　　全国分省域规模以上工业企业的单位企业主要财务指标（2021年）　　单位：个，亿元

地区	企业单位数	单位企业总资产	单位企业净资产	单位企业营业收入	资产负债率	总资产利润贡献率	净资产利润贡献率
北京	3073	19.87	11.29	9.35	43.2%	6.03%	10.62%
天津	5662	4.15	1.88	4.07	54.6%	6.40%	14.09%
河北	16127	3.64	1.39	3.34	61.8%	4.18%	10.95%
山西	6859	8.32	2.41	4.91	71.1%	5.38%	18.62%
内蒙古	3291	11.80	4.98	7.55	57.8%	8.70%	20.61%
辽宁	8499	5.33	2.06	4.33	61.3%	4.07%	10.52%
吉林	3228	5.92	2.68	4.56	54.8%	5.64%	12.48%
黑龙江	4355	4.28	1.67	2.72	60.9%	2.88%	7.37%
上海	9309	5.76	2.95	4.88	48.8%	5.90%	11.53%
江苏	56281	2.73	1.26	2.73	53.8%	6.23%	13.48%
浙江	53730	2.09	0.95	1.87	54.9%	6.24%	13.81%
安徽	19880	2.52	1.11	2.29	56.1%	5.74%	13.05%
福建	20105	2.35	1.13	3.27	52.1%	10.55%	22.00%
江西	15813	2.02	0.93	2.84	54.0%	10.24%	22.25%
山东	33057	3.37	1.31	3.14	61.2%	4.84%	12.46%
河南	21679	2.68	1.14	2.64	57.3%	5.05%	11.84%
湖北	16792	2.95	1.40	3.05	52.4%	8.92%	18.76%
湖南	19301	1.79	0.88	2.25	50.7%	7.58%	15.36%
广东	66307	2.65	1.13	2.62	57.3%	6.42%	15.01%
广西	8065	2.93	1.08	2.76	63.1%	5.70%	15.43%
海南	563	7.85	3.39	4.75	56.9%	4.81%	11.15%
重庆	7314	3.51	1.55	3.76	55.8%	8.32%	18.82%
四川	16453	3.75	1.63	3.30	56.4%	7.38%	16.93%
贵州	5090	3.51	1.31	2.07	62.7%	7.00%	18.75%
云南	4569	5.53	2.48	3.85	55.2%	5.37%	12.00%
西藏	186	12.11	5.83	2.24	51.8%	2.22%	4.62%
陕西	7569	5.83	2.61	4.12	55.3%	8.41%	18.81%
甘肃	2262	6.21	2.54	4.44	59.1%	3.88%	9.49%
青海	633	10.51	2.98	5.10	71.7%	4.48%	15.81%
宁夏	1383	8.77	3.08	4.77	64.9%	3.78%	10.76%
新疆	4082	6.91	2.97	3.80	57.1%	6.86%	15.98%

数据来源：根据《中国统计年鉴（2022）》整理而成。

从各省域民营工业企业数量与单位企业总资产分析（见表2-6），2021年全国省域民营企业数量中浙江、广东、江苏、山东和河南排在前5位，而西藏、海南、青海、宁夏和甘肃排在倒数后5位。从民营企业总资产及营业收入规模分析，江苏、广东、浙江、山东和福建排在全国前5位，而西藏、海南、青海、甘肃和北京排在倒数后5位。从财务杠杆水平分析，海南、青海、山西、广西、山东和辽宁民营企业平均资产负债率均在65%以上，总体财务风险较高，而北京、河南、湖北和上海的资产负债率均在50%以内，总体财务风险相对较低。从民营企业盈利能力分析，湖北、江西、福建、湖南、陕西和重庆位居全国前6强，而广东、浙江、江苏等民营企业大省的平均盈利能力位居全国中等水平。以上表明我国民营企业主要集中于浙江、广东、江苏、山东等沿海经济大省，无论是从总资产规模还是营业收入水平都明显领先全国，且这些省域民营企业的平均资产规模位居全国中下等水平且盈利能力位居全国中等水平，总体抗风险能力较弱。

表2-6　　　　全国各省域民营工业企业的单位
企业主要财务指标（2021年）　　　单位：个、亿元

地区	企业单位数	单位企业总资产	单位企业净资产	单位企业营业收入	单位企业利润	总资产利润贡献率	净资产利润贡献率
北京	1133	3.25	1.83	1.61	0.16	4.85%	8.62%
天津	3285	1.37	0.53	1.85	0.04	2.97%	7.62%
河北	12901	1.64	0.65	2.01	0.09	5.76%	14.52%
山西	4511	2.15	0.62	2.45	0.13	6.16%	21.50%
内蒙古	1610	3.90	1.50	3.55	0.43	11.10%	28.84%
辽宁	5379	2.03	0.70	1.91	0.09	4.43%	12.86%
吉林	2128	1.59	0.60	1.16	0.05	3.21%	8.47%
黑龙江	2814	1.29	0.50	1.07	0.05	3.71%	9.51%
上海	5032	1.69	0.86	1.46	0.10	5.96%	11.68%
江苏	43364	1.38	0.58	1.55	0.08	5.85%	13.85%
浙江	45446	1.05	0.41	1.10	0.06	5.58%	14.17%

续表

地区	企业单位数	单位企业总资产	单位企业净资产	单位企业营业收入	单位企业利润	总资产利润贡献率	净资产利润贡献率
安徽	15232	0.84	0.36	1.11	0.06	7.16%	16.49%
福建	16101	1.28	0.62	2.34	0.18	14.00%	28.67%
江西	12318	1.01	0.50	2.04	0.15	15.27%	30.80%
山东	23829	1.37	0.47	1.65	0.07	5.14%	15.04%
河南	17398	1.12	0.61	1.42	0.09	7.91%	14.42%
湖北	12320	1.03	0.53	1.86	0.17	16.44%	31.87%
湖南	16559	0.79	0.45	1.59	0.10	12.21%	21.55%
广东	44356	1.08	0.42	1.42	0.08	7.05%	18.15%
广西	5952	1.02	0.33	1.31	0.07	7.18%	22.25%
海南	173	1.35	0.38	1.35	0.03	2.39%	8.42%
重庆	5804	1.58	0.73	2.12	0.19	11.99%	25.92%
四川	12059	1.18	0.58	1.92	0.14	11.76%	24.09%
贵州	3573	1.01	0.38	1.02	0.09	8.63%	23.27%
云南	2757	1.69	0.67	1.95	0.10	5.94%	14.99%
西藏	61	1.64	0.66	0.52	0.03	1.70%	4.24%
陕西	4974	1.45	0.65	1.84	0.17	12.02%	26.82%
甘肃	1104	1.46	0.54	1.14	0.03	2.32%	6.30%
青海	262	2.65	0.75	2.04	0.10	3.78%	13.38%
宁夏	967	5.51	1.99	3.11	0.22	3.93%	10.87%
新疆	2350	2.41	0.91	1.88	0.27	11.39%	30.24%

数据来源：根据《中国统计年鉴（2022）》整理而成。

二、我国省域金融业风险的基本特征分析

对我国省域金融业风险的基本特征进行总体定性与定量相结合分析是对省域金融风险进行定量深入实证分析的必要前提。因此，本书基于金融安全视角并利用 SWOT 分析方法，对近些年来我国省域金融业风险的基本特征从总体上进行了一次全面总结分析。

(一) 我国省域金融业风险的优势特征分析

(1) 从金融总量上分析,广东、北京、江苏、浙江和上海无论从金融机构总资产规模、银行类机构总资产规模,本外币存贷款与人均存贷款规模,还是金融行业机构数与从业人员数均位居全国前列,表明这些省域金融业发展比较活跃,金融市场化程度及金融机构竞争力相对较强,总体抗风险能力较强。

从全国各省域的金融机构资产总量上进行分析(见图 2-6)后发现,北京、广东、江苏、上海与浙江的金融资产总规模明显高出其他省域,其中广东 2019~2021 年金融机构总资产规模分别已经达到了 26.02 万亿元、29.58 万亿元与 32.04 万亿元,2020~2021 年均居全国第 1 位,走在全国其他省域前列。近 10 年的数据显示,我国各省域银行类金融机构总资产与净资产规模一直处于稳步上升的态势,在可预期的未来一段时期内,这种趋势还将继续。由于我国金融资产主要集中在银行业,尤其在大型、股份制和城商行,且多为政府直接或间接控股,近 10 年来无论是不良资产与资本充足风险都在安全可控范围内,一般省域金融机构资产规模越大,越具有资源竞争优势和影响优势,该省域金融机构的整体抗风险能力越强。

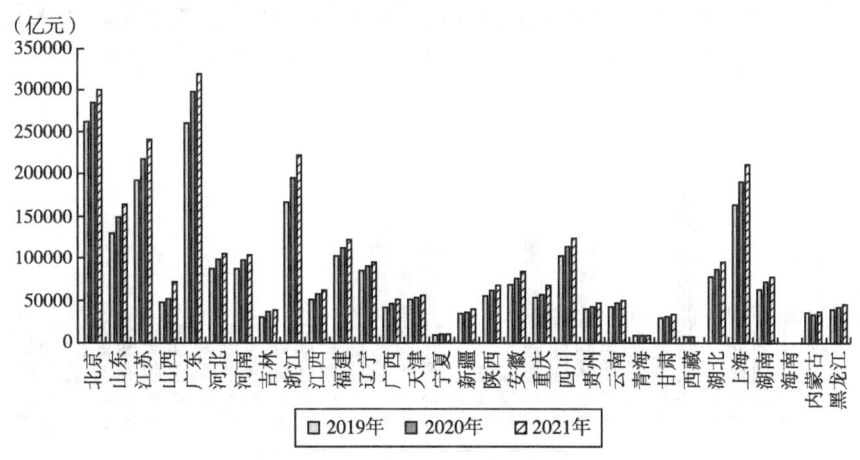

图 2-6 全国各省域银行类金融机构总资产比较 (2019~2021 年)

从全国各省域金融机构数量分析，2021年我国各省域金融机构网点总数的前5位分别是广东、山东、四川、江苏、浙江；2020年和2021年广东金融机构网点总数分别为163725个和16607个，均居全国第1位。从时序变化分析，我国2005~2021年全省金融机构网点数量一直处于不断上升的态势。

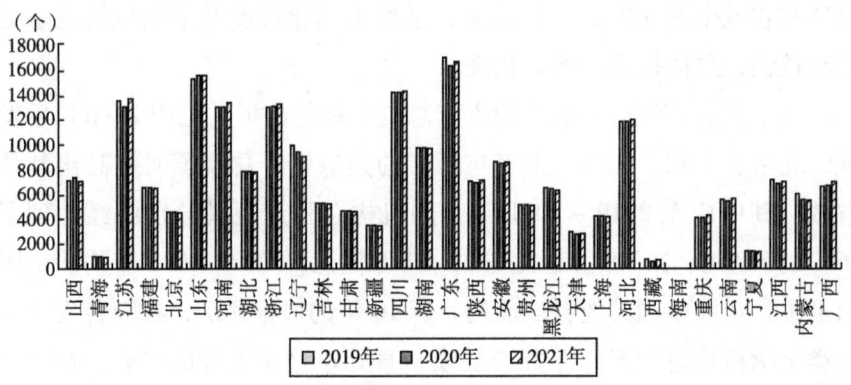

图2-7　全国分省域金融机构网点数量比较（2019~2021年）

从我国金融机构网点从业人员数量对比，2021年全国金融机构网点从业人员数为388.19万人；2021年广东全省金融机构网点从业人员数为36.42万人，居全国第1位，江苏（27.34万人）与浙江（26.42万人），居全国第2、第3位。从我国近些年的金融机构从业人员数变化趋势来分析，2019~2021年我国金融机构从业人员数总体处于不断上升态势。

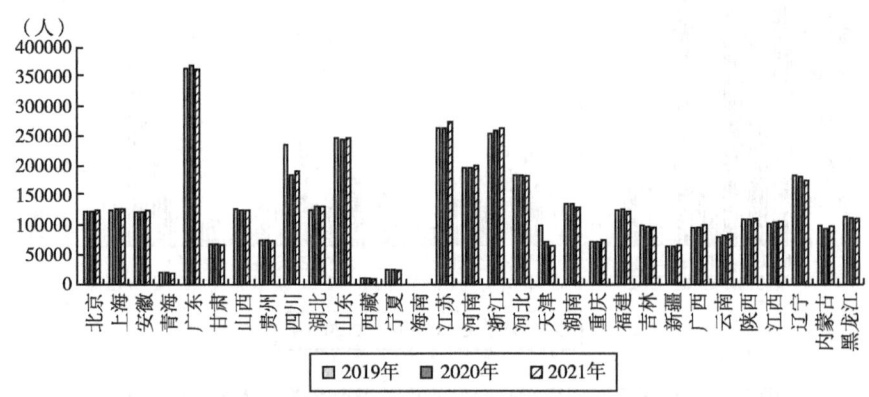

图2-8　全国各省域金融机构从业人员数比较（2019~2021年）

从全国各省域金融机构存、贷款与人均存贷款规模比较，我们发现（见表2-7），2019~2021年从本外币存款余额比较，广东、北京、江苏、上海、浙江与山东明显高于全国其他省域，排在全国前列。从本外币贷款余额比较，广东、江苏与浙江居全国前3位。从人均本外币存款余额比较，北京、上海、天津、浙江、广东与江苏居全国前6位，其中2019~2021年广东人均本外币存款余额为23.25万元、26.76万元和29.32万元，均居全国第1位。从人均本外币贷款余额分析，2019~2021年北京分别为78.13万元、85.93万元和91.23万元，排在全国第1位。这表明这6个省域人均居民金融财富程度显著领先于其他省域。

表2-7 全国各省域本外币存贷款与人均存贷款余额比较（2019~2021年）

地区	本外币存款余额（万亿元）			人均本外币存款（万元）			本外币贷款余额（万亿元）			人均本外币贷款（万元）		
	2019	2020	2021	2019	2020	2021	2019	2020	2021	2019	2020	2021
北京	17.11	18.81	19.97	78.13	85.93	91.23	7.69	8.43	8.90	35.10	38.51	40.67
上海	13.28	15.59	17.58	53.53	62.66	70.63	7.98	8.46	9.60	32.18	34.00	38.58
江苏	15.71	17.80	19.60	18.55	21.00	23.05	13.51	15.66	18.05	15.96	18.47	21.23
天津	3.18	3.41	3.59	22.96	24.59	26.15	3.61	3.89	4.11	26.09	28.02	29.90
广东	23.25	26.76	29.32	18.62	21.20	23.12	16.80	19.57	22.22	13.45	15.50	17.52
宁夏	0.65	0.71	0.75	9.07	9.85	10.34	0.74	0.80	0.85	10.36	11.07	11.67
黑龙江	2.79	3.16	3.43	8.57	9.97	10.98	2.15	2.26	2.44	6.61	7.12	7.81
陕西	4.45	4.94	5.46	11.28	12.49	13.81	3.43	3.92	4.44	8.71	9.91	11.22
云南	3.30	3.57	3.65	7.00	7.56	7.78	3.16	3.51	3.90	6.70	7.42	8.31
重庆	3.95	4.29	4.59	12.39	13.37	14.29	3.71	4.19	4.69	11.64	13.06	14.61
海南	0.97	1.03	1.13	9.75	10.18	11.08	0.95	1.00	1.06	9.57	9.86	10.40
辽宁	6.27	6.80	7.00	14.66	15.98	16.55	4.96	5.22	5.31	11.59	12.27	12.56
甘肃	1.98	2.10	2.26	7.89	8.40	9.08	2.07	2.22	2.39	8.24	8.86	9.60
江西	3.92	4.39	4.78	8.68	9.71	10.58	3.57	4.17	4.72	7.90	9.22	10.44
浙江	13.13	15.22	17.08	20.60	23.53	26.12	12.18	14.36	16.58	19.10	22.20	25.34
山东	10.47	11.83	13.05	10.36	11.64	12.83	8.63	9.79	11.10	8.54	9.63	10.92

续表

地区	本外币存款余额（万亿元）			人均本外币存款（万元）			本外币贷款余额（万亿元）			人均本外币贷款（万元）		
	2019	2020	2021	2019	2020	2021	2019	2020	2021	2019	2020	2021
河北	7.32	8.13	8.90	9.83	10.89	11.95	5.38	6.10	6.80	7.22	8.17	9.12
山西	3.84	4.25	4.68	10.98	12.18	13.45	2.81	3.06	3.42	8.04	8.78	9.83
安徽	5.48	6.05	6.69	9.00	9.91	10.94	4.49	5.21	5.87	7.38	8.54	9.60
湖南	5.27	5.79	6.29	7.94	8.71	9.50	4.24	4.94	5.58	6.39	7.43	8.43
贵州	2.72	2.83	3.01	7.07	7.34	7.81	2.85	3.23	3.59	7.42	8.37	9.32
吉林	2.42	2.72	2.96	9.89	11.34	12.46	2.09	2.28	2.46	8.53	9.48	10.36
河南	7.08	7.76	8.35	7.15	7.81	8.45	5.69	6.41	7.05	5.75	6.45	7.14
湖北	6.05	6.72	7.25	10.21	11.70	12.44	5.22	5.99	6.70	8.81	10.42	11.50
新疆	2.35	2.50	2.67	9.18	9.65	10.31	2.05	2.29	2.55	8.02	8.84	9.85
福建	4.98	5.64	6.21	12.04	13.55	14.83	5.26	5.99	6.79	12.72	14.39	16.22
西藏	0.50	0.54	0.56	13.85	14.75	15.30	0.47	0.50	0.51	13.01	13.54	14.03
四川	8.31	9.18	10.01	9.95	10.97	11.96	6.25	7.10	8.03	7.48	8.48	9.60
广西	3.16	3.47	3.69	6.34	6.91	7.33	3.05	3.52	3.99	6.12	7.01	7.91
内蒙古	2.37	2.51	2.76	9.81	10.45	11.50	2.32	2.33	2.50	9.60	9.71	10.42
青海	0.59	0.63	0.67	10.00	10.62	11.28	0.67	0.66	0.69	11.34	11.17	11.54

数据来源：WIND 资讯数据库。

（2）从金融行业内部结构来分析，银行业占绝对主体地位；而从银行类金融机构内部结构分析，各类型银行机构资产比重差异较大，大型商业银行、城市商业银行、股份制商业银行与农村商业银行占各省域银行业主体地位，外资银行等所占比重低下。

从各省域银行、保险与证券基金业等相对资产规模对比分析，由于目前我国各省域缺乏省域内银行业、证券业和保险业的总资产、净资产等重要财务统计数据，故没法具体准确知晓各省域金融业内部结构比重，但根据我国总体金融业内部总资产结构数据与银行业、证券业和保险业所占比重（见表 2-8），我们发现 2007~2021 年，我国金融业总资产、银行业和保险业总资产一直处于快速稳步上升的态势，金融业从 2007 年的 77.39 万亿元上升到 2021 年的 381.95 万亿元，10

年间翻了4.93倍；银行业总资产从2007年的52.6万亿元上升到344.76万亿元，15年间翻了6.5倍；保险业总资产从2.9万亿元上升到24.89万亿元，15年间翻了8.6倍；相比之下，2007年证券业总资产为4.98万亿元，而2021年为12.3万亿元，15年间仅翻了2.5倍。从金融业内部各行业占比情况分析，银行业占比在我国金融业处于主导地位，从2007年的68%上升到2021年的81.8%，表明近10年来我国银行业在金融业的主导地位不但没有下降反而得到了增强。而保险业在我国金融业所占的比重从2006年的3.7%上升到2021年的5.9%，虽然无法与银行业相比，但所占比重处于缓慢上升态势。相比之下，证券业在我国金融业所占比重从2007年的6.4%下降到2021年的2.9%，证券业所占比重不仅无法与银行业相比，而且近10年所占比重不但没有提升反而呈现下降态势，这与西方发达国家直接融资所占比重较高，具有较完善发达的资本市场，银行、证券基金与保险业多足鼎力抗衡的局面相比，我国金融业内部基本上一边倒向银行业，这对于我国要建立多层次资本市场、不断提升直接融资比重、解决大量中小企业"融资难"的问题，还有很长一段路要走。我国金融业总体内部结构也是全国各省域金融业内部结构的缩影，因此，对于我国各省域金融业内部也基本上呈现银行业所占比重一边倒的情况，省域银行类金融机构的安全是维护省域金融系统安全稳定的重点所在。

表2-8 我国金融业内部总资产及其所占比重（2007～2021年） 单位：万亿元

年份	金融业	中央银行	银行业	证券业	保险业	中央银行比重	银行业比重	证券业比重	保险业比重
2007	77.39	16.91	52.6	4.98	2.9	21.9%	68.0%	6.4%	3.7%
2008	87.62	20.7	62.39	1.19	3.34	23.6%	71.2%	1.4%	3.8%
2009	108.35	22.75	79.51	2.03	4.06	21.0%	73.4%	1.9%	3.7%
2010	128.25	25.93	95.3	1.97	5.05	20.2%	74.3%	1.5%	3.9%
2011	148.97	28.1	113.29	1.57	6.01	18.9%	76.0%	1.1%	4.0%
2012	171.53	29.45	133.62	1.11	7.35	17.2%	77.9%	0.6%	4.3%
2013	192.89	31.73	151.35	1.52	8.29	16.4%	78.5%	0.8%	4.3%
2014	219.18	33.82	172.34	2.86	10.16	15.4%	78.6%	1.3%	4.6%

续表

年份	金融业	中央银行	银行业	证券业	保险业	中央银行比重	银行业比重	证券业比重	保险业比重
2015	247.36	31.78	199.35	4.4	12.36	12.8%	80.6%	1.8%	5.0%
2016	286.22	34.37	232.25	4.48	15.12	12.0%	81.1%	1.6%	5.3%
2017	310.12	36.29	252	5.08	16.75	11.7%	81.3%	1.6%	5.4%
2018	329.14	37.25	268.24	5.32	18.33	11.3%	81.5%	1.6%	5.6%
2019	354.93	37.11	290.00	7.26	20.56	10.5%	81.7%	2.0%	5.8%
2020	391.96	38.77	319.74	10.15	23.3	9.9%	81.6%	2.6%	5.9%
2021	421.52	39.57	344.76	12.3	24.89	9%	81.8%	2.9%	5.9%

数据来源：中国金融稳定报告（2008~2021年）。

从我国银行类金融机构内部结构对比分析来看（见表2-9），大型商业银行一直是我国银行业的主体，2005年我国大型商业银行总资产占全部银行机构总资产比重为49.5%，2005~2021年比重缓慢下降，到2021年所占比重下降为33.8%，但依然是我国银行业的第一主体；其次是城市商业银行，2005~2021年所占比重一起稳步上升，2005年总资产所占比重仅为7.3%，到2016年所占比重上升为20.5%并首次超过了股份制商业银行比重，到2021年末所占比重保持在16%，并基本上与股份制商业银行资产比重持平，城市商业银行是我国银行业逐步兴起的一支重要力量；第三是股份制商业银行，2005~2021年资产所占比重呈现稳中趋降的态势，2005年所占比重为20.6%，到2016年缓慢下降到18.6%，到2021年末进一步下降到15.9%，股份制商业银行是我国银行业中的传统重要力量，也是代表我国商业银行市场化水平较高的商业群体；农村商业银行在我国资产规模中所占比重比较稳定，2005年为15.3%，到2021年为14.5%，是我国省域银行业的重要组成部分之一；政策性商业银行在我国所占比重相对较低且所占比重不稳定，2005年总资产规模所占比重为3.4%，到2021年为7.7%；我国邮政储蓄银行2005~2016年一直比较稳定在2.5%左右，从2017年起已经被纳入大型商业银行类别当中；财务公司与信托公司资产规模所占比重一直比较低下，近10年来合计不到1%；值得提及的是外资银行类金融机构，2005~2016年资产规模所占比重一直变化较小，2005年所占比重为0.2%，2010年为0.4%，到2016年仍为0.4%，到2021年末占比已接近0，表明在我国外资类金融机构无论从总资产规模、净资产规模，还是机构网点数与从业人员数等均难以与本土银行类机构进行竞争，本土绝大部分省域的银行业国际市场化程度还比较低，今后一段时期内对外资类金融机构不是限制，而是要继续放宽准入门槛，引进更多"狼"来促进本地"羊"更好成长！

表2-9　　全国银行类金融机构总资产规模所占比重比较（2005~2021年）

年份	大型商行	政策性银行	股份制商行	城市商行	农村商行	财务公司	信托公司	邮储银行	外资金融机构	新型农村金融机构	其他
2005	49.5%	3.4%	20.6%	7.3%	15.3%	1.5%	0.0%	2.2%	0.2%	0.0%	0.0%
2006	48.4%	3.5%	21.5%	7.8%	15.3%	0.4%	0.3%	2.4%	0.2%	0.0%	0.1%
2007	47.3%	3.5%	22.8%	8.5%	14.9%	0.4%	0.0%	2.2%	0.3%	0.0%	0.0%
2008	44.2%	3.9%	24.2%	9.2%	15.2%	0.3%	0.0%	2.4%	0.3%	0.2%	0.0%
2009	46.9%	4.1%	20.9%	10.5%	14.0%	0.3%	0.0%	2.6%	0.3%	0.4%	0.0%
2010	45.9%	4.1%	20.3%	12.0%	14.4%	0.3%	0.0%	2.4%	0.4%	0.3%	0.0%
2011	44.3%	4.3%	20.3%	12.4%	14.5%	0.3%	0.1%	2.4%	0.5%	0.4%	0.6%
2012	40.8%	4.4%	21.9%	13.7%	14.8%	0.3%	0.1%	2.5%	0.4%	0.5%	0.6%
2013	39.4%	4.9%	21.1%	14.6%	15.2%	0.5%	0.1%	2.4%	0.5%	0.6%	0.6%
2014	37.3%	4.8%	21.3%	16.1%	15.5%	0.6%	0.1%	2.5%	0.4%	0.7%	0.7%
2015	35.2%	5.1%	20.7%	18.4%	15.3%	0.6%	0.2%	2.4%	0.7%	0.2%	1.1%
2016	33.8%	5.5%	18.6%	20.5%	16%	0.7%	0.2%	2.6%	0.4%	0.7%	1.1%
2017	33.9%	25.9%	16.3%	15.8%	14.5%	0.0%	0.0%	0.0%	0.0%	0.0%	0.0%
2018	33.9%	8.6%	15.8%	16.0%	14.6%	0.0%	0.0%	0.0%	0.0%	0.0%	0.0%
2019	34.1%	8.2%	15.9%	16.0%	14.4%	0.0%	0.0%	0.0%	0.0%	0.0%	0.0%
2020	34.0%	7.9%	16.1%	15.8%	14.4%	0.0%	0.0%	0.0%	0.0%	0.0%	0.0%
2021	33.8%	7.7%	15.9%	16.0%	14.5%	0.0%	0.0%	0.0%	0.0%	0.0%	0.0%

数据来源：WIND资讯数据库。

(3) 从我国金融机构类型分析,传统金融行业在稳步发展,新兴互联网行业正在蓬勃兴起,目前我国已经形成了传统金融与互联网金融相结合,多类型、多层次的比较全面的金融企业类型体系。

从传统金融机构发展情况分析,正如前所述,国内已经形成了大、中、小等多层次类型的银行类金融机构。对于证券业与保险业,如图2-9所示,2010~2021年我国证券公司数与基金公司数总体上处于稳步上升的态势。2010年总部设在我国辖内的证券公司有108家,到2021年上升至139家;2010年总部设在我国辖内的基金公司有65家,到2021年上升至725家。2010年我国国内上市公司共有2064家,2016年有3038家,到2021年已上升至4697家,实现了平稳较快增长良好态势。从保险业情况分析,2010~2021年总部设在国内的保险公司数呈不断上升的态势,2010年总部设在国内的保险公司有96家,到2021年上升至202家。保险收入也实现了平稳较快的增长态势,2010年保费总收入为1.45万亿元,到2021年上升为4.49万亿元。同时我国各省域保险深度和密度也实现了平稳较快增长态势。

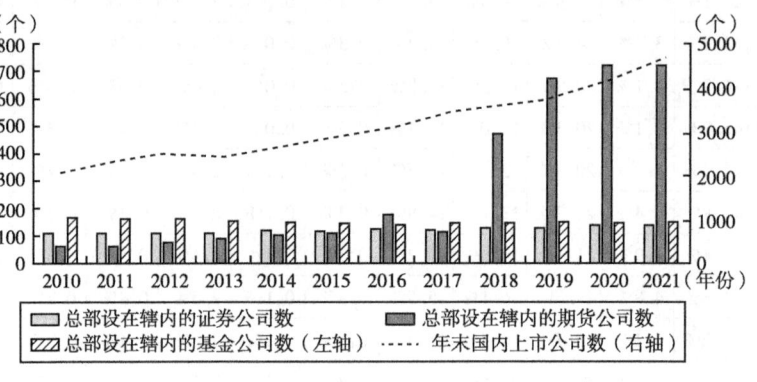

图2-9 全国证券行业机构数变化趋势(2010~2021年)

从我国各省域互联网金融等新兴金融业态分析,互联网金融近10来年获得了较大的发展,其中互联网金融是指传统金融机构与互联网企业利用信息通信技术和互联网技术实现资金融通、支付、投资和信息中介服务的新型金融业务模式,一般分为以下六类:互联网支付、网络借贷、股权众筹融资、互联网基金销售、互联网保险、互联网信托和互联网消费金融。第一,从规模上分析,互联网金融近几年来呈现快速上升的态势,成为我国金融业的新趋势亮点;第二,传统金融业通过互联网金融平台,积极开展各自领域的创新推广活动,行业竞争越发激烈;第三,一些大型金融公司积极发展互联网金融业务,因其具有网点数量多、覆盖面广、品牌获得消费者青睐的优势,一些小型金融公司因自然实力较弱,也积极转型并灵活创新管理模式。当前,随着互联网、移动通信和大数据技术等快速发展,大量消费者,尤其是年轻群体只需要通过手机或电脑终端就可以方便快捷地购买金融产品或接受金融服务,而方便的指尖购物方式也大大拓展了金融市场的服务边界,降低了传统金融服务的门槛,未来将会有更多新型金融服务新业态模式展现出来。

(4) 从出口创汇规模数量与能力以抵御外源债务与汇率波动冲击风险分析。

如表2–10所示,我国2021年净出口额6758.8亿美元,其中浙江(2912.7亿美元)、广东(2841.5亿美元)、江苏(2004.5亿美元)3省的净出口能力高居全国前3位,是我国对外贸易与出口创汇的最主要大省,其次为山东(898.1亿美元)与江西(365.3亿美元)。如果考虑各省域每年的实际利用外资创汇能力,即净出口与净外资流入的情况下的全部创汇占全国的比重,2020~2021年浙江在全国所占的比重分别为36.0%和36.1%,位居全国第一,其次是广东(31%和32.9%),排在全国第2位;江苏(25.5%和26.9%),排在全国第三位,而山东、江西和河南、福建4省分别排在第4到第7位。相比之下,北京、上海、黑龙江、辽宁、吉林和海南位居全国出口创汇倒数后6名。排名倒数的省域突出特点是进口额要大于出口额并出现了较大的贸易赤字,尤其是北京与上海作为全国的政治与经济中心,近些年对全国出口创汇与外汇储备的形成贡献基本上是负的,这与国家对这两座城市的战略定位相关。一般地区出口与利用外资创汇能力越强,表明越有利于对外债务偿还,抵御外源性金融风险的冲击威胁,从而有利于保护本省域与本国金融安全。

表2-10　　全国各省域净出口与实际利用外资创汇所占比重比较（2020~2021年）　　单位：亿美元

年份	实际净出口额		实际利用外资净额		净出口+净利用外资		各省域占全国比重	
	2020	2021	2020	2021	2020	2021	2020	2021
浙江	2376.8	2912.7	50.4	49.6	2427.2	2962.3	36.0%	36.1%
广东	2324.9	2841.5	-235.3	-141.7	2089.6	2699.8	31.0%	32.9%
江苏	1494.2	2004.5	222.4	197.9	1716.6	2202.4	25.5%	26.9%
山东	576.3	898.1	115.5	165.0	691.7	1063.1	10.3%	13.0%
江西	260.9	365.3	131.6	145.4	392.5	510.7	5.8%	6.2%
河南	213.3	285.5	189.1	196.5	402.4	482.0	6.0%	5.9%
福建	411.9	494.3	16.8	-40.4	428.7	453.9	6.4%	5.5%
四川	175.8	293.9	81.8	100.2	257.6	394.1	3.8%	4.8%
湖南	249.6	380.0	188.1	1.3	437.7	381.3	6.5%	4.7%
重庆	268.7	361.8	8.5	18.3	277.2	380.1	4.1%	4.6%
安徽	124.5	197.4	168.4	164.6	292.9	362.0	4.3%	4.4%
湖北	158.8	255.2	97.3	105.1	256.1	360.3	3.8%	4.4%
河北	84.3	99.5	96.0	88.6	180.2	188.1	2.7%	2.3%
陕西	11.8	58.2	77.3	100.0	89.2	158.2	1.3%	1.9%
新疆	102.9	151.0	-1.7	0.1	101.1	151.1	1.5%	1.8%
山西	35.2	77.5	16.2	14.1	51.4	91.6	0.8%	1.1%
云南	51.5	60.0	0.3	-1.2	51.7	58.8	0.8%	0.7%
贵州	45.4	49.5	4.2	-0.8	49.7	48.7	0.7%	0.6%
宁夏	7.2	21.0	1.7	2.0	8.9	23.0	0.1%	0.3%
广西	79.4	-8.2	9.3	14.9	88.6	6.7	1.3%	0.1%
青海	0.2	0.3	-0.6	1.7	-0.3	2.0	0.0%	0.0%
西藏	0.7	0.8	-0.1	-3.4	0.6	-2.6	0.0%	0.0%
内蒙古	-51.4	-43.4	15.8	1.4	-35.6	-42.0	-0.5%	-0.5%
甘肃	-30.5	-46.1	0.0	0.1	-30.5	-46.0	-0.5%	-0.6%
天津	-176.2	-126.3	31.9	30.7	-144.3	-95.6	-2.1%	-1.2%
海南	-55.4	-126.1	28.3	27.2	-27.0	-98.9	-0.4%	-1.2%
吉林	-101.1	-123.1	-0.9	-1.0	-102.0	-124.1	-1.5%	-1.5%
辽宁	-181.7	-169.6	20.5	19.9	-161.2	-149.7	-2.4%	-1.8%
黑龙江	-118.5	-170.0	4.8	5.2	-113.7	-164.8	-1.7%	-2.0%
上海	-1077.4	-1420.6	76.8	93.3	-1000.6	-1327.3	-14.9%	-16.2%
北京	-2021.8	-2815.8	81.2	85.1	-1940.6	-2730.7	-28.8%	-33.3%
全国总计	5239.9	6758.8	1495.9	1439.5	6735.8	8198.3	100.0%	100.0%

数据来源：根据《中国统计年鉴（2021~2022年）》和WIND数据库整理而成，其中进出口值为按经营单位所在地核算。

(二) 我国省域金融业风险的劣势特征分析

（1）从前面全国 31 个省域主要指标发现，无论从经济总量、金融总量以及人均规模指标上，省域之间差距都很大，不同省域之间抵御内外源金融风险的能力存在较大差异。

从经济规模总量 2022 年全国 31 个省域 GDP 总量分析，广东、江苏、山东、浙江、河南和四川排在全国前六名，GDP 总量占全国 GDP 总量的 44.2%，而排名倒数后六位的省域依次是西藏、青海、宁夏、海南、甘肃和吉林，GDP 总量仅占全国 GDP 总量的 3.465%，区域之间经济规模差距非常大，这体现了地区的综合经济发展实力差距。

从金融资产规模总量上，2019～2021 年广东、北京、江苏、浙江、上海和山东金融资产总规模明显高出其他省域，并占据我国金融业总资产的大部分，相比之下，西藏、青海、海南、宁夏、吉林所占规模较小，并处于全国倒数后 5 位。从各省域金融机构网点数量和从业人员数，基本上存在类似的省域之间总量结构差异。

从对外贸易总额以及出口创汇能力分析，2021 年广东、江苏、浙江、上海、北京和山东排在全国前六名，对外贸易总额占全国的 70.7%。而排在倒数后六位的省域依次是青海、西藏、宁夏、甘肃、贵州和内蒙古，其对外贸易总额仅占全国的 0.7%。从净出口和净外资流入总额分析，2021 年浙江、广东、江苏、山东、江西和河南排在全国前六位，净出口加净外资流入占全国总额的 121%（因有部分省域是负数，即存在贸易赤字和外资净流出），而排在倒数后六位省域的分别为北京、上海、黑龙江、辽宁、吉林和海南，其净出口加净外资流入占全国总额的 -56%。其中北京和上海作为全国政治与经济中心，是因为服务于国家经济战略需要，而东北三省则主要是由于近些年东北经济的衰落，出口能力下降和吸引外资能力下降等所致。

从人均 GDP 总额分析，2022 年，北京（190091 元）、上海（179401 元）、江苏（144475 元）、福建（126845 元）、浙江（118830 元）、天津（118801 元）排在全国前六位，而甘肃（44986 元）、黑龙江（50883 元）、广西（52215 元）、贵州（52348 元）、吉林（55033 元）

和河北（56888元）排在倒数后六位，省域之间差距明显。2022年从各省域人均可支配收入对比，上海（79610元）、北京（77415元）、浙江（60302元）、江苏（49862元）、天津（48976元）和广东（47065元）排在全国前六位。人均可支配收入排在全国倒数后六位的省域分别是甘肃（23273元）、贵州（25508元）、西藏（26675元）、云南（26937元）、青海（27000元）和新疆（27063元），不同省域之间的平均贫富差距一目了然。

（2）从国内各省域的金融业发展情况来分析，各省域金融业发展差异明显。

从金融机构存、贷款规模差距分析，如表2-11所示，2021年全国31省域本外币存款规模排名前6的省域分别为广东（29.32万亿元）、北京（19.97万亿元）、江苏（19.6万亿元）、上海（17.58万亿元）、浙江（17.08万亿元）和山东（13.05万亿元），其规模占全国本外币存款规模的51.16%，而排名倒数后六位的省域分别为西藏（0.56万亿元）、青海（0.67万亿元）、宁夏（0.75万亿元）、海南（1.13万亿元）、甘肃（2.26万亿元）和新疆（2.67万亿元），此6省规模仅占全国总规模的3.53%。数据发现，其他多数年份情况类似，2019~2021年广东无论是在金融机构年末存款余额，还是在贷款余额上都处于明显的领先优势地位，2021年广东年末存款余额占全国总存款余额的16.8%，贷款余额占全国总额的11.89%，而且近3年来有进一步上升的态势，表明广东作为我国最早改革开放的省域和第一经济强省，其总体金融实力强大，地位稳固。其次为北京，作为我国首都和政治中心，在金融机构年末存、贷款余额上明显领先于其他省域，2021年末北京年末总存款近20万亿元，占全国当年全部存款比重为8.99%；贷款为8.9万亿元，占全国当年比重为4.76%，且2019~2021年所占比重保持相对稳定；北京拥有全国最好的资源和优势，是北方的经济核心地带，首都圈经济发展的核心，也是整个京津冀地区经济产值最高的板块。其他靠前省域金融机构贷款余额排名依次为江苏、上海、浙江、山东、四川、河北和河南。

表2-11　　全国分省域金融机构存、贷款余额及占全国比重（2019~2021年）　　　　单位：万亿元

地区	本外币存款			本外币存款占比			本外币贷款			本外币贷款占比		
	2019年	2020年	2021年	2019年	2020年	2021年	2019年	2020年	2021年	2019年	2020年	2021年
北京	17.11	18.81	19.97	9.2%	9.0%	8.8%	7.69	8.43	8.90	5.2%	5.0%	4.8%
天津	3.18	3.41	3.59	1.7%	1.6%	1.6%	3.61	3.89	4.11	2.4%	2.3%	2.2%
河北	7.32	8.13	8.90	3.9%	3.9%	3.9%	5.38	6.10	6.80	3.6%	3.7%	3.6%
山西	3.84	4.25	4.68	2.1%	2.0%	2.1%	2.81	3.06	3.42	1.9%	1.8%	1.8%
内蒙古	2.37	2.51	2.76	1.3%	1.2%	1.2%	2.32	2.33	2.50	1.6%	1.4%	1.3%
辽宁	6.27	6.80	7.00	3.4%	3.3%	3.1%	4.96	5.22	5.31	3.4%	3.1%	2.8%
吉林	2.42	2.72	2.96	1.3%	1.3%	1.3%	2.09	2.28	2.46	1.4%	1.4%	1.3%
黑龙江	2.79	3.16	3.43	1.5%	1.5%	1.5%	2.15	2.26	2.44	1.5%	1.4%	1.3%
上海	13.28	15.59	17.58	7.1%	7.5%	7.7%	7.98	8.46	9.60	5.4%	5.1%	5.1%
江苏	15.71	17.80	19.60	8.4%	8.5%	8.6%	13.51	15.66	18.05	9.1%	9.4%	9.7%
浙江	13.13	15.22	17.08	7.0%	7.3%	7.5%	12.18	14.36	16.58	8.2%	8.6%	8.9%
安徽	5.48	6.05	6.69	2.9%	2.9%	2.9%	4.49	5.21	5.87	3.0%	3.1%	3.1%
福建	4.98	5.64	6.21	2.7%	2.7%	2.7%	5.26	5.99	6.79	3.6%	3.6%	3.6%
江西	3.92	4.39	4.78	2.1%	2.1%	2.1%	3.57	4.17	4.72	2.4%	2.5%	2.5%
山东	10.47	11.83	13.05	5.6%	5.7%	5.7%	8.63	9.79	11.10	5.8%	5.9%	5.9%
河南	7.08	7.76	8.35	3.8%	3.7%	3.7%	5.69	6.41	7.05	3.8%	3.8%	3.8%
湖北	6.05	6.72	7.25	3.2%	3.2%	3.2%	5.22	5.99	6.70	3.5%	3.6%	3.6%
湖南	5.27	5.79	6.29	2.8%	2.8%	2.8%	4.24	4.94	5.58	2.9%	3.0%	3.0%
广东	23.25	26.76	29.32	12.4%	12.8%	12.9%	16.80	19.57	22.22	11.4%	11.7%	11.9%
广西	3.16	3.47	3.69	1.7%	1.7%	1.6%	3.05	3.52	3.99	2.1%	2.1%	2.1%
海南	0.97	1.03	1.13	0.5%	0.5%	0.5%	0.95	1.00	1.06	0.6%	0.6%	0.6%
重庆	3.95	4.29	4.59	2.1%	2.0%	2.0%	3.71	4.19	4.69	2.5%	2.5%	2.5%
四川	8.31	9.18	10.01	4.4%	4.4%	4.4%	6.25	7.10	8.03	4.2%	4.3%	4.3%
贵州	2.72	2.83	3.01	1.5%	1.4%	1.3%	2.85	3.23	3.59	1.9%	1.9%	1.9%
云南	3.30	3.57	3.65	1.8%	1.7%	1.6%	3.16	3.51	3.90	2.1%	2.1%	2.1%
西藏	0.50	0.54	0.56	0.3%	0.3%	0.2%	0.47	0.50	0.51	0.3%	0.3%	0.3%
陕西	4.45	4.94	5.46	2.4%	2.4%	2.4%	3.43	3.92	4.44	2.3%	2.3%	2.4%
甘肃	1.98	2.10	2.26	1.1%	1.0%	1.0%	2.07	2.22	2.39	1.4%	1.3%	1.3%
青海	0.59	0.63	0.67	0.3%	0.3%	0.3%	0.67	0.66	0.69	0.5%	0.4%	0.4%
宁夏	0.65	0.71	0.75	0.3%	0.3%	0.3%	0.74	0.80	0.85	0.5%	0.5%	0.5%
新疆	2.35	2.50	2.67	1.3%	1.2%	1.2%	2.05	2.29	2.55	1.4%	1.4%	1.4%
全国	186.84	209.13	227.95	100%	100%	100%	148.00	167.03	186.90	100%	100%	100%

数据来源：根据《中国统计年鉴（2020~2022）》和Wind数据库。

从全国各省域人均金融机构存、贷款余额横向对比,如表2-12所示,2019~2021年北京无论是在金融机构年末人均存款余额,还是在人均贷款余额上都处于明显的领先优势地位。2021年北京市年末人均存款余额为91.25万元,人均金融机构贷款余额为40.67万元,而且近3年来有进一步上升的态势,表明北京市的人均财富平均拥有程度居全国首位。其次为上海在金融机构年末人均存、贷款余额上明显领先于北京市以外的其他城市,2021年宁波年末人均存款为70.64万元,人均贷款为38.58万元,且2019~2021年有稳步上升态势,表明上海的人均财富平均拥有程度居全国第2位,但近几年与北京的绝对差距有进一步扩大态势。第三是天津,2021年天津人均存、贷款分别为26.15万元和29.9万元,居全国第3位。如果从全国各省域的人均可支配收入比较,2021年上海为78027元位居全国第一,北京为75002位居第二,后面依次为浙江(57541元)排在第三,江苏(47498元)排在第四,天津(47449元)排第五,而广东(44993元)排全国第六位;如果从全国各省域城镇常住居民人均可支配收入对比,2021年上海(82429元)位居全国第一,北京(81518元)位居第二,后面依次为浙江(68487元)排在第三,江苏(57743元)排在第四,天津(51486元)排第五位。而在近些年甘肃和贵州无论是人均可支配收入还是城镇常住人均可支配收入均居全国最末位,是我国经济欠发达地区。

表2-12　　　　　全国分省域金融机构人均存、
贷款余额比较(2019~2021年)　　　单位:万元

地区	人均本外币存款			人均本外币存款占比			人均本外币贷款			人均本外币贷款占比		
	2019年	2020年	2021年	2019年	2020年	2021年	2019年	2020年	2021年	2019年	2020年	2021年
北京	78.1	85.9	91.2	17.2%	17.0%	16.7%	35.1	38.5	40.7	9.8%	9.7%	9.3%
天津	23.0	24.6	26.1	5.0%	4.9%	4.8%	26.1	28.0	29.9	7.3%	7.1%	6.9%
河北	9.8	10.9	12.0	2.2%	2.2%	2.2%	7.2	8.2	9.1	2.0%	2.1%	2.1%
山西	11.0	12.2	13.5	2.4%	2.4%	2.5%	8.0	8.8	9.8	2.2%	2.2%	2.3%
内蒙古	9.8	10.4	11.5	2.2%	2.1%	2.1%	9.6	9.7	10.4	2.7%	2.5%	2.4%
辽宁	14.7	16.0	16.6	3.2%	3.2%	3.0%	11.6	12.3	12.6	3.2%	3.1%	2.9%

续表

地区	人均本外币存款			人均本外币存款占比			人均本外币贷款			人均本外币贷款占比		
	2019年	2020年	2021年	2019年	2020年	2021年	2019年	2020年	2021年	2019年	2020年	2021年
吉林	9.9	11.4	12.5	2.2%	2.2%	2.3%	8.5	9.5	10.4	2.4%	2.4%	2.4%
黑龙江	8.6	10.0	11.0	1.9%	2.0%	2.0%	6.6	7.1	7.8	1.8%	1.8%	1.8%
上海	53.5	62.7	70.6	11.8%	12.4%	12.9%	32.2	34.0	38.6	9.0%	8.6%	8.9%
江苏	18.6	21.0	23.0	4.1%	4.2%	4.2%	16.0	18.5	21.2	4.4%	4.7%	4.9%
浙江	20.6	23.5	26.1	4.5%	4.7%	4.8%	19.1	22.2	25.3	5.3%	5.6%	5.8%
安徽	9.0	9.9	10.9	2.0%	2.0%	2.0%	7.4	8.5	9.6	2.1%	2.2%	2.2%
福建	12.0	13.6	14.8	2.6%	2.7%	2.7%	12.7	14.4	16.2	3.5%	3.6%	3.7%
江西	8.7	9.7	10.6	1.9%	1.9%	1.9%	7.9	9.2	10.4	2.2%	2.3%	2.4%
山东	10.4	11.6	12.8	2.3%	2.3%	2.3%	8.5	9.6	10.9	2.4%	2.4%	2.5%
河南	7.1	7.8	8.4	1.6%	1.5%	1.5%	5.7	6.4	7.1	1.6%	1.6%	1.6%
湖北	10.2	11.7	12.4	2.2%	2.3%	2.3%	8.8	10.4	11.5	2.5%	2.6%	2.6%
湖南	7.9	8.7	9.5	1.7%	1.7%	1.7%	6.4	7.4	8.4	1.8%	1.9%	1.9%
广东	18.6	21.2	23.1	4.1%	4.2%	4.2%	13.5	15.5	17.5	3.7%	3.9%	4.0%
广西	6.4	6.9	7.3	1.4%	1.4%	1.3%	6.1	7.0	7.9	1.7%	1.8%	1.8%
海南	9.8	10.2	11.1	2.2%	2.0%	2.0%	9.6	9.9	10.4	2.7%	2.5%	2.4%
重庆	12.4	13.4	14.3	2.7%	2.6%	2.6%	11.6	13.1	14.6	3.2%	3.3%	3.4%
四川	10.0	11.0	12.0	2.2%	2.2%	2.2%	7.5	8.5	9.6	2.1%	2.1%	2.2%
贵州	7.1	7.3	7.8	1.6%	1.5%	1.4%	7.4	8.4	9.3	2.1%	2.1%	2.1%
云南	7.0	7.6	7.8	1.5%	1.5%	1.4%	6.7	7.4	8.3	1.9%	1.9%	1.9%
西藏	13.8	14.8	15.3	3.0%	2.9%	2.8%	13.0	13.5	14.0	3.6%	3.4%	3.2%
陕西	11.3	12.5	13.8	2.5%	2.5%	2.5%	8.7	9.9	11.2	2.4%	2.5%	2.6%
甘肃	7.9	8.4	9.1	1.7%	1.7%	1.7%	8.2	8.9	9.6	2.3%	2.2%	2.2%
青海	9.9	10.6	11.3	2.2%	2.1%	2.1%	11.3	11.2	11.5	3.2%	2.8%	2.6%
宁夏	9.0	9.9	10.3	2.0%	2.0%	1.9%	10.4	11.1	11.7	2.9%	2.8%	2.7%
新疆	9.2	9.6	10.3	2.0%	1.9%	1.9%	8.0	8.8	9.9	2.2%	2.2%	2.3%
全国	455.1	505.0	547.2	100%	100%	100%	359.6	395.9	435.7	100%	100%	100%

数据来源：根据 WIND 数据库，人口按各省域年末常住人口统计。

（3）从各省域金融市场国际化竞争程度比较，中、西部地区与北上广一线省域差距非常大（一般本地区外资类金融机构数量越多，法人机构越多，外资资产规模越大，可近似反映该地区的金融市场国际化竞争程度越高），金融市场国际化竞争程度比较低下。

从全国各省域外资金融机构总数量对比分析（见表2-13），2010~2021年国内各省域的外资银行类机构数量总体处于不断上升的阶段趋势，表明我国国内金融市场的国际化开放程度总体在逐步提升。而从各省域外资金融市场开放国际化程度比较，广东、上海与北京一直保持绝对数量优势的前3位，表明广东、上海与北京凭借各自的区位与政策优势，在我国金融市场中处于中心地位。其次为江苏、山东、辽宁、浙江等东部强省排在全国前7位。从地区之间的差距分析，东北、西北地区省域与广东、上海和北京等东部主要省域差距明显，2019年广东外资金融机构数量为249个，上海为211个，北京为115个，而陕西为12个，黑龙江仅为7个；2021年差距略有缩小，黑龙江机构数量不变，陕西为10个，但广东为227个，上海为200个，北京为113个，虽均有所下降，但差距依然明显。

表2-13　全国金融开放优势省域的外资银行类金融机构总数量对比（2010~2021年）　　　　单位：个

地区	2010年	2011年	2012年	2013年	2014年	2015年	2016年	2017年	2018年	2019年	2020年	2021年
广东	156	181	221	246	259	261	265	257	258	249	189	227
上海	192	201	200	215	219	212	213	213	206	211	209	200
北京	92	94	100	100	114	121	122	121	116	115	117	113
江苏	35	52	52	65	79	78	77	76	35	78	35	79
天津	20	46	24	26	56	56	52	51	45	21	19	14
山东	27	29	18	40	41	45	44	43	42	40	39	39
辽宁	44	36	41	45	44	44	40	36	40	46	40	39
福建	35	36	41	23	34	39	40	39	39	37	34	34
浙江	22	27	33	34	34	16	28	10	29	29	29	29
重庆	20	24	28	28	29	31	28	27	24	23	23	23
四川	20	22	24	26	29	29	28	26	24	23	23	23
湖北	8	10	12	13	13	14	14	14	13	13	14	14
陕西	9	10	11	11	12	12	13	12	13	12	5	10
黑龙江	4	5	6	7	7	7	7	7	7	7	7	7

数据来源：WIND数据库。

从全国分省域的外资银行类法人机构数量比较，如图 2-10 所示，上海、广东与北京保持明显领先优势。2019 年上海外资法人金融机构数量占全国总数的 46.15%，2021 年占到了 50%，仅上海全市占到了全国一半的外资法人金融机构数量；北京 2019 年占到 23%，2021 年为 22.5%；广东 2019 年为 15.4%，2021 年为 15%；2019 年江苏所占比重为 7.7%，2021 年为 7.5%；而同期黑龙江所占比重均为 0；表明黑龙江与上海、北京、广东与江苏的差距很大，而上海、北京、广东与江苏目前在全国处于绝对领先的数量地位。从变化趋势分析，全国外资法人机构数量基本保持稳定，各省域之间差距较大，这虽然有利于全国集中优势资源走向国际化，但却加剧了地区之间的不平衡，不利于综合区域之间的发展差距。

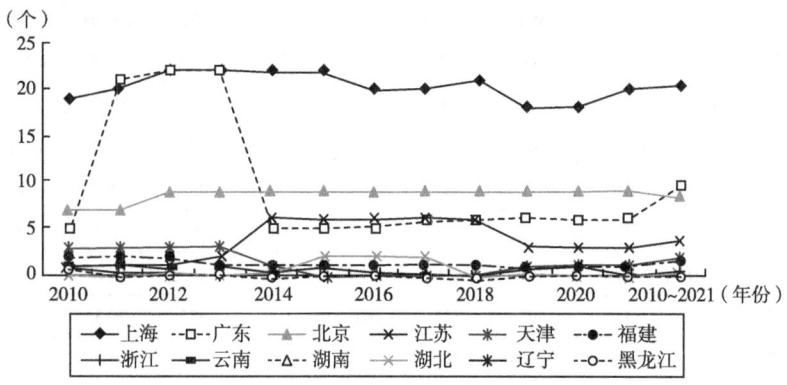

图 2-10　全国金融开放优势省域的外资法人机构数量对比（2010~2021 年）

从全国分省域的外资银行类金融机构总资产规模比较，如表 2-14 所示，可以明显发现，2014~2021 年上海、广东与北京的外资银行类金融机构总资产规模始终保持绝对领先。2021 年上海外资银行类总资产 16056 亿元，占全国总资产规模比重的 47.4%，接近全国总资产规模的一半。广东 2021 年外资银行类总资产规模为 7055 亿元，占全国比重为 20.8%；北京 2021 年为 3885 亿元，占全国比重为 11.5%。2016 年上海、广东与北京外资银行类金融机构总资产规模之和占全国比重的 80%。这表明中国外资银行类机构主要集中在上海、广东与北京。相比之下，贵州 2021 年外资银行类总资产为 2 亿元，内蒙古 2021

年外资银行类总资产为 3 亿元，在全国仅位于甘肃、青海、宁夏、西藏和海南之前。中西部及海南地区目前与上海、北京和广东存在绝对的规模差距且短期内难以超越。同时数据显示，浙江、天津、江苏与前 3 省域的差距依然较大。从 2014~2021 年变化趋势分析，主要省域的外资银行类总资产规模都处于增长上升趋势，上海、北京与福建占全国比重基本保持稳定，江苏、山东与浙江等占全国比重则在缓慢上升。

表 2-14 全国分省域外资类金融机构总资产规模比较
（2014~2021 年） 单位：亿元

地区	2014年	2015年	2016年	2017年	2018年	2019年	2020年	2021年	2014~2021年
上海	13215	12653	13824	15626	14843.2	14478	16368	16056	117063.2
广东	5463	5290	5640	6108	6326	6742	6859	7055	49483
北京	3198	3224	3757	4046	3817	3783	3918	3885	29628
江苏	1038.7	1175.5	1300	1493	1541	1674	1784	1855	11861.2
天津	848.8	869.2	847.6	888	792	785	823	797	6650.6
福建	413.9	420.9	442	507	589	670	666	667	4375.8
辽宁	570	576	535	545	510	499	459.3	476	4170.3
山东	455	482	593	521	520	509	525	555	4160
浙江	442	430	484.34	604	548	553	629	789	4479.34
四川	320.53	294	343.8	366.8	372	387	367	399	2850.13
重庆	216.5	245	226	203	222	277	284	328	2001.5
陕西	153.9	167.3	166.1	161.3	191.4	233	190	134	1397
湖北	147	184	173	192	216	226	237	284	1659
安徽	81	90.8	122	140.4	157	151	141	140	1023.2
湖南	68	65.48	69.59	76	70	67	70.2	72.8	559.07
河南	72.8	56.5	40.2	41	39	35	41	42	367.5
云南	56.6	79	52	62	76	88	88	102	603.6
黑龙江	37.8	41.4	35.5	31	42	38.1	33	55	313.8
广西	40.12	40.4	40.7	52	56	63	70	54	416.22
河北	33.1	31.9	65.6	38.5	25.7	31.8	26.1	28.4	281.1

续表

地区	2014年	2015年	2016年	2017年	2018年	2019年	2020年	2021年	2014~2021年
新疆	27	18	14	16	0	14	10	13	112
江西	28.9	28	41	42	38	43	39	46	305.9
海南	11.4	14.9	45.7	0	0	0	0	0	72
山西	28.9	23	13.9	17.4	18.1	26.7	17.4	31	176.4
吉林	10	16	10	15	16.1	39	30.3	18	154.4
内蒙古	6	3.7	4	3	3	2	2.6	3	27.3
贵州	3.3	2.6	3	3	4.9	2	2	2	22.8
西藏	0	0	0	0	0	0	0	0	0
甘肃	0	0	0	0	0	0	0	0	0
青海	0	0	0	0	0	0	0	0	0
宁夏	0	0	0	0	0	0	0	0	0
全国	26987	26522.6	28889	31798	31033.4	31416.6	33679.9	33887.2	244214.4

（三）我国省域金融业抵御防范金融风险的机遇分析

（1）实体经济最终决定金融业发展与金融系统风险，借助国家新一轮的经济高质量发展战略与对外开放战略大力发展本地实体经济，做大做强实体企业以增强本地区抵抗金融风险的能力。

当前我国经济发展正面临产业结构转型升级阶段，改革开放前三十年主要依靠高资源投入、高消耗、高污染的粗放式经济发展模式，以及大力开发房地产业的土地财政经济模式来带动相关产业发展，而自2013年我国经济进入"新常态"以来，特别是"十三五"时期中央政府大力推进经济高质量发展，促进我国产业结构转型升级，我国经济发展既面临减速换档的困难期，同时也为各省域新一轮高质量经济发展带来了发展契机，包括以新能源产业、新材料、新装备、航空航天技术、VR虚拟现实技术、ChatGPT为代表的世界新一轮人工智能高科技的发展等，当前各省域正在抢占新一轮高科技产业的发展优势，为我国各省域依托本地优势特色资源抢占新一轮产业发展制高点带来了新的机遇。

（2）借助中东西部区域经济协调发展战略、国家"一带一路"倡议、双循环战略、以及互联网经济、直播带货新销售模式等大力发展本地实体经济。当前我国各地区经济发展不协调不充分的问题早已得到了中央政府的高度重视，并在十多年前就提出支持东部地区率先发展，促进中部地区崛起、实施西部大开发战略以及振兴东北老工业基地等，提出了京津冀、长三角、珠三角、成渝、中原城市群等发展战略；同时为了实现我国经济实现更高水平的对外开放，我国提出了"一带一路"倡议，不仅包括沿海省域通过海路贸易对外开放，也包括我国中西部内陆省域通过内陆交通向西对外开放，这又为我国广大中西部地区的省域向中亚、欧洲以及世界各国发展对外贸易与投资便利提供了新的契机。当前我国经济在经历中美贸易摩擦的持续深化等影响，面临较大下行压力，对外出口受阻，对内消费需求疲软等。党的二十大报告明确提出要"坚持高水平对外开放，加快构建以国内大循环为主体、国内国际双循环相互促进的新发展格局"的双循环战略，而平台经济、网络直播带货等新销售模式也为各省域根据本地资源特色大力促进本地实体经济发展带来了新的发展机遇。

（3）借助互联网金融科技为金融业"跨境、跨界、跨业"带来了便利，有利于各省域发挥各自的资源与区位优势，加快本地区金融业的快速发展并增强整体抵御金融风险的能力。当前中央政府正推动新一轮更高水平的金融业对外开放，包括实施人民币国际化发展战略，鼓励外资金融机构进入内陆经营和支持有条件的金融企业走出国门开展跨境金融服务业务；而借助新一轮互联网移动通信技术与金融业务的深入融合，当前我国金融业的发展也已经打破了原来的分业经营的限制，更多的金融机构实施跨界经营，这些都为我国各省域金融业的发展提供了良好的发展契机和便利。随着人工智能科技的崛起，势必对金融业的发展带来深刻的影响，包括金融新业态、灵活多样的金融产品、金融服务新模式、风险监控新模式、金融数据确权等，这些都将为各省域新一轮的金融业发展提供了时代新机遇，也为各省域增加抵抗金融风险能力带来了机遇。

(4）借助中央政府促进金融业对外开放具体措施的实施契机，以及我国房地产业高质量发展和资本市场高水平对外开放契机，为各省域提升金融市场对外开放水平和防范资本市场泡沫风险提供了新的机遇。

为了促进我国金融业更好水平的对外开放，中央政府2020年颁布了金融对外11条措施，大幅放宽金融服务业市场准入，完全取消银行、证券、基金管理、期货、人身险领域的外资持股比例限制；在企业征信、评级、支付等领域给予外资机构国民待遇，放宽对外资机构在资产规模、经营年限等股东资质方面的要求，大幅扩大外资机构业务范围。同时，积极推动金融市场双向开放，形成涵盖股票、债券、衍生品及外汇市场的多渠道、多层次开放格局。中国股票和债券相继纳入明晟、富时罗素、彭博等全球知名指数，表明我国金融资产对国际投资者的吸引力日益增强，国际投资者对中国金融市场更加重视。这些重要金融业制度型开放措施都为我国各省域新一轮金融业双向对外开放提供了新的发展机遇。而当前我国房地产业正面临转型升级，由以前的大幅圈地开发和拉升房价转向存量保交房和提升房地产业务服务水平转变，同时在资本市场领域也在不断增强制度改革和监管水平，这些都为各省域降低房地产泡沫和股市泡沫，以增加本地房地产和上市公司核心竞争力提供了契机，从而有利于提升本省域的金融市场金融安全防范能力。

（四）我国省域金融业抵御防范金融风险的威胁挑战分析

第一，自2013年以来互联网金融在全国各省域快速发展，其中北京、上海、广东与浙江凭借各自的优势，在互联网金融业发展方面走在全国前列。但我国互联网金融正处于快速发展时期，随着浙江、江苏、湖北、四川、天津互联网金融的快速发展，其他相对落后省域能否保持其在新一轮互联网金融领域的规模与数量优势地位仍面临不确定威胁风险。

第二，传统银行类金融机构是从柜台业务发展过来，虽然计算机互联网技术发展使得各主要银行机构均开通了网上转账支付等网上金融业务，但主要还是依托于传统柜台业务，相比互联网金融而言，传统柜台业务对计算机互联网技术的依赖性要小许多，而互联网金融主要依托现代计算机与通信技术，以及移动互联网技术的发展与大数据、云计算的支持发展起来，对现代通信信息技术的要求要高许多，而随着互联网金融模式的变化与客户需求的变化，以及互联网金融风险的新变化发展，目前的大数据技术与云计算处理技术能否适应社会需求变化，能否有效监测防范金融风险仍面临较大不确定。

第三，部分省域民营中小企业数量占比较多，但该类企业却面临融资困难且自身对资金的需求比较迫切，中小民营企业以其固有的脆弱性特征，容易导致银行放贷资产出现不良贷款风险。而互联网金融以其网络化、货币虚拟化以及国内信用不透明规范等，容易出现金融违约和欺诈等行为发生，导致容易发生互联网金融风险。

第四，民间金融一直活跃于地下金融市场当中，民间金融以其游离于正规金融监管之外，一般数额大、利率高，以及存在贷款链条隐性担保现象，风险隐秘性较强，难以获取相关数据进行及时监测预警，相比正规金融存在较大的裙带式借贷风险，容易引起区域性金融风险发生。

第五，省域传统大型银行类金融机构凭借其垄断性行业优势和地区优势而坐收利润，随着互联网金融的兴起，以及省域内城市商业银行、农村商业银行、网商银行的产生发展而面临前所未有的经营挑战。而互联网金融以其网络化、货币虚拟化、成本低、管理扁平化，以及匹配效率便捷等特点，导致互联网金融企业发展迅速。由于移动互联网的兴起，小微型客户需求众多，造成了互联网金融企业之间容易出现激烈竞争，而由于网络交易无地域实体网点限制，容易出现恶性竞争局面而导致马太效应金融风险。

第三章　中国省域金融风险现状与影响因素分析

对我国省域金融风险的测度与预警分析，离不开对我国省域金融风险的主要现状特征以及重点影响因素进行深入分析，尤其是"十三五"以来我国大力推进产业结构转型升级并面临诸多转型困难，特别是2018年中美贸易摩擦以来，我国面临的内外源金融风险明显增加，而三年的疫情大流动冲击使得我国实体经济更加困难，并快速传导到银行系统、资本市场、房地产市场以及政府债务等诸多风险领域。在省域金融风险特征分析方法方面，浙江省重大金融风险防范机制研究课题组（2008）从市场风险、信用风险、操作性风险与流动性风险曾对浙江省银行类机构风险进行了简要概述。孙清和蔡则祥（2008）构造评价指标体系并通过模糊层次分析方法对长三角地区的金融风险进行了一次定量分析。沈丽（2019）通过Dagum基尼系统法和Kernel核密度对2005~2016年我国金融风险的地区差异特征进行了定量分析。然而该研究主要关注到我国内部金融风险而忽略了外部冲击风险。同时沈丽等（2019）构建了金融部门风险指数并运用SMR和基尼系数法对2005~2016年我国区域金融风险的时空演化特征进行了分析。刘凤根（2022）以2005~2019年的面板数据，通过运用莫兰指数、Dagum和核密度法对我国区域金融风险的空间演化特征进行了一次动态分析。然而该研究风险指标选择逻辑重点不明，尤其是忽略了外源性风险冲击以及内源性影子银行、互联网金融风险等重要风险领域。探讨我国省域金融风险监测预警机制问题，既离不开我国各省域面临的共性风险因素，也要针对如不同省域经济发展实际，深入探讨省域金融风险面临的特殊性因素，将一般共性风险因素与特殊个性风险因素相结合是本书的基本方法要求。因此,本书立足国际视角,同时紧密结合我国省域金融发展实际,对 2008 年国际金融危机以来,特别是 2010 年我国经济发展进入经济新常态以来省域面临的内外风险现状特征进行一次全面的定性与定量相结合的归纳分析,同时对我国省域内、外源金融风险主要影响因素进行一次深入总结分析,以为后面机制分析研究作铺垫。

第一节　中国省域金融风险主要现状特征分析

一、省域金融的经济风险分析

经济最终决定金融,实体经济发展好坏直接影响该地区金融市场的最终发展活跃水平与风险程度,地区实体经济发展水平一般是该地区金融市场发展水平的风险变化的前兆,因此有必要对影响省域金融风险的宏观经济因素进行一次度量分析。本书从衡量区域宏观经济变化的三大指标(GDP 增长率、通货膨胀率与社会实际失业率)出发来综合判断地区实体经济发展程度。

(一) GDP 总量及其增长率

GDP 总量及其增速是对我国全年经济增长成果的最综合定量反映。如图 3-1 所示,1978~2021 年的改革开放 40 多年来,我国 GDP 总量一直保持上升的良好势头,从 3678.7 亿元增长到 2021 年的 114.37 万亿元,增长了 311 倍;如果按 1978 年不变价格计算,2021 年相对于 1978 年增长了 43.36 倍。与此同时,1978~1992 年全国 GDP 增长速度一直保持较大幅度波动,最高增速 1984 年达到 15.2%,经济增速中存在一定泡沫;2020 年最低增速 2.3% 存在受疫情影响的经济萎缩现象。从 2000 年开始,我国经济增速一直保持平稳快速增长,"十三五"时期 (2016~2020 年) 除 2020 年外的平均增速达到 6.63% 的合理增长区间范围，经济增速处于高度安全范围。但自 2010 年以来我国经济增长不断面临下行的压力，GDP 增长率从 10.64% 下降到 2022 年的 3%，尤其是疫情三年和 2023 年我国经济面临外贸受阻、需求疲软、供给冲击并导致从企业投资者到消费端预期信心较弱的局面。

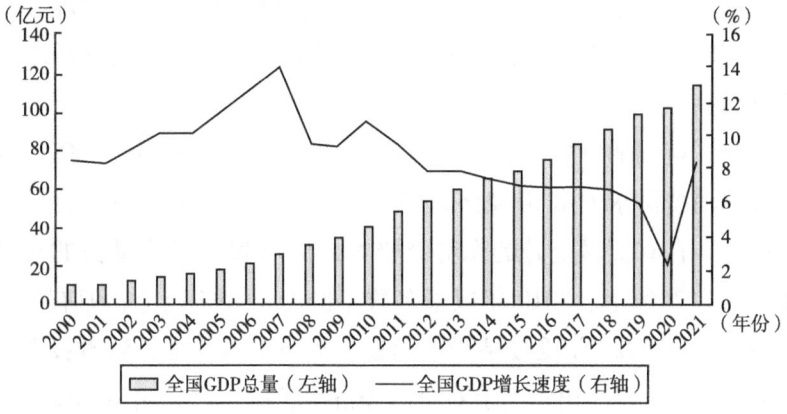

图 3-1　全国 GDP 总量及增长速度（2000～2021 年）

从全国 31 个省域 GDP 增速的平均值（见图 3-2）来看，同样也验证了全国 GDP 增速的走势，即从 2010 年的 20.79% 下降到 2022 年的 6.32%，甚至因疫情冲击导致 2021 年 GDP 平均增速下探到 3.15%，表明虽然全国 31 个省域 GDP 总量总体上在保持不断上涨，但由于总量基数的不断增长和内外部各种风险因素的冲击威胁，导致当年我国经济增长面临的下行压力较大。

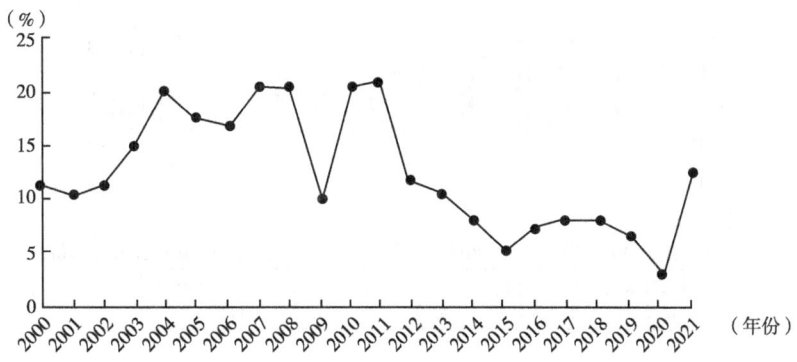

图 3-2　全国 31 个省域 GDP 平均增长速度（2000～2021 年）

(二) 三大需求对全国经济增长的贡献率

第二章从三大需求对全国 31 个省域经济增长贡献的横向对比分析可知，消费需求与投资需求仍然是全国各省域经济增长的主要拉动力，但相比之下，北京、上海、广东与浙江对投资需求的依赖程度在全国最低。同时广东、浙江、江苏与上海经济增长对进出口贸易需求的依赖程度最高。

从全国范围的纵向时序对比（见图 3-3）可以发现，2009~2021 年，最终消费需求对我国经济增长的贡献率除 2020 年外一直保持在 40% 以上，且有缓慢上升的态势；资本形成对我国经济增长的贡献率基本保持在 20% 上，2010 年以来多数年份达到 40% 以上，但有缓慢下降的态势（除 2020 年受疫情影响为稳定经济大盘并加大资本投资刺激而达到 81.5%）；净出口需求对全国经济增长的贡献率由 -40% 增长至 20%，贡献率呈现不稳定变化态势，而近几年国际市场环境更加严峻复杂与不确定，净出口对经济增长的贡献率面临更大不确定性。以上三大需求贡献的变化，表明我国经济增长的驱动力由资本形成需求逐渐过渡到消费需求上来，经济增长更加向高级方向发展。因此，在未来一段时期，在稳定对外贸易需求的同时，需要进一步挖掘国内市场消费需求的潜力，内外双循环兼施，以保证我国经济继续平稳向前发展。

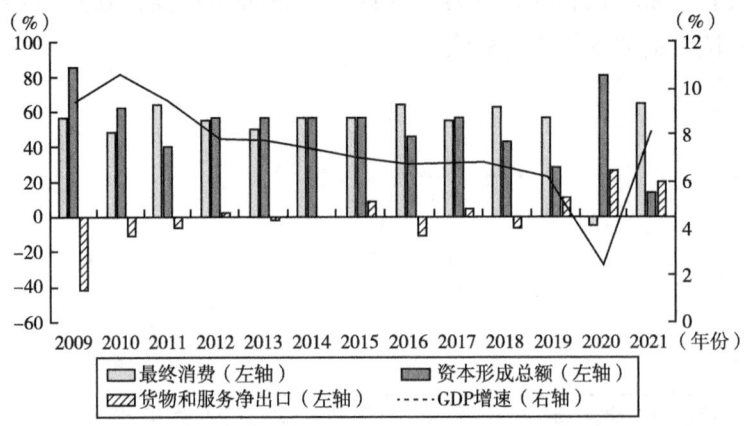

图 3-3　全国三大需求对 GDP 增长的贡献（2009~2021 年）

(三) 通货膨胀率

通货膨胀率是反映宏观经济是否过热风险的最重要指标之一，是衡量国家与地区金融的经济风险常用指标之一。如图3-4所示，我国在2008年及之前通货膨胀率波动幅度较大，受亚洲金融危机影响，通货膨胀最高年份2008年达到6%~7%，全国经济呈现出飞奔式通货膨胀的严重经济过热风险。其中2004年、2007~2008年、2011年分别出现经济增长过热、经济危机导致的通胀风险；而最低年份为2002年，全国价格指数呈现负数的通货紧缩风险。2011年以来我国物价指数基本保持在安全合理的区间范围，除2019年末受疫情影响有所上升外（2.9%），均处于我国国民经济发展可承受的合理安全范围区间。

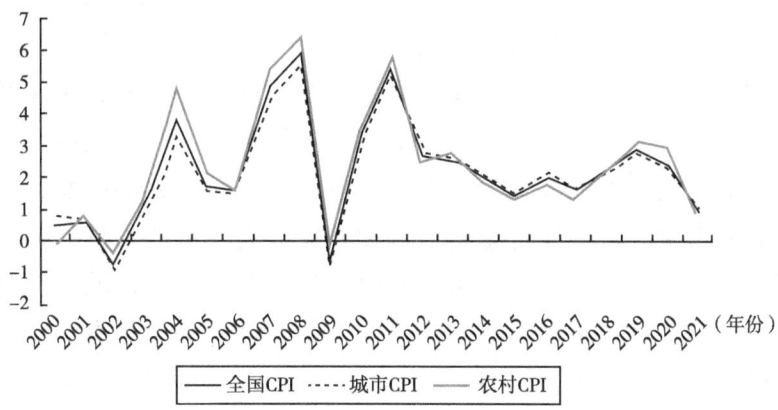

图3-4　全国居民消费价格指数变化（2002~2021年）

图3-5是2000~2022年全国31个省域通货膨胀率的平均值，从走势上看，基本上也与全国通货膨胀率保持相一致，在此不再赘述。

(四) 失业率

失业率作为宏观经济运行3大评价指标之一，全社会真实失业率指标既是衡量区域经济运行情况的重要依据，即失业率与国家宏观经济运行周期紧密联系在一起，宏观经济运行态势健康向好时社会失业

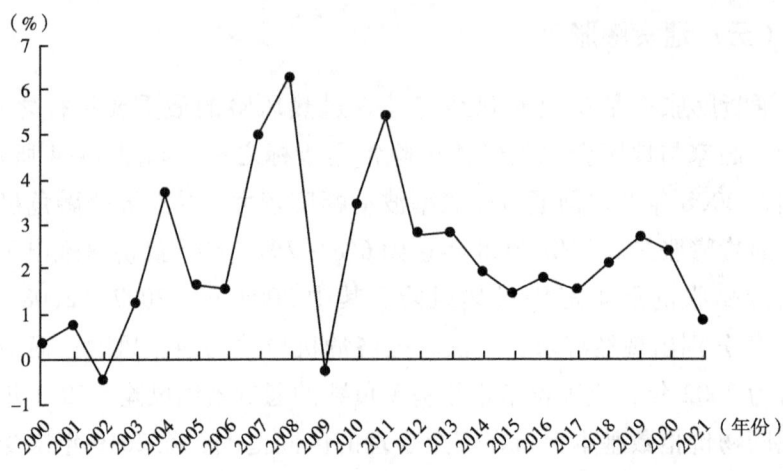

图3-5 全国31个省域平均通货膨胀率（2000~2021年）

率下降，就业人数增加，而当宏观经济态势步入下滑时，社会失业率上升。同时，失业率通过菲利普斯曲线与通货膨胀率联系在一起。不仅如此，失业率还与社会安全和稳定密切联系在一起，由于我国当前大量农村剩余劳动力涌入东部沿海省域务工，一旦经济下滑或衰退并造成大量工人失业等，大量失业人口闲散在社会中而无稳定经济收入来源，将会严重影响地区和国家宏观经济的发展，甚至影响到国内社会的不稳定等。由于城镇登记失业率只登记城镇户籍人口中自愿向政府相关机构上报登记的失业人口（一般是参加了城镇失业保险的那部分人），显然与我国近10年来大量流动务工人口的实际情况不符，那些没有参加城镇失业保险的有城镇户籍的人口，大量外来务工的非城镇籍常住人口被严重遗漏掉了。本书以国际惯用方法，统计的是有工作意愿，也找过工作，却依然长时间没有就业的城镇常住失业人口，具体方法参照中国社科院2008年12月15日发布的《社会蓝皮书》中对我国2008年的城镇调查失业率数据与城镇登记失业率数据关系进行类比核算。根据国际通行标准，1.5%~2.5%为自然失业率状态，7%为国际警戒线，7%~8%为高度风险，9%以上则处于危机状态。

从图3-6可知，我国1978~2021年大部分年份的社会实际失业率处于不安全状态。其中1978~1982年为不安全状态，1983~1994年处于自然失业率的安全区间范围，1995年至今又处于相对的不安全状态；2002~2021年基本上处于真实失业率为8%左右的较大风险状态。

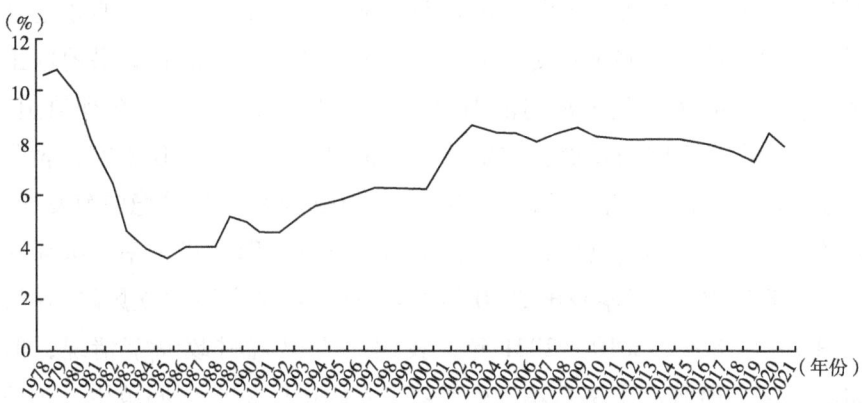

图3-6 社会真实失业率（1978~2021年）

从图3-7可知，2000~2021年全国31个省域平均真实失业率在6%~8%，并处于国际警戒线到高度风险区域，其中2001~2011年处于7%~8%的区间波动，而2000年和2012~2021年则处于6%~7%的区间波动。其中2000~2021年的走势变化与全国真实失业率走势变化基本保持相一致。

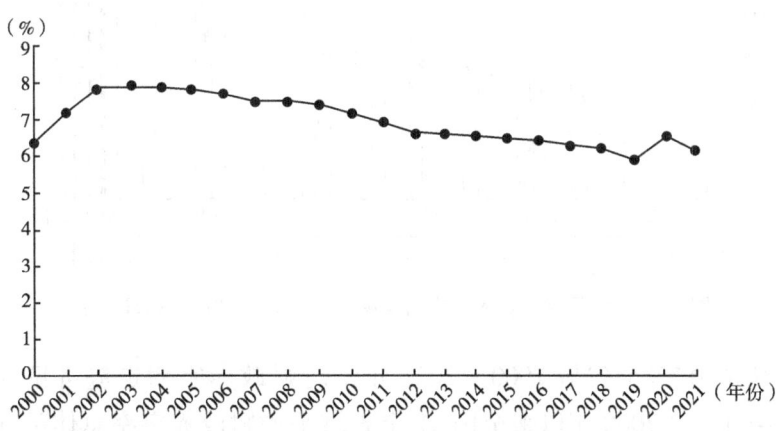

图3-7 全国31个省域平均真实失业率（2000~2021年）

（五）财政赤字率

充裕的财政收入与财政支出是地区国民经济平稳健康运行的重要保障，如果地区出现适当财政盈余而经济社会发展良好，表明该地区财政实力充足，能够较好支持地区各项事业的运行发展；如果地区出现财政赤字但在合理正常的范围内，表明财政经济运行在合理轨道，经济社会在合理向前发展；如果地区经常出现严重的财政赤字，表明该地区经济运行的负担过重，难以维护国民经济的长期平稳向前发展。按照国际上通行的《马斯特里赫特条约》标准，财政赤字率的国际安全线一般为3%。考察我国2010年以来10多年的财政收支风险情况，如图3-8所示，2010~2021年，我国一直出现财政赤字情况，但2015年之前财政赤字率基本上保持在3%的国际安全区间范围。2015年以后我国的财政赤字进一步扩大，表明我国社会各项事业的发展对财政支出需求的压力越来越大，特别是到2016~2021年已经超出3%的重度不安全警戒线，2020年更是超出6%并处于危机状态，因此需要引起对可能出现的财政风险的警惕。

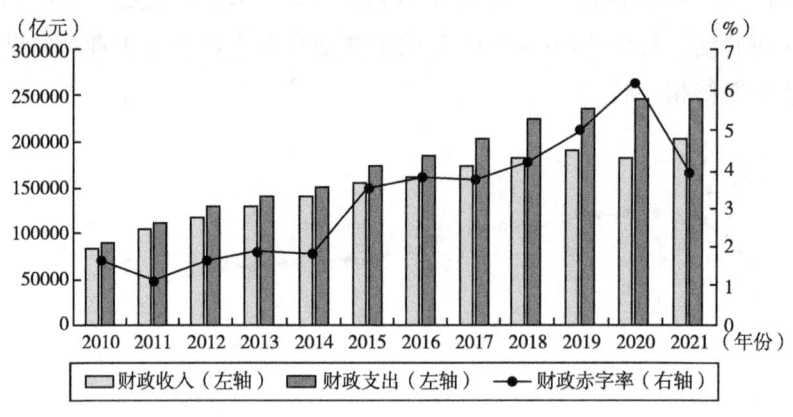

图3-8　全国财政收入、支出与财政赤字率（2010~2021年）

从全国31个省域2000~2021年平均财政赤字率走势可见（见图3-9），自2000年以来全国31个省域平均财政赤字率总体呈现不断上升态势，从2000年的7.49%上升到2000年的19.25%，2001年虽然有所回落（15.55%），但仍处于高位并总体处于危机状态。

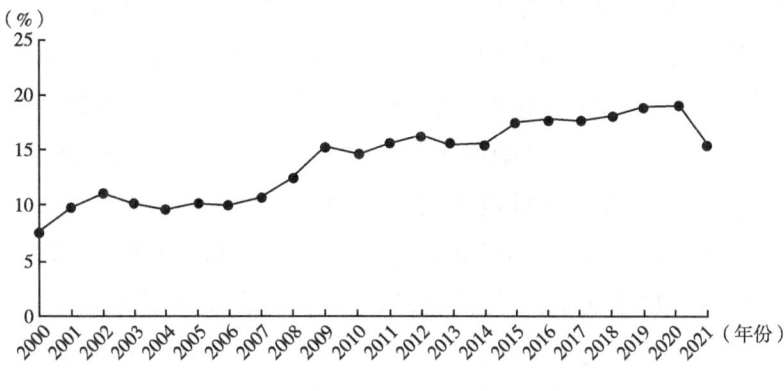

图 3-9 全国 31 个省域平均财政赤字率（2000~2021 年）

二、省域金融市场风险分析

金融市场风险主要从影响省域金融安全的金融市场变化因素出发来研究其对该省域金融风险的影响程度，一般从该省域的实体经济货币化程度、利率变化风险、汇率变化风险、股票市场变化风险、房地产市场风险，以及政府债务风险出发来对我国省域金融市场风险进行一次全面的归纳总结分析。

（一）金融相关率风险

金融相关率（FIR）是反映一国或地区经济货币化程度的重要指标，由美国经济学家雷蒙德·W. 戈德史密斯（Raymond W. Goldsmith）提出。金融相关率（FIR）= 金融机构总资产/GDP，一般金融相关率越大则表明该国家或地区经济的货币化程度越高，泡沫化越严重；而金融相关率越低则表明该国家或地区没有合理利用金融工具手段来促进本国或地区实体经济更好的发展。

从金融相关率计算结果可知（见表 3-1），2011~2021 年全国 31 个省域金融深化程度处于先缓慢上升再保持稳定波动态势，其中 2011~2016 年全国平均金融深化率处于在不断提升态势，从 2011 年的 2.1 倍上升到 2016 年的 2.80 倍，金融相关率超过 2.5 倍的国际上线标准，表明我国省域整体经济发展存在金融货币化的潜在泡沫风险。从全国各个省域的比较可知，以 2017～2021 年即近五年为例，北京的金融相关率最高，2017～2021 年平均为 7.6 倍，远超国际上线 2.5 倍的标准，表明北京市经济发展的金融深化程度高，而且远超过一般经济发达经济体（2009 年国际金融危机期间美国的金融相关率为 60%，日本为 160%，韩国为 150%）。而上海的金融相关率 2011～2016 年的平均值为 4.7 倍，仅次于北京，经济发展的金融深化程度亦超过国际上一般发达经济体。北京与上海的金融深化度较高，这与两市作为全国的经济与金融中心密不可分，汇聚了全国大部分金融资源而依靠全国各省域的实体经济来支撑其发展。同时西藏（4.0 倍）、天津（3.5 倍）、辽宁（3.5 倍）、甘肃（3.4 倍）和青海（3.1 倍）的金融相关率也排在全国前列，其中部分省域经济与金融发展程度在全国靠后，但金融相关率高表明西部这些省域经济发展过程中也存在一定的金融货币化风险倾向。2017～2021 年全国有 18 个省域的金融相关率在 2.5 倍以上，超过了国际警戒线，存在一定的金融货币泡沫风险。相比之下，金融相关率排在全国倒数后五位的省域依次是湖南（1.7 倍）、河南（1.7 倍）、湖北（1.8 倍）、山东（1.9 倍）和江苏（2.0 倍），表明这些省域在发展经济的同时也较好控制了本省域经济货币化倾向，有利于控制金融风险并维持市场稳定发展。

表 3-1　我国 31 个省域金融相关率对比（2011～2021 年）

年份	2011	2012	2013	2014	2015	2016	2017	2018	2019	2020	2021	2017～2021
北京	6.9	7.4	6.9	7.7	8.5	8.4	7.9	7.1	7.4	7.9	7.4	7.6
上海	4.5	4.5	4.5	4.8	5.3	5.1	4.8	4.3	4.3	5.0	4.9	4.7
西藏	2.6	3.1	3.3	3.6	3.9	4.6	5.1	4.5	4.0	3.3	3.1	4.0
天津	2.5	2.7	2.9	2.8	2.7	2.6	2.6	3.7	3.6	3.8	3.6	3.5
辽宁	1.9	1.9	1.9	2.0	2.3	3.0	3.4	3.5	3.5	3.6	3.4	3.5
甘肃	2.2	2.4	2.6	2.8	3.3	3.4	3.4	3.4	3.4	3.4	3.3	3.4
青海	2.2	2.6	2.7	2.8	3.3	3.3	3.4	3.2	2.8	3.0	2.9	3.1
黑龙江	1.5	1.7	1.8	1.9	2.2	2.3	2.4	3.0	3.0	3.2	3.2	2.9

续表

年份	2011	2012	2013	2014	2015	2016	2017	2018	2019	2020	2021	2017~2021
山西	2.2	2.4	2.5	2.6	2.8	3.0	2.7	2.8	2.9	3.0	3.2	2.9
浙江	2.3	2.5	2.5	2.6	2.8	2.8	2.7	2.6	2.7	3.1	3.0	2.8
海南	2.5	2.6	2.7	2.7	3.1	3.5	3.3	2.8	2.6	2.5	2.3	2.7
吉林	1.4	1.5	1.6	1.6	1.9	2.1	2.1	2.7	2.8	2.9	2.9	2.7
福建	1.9	2.1	2.3	2.5	3.1	3.2	3.0	2.5	2.4	2.6	2.5	2.6
宁夏	2.0	2.1	2.2	2.4	2.6	2.6	2.6	2.7	2.6	2.6	2.4	2.6
新疆	2.2	2.3	2.4	2.4	2.6	2.8	2.8	2.5	2.5	2.6	2.4	2.6
广东	2.3	2.5	2.5	2.6	2.7	2.7	2.5	2.4	2.4	2.7	2.6	2.5
河北	1.4	1.6	1.7	1.8	2.0	2.1	2.2	2.5	2.5	2.7	2.6	2.5
贵州	1.9	2.0	2.1	2.2	2.4	2.6	2.6	2.4	2.4	2.5	2.4	2.5
重庆	2.3	2.5	2.4	2.5	2.5	2.4	2.4	2.4	2.3	2.4	2.5	2.4
四川	2.0	2.2	2.4	2.4	2.5	2.6	2.5	2.3	2.2	2.3	2.3	2.3
陕西	2.0	2.1	2.1	2.1	2.3	2.3	2.2	2.1	2.2	2.4	2.3	2.2
江西	1.5	1.7	1.7	1.8	1.9	2.0	2.1	2.0	2.1	2.3	2.2	2.1
云南	2.1	2.2	2.3	2.3	2.4	2.5	2.4	2.0	1.9	2.0	1.9	2.0
内蒙古	1.1	1.2	1.3	1.4	1.5	1.7	2.1	2.2	2.1	2.0	1.8	2.0
广西	1.5	1.7	1.7	1.7	1.8	1.8	1.9	2.0	2.0	2.1	2.1	2.0
安徽	1.6	1.7	1.8	1.9	2.1	2.2	2.2	1.9	1.9	2.0	2.0	2.0
江苏	1.7	1.8	1.8	1.9	1.9	2.0	1.9	1.9	1.9	2.1	2.1	2.0
山东	1.3	1.4	1.5	1.5	1.5	1.6	1.6	1.8	1.9	2.0	2.0	1.9
湖北	1.5	1.6	1.6	1.6	1.8	1.8	1.9	1.7	1.7	2.0	1.9	1.8
河南	1.2	1.3	1.4	1.5	1.6	1.7	1.7	1.6	1.6	1.8	1.8	1.7
湖南	1.3	1.4	1.4	1.4	1.5	1.6	1.7	1.6	1.6	1.7	1.7	1.7
平均值	2.1	2.3	2.3	2.4	2.7	2.8	2.8	2.7	2.7	2.8	2.7	

数据来源：根据中国银保监会网站、WIND 收集整理而成。

（二）人民币汇率波动风险

当前，我国经济处于结构调整的关键时期，对外贸易稳定发展对经济转型有重要意义，随着金融市场开放稳步推进，我国外汇市场运行稳定性引发越来越多的关注。首先，从人民币对欧元的汇率变化，2002~2008年，人民币对欧元的汇率处于欧元相对升值而人民币贬值的过程，欧元对人民币汇率最高值为2007年的1欧元=10.42元人民币，随后欧元相对人民币处于缓慢贬值而人民币处于相对升值的过程，2015年欧元对人民币汇率达到最低值，即人民币相对欧元汇率最高值为1欧元=6.91元人民币，2016~2021年欧元对人民币汇率出现反弹升值，2021年平均1欧元=7.64元人民币。欧盟是中国主要出口地区，人民币相对欧元的升值将会对我国对欧盟的贸易出口产生一致的负面影响，近两年人民币的相对贬值有利于对欧盟的出口贸易。其次，人民币对美元汇率变化，如图3-10所示，2002~2014年人民币对美元汇率处于人民币相对美元不断升值的过程，2015~2021年人民币对美元出现了相对贬值趋势，其中美元对人民币最高值为考察期初的2002年1美元=8.28元人民币，最低值为2014年的1美元=6.14元人民币，而到2021年为1美元=6.451元人民币。2002~2014年人民币对美元的相对升值，是我国经济发展仍然强劲相对美国综合国力提升的外在表现，但不利用我国外向型省域等对美国的贸易出口，但值得注意的是，2015年以来人民币相对美元出现不同程度的贬值，主要受到美联储加息预期，美国政府当局推行的是给企业减税，疫情大流行、俄乌冲突、能源危机等给中国经济转型期带来的不确定性影响等，不利于我国对美国的进口以及人民币走向国际化，但人民币相对美元的短暂贬值有利于广东、江苏、浙江、山东等外向型省域贸易出口。从长期趋势来看，只要我国经济发展仍然保持强劲增长势头，人民币稳步推进国际化，人民币对美元将依然以相对升值为主。最后，从人民币对日元的汇率变化，2002~2021年人民币对日元汇率处于起伏变化当中，2002~2004年日元相对人民币升值，2005~2007年日元相对人民币贬值，2008~2012年日元相对人民币又处于相对升值状态，2013~2015年日元对人民币处于相对贬值过程，但2016~2021年日元对人民币汇率处于相对稳定区间范围。日本一直以来是我国重要的进口与出口贸易对象，维持人民币对日元汇率相对稳定符合两国经济的利益，有利于中日经济长期稳定向好发展。

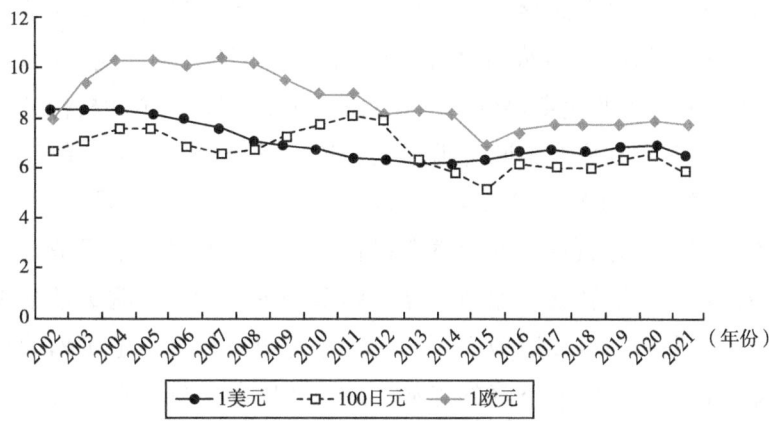

图 3-10 人民币对欧元、美元、日元的直接汇率变化趋势（2002~2021年）

（三）利率变化风险

利率风险是指市场利率变动的不确定性给商业银行造成损失的可能性。巴塞尔委员会（1997）发布的《利率风险管理原则》中将利率风险定义为：利率变化使商业银行的实际收益与预期收益或实际成本与预期成本发生背离，使其实际收益低于预期收益，或实际成本高于预期成本，从而使商业银行遭受损失的可能性。巴塞尔银行监管委员会将利率风险分为重新定价风险、基差风险、收益率曲线风险和期权风险4类。

从基准利差风险分析（见图3-11），2003年1月至2021年12月我国1年期存贷款利差基本稳定在3%左右浮动，最高利差出现在2007年5月和6月达到3.9%，虽然一直处于缓慢下降的态势，新近最低利差出现在2013年11月开始并基本上维持在3.25%。而2003年1月至2021年12月我国3年期基准利差则处于先逐步下降再有缓慢上升的态势，从2003年1月的最高利差3%一直到最低利差出现在2011年的2月和3月，为1.8%，然后缓慢上升到2014年11月的2.0%并维持到现在。从我国银行类机构实际存款与贷款利率变化分析，从2003年1月到2021年12月存、贷款利差基本上实现了中央银行指导存、贷款利率同步调整，以避免出现时间调整不一致而导致的银行利率风险；并且在这期间存、贷款利率经历先波动上升再到波动下降的过程，包括期间由于经济事件而导致的央行加息与减息变化的过程。从近14年的总体变化走势分析，我们发现传统银行类金融机构的各时期存、贷款实际利率在不断降低，其中还包括出现了实际存款利率为负利率的情况（如2003年2月、2005年2月、2016年2月），实际存款利率不断降低导致百姓的存款积极性下降，并通过其他投资理财形式将资产进行投资转移，如通过互联网金融进行投资，购买基金理财产品、投资股票债券或房地产等。而近年传统银行类金融机构的存贷款利差总体上呈现缓慢下降的走势，这与我国积极推进利率市场化改革的初衷是相符的，也与近些年互联网金融的持续渗透冲击、影子银行与民营银行的涌现竞争相关联。

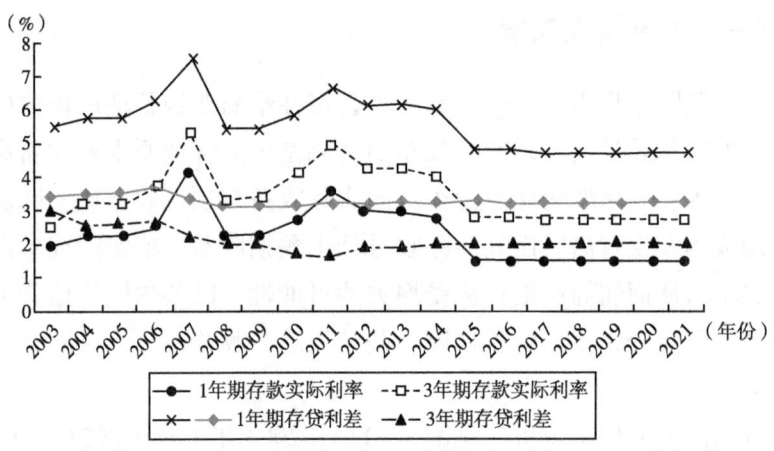

图3-11　全国存、贷款实际利率及存贷款利差走势（2003~2021年）

从我国国债与地方债收益率曲线来分析（见图3-12），2007年12月到2021年12月我国国债1年期到期收益率在0.48%~4.21%变化，其中，国债到期时间越长债券的到期收益率就越大，这符合经济规律常识。其中2008年8月至2009年1月我国国债到期收益率普遍出现了一路下跌态势，1年期国债到期收益率从最高点2008年8月的3.69%，一路下跌到最低为2009年1月的0.49%，之后一路缓慢上扬，在2014年1月达到了最高点4.21%，之后再次一路下行到新近

1.73%，相比之下，从2015年10月以来我国主要商业银行1年期定期存款收益率1.5%已经毫无吸引力。国债作为我国稳定性最高的金边债券，国债收益率是我国资本市场投资最低要求收益率的市场基准，如果其他理财产品的投资收益率相比国债收益率没有优势可言，则容易丧失投资者的青睐。地方政府债券相比国债存在一定的风险，但因为其有地方政府法律强制的税收作为保证，不同于西方国家，我国地方政府债券亦是投资安全性较高的理财产品。相比同期国债，地方政府债券到期收益率要普遍高于同期国债，这符合风险与收益对等的原则。从2016年12月开始我国地方政府债券到期收益率纳入数据统计范围，从地方政府1年期国债到期收益率分析，维持在1.2%~4.25%收益率，要高于同期国债收益率，明显高于同期银行存款利率。虽然期间我国国债与地方政府债券到期收益率都面临下行态势，但相对银行机构名义存款收益率而言仍有较大投资吸引力。我国商业银行存款利率吸引力的下降与利率市场化走势下存贷利差总体缩窄，以及互联网金融的渗透冲击下将在未来时期面临较大的经营风险压力。

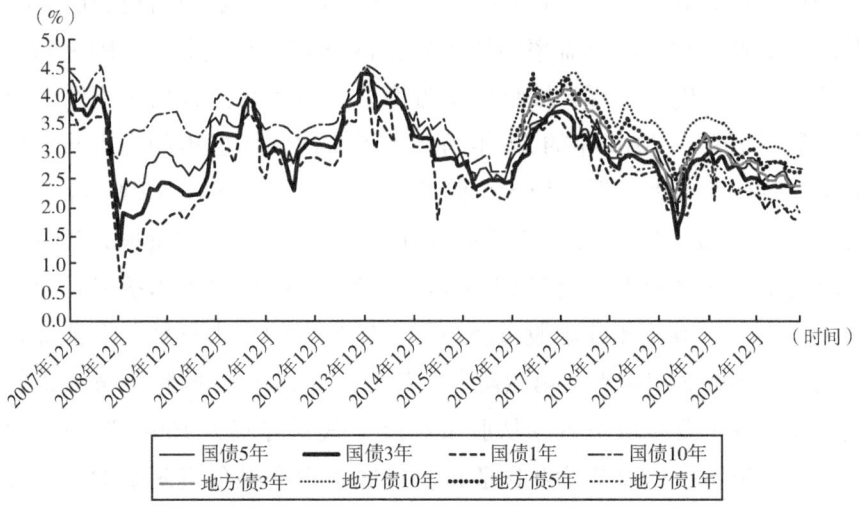

图3-12 中债国债与中债地方政府债券到期收益率对比
（2007年12月至2021年12月）

（四）股票市场风险

股票市场风险主要是指由于各种内外因素而造成的我国省域上市公司股价虚高，从而引起股票价格脱离省域实体支撑或脱离企业实际内在价值的脱实向虚的股市泡沫风险。一般可通过地区证券化率与地区平均市盈率来进行衡量。证券化率＝股市总市值/地区 GDP，一般用来衡量地区证券市场的发展程度的重要指标，一般地区证券化率越高，则表明该地区证券市场越活跃发达，经济发展水平层次越高，金融市场越活跃发达。综观世界范围内，一般发达国家由于市场机制比较完善、证券市场历史较长、发展充分，证券化率整体上要高于发展中国家。根据世界银行提供的数据计算，1995 年末发达国家的平均证券化率为 70.44%，其中美国为 96.59%，英国为 128.59%，日本为 73.88%。发展中国家的平均证券化率为 37.29%，其中印度为 39.79%，巴西为 25.46%。我国证券市场起步晚，发展相对滞后，证券化率一般要低于发达国家水平。

从我国主要省域证券市场的平均市盈率水平分析。首先从时间走势分析，自 1990 年与 1991 年我国成立上海证交所与深圳证交所以来，我国主要省域的整体市盈率经历了较大的跌宕起伏过程，1993～1994 年我国股市初创，主要省域整体市盈率从上市的高点经历了下跌的过程，随后 1995～2016 年的 22 年间经历了 4 次整体股市的高点与低谷时期。我国股市大体划分为 8 个阶段：第一阶段，1995～2001 年各主要省域整体市盈率一路上升到 40 倍以上市盈率；第二阶段，2001～2005 年各主要省域从 40 倍以上市盈率下跌到 30 倍以下市盈率；第三阶段，2006～2007 年我国股市经历了一轮最大的牛市行情，上证综合指数上升到 6124.04 点；第四阶段，2007～2008 年受国际金融危机影响，我国各主要省域市盈率从股市高点下跌到谷底为 1664.93 点；第五阶段，2008～2009 年为我国股市从谷底走出金融危机阴影的反弹过程，但相对幅度较小；第六阶段，2009～2013 年我国各主要省域整体市盈率缓慢下行震荡行情，整体市盈率维持在 30 倍以内；第七阶段，2013～2015 年我国股市又经历了新一轮的牛市行情，虽然这次的牛市行情没有2007年行情上升幅度大,但也表现明显,上证综合指数一度上升到5178.19点;第八阶段,2015~2018年,上证指数从5178.19点震荡下行到2018年底的2440.91点,其中2018年因受中美贸易摩擦影响以及国内产业结构转型升级困难等综合因素,是近些年来典型的单边大熊市,2019~2020年我国股市从2019年触底反弹至2021年2月的阶段性高点即3731.69点。2021~2023年经历了三年疫情经济复苏疲软、俄乌冲突影响持续深化、美国联合盟友对华进行贸易与高科技制裁等,我国股市持续大幅震荡低迷,并处于3000点震荡摸底阶段。

其次,从我国各主要省域之间的年度市盈率进行横向对比发现(见表3-2),陕西上市公司整体市盈率多数年份走在其他省域前列,近10年来陕西年平均市盈率为42.8倍,处于低度不安全状态,其中2000~2001年、2007年、2009~2010年、2014~2016年均处于危机状态。然后为湖北、四川和天津,近10年平均市盈率在30倍左右并处于高度安全状态;浙江、江苏、辽宁、山东和重庆近10年平均市盈率处于20~30倍并处于高度以上安全状态。相比而言,广东、福建、上海和北京近10年的平均市盈率处于20倍的安全警线以内,其中广东、福建和上海平均市盈率处于高度以上安全范围,而北京近10年的平均市盈率(10.2倍)则相对被低估并处于低度不安全状态。由于北京汇聚了我国大部分央企,多数为中字头国企,其中许多国企长期市盈率在10倍以内,部分国企市盈率相对于公司的增长速度则处于低估状态。因此中央多次会议强调要构建中国特色的估值体系,让长期被低估的中央和地方国企估值回归市场正常估值范围。

表3-2 国内主要省域年末整体市盈率(1990~2021年)

年份	陕西	湖北	四川	天津	浙江	江苏	辽宁	山东	重庆	广东	福建	上海	北京
1990	0.0	0.0	0.0	0.0	0.0	0.0	0.0	0.0	0.0	0.0	0.0	661.4	0.0
1991	0.0	0.0	0.0	0.0	0.0	0.0	0.0	28.6	0.0	0.0	0.0	467.8	0.0
1992	0.0	60.3	0.0	0.0	0.0	0.0	0.0	0.0	0.0	30.1	64.4	49.0	52.2
1993	37.4	20.8	20.7	43.0	34.1	28.3	27.8	21.6	25.9	18.6	36.2	40.6	34.0

续表

年份	陕西	湖北	四川	天津	浙江	江苏	辽宁	山东	重庆	广东	福建	上海	北京
1994	17.5	10.2	6.4	24.4	16.6	14.1	27.1	17.6	24.8	11.4	15.2	28.6	16.3
1995	18.1	12.8	8.3	26.1	20.7	13.6	12.7	17.8	8.7	10.9	18.2	22.6	12.3
1996	30.2	31.3	17.5	46.8	34.2	30.5	34.5	35.9	27.4	31.4	33.1	40.1	44.7
1997	40.4	29.2	26.6	37.6	35.7	35.1	28.2	37.5	32.2	35.7	35.4	41.0	43.2
1998	44.5	30.1	23.7	33.6	32.9	31.6	32.5	33.0	35.2	29.5	32.7	37.9	35.6
1999	45.4	36.5	39.7	33.3	39.2	39.7	30.6	34.3	54.0	34.5	36.4	48.5	37.2
2000	69.4	61.2	52.5	60.6	56.4	56.3	44.2	49.2	78.4	53.5	66.2	50.7	59.9
2001	68.7	54.5	46.4	61.3	52.4	50.8	40.0	41.3	73.3	40.3	48.1	48.9	28.8
2002	57.4	53.4	41.8	38.1	43.3	47.7	32.7	31.3	35.3	32.7	30.4	34.3	23.4
2003	40.5	44.1	36.3	39.9	31.5	37.9	25.6	32.1	23.9	28.8	27.2	28.8	26.1
2004	32.5	32.7	23.6	33.8	23.0	30.5	16.4	20.4	17.0	22.3	25.6	18.2	15.2
2005	28.7	27.8	18.2	19.8	20.3	26.5	13.4	16.5	26.7	18.0	20.7	14.4	12.5
2006	50.0	23.2	24.7	38.3	26.9	31.0	14.5	23.7	30.3	27.7	24.9	24.6	28.7
2007	83.0	41.8	63.7	34.3	43.1	51.1	33.8	41.7	52.7	40.8	34.4	44.0	40.7
2008	15.1	20.6	28.2	13.3	15.9	25.0	22.2	14.0	15.2	18.7	12.5	12.7	14.8
2009	83.9	36.3	41.6	38.1	30.2	37.4	46.3	32.4	44.2	28.3	24.4	28.0	19.4
2010	64.0	35.1	36.9	29.2	31.4	33.0	27.8	26.3	33.1	22.6	18.7	16.9	12.2
2011	37.9	22.6	22.3	24.1	20.5	22.2	17.5	18.7	25.3	14.6	11.5	12.2	9.4
2012	48.1	25.7	18.3	22.4	21.7	22.5	20.5	20.3	23.2	16.0	11.3	12.6	8.8
2013	47.9	27.6	18.1	23.4	24.5	24.1	19.7	21.4	22.2	14.8	10.1	12.2	7.1
2014	65.5	32.9	30.4	29.6	29.1	31.4	35.1	23.1	25.1	19.1	14.6	17.3	11.2
2015	74.9	40.0	41.2	50.1	46.1	42.1	51.6	38.3	25.3	23.2	18.9	19.4	12.2
2016	51.1	35.5	34.6	40.0	32.9	33.5	31.6	30.5	26.8	20.6	16.8	17.2	11.2
2017	34.1	35.3	36.9	39.2	31.4	30.2	27.6	24.8	24.0	20.6	16.2	16.6	12.3
2018	25.3	29.3	23.0	33.2	24.4	21.8	27.2	16.4	24.0	16.9	14.0	12.8	9.8
2019	27.1	27.7	33.4	26.6	30.1	28.5	34.8	22.6	16.6	19.8	14.8	15.7	10.0
2020	28.4	28.2	35.8	26.7	24.6	27.3	20.3	24.8	23.1	20.8	22.6	18.4	10.2
2021	25.5	28.0	30.6	10.7	24.2	26.8	18.2	20.3	19.5	20.8	21.3	17.0	8.8
2012~2021	42.8	31.0	30.2	30.2	28.9	28.8	28.7	24.2	23.0	19.3	16.1	15.9	10.2

数据来源：WIND 数据库。

(五) 房地产市场风险

随着工业化与城市化的快速发展，房地产市场也成为近10年来我国省域经济发展的重要推动力，如随着浙江省杭州、温州等城市房价节节高涨，浙江省经济发展过程中存在房地产投资过度、房价虚高的风险。一般通过地区房价收入比来衡量地区房地产价格是否存在泡沫化倾向。房价收入比是目前国际上常用的衡量城市居民住房消费能力和房价水平的指标。目前国内学者对该指标内涵的理解，基本数据范围的界定、计算方法与数据来源等都存在异议。吕江林（2010）考察比较了租售比、空置率、投资购房与自住购房之比、房地产业利润率等学术界和业界常用来度量房地产泡沫的指标，发现受我国客观条件制约，这些指标都不直接、准确，而在我国当前国情下房价收入比是相对较好的度量房地产泡沫的指标。

所谓房价收入比，一般是指住房价格与城市居民家庭年收入之比，国际上通用的房价收入比的计算方式，是以住宅套价的中值，除以家庭年收入的中值。

由于中国的住宅是按照平方米价格交易而不是按照套来交易，又由于纳入中国家庭收入统计的收入只是全部家庭收入中的一部分，因此即使是北京这样相对发达的城市，其房价收入比的计算结果也存在很大差异，更为横向比较带来了困难。家庭年收入同样取中值，在发达国家，统计家庭年收入只要看纳税记录就很清楚，但在中国情况要复杂得多。

考虑到可操作性与数据的可获得性，本书采用国内学者的普遍算法：一个国家的平均房价收入比通常用一套房屋的平均价格与家庭年平均总收入之比来计算，即：

房价收入比 = 每户住房总价 ÷ 每户家庭年总收入

其中，每户住房总价和每户家庭年总收入的计算公式分别如下：

每户住房总价 = 人均住房面积 × 每户家庭平均人口数
　　　　　　× 单位面积住宅平均销售价格

每户家庭年总收入 = 每户家庭平均人口数 × 家庭人均年可支配收入

房价收入比指标警限的确定：林筱文和宋保庆（2011）认为合理的房价收入比是3~6倍。按照国际常规数据，世界银行和联合国人居中心分别得出的"合理的住房价格"支出，应该为每个家庭3~6年和4~6年的收入，中国很多城市远远超出这一数字，房价有大幅下降空间。根据国际常规标准，即认为合理的房价收入比的取值范围为3~6倍，本书根据我国近20年来全国城镇平均房价收入比实际观测值实际情况，并综合专家意见，得出我国城镇总体平均房价收入比在3倍以下为合理的安全变化区间，5倍为安全与不安全临界线，7倍或以上进入重度不安全状态。

因此，本书对全国31个省域近5年（2017~2021年）的房价收入比进行了横向与纵向对比，结果如表3-3所示，从表中可以得知，2017~2021年我国有29个省域城镇的房价收入比处于危机状态，其中从近5年平均房价收入比来比较发现，北京平均房价收入比最高为19.7倍，也就是以北京城镇家庭年总收入计算，需要19.7年才能买得起一套房（按市人均住户面积计算）；其次是海南为18.6倍，上海为17.2倍，西藏为16.4倍，浙江为15.4倍，上述五省域房价收入比排在全国前五位，并均处于危机状态。房价收入比排在全国倒数后五位的省域依次是内蒙古（6.5倍）、宁夏（7.5倍）、新疆（7.7倍）、辽宁（7.9倍）和吉林省（8.7倍），除内蒙古处于中度不安全，宁夏处于重度不安全外，其他三省域也高于7倍的国际警戒线并处于危机状态。房价相对于普通百姓家庭收入高企在全国是普遍现象，但相比之下，东北与西北省域经济欠发达地区的房价要相对低许多，而东部地区和中部地区的城镇房价显然要更高，同时一些旅游热点地区房价也被炒高了。从近5年的时间序列对比分析，我们发现近5年全国平均房价收入比基本上维持在高位波动，向上或向下的趋势均不明显。这表明随着中央"房子是用来住的，不是用来炒的"政策精神指导下，我们主要城市房价过快上涨的势头基本上得到了遏制，但也未出现房价明显下降，而是处于高位相对稳定状态。

表3-3 全国31个省域城镇地区平均房价收入比（2017～2021年）

年份	2017	2018	2019	2020	2021	2017～2021年平均值	2017～2021年平均安全程度
北京	19.4	19.8	18.5	20.0	20.9	19.7	危机
海南	15.6	18.4	18.7	20.4	20.1	18.6	危机
上海	15.5	16.8	17.6	16.4	19.6	17.2	危机
西藏	15.0	17.0	16.5	18.2	15.4	16.4	危机
浙江	13.4	15.0	15.7	15.8	17.0	15.4	危机
陕西	12.3	14.0	14.4	14.9	14.4	14.0	危机
云南	12.0	14.4	14.4	14.2	14.9	14.0	危机
湖北	13.9	14.2	14.2	14.1	12.9	13.9	危机
福建	13.4	14.0	13.7	14.3	13.7	13.8	危机
天津	14.4	14.2	12.9	13.2	12.3	13.4	危机
江苏	10.5	13.0	13.6	14.5	13.5	13.0	危机
广东	11.4	12.4	12.9	14.0	14.2	13.0	危机
江西	10.7	12.7	12.9	13.0	12.2	12.3	危机
四川	11.6	12.2	11.9	11.2	10.7	11.5	危机
河北	11.4	11.6	11.2	11.6	11.1	11.4	危机
安徽	10.5	11.9	11.7	11.6	10.8	11.3	危机
广西	11.0	11.3	11.7	11.4	10.3	11.1	危机
河南	10.2	10.5	11.9	12.3	10.6	11.1	危机
重庆	9.6	11.1	11.1	11.5	11.5	11.0	危机
甘肃	11.2	10.5	10.3	10.9	9.3	10.4	危机
湖南	9.7	10.6	10.5	10.7	10.6	10.4	危机
贵州	9.4	10.6	10.3	10.4	9.8	10.1	危机
山西	8.8	10.1	9.6	9.9	9.3	9.5	危机
黑龙江	9.3	9.7	10.1	9.6	8.8	9.5	危机
山东	8.6	9.3	9.6	9.6	9.6	9.3	危机
青海	8.0	8.6	9.6	10.3	9.3	9.2	危机
吉林	7.8	9.1	9.2	9.6	7.9	8.7	危机
辽宁	6.8	7.7	8.1	8.7	8.2	7.9	危机
新疆	7.8	8.5	8.3	7.6	6.4	7.7	危机
宁夏	6.6	6.7	7.5	8.4	8.4	7.5	重度不安全
内蒙古	5.3	6.3	6.9	7.4	6.7	6.5	中度不安全

数据来源：根据《中国统计年鉴（2018～2022）》、Wind数据库整理核算而成。

与此同时，本书还进一步考察了各省域房地产金融深化率（=房地产贷款占全省贷款总额）并进行横向对比分析，如表3-4所示，2017~2021年全国房地产业贷款占全省域贷款总额比重排名前5位的是海南（59.3%）、北京（58.2%）、上海（56.1%）、江西（47.1%）和广东（46.7%），房地产业贷款比率均在40%的危险警戒线以上并计算安全得分发现其处于危机状态，其中海南房地产业贷款比重达到近60%，表明海南的贷款主要流向了房地产业；山西和湖北的房地产贷款比重也超过了40%处于重度不安全状态；排名倒数后五位的省域依次是内蒙古（10.2%）、黑龙江（14.2%）、西藏（16.8%）、青海（17.3%）和河南（18%），其中内蒙古和黑龙江处于高度安全状态，后三省域则处于中度安全状态。从2017~2021年的时间序列分析发现，近五年全国平均房地产业贷款占比在28%~30%的区间波动，并处于中度不安全状态。

表3-4　　全国31个省域房地产业贷款占全省贷款总额比重（2017~2021年）

年份	2017	2018	2019	2020	2021	平均值	安全状态
海南	58.8%	62.1%	59.8%	55.2%	60.7%	59.3%	危机
北京	99.1%	48.8%	52.4%	48.9%	41.7%	58.2%	危机
上海	46.5%	54.7%	57.4%	55.0%	67.0%	56.1%	危机
江西	18.6%	19.2%	19.2%	161.7%	16.6%	47.1%	危机
广东	36.5%	47.8%	49.8%	48.0%	51.4%	46.7%	危机
山西	53.3%	76.4%	76.1%	7.8%	8.2%	44.4%	重度不安全
湖北	36.8%	43.2%	42.5%	38.3%	39.3%	40.0%	重度不安全
江苏	27.5%	32.5%	32.8%	30.9%	34.0%	31.5%	中度不安全
四川	30.4%	33.5%	33.0%	29.6%	30.2%	31.4%	中度不安全
湖南	24.3%	33.3%	34.9%	30.9%	31.9%	31.1%	中度不安全
陕西	28.5%	29.4%	30.3%	28.0%	27.8%	28.8%	中度不安全
天津	24.7%	29.4%	29.9%	27.1%	27.5%	27.7%	中度不安全
重庆	26.8%	31.1%	31.7%	26.0%	22.3%	27.6%	中度不安全
辽宁	21.3%	26.5%	27.8%	24.8%	25.3%	25.2%	低度不安全
河北	22.2%	26.5%	26.8%	24.8%	24.5%	25.0%	低度不安全

续表

年份	2017	2018	2019	2020	2021	平均值	安全状态
甘肃	23.2%	25.2%	26.2%	23.9%	25.0%	24.7%	低度不安全
浙江	17.3%	25.2%	26.5%	25.7%	27.3%	24.4%	低度不安全
宁夏	34.6%	27.9%	25.3%	15.9%	18.2%	24.4%	低度不安全
福建	23.7%	26.3%	25.7%	22.0%	22.6%	24.1%	低度不安全
云南	21.3%	25.0%	24.5%	21.8%	21.2%	22.8%	低度不安全
新疆	17.2%	22.6%	23.4%	21.8%	23.7%	21.8%	低度不安全
安徽	23.6%	23.9%	23.0%	19.5%	17.6%	21.5%	低度不安全
贵州	21.1%	24.8%	23.2%	18.8%	19.3%	21.4%	低度不安全
吉林	16.1%	21.1%	21.8%	22.2%	24.6%	21.2%	中度安全
山东	16.1%	20.8%	23.5%	21.5%	21.7%	20.7%	中度安全
广西	14.9%	18.3%	21.0%	19.8%	20.2%	18.8%	中度安全
河南	15.3%	19.7%	20.8%	16.4%	17.8%	18.0%	中度安全
青海	16.8%	18.2%	18.5%	16.2%	16.6%	17.3%	中度安全
西藏	27.6%	14.2%	5.7%	28.8%	7.6%	16.8%	中度安全
黑龙江	11.2%	15.1%	15.1%	14.1%	15.5%	14.2%	高度安全
内蒙古	10.4%	11.0%	10.8%	8.2%	10.4%	10.2%	高度安全
平均值	27.9%	30.1%	30.3%	30.8%	26.4%	29.1%	中度不安全

三、省域正规银行类金融机构风险分析

传统金融机构主要指银行类、证券类、保险类等金融市场中的传统常规金融机构，由于我国金融市场中银行类金融机构无论在总资产、净资产、营业网点与从业人员数都占据国内金融市场的绝对主体，因此银行类金融机构的金融风险状况直接影响到我国省域金融机构与金融市场的金融风险程度。本书拟对全国31个省域银行类金融机构的金融风险状态进行一次全面的定性与定量相结合分析，同时随着我国主要省域金融市场的发展，以及证券业与保险业所占比重的逐步提升，本书也对证券机构与保险机构的金融风险状况进行了相关风险分析。

(一) 商业银行不良贷款率分析

银行机构不良资产贷款是我国经济与金融体制改革过程中面临的重要风险，不断降低商业银行和我国银行业整体的不良贷款余额一直是防范国内银行业金融风险的重要内容。因此本书首先考察我国商业银行的总体不良资产贷款情况，如图3-13所示，2005~2021年，我国商业银行的不良资产贷款额呈现先下降后不断上升态势，其中2005~2011年呈缓慢下降的态势，而2011~2021年，我国商业不良资产贷款额呈快速上升态势。"十三五"期间（2016~2021年）我国商业银行不良资产贷款率呈现平稳态势，且根据国际警戒线等标准，目前我国不良贷款率仍处于高度以上安全范围。

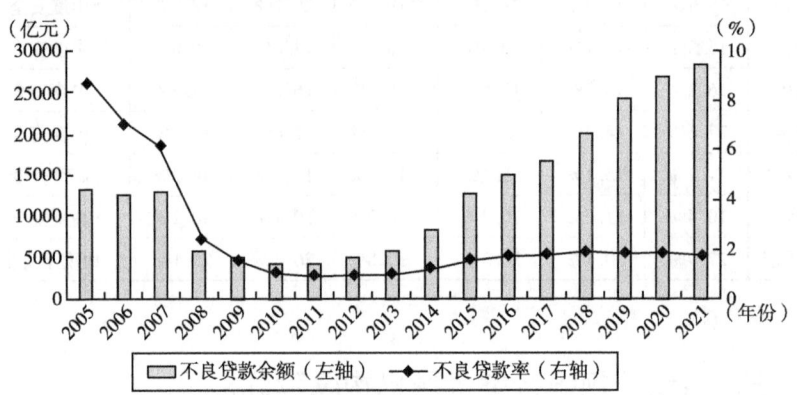

图3-13 我国商业银行不良资产贷款余额及
不良贷款率变化趋势（2005~2021年）

从我国主要省域银行类机构不良贷款率的对比分析，如表3-5所示，我们发现，"十三五"期间，全国绝大部分省域的不良贷款率均处于安全范围之内，但期间安全程度有缓慢下降态势，这主要是由于国内实体经济在转型升级过程中面临不同程度的发展困难，三年疫情冲击以及中美贸易摩擦等国际不利环境所致；2016~2021年我国31个省域法人银行类机构不良贷款率平均安全程度均处于极高度安全状态且不同年份且大部分省域之间相差较小，这主要由于我国中央银行和银保监会对银行类金融机构不良贷款率和资本充足率要求的严格监管控制，同时也得益于各省域主要银行机构均为国有直接或间接控股状态，相对严格执行银行类机构的监管风控相关规定，同时也由于在借贷市场中处于强势话语权一方，有力维持了主要风险指标的安全范围。值得注意的是，吉林、陕西和河南的银行类机构不良贷款率风险排在倒数前三位，其中吉林 2010~2021 年不良贷款率平均值为 10.7%，明显高于其他省域，表明吉林企业经营状况普遍不好，银行机构的不良贷款资产明显较高并处于中度不安全状态。2010~2021 年河南平均不良贷款率为 6.88%，也明显高出其他省域并处于中度安全状态。2010~2021 年陕西平均不良贷款率为 2.94%，相对偏高于其他省域但仍处于高度安全状态。相比之下，海南、重庆、浙江、江苏等省域法人银行机构的不良贷款率控制相对较好，安全程度排在全国前列。

表 3-5　各省域法人银行机构不良贷款率纵横对比

（2016~2021 年）　　　单位：%

年份	2016	2017	2018	2019	2020	2021	2016~2021
吉林	10.6	10.6	10.4	10.6	10.7	11.4	10.7
陕西	7.2	6.9	6.8	6.5	6.7	6.7	6.8
河南	6.0	6.0	4.2	4.2	4.2	2.0	4.4
辽宁	1.7	1.7	3.4	3.9	3.4	3.1	2.8
青海	1.7	1.9	3.9	2.6	3.3	3.0	2.7
内蒙古	1.8	1.9	2.2	2.5	4.0	3.4	2.6
湖北	2.1	2.6	2.5	3.2	2.6	2.6	2.6
宁夏	1.8	2.1	2.9	2.9	2.8	2.6	2.5
黑龙江	1.9	2.0	2.1	2.0	2.6	2.8	2.2
云南	1.9	1.9	3.3	2.5	2.0	1.7	2.2
甘肃	1.8	1.9	2.3	2.4	2.0	1.9	2.1
天津	1.7	1.8	1.9	1.9	2.0	2.0	1.9
山东	1.8	2.1	2.2	1.9	1.6	1.6	1.8
山西	1.9	1.6	1.9	1.9	1.8	1.8	1.8
江西	1.8	1.6	2.0	2.0	1.7	1.6	1.8
广西	1.9	1.9	1.9	1.9	1.6	1.6	1.8
河北	1.1	1.2	2.2	2.0	2.0	2.0	1.8
四川	1.9	1.7	1.9	1.8	1.6	1.5	1.7

续表

年份	2016	2017	2018	2019	2020	2021	2016~2021
上海	1.7	1.9	1.7	1.7	1.6	1.5	1.7
西藏	0.1	0.3	1.2	3.2	2.5	2.8	1.7
北京	1.7	1.5	1.5	1.4	1.5	1.4	1.5
新疆	1.6	1.6	1.6	1.4	1.3	1.2	1.4
湖南	1.3	1.4	1.5	1.4	1.5	1.5	1.4
贵州	1.6	1.4	1.4	1.3	1.4	1.3	1.4
福建	1.6	1.5	1.5	1.4	1.2	1.1	1.4
广东	1.7	1.6	1.4	1.4	1.1	1.1	1.4
安徽	1.1	1.0	1.0	1.0	2.0	1.8	1.3
江苏	1.4	1.3	1.3	1.3	1.2	1.1	1.3
重庆	1.0	1.5	1.3	1.3	1.3	1.3	1.3
浙江	1.3	1.3	1.3	1.3	1.2	1.1	1.3
海南	0.0	0.0	0.4	1.0	1.3	1.4	0.7

数据来源：根据全国 31 个省域法人银行机构年报整理而成。

从我国主要商业银行不良资产贷款情况对比，如表 3-6 所示，我们发现，2016~2021 年我国 10 家主要商业银行的不良资产贷款率均处于 5% 以内的高度安全范围，其中绝大部分商业银行处于 2.5% 的极高度安全范围，表明目前我国本土各主要商业银行在不良资产方面都处于高度安全范围内，短期内不会出现大范围严重的不良资产贷款风险情况，但需要警惕个别中小银行机构等因风险控制不到位而出现个别地区性金融风险及其蔓延影响等。

表 3-6　　我国主要商业银行不良贷款率情况对比

(2016~2021 年)　　　　　　　　　　　　单位：%

年份	2016	2017	2018	2019	2020	2021	2011~2016
中国工商银行	1.62	1.55	1.52	1.43	1.58	1.42	1.52
中国农业银行	2.37	1.81	1.59	1.40	1.57	1.43	1.70
中国建设银行	1.52	1.49	1.46	1.42	1.56	1.42	1.48
中国银行	1.46	1.45	1.42	1.37	1.46	1.33	1.42
招商银行	1.87	1.61	1.36	1.16	1.07	0.91	1.33
交通银行	1.52	1.50	1.49	1.47	1.67	1.48	1.52

续表

年份	2016	2017	2018	2019	2020	2021	2011~2016
中国民生银行	1.68	1.71	1.76	1.56	1.82	1.79	1.72
中信银行	1.69	1.68	1.77	1.65	1.64	1.39	1.64
兴业银行	1.65	1.59	1.57	1.54	1.25	1.10	1.45
上海浦东发展银行	1.89	2.14	1.92	2.05	1.73	1.61	1.89

数据来源：根据各银行机构年报（2016~2021年）整理而成。

（二）商业银行资本充足率分析

资本充足率是银行资本总额与加权平均风险资产的比值，资本充足率反映商业银行在存款人和债权人的资产遭到损失之前，该银行能以自有资本承担损失的程度。

资本充足率=资本总额/加权风险资产总额，是衡量银行业等金融机构风险的最核心指标之一，已为业内领域所熟知。"巴塞尔协议Ⅲ"规定，截至2015年1月，全球各商业银行的一级资本充足率下限将从现行的4%上调至6%。其中，由普通股构成的核心一级资本[①]占银行

---

① 核心一级资本包括实收资本或普通股股本、资本公积可计入部分、盈余公积、一般风险准备、未分配利润和少数股权可计入部分。
其中核心一级资本扣除项目包括商誉、其他无形资产（土地使用权除外）、商业银行对非自用不动产和企业的资本投资、对未按公允价值计量的项目进行现金流套期形成的储备、对有控制权但不并表的金融机构的核心一级资本投资。
其他一级资本包括其他一级资本工具及其溢价、少数股东资本可计入部分。
二级资本也称附属资本或补充资本，是指银行资本基础中扣除核心资本之外的其他资本成分，是衡量银行资本充足状况的指标。二级资本是银行的次等资本，包括未披露准备金、一般损失准备金、从属有期债务、（债权/股权）混合资本工具和次级长期债券等等。次级债券计入附属资本的条件是不超过核心资本的50%，原始发行期限5年以上。次级长期债券兼有债务和股权的特征，可用来补充资本金。作为银行资本有机组成部分，发行次级债还可降低资本金平均成本，提高股东回报率等。
二级资本又分为高档二级和低档二级，高档二级包括一般储备金、永久性累积优先股和重估储备；低档二级包括次级债券和定期、可累积优先股等。
作为银行的二级资本，附属资本也能在一定程度发挥吸收损失，抵御风险的作用，"巴塞尔协议"规定二级资本在银行资本中所占的比重可以达到50%；《商业银行资本充足率管理办法》规定，商业银行的二级资本不得超过核心资本的100%。多年以来，我国商业银行二级资本在资本总额中所占比例极低，资本结构中核心资本所占比重较大，国有商业银行甚至超过90%，上市银行一般也在70%左右。二级资本在商业银行资本中所占的比重远没有达到50%的监管限制，商业银行还有很大的空间来增加二级资本。

风险资产的下限将从现行的2%提高至4.5%；此外，各银行还须增设"资本防护缓冲资金"，总额不得低于银行风险资产的2.5%，商业银行的核心一级资本充足率将由此被提高至7%。该规定将在2016年1月至2019年1月间分阶段执行。2011年5月初，银监会下发了《指导意见》，正式公布了资本充足率、杠杆率、流动性及贷款损失准备的四大监管工具，其中特别指出，正常条件下系统重要性银行和非系统重要性银行的资本充足率分别不得低于11.5%和10.5%。

根据前面分析，2016年之前我国金融市场中占据主体地位的银行类机构是大型商业银行与股份制商业银行，2016年之后是大型商业银行和城市商业银行。2005年我国大型与股份制商业银行总资产占我国银行业总资产比重为69%，占据绝对主体地位；2011年为63%，仍然是主体地位；2016年为55%，虽然所占比重在缓慢下降，但目前依然占据主要地位。2021年大型商业银行与城市商业银行总资产占比为51%，如果加上股份制商业银行，大型+城市+股份制商业银行总资产占比达到71%。而大型商业银行主要由中、农、工、建、交和邮储6大行构成，这6大行总部都集中在首都北京，而且都是国有绝对控股银行，是我国商业银行的主体。在我国金融市场中市场化程度较高的股份制商业银行主要有20多家，总部主要集中在北京、上海、广州与深圳等，由于我国银行机构实行"总—分—支行"的自上到下的垂直树形结构，因此对于我国而言，单个的省域或地区分支行在经营过程中出现不良贷款或资本充足率不足等问题一般难以影响到整体银行机构的安全性。例如，中国建设银行浙江分行，或建设银行温州支行出现不良贷款风险，但在其他主要省域或地区经营良好情况下，一般难以对中国建设银行整体经营状况造成较大的金融风险冲击影响。考虑到数据的可获取性，本书以总资产占我国银行业主体的大型商业银行、股份制商业银行与城市商业银行为主要考察对象，这3类银行合计总资产所占比重在70%以上，基本上能代表我国银行业市场的主体，其资产比重变化如表3-7所示。

表 3-7　　我国大型、股份制与城市商业银行总资产占所比重（2005~2021 年）

年份	大型商业银行	股份制商业银行	城市商业银行	合计
2005	53%	16%	5%	74%
2006	51%	16%	6%	73%
2007	53%	14%	6%	73%
2008	51%	14%	7%	72%
2009	51%	15%	7%	73%
2010	49%	16%	8%	73%
2011	47%	16%	9%	72%
2012	44%	18%	9%	71%
2013	42%	18%	10%	71%
2014	40%	19%	11%	69%
2015	38%	19%	12%	68%
2016	36%	19%	13%	68%
2017	36%	18%	13%	66%
2018	36%	18%	13%	66%
2019	39%	18%	13%	70%
2020	39%	18%	13%	71%
2021	39%	18%	13%	71%

数据来源：根据 Wind 数据库整理而成。

考虑到我国银行类机构自上而下的垂直管理体制，本书以此为重点关注大型商业银行、股份制商业银行与城市商业银行（占据我国省域银行机构的市场主体地位），主要包括中国工商银行、中国农业银行、中国建设银行、中国银行、中国邮储银行、招商银行、交通银行、中国民生银行、中信银行、兴业银行和上海浦东发展银行，共计 11 家，这 11 家银行机构主要在国内经营并占据我国银行机构重要组成部分的银行机构，这 11 家商业银行的资本充足率情况如表 3-8 所示。从表中我们可以发现，2016~2021 年我国主要商业银行的资本充足率都达到了银监会的最新规定 10.5%，其中大部分商业银行资本充足率已达到了系统重要性商业银行的 11.5% 的最低要求（除邮储银行在2016年为11.13%略低外），表明这10家商业银行在通过自有资本应对加权平均风险资产的风险控制方面都达到了金融安全范围以内，值得注意的是，工商银行、农业银行与建设银行在资本充足准备方面在"十三五"期间走在其他大型商业银行前面，而招商银行走在股份制商业银行前列，且2016~2021年主要商业银行资本充足率均有上升的态势，有力维护了我国银行类机构乃至金融业的安全稳定。

表3-8　我国主要商业银行资本充足率情况对比（2016~2021年）

年份	2016	2017	2018	2019	2020	2021
中国工商银行	14.61%	15.14%	15.39%	16.77%	16.88%	18.02%
中国农业银行	13.04%	13.74%	15.12%	16.13%	16.59%	17.13%
中国建设银行	14.94%	15.50%	17.19%	17.52%	17.06%	17.85%
中国银行	14.28%	14.19%	14.97%	15.59%	16.22%	16.53%
中国邮储银行	11.13%	12.51%	13.76%	13.52%	13.88%	14.78%
招商银行	13.33%	15.48%	15.68%	15.54%	16.54%	17.48%
交通银行	14.02%	14.00%	14.37%	14.83%	15.25%	15.45%
中国民生银行	11.73%	11.85%	11.75%	13.17%	13.04%	13.64%
中信银行	11.98%	11.65%	12.47%	12.44%	13.01%	13.53%
兴业银行	12.02%	12.19%	12.20%	13.36%	13.47%	14.39%
上海浦东发展银行	11.65%	12.02%	13.67%	13.86%	14.64%	14.01%

数据来源：根据各银行机构季报（2016~2021年）整理而成。

（三）商业银行流动性分析

流动性比率是衡量企业短期偿还债务的能力，保持商业银行资产的流动性是防止因突发情况而面临大量客户短期内提现挤兑的风险，是防范银行机构金融风险的重要方面。一般银行流动性比率越高越好，表明自有流动资产偿还短期流动负债的能力越强。考虑到数据的可获得性，本书通过各商业银行存贷款比例来表示商业银行的资产流动性。由于银行机构是典型负责经营的金融机构，与一般企业标准不同，银行机构存贷款比例一般的标准为大于或等于25%为下警限。如表3-9

所示，我国10家主要商业银行的存贷款比例均达到了25%的下限标准，除邮储银行在2016~2017年外也均超过了50%的标准，其中交通银行、兴业银行和浦发银行等存贷款比例普遍较高，特别是个别银行如浦发银行2021年存贷款比例达到了94.5%，资产的流动性风险程度最高，而且2016~2021年浦发银行存贷款比例在逐步上升，资产流动性有逐渐下降的趋势。相比而言，邮储银行、招商银行、农业银行、工商银行和中信银行等存贷款比例相对较低，整体资产保持了相对较高的流动性，而且2016~2021年存贷款比例有逐渐下降，资产流动性有上升的良好态势。以上表明我国主要商业银行的资产流动性情况出现了优劣分化，以招商银行、农业银行、工商银行为代表的资产流动性在逐渐提升，而以交通银行、兴业银行和浦发银行为代表的资产流动性风险较高且有风险上升的态势，需要引起警惕。

表3-9 我国主要商业银行存贷款比例情况对比（2016~2021年）

年份	2016	2017	2018	2019	2020	2021
中国工商银行	68.20%	67.00%	66.50%	69.50%	65.00%	60.30%
中国农业银行	68.20%	67.20%	67.90%	68.70%	67.20%	64.90%
中国建设银行	68.60%	70.60%	71.20%	71.50%	70.90%	68.50%
中国银行	68.80%	70.00%	69.80%	72.80%	75.00%	70.80%
中国邮储银行	41.32%	45.02%	49.57%	53.41%	55.19%	56.84%
招商银行	73.40%	69.70%	67.20%	67.20%	62.10%	66.90%
交通银行	74.80%	73.90%	74.40%	80.70%	75.90%	74.60%
中国民生银行	71.90%	70.10%	69.80%	72.50%	73.10%	69.30%
中信银行	67.60%	71.80%	73.10%	70.70%	73.00%	67.70%
兴业银行	73.50%	74.30%	70.80%	78.90%	74.70%	74.10%
上海浦东发展银行	71.30%	76.70%	66.50%	76.20%	78.10%	94.50%

数据来源：根据各银行机构年报（2016~2021年）整理而成。

（四）商业银行盈利性分析

商业银行的市场竞争能力不仅体现在自身不良资产贷款风险防范、满足资本充足与流动性要求等，更体现在良好的盈利能力以获得不断向前发展的动力,一般通过资本利润率或净资产收益率来反映。本书同样对我国 10 家本地主要商业银行的盈利情况进行了调查,如表 3-10 所示。2016~2021 年 10 家主要商业银行的扣除非经常性损益的加权净资产收益率总体保持上 25% 以上的水平,其中工商银行、建设银行、中国银行、中国农业银行、兴业银行 2016~2021 年平均分别保持 41.29%、38.41%、38.06%、36.37% 和 34.59% 的净资产收益率,这在"十三五"以来我国实体经济总体面临转型升级困难、总体经济增速放缓的大背景下已经属于非常良好的盈利水平。相比之下,招商银行、交通银行和中信银行等的盈利水平相对较弱。但同时从 2016~2021 年的时序对比发现,除招商银行、交通银行和兴业银行外,其他几家商业银行的净资产收益率均呈现不同程度缓慢下降之势,这与近几年来互联网金融渗透冲击、利率市场化改革推进等导致的我国省域商业银行竞争态势加剧等相关,虽然省域商业银行整体盈利水平较高,但其缓慢下滑态势需要引起警惕,以防商业银行因盈利水平下降而导致的盈利不足带来的金融风险。

表 3-10 我国主要商业银行盈利性水平对比 (2016~2021 年)

年份	2016	2017	2018	2019	2020	2021	2016~2021
中国工商银行	41.29%	39.57%	38.61%	36.64%	35.99%	37.15%	38.21%
中国农业银行	36.37%	35.96%	33.85%	33.94%	32.89%	33.61%	34.44%
中国建设银行	38.41%	39.19%	38.80%	38.15%	36.19%	36.87%	37.94%
中国银行	38.06%	38.28%	38.17%	36.76%	36.27%	37.54%	37.51%
招商银行	29.84%	31.98%	32.52%	34.64%	33.72%	36.48%	33.20%
交通银行	29.84%	31.98%	32.52%	34.64%	33.72%	36.48%	33.20%
中国民生银行	31.43%	35.29%	32.10%	30.44%	18.98%	20.65%	28.15%
中信银行	27.17%	27.36%	27.53%	26.12%	25.44%	27.56%	26.86%
兴业银行	34.59%	41.25%	38.69%	36.79%	33.32%	37.89%	37.09%
上海浦东发展银行	33.38%	32.62%	32.95%	31.21%	30.04%	28.15%	31.39%

数据来源:根据各银行机构年报 (2016~2021 年) 整理而成。

四、省域影子类银行机构风险

美国太平洋投资管理公司首席执行官保罗·麦科林（2007）首先提出"影子银行"的概念，并认为"影子银行是游离于金融体系之外，但实际功能与银行无异的信用活动"。此后，学者与监管机构从不同视角对影子银行做出了界定。Pual Tucker（2010）认为影子银行是"向居民、企业以及同业机构提供流动性、进行期限互助和杠杆化服务，从而在一定程度上替代商业银行核心功能的金融工具和市场组合"。IMF（2014）提出了界定影子银行的三个标准：一是从参与实体上，影子银行存在于监管体系之外，这些机构有可能采取类似银行的管理模式，实施具有期限、信用和流动性转换功能活动，但是没有中央银行作为最后贷款人和流动性的支持；二是从实施活动上，存在过度金融工具创新，但受到较少监管或不受监管；三是从市场形态上，影子银行主要存在于证券化市场、金融衍生品市场、回购市场等。我国的影子银行与西方发达国家相比具有较大的差异（周小川，2011）。巴曙松（2013）对影子银行业务从核心到外围界定了4个层次：银行理财和依托资产；金融租赁公司、财务公司、消费金融公司等非银行金融机构；委托贷款及银行同业业务等表外业务、融资担保公司、小贷以及典当等非银行金融机构业务；民间借贷等。

本课题组测算了我国31个省域的影子银行规模及占各省域信贷规模的比重[①]，以2021年为例，影子银行规模排名前五的省域分别是江苏、山东、浙江、河北和湖北，而规模排名倒数后五位的省域依次是北京、辽宁、青海、甘肃、西藏。从全国影子银行测算规模分析，2019～2021年分别为5.62万亿元、6.75万亿元和6.28万亿元。从各

---

① 测算方法借鉴该论文：刘佳丽，马庆. 我国影子银行对系统性金融风险影响的实证研究——基于2013～2020年省际面板数据［J］. 吉林大学社会科学学报，2021，61（6）：107－115.

省域影子银行规模占各省域信贷规模比重看,2021年比重排名前六的省域依次是吉林(8.41%)、广西(7.69%)、湖南(6.47%)、河北(6.46%)、山东(5.68%)和湖北(5.66%);比重排名倒数后六位的省域依次是青海(-4.25%)、辽宁(-0.57%)、甘肃(-0.50%)、北京(-0.38%)、西藏(-0.13%)和上海(0.12%)。从全国范围分析,2019~2021年影子银行占我国银行信贷规模的比重分别为3.79%、4.04%和3.36%,且近10年数据测算显示,影子银行所占比重有波动下降态势。

五、省域民间金融风险分析

民间借贷又称为非正规金融,是指游离于银行类金融机构等正规金融机构监管范围以外的其他形式的灰色与黑色金融行为,其中灰色民间金融活动主要是指游离于政府监管之外但没有遭到政府明令禁止的借贷活动,一般包括:私人借贷、商业信用(赊账)、合会(ROSCA)、高利贷等。其中,私人借贷是民间借贷的主要形式,主要表现为亲戚和朋友之间的无息借款,有40%~50%的民间借贷属于这种形式。黑色民间金融活动主要是指政府明令禁止的民间金融活动,如民间非法集资等。传统民间借贷活动中借贷双方一般是亲朋好友,借贷资金多用于建房、教育以及婚丧嫁娶等生活消费,但随着经济的发展,各地民间借贷逐渐转变为陌生人之间的借贷关系和经营性的融资渠道。民间借贷作为一种民间自发的融资方式,是我国传统银行类贷款融资方式之外的有益补充,可以满足社会各层次主体融资需要,有效解决资金出路,在一定程度上缓解了我国中小企业"融资难"问题。但在实际中,民间借贷等投融资方面存在交易隐蔽、利率过高、部分规模过大、风险不易控制,以及正规民间借贷与非法集资等交织一起的情况,导致一些地方中小微企业资金链断裂,容易引发地区性金融风险的发生。

以浙江为例,浙江是我国民间金融活动非常活跃的省域,也是民间借贷纠纷等案例高发的省域,近10年来,浙江民间借贷法律纠纷案例走在全国前列。笔者剖析浙江民间金融借贷案例内容，并总结浙江民间金融的风险，主要包括以下几种。

（1）中小企业转型升级困难，企业经营困难利润下降导致偿债能力下降。浙江民间借贷多以经营性借贷为主，中小微企业深度介入，一旦外部经济形势发生变化（如对外贸易下降，对内消费困难等）导致企业经营困难利润下降，将会直接降低企业的偿债能力，从而容易引起民间借贷的法律纠纷。

（2）浙江民间借贷利息成本高，提高了企业债务清偿风险。在浙江民间借贷行为中普遍存在高息借贷现象。李建军等（2013）对浙江民间借贷的2083个案例的平均借贷利率进行研究后发现，民间借贷普遍的利率水平是月息2~3分，借贷的平均周期是3~4个月，转化为年化利息率为24%~36%，大大超出同期正规银行机构的1年期贷款利率水平。又如根据《浙江法院民间借贷审判报告》，2012年4月温州民间借贷综合利率平均水平为21.58%。浙江一些民间融资活跃的地区，月利率普遍在2分、3分以上，有的甚至达5分以上，即年化利息率超过60%。图3-14是2011年4月至2022年12月温州地区民间综合借贷利率，从中可以得知，近10年温州地区民间借贷综合利率总体是呈现不断下降的趋势，从2011年的20%以上下降到2022年的15%左右，但仍然明显高出银行借贷利率，如此高的贷款融资成本，超过了大多数中小企业的资本利润率水平，致使企业偿债压力巨大，容易引起企业资金链断裂而导致民间借贷金融风险的发生。

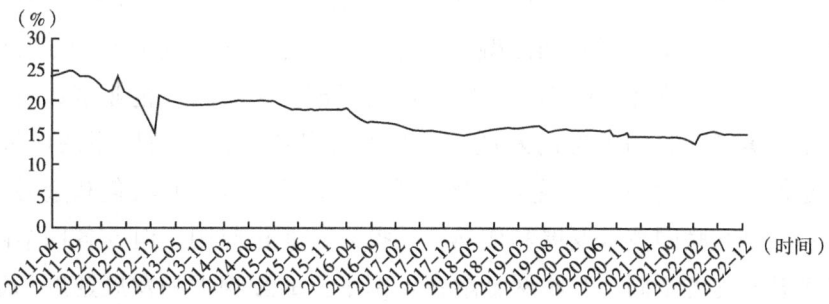

图3-14 温州民间借贷综合利率变化趋势（2011年4月至2022年12月）

(3) 民间借贷乱象丛生，缺乏有效监管，极易引发纠纷。浙江的民间借贷以经营性借贷为主，加之实践中职业放贷人群体的出现以及担保公司、典当行、投资公司等市场主体的加入，民间借贷活动实际上已具有经营的性质。但由于长期游离在监管边缘，民间融资市场因缺乏必要的约束和管理而呈现出无序乱象，如借贷形式不规范、担保不完备、借款用于非正常用途、高息借贷、违法借贷，甚至与刑事犯罪交织在一起，为纠纷的发生埋下了隐患。

六、省域互联网金融风险分析

互联网金融是指以互联网为资源手段，利用传统互联网技术与现代移动互联网终端设备，依托大数据、云计算、社交网络、App 软件为支撑，实现资金融通、支付和信息中介等业务的一种新兴金融。互联网金融实现了现代互联网技术与现代金融业务的较好融合。基于互联网大数据的金融信用体系和数据驱动的金融服务，互联网金融有效降低了行业信息不对称性风险，从根本上改变了传统金融服务的理念与业务模式，提升了金融资源的配置效率和风险管理水平。互联网金融通过互联网实现的资金融通，主要业务模式包括 P2P、众筹等网络投融资平台，以及互联网银行、金融网销、供应链金融及其他金融中介服务。互联网金融服务真正能够有别于传统金融模式，关键在于基于大数据的征信服务。

互联网诞生于美国，欧美国家的金融体系也比较完善成熟。因此，其传统金融体系与互联网的融合较之世界其他国家，时间更早、发展程度更高。无论在企业创新、应用还是规模上，美国的企业多数名列前茅。美国互联网金融的发展，是两大决定性因素共同作用的成果。一是佣金自由化和金融混业经营放开，促进了竞争机制活化和金融创新；二是互联网技术发展和成熟，并投入商业化应用。但受各国金融体系开放程度不同，互联网金融在中国本土的影响力和发展速度都远远超过了美国等地区。

我国近 10 年互联网金融的快速发展首先受到"互联网 + 金融"

时代的推动，如党的十八届三中全会提出发展"普惠金融"的理念，央行对《促进互联网金融健康发展》征求意见，以及促进电子商务、工业互联网和互联网金融健康发展逐步上升到国家发展战略高度。其次，受到大数据、云计算、移动互联网、垂直搜索引擎等移动互联网技术的支持。再次，是占我国 90% 的中小微企业与个人的投融资需求。最后，我国居民个人的财富的持续增长和货币持续贬值下居民投资理财观念的增强等导致居民资金供给增强。

主要互联网金融商业模式介绍如下。

1. P2P（peer to peer）是一个互联网学概念，表示了互联网的端对端信息交互方式和关系发生特征（对等计算）。P2P 借贷指的是个体与个体之间通过网络平台（或线下）实现的小额借贷。P2P 借贷的特点主要有：借贷双方的广泛性、交易方式的灵活性和高效性、透明度较高，发展速度较快等。运作模式主要有线上运作、线上线下相结合、线下运作。国际上较为典型的 P2P 平台有美国的 Prosper、Lending Club 和 Kiva、英国的 Zopa。

2. 第三方支付是指具备一定实力和信誉保障的独立机构，采用与各大银行签约的方式，提供与银行支付结算系统接口的交易支付平台的网络支付模式。在第三方支付模式下，买方选购商品后，使用第三方平台提供的账户进行货款支付（支付给第三方），并由第三方通知卖家货款到账、要求发货；买方收到货物，检验货物，并且进行确认后，再通知第三方付款；第三方再将款项转至卖家账户。与商业银行网上支付不同，它有一次性接入、操作便捷、费用优惠和支持延迟支付等特点。国际上，欧美第三方支付发展较为成熟，最典型的是 PayPal。国内第三方互联网支付起步较晚，但随着电子商务的兴起，近年来发展较快。2017 年 1 月 13 日下午，中国人民银行发布了一项支付领域的新规定《中国人民银行办公厅关于实施支付机构客户备付金集中存管有关事项的通知》，明确了第三方支付机构在交易过程中，产生的客户备付金，今后将统一交存至指定账户，由央行监管，支付机构不得挪用、占用客户备付金。

3. 众筹融资（Crowdfunding）是指通过互联网平台连接起发起人

与投资人，在一定时间内完成项目发起者预先设定的募资金额目标的互联网金融模式。众筹融资主要的回报是产品本身，但对于金额大的参与还有其他奖励计划，例如更高的股权回报率。

目前，众筹主要有四种发展模式：股权众筹、债权众筹、奖励众筹和公益众筹。在我国，股权众筹模式的典型平台有天使汇、原始会、大家投等；债权众筹模式，根据借款人即发起人的性质可分为自然人借贷（P2P）和企业阶段（P2B），目前我国尚未出现真正意义上的债权众筹平台；奖励众筹模式是我国众筹行业最主要的发展模式，典型平台有京东众筹、众筹网、淘宝众筹等；公益众筹模式尚未形成代表性平台，主要以公益项目的形式分布在综合性权益类众筹平台中。

4. 互联网银行（Internet bank or E-bank）：是指借助现代数字通信、互联网、移动通信及物联网技术，通过云计算、大数据等方式在线实现为客户提供存款、贷款、支付、结算、汇转、电子票证、电子信用、账户管理、货币互换、P2P 金融、投资理财、金融信息等全方位无缝、快捷、安全和高效的互联网金融服务机构。互联网银行有如下特点：（1）互联网银行和传统银行之间最明显的区别是，互联网银行无须分行，服务全球，业务完全在网上开展；（2）拥有一个非常强大安全的平台，保证所有操作在线完成，足不出户，流程简单，服务方便、快捷、高效、可靠，真正的 7×24 小时服务，永不间断；（3）通过互联网技术，取消物理网点和降低人力资源等成本，与传统银行相比，具有极强的竞争优势；（4）以客户体验为中心，用互联网精神做金融服务，共享、透明、开放、全球互联，是未来银行的必然发展方向。

5. 金融网销即金融产品网络销售，主要是指目前国内比较热门的金融产品，包括公募基金、债券、私募基金、信托、资产管理计划、保险等，通过网络方式进行的销售。目前，我国的金融网销平台有以下特点：金融产品种类丰富，可为客户提供多样化产品组合以及最优理财方案。平台入口的形式越来越多，包括手机 App，微信账号，甚至是线下的柜台、自助设备等。金融产品的传播工具越来越丰富。产品设计以客户为中心,融入客户场景提供增值服务,打破金融产品原来形态,将其融入业务流程。客户服务的广度在逐步拓宽,如打通客户朋友圈、亲友圈通道等。

按照销售平台的不同,金融网销可以分为通过自建平台销售的产品和通过第三方渠道销售的产品。通过自建平台来销售的产品,实质上是借助互联网的平台来销售自身理财产品,其盈利模式主要是通过产品利差来获利。通过第三方销售平台销售的产品包括在电商平台上销售的理财产品、与知名互联网公司合作的理财产品、通过基金超市销售的产品和金融超市,以及借助社交网络销售的产品。借助第三方渠道销售理财产品,其盈利模式是获得佣金收入在接受了第三方理财机构的推荐,并投资了基金、信托、私募或地产之后,销售方给理财公司返还相应比例的佣金,佣金比例视产品而定。

近些年来,我国互联网金融呈现快速发展的势头,有效促进了金融服务于实体经济的业务模式创新,为广大中小微企业与居民个人提供了便捷化、体验式服务,也为我国省域金融业的良好发展与实体经济的发展带来了良好的发展新机遇。但互联网金融发展起步晚,广大民众对互联网金融的运营模式比较陌生,而政府监管机构对互联网金融监管的法律法规不完善,同时互联网金融企业自身在运营管理与风险控制等方面存在较多不规范合理行为,导致我国互联网金融在快速成长过程中面临着许多风险的挑战,主要包括以下3个方面。

(一) 互联网技术风险

包括网络系统安全风险、技术选择风险和技术支持风险。

网络系统安全风险是由于黑客攻击、互联网传输故障和计算机病毒等因素引起的,这会造成互联网金融计算机系统瘫痪,从而造成技术风险。其表现在三个方面:加密技术和密钥管理不完善、TCP/IP 协议安全性差、病毒容易扩散。互联网金融的交易资料都被存储在计算机内,而且消息都是通过互联网传递的。由于互联网的开放性,在加密技术和密钥管理不完善的情况下,黑客就很容易在客户机向服务器传送数据时进行攻击,危害互联网金融的发展;TCP/IP 在传输数据的过程中比较注重信息沟通的流畅性,而很少考虑到安全性,这种情况容易使数据在传输时被截获和窥探,进而引起交易主体资金损失;通过网络计算机病毒可以很快扩散并传染,一旦被传染则整个互联网金融的交易网络都会受到病毒的威胁,这是一种系统性技术风险。

技术选择风险是由于在选择技术解决方案时存在操作失误或设计缺陷。它可能来自技术落后,也可能来源于信息的传输过程中效率较低。如果互联网金融机构的技术创新跟不上时代的发展或选择的技术方案已经被淘汰,则会出现网络过时、技术相对落后的状况,从而导致互联网金融机构或客户错失交易机会。技术选择失误对于传统的金融业务而言,只会增加业务的处理成本,而对于互联网金融而言,会影响客户及交易机构的交易机会,最终导致互联网金融机构失去生存基础;如果数据在传输过程中的效率较低,则会出现传输速度降低或中断的情况,从而延误交易时机。

技术支持风险是由于互联网金融机构受技术所限或为了降低运营成本而以外部技术支持解决内部的管理难题或技术问题,在此过程中,可能由外部支持自身的原因而无法满足要求或中止提供服务,导致造成技术支持风险。还有就是在互联网金融方面我国具有自主知识产权的设备较缺乏,需要从国外进口,这对我国互联网金融安全造成了技术支持风险。

(二) 业务经营风险

业务经营风险主要包括:操作风险、市场选择风险和信誉风险。

操作风险是由交易主体操作失误或由互联网金融的安全系统造成的。从交易主体操作失误方面来看,可能是由于交易主体对互联网金融业务的操作要求不太了解而造成的支付结算终端、资金流动性不足等操作性风险。从互联网金融安全系统方面来看,可能是由于互联网金融风险管理系统、账户授权使用系统、与客户交流信息的系统等的设计缺陷而引起的操作风险。

流动性风险：如P2P公司中理财资金和债权资金的匹配管理，这也是P2P的核心所在。流动性风险在金融行业是普遍存在的，同时也是金融行业最惧怕的风险，相比宏观层面的风险来讲，流动性风险属于微观风险，属于可控范畴。

第一，理财资金远大于债权资金。目前已经有几家互联网金融企业出现这样的问题，投资理财者把钱充值到平台，但是却迟迟买不到理财。打着饥饿营销的幌子的背后，实际上是没有足够的债权进行匹配。这种情况下，且不说这笔资金的利息问题，很可能还会牵扯法律问题，也就是我们常说的资金池。

第二，规模越大，流动性风险也越大。在中国，有一个说法叫作刚性兑付心理。当一家大型企业在一个时间点面临客户批量赎回，也就是所谓的"挤兑"风险出现时，它可能带来的就是灭顶之灾。

流动性风险虽然可怕，但却是可以控制的风险，在面对流动性风险时，应先建立相关的预警机制。所有的债权与理财的匹配关系需要专人专岗进行管理，需要对所有的匹配关系进行预判，并做好未来三到六个月的资金计划。

审贷风险是一个过程，是一套体系，从准入条件到通过率，再到审批参数，最后才是催收管理，这是我们所说的风控全过程，每一环都非常重要。目前很多互联网金融公司对于审贷风险的管理还只停留在催收管理上。有金融行业专家表示，贷后催收只是风险管理当中的最后一个环节，如果把贷后催收作为主要管控方式的话，风险极大。

在整个风控的过程中，准入条件是第一个环节。同时通过率的高低取决于一家企业的风格，有些偏大胆、激进的企业会把通过率控制在40%～60%，相对偏稳健的企业会控制到20%～35%，更有一些企业说他们的通过率不到10%。

审贷技术方面，目前的互联网金融企业当中，包括宜信、人人贷、拍拍贷、有利网等多家知名企业在内都没有看到明确的信息。例如，使用或引进什么样的技术、技术运作的基本原理，目前还没有看到。不过有些企业在审贷技术方面已经走在前列，如陆金所、玖富。陆金所背靠平安集团，理财直接对接基金、保险等产品，且拥有平安银行的保障，审贷技术自不必说。玖富则是国内最早一批引进美国全套 FICO 技术的互联网金融公司，曾为国内多家银行提供审贷技术支持。风险控制是一套完整的体系，需要企业拥有很强的金融基因，风险控制管理上，人员的任职资格非常重要。没有完善的风控体系，是现在互联网金融企业面临的一大难题，同时也造成对投资理财者的理解误区。因此看一家企业的风控能力，并不能看不良率的高低，而是看风控整体的体系、风控流程的管理、团队的任职资格。

市场选择风险是由信息不对称而使得客户面临道德风险和不利选择的业务风险，或者是使得互联网金融市场成为"柠檬"市场。互联网的虚拟性增加了交易者信用评价和身份等信息的不对称，导致其在选择过程中处于不利地位。还有可能使价格低但服务质量差的互联网金融机构被客户接受，而高质量的机构被挤出市场。

信誉风险指互联网金融机构不能与客户建立良好的关系，从而导致其无法有序开展金融业务的风险。互联网金融依托的是互联网技术，而互联网技术容易发生故障或系统容易被破坏，所以势必会引起不能满足客户预期需求，进而影响互联网金融机构的信誉，出现资金链断裂和客户流失等问题。

（三）法律监管风险

法律风险是由于互联网金融业务违反法律或交易主体在交易过程中未遵守相关权利义务引起，或者是由于我国互联网金融立法方面没有明确的规定或比较落后，现有的银行法、保险法和证券法都是为传统金融业务，对于互联网金融不太适合。对于互联网金融的电子合同有效性的确认、个人信息保护、交易者身份认证、资金监管、市场准入等尚未有明确规定。故在互联网金融的交易过程中容易出现交易主体间权利义务模糊，不利于互联网金融的稳定发展。监管空白风险与法律法规还不完善。我国 2016 年的政府工作报告曾指出，规范发展互联网金融，大力发展普惠金融和绿色金融。而 2017 年政府工作报告中指出：当前系统性风险总体可控，但对不良资产、债券违约、影子银行、互联网金融等累积风险要高度警惕。积极推进金融监管体制改革，有序化解处置突出风险点，整顿规范金融秩序，筑牢金融风险"防火墙"。

本书将互联网金融风险纳入我国省域金融风险监测预警的考察范围。根据前面对互联网金融业态模式的介绍，目前就全国范围分析，主要包括互联网支付、移动支付、基金网销、P2P网络借贷、互联网保险、权益众筹等，考虑到银行类金融机构互联网支付业务、移动互联网支付与传统基金公司的网络销售主要体现在互联网技术与传统金融机构业务的新兴融合，传统金融机构在经营业务风险控制方面相对于网络借贷、网络众筹等方面更加成熟稳健，同时也体现在前面的传统银行类金融机构金融风险分析当中，而在第三方支付方面，2017年1月中国人民银行已经颁布了关于实施支付机构客户备付金集中存管有关事项，并加强第三方支付机构在交易过程中，对客户备付金进行统一存放统一监管，较有效地控制了第三方支付过程中产生的业务过程风险。考虑到互联网金融过程中涉及的金额数量与目前数据的可获得性，本书重点考察各省域P2P网络借贷过程中产问题平台发生率的金融风险。

从问题平台发生率分析，如表3-11所示，2010~2021年我国各主要省域问题平台发生率总体呈现波动上升的态势，其中2010~2015年主要省域问题平台发生率呈现不断上升的态势，这主要是由于此阶段我国各主要省域互联网金融业务呈现快速增长的态势，包括运营平台数量与发生问题的平台数量；2016~2017年呈现不断下降的态势，而从2018年则呈现快速上升的态势，之后2019~2021年问题平台发生率则呈现相对缓慢上升态势。这主要与我国加强互联网金融业务的监管，包括各主要借贷平台网站的监管以防范区域金融风险相关，尤其是近几年问题平台发生率一直处于高位，如2019年浙江省问题平台发生率高达88.1%，明显高于全国其他省域，而上海、江苏的发生率也相对较高，这与近几年我国大量中小微企业经营困难、财务风险集中暴发等相关，导致包括大量中小微企业与借贷百姓还债出现困难等所致。

表3-11 我国主要省域问题平台发生率 (2010~2021年)

年份	浙江	上海	江苏	四川	北京	广东	山东	湖北	其他
2010	6.6%	5.6%	8.0%	6.4%	3.4%	6.4%	10.1%	9.2%	5.5%
2011	11.9%	7.7%	11.0%	8.8%	4.6%	8.8%	13.9%	12.6%	7.5%
2012	17.2%	10.6%	15.1%	12.0%	6.3%	12.0%	19.0%	17.2%	10.3%
2013	22.9%	14.5%	20.7%	16.5%	8.6%	16.5%	26.1%	23.6%	14.1%
2014	30.5%	19.9%	28.3%	22.6%	11.8%	22.6%	35.7%	32.4%	19.3%
2015	28.2%	18.2%	35.2%	32.9%	11.5%	22.1%	60.4%	13.4%	30.2%
2016	13.9%	17.8%	23.9%	21.9%	11.1%	14.3%	39.7%	23.5%	19.4%
2017	12.1%	10.5%	21.0%	14.5%	8.7%	6.3%	9.0%	1.3%	7.1%
2018	87.0%	59.7%	48.2%	27.9%	29.1%	30.2%	18.3%	22.3%	20.9%
2019	88.1%	38.4%	26.0%	45.3%	30.0%	27.8%	9.4%	29.3%	15.6%
2020	72.0%	42.5%	39.3%	38.3%	26.8%	26.9%	25.5%	23.5%	21.6%
2021	79.3%	46.6%	42.1%	41.5%	29.4%	28.8%	25.7%	24.4%	22.7%

数据来源：网贷之家、Wind。

七、省域政府债务风险分析

地方政府举借政府性债务，在促进地区经济社会发展、加快基础设施建设，以及改善民生等方面具有重要的促进作用。但自2010年以来，地方政府性债务规模呈现逐年较快增长的态势，其中在中央政府性债务的可控程度相对较高，债务风险主要集中在地方政府层面。2012年以来，地方政府融资平台类企业融资规模也大幅增加，主要集中于经济较为发达的江苏、浙江、广东等地，与地方政府性债务区域分布基本相符合。2015年我国地方政府债务限额为16万亿元，预计债务率为86%，总体风险可控，但也呈现出部分地区债务负担较重，债务偿还依赖土地出让收入等问题。

审计署分别于2011年3月至5月、2013年8月至9月对政府性债务情况进行了审计，其中2013年的审计较为全面，首次覆盖了中央、省、市、县、乡5级政府。根据审计署公告的《全国政府性债务审计结果》，截至 2013 年 6 月底，我国各级政府负有偿还责任的债务规模为 20.70 万亿元，负有担保责任的债务规模为 2.93 万亿元，可能承担一定求助责任的债务规模为 6.65 万亿元，3 类加总合计为 30.27 万亿元。从政府层面看，第一类债务主要分布于中央、市级与县级，第二类债务主要分布于省级和市级，第三类债务主要分布于中央、省级和市级[①]。从 2015 年起，财政部对我国各省域不再公布第一类债务余额，而是公布各省域地方政府债务限额，以及专项债务余额和一般性债务余额。

以下是全国地方政府债务总额、一般性债务与专项债务总额数据及全国国债负担率，如图 3-15 所示。

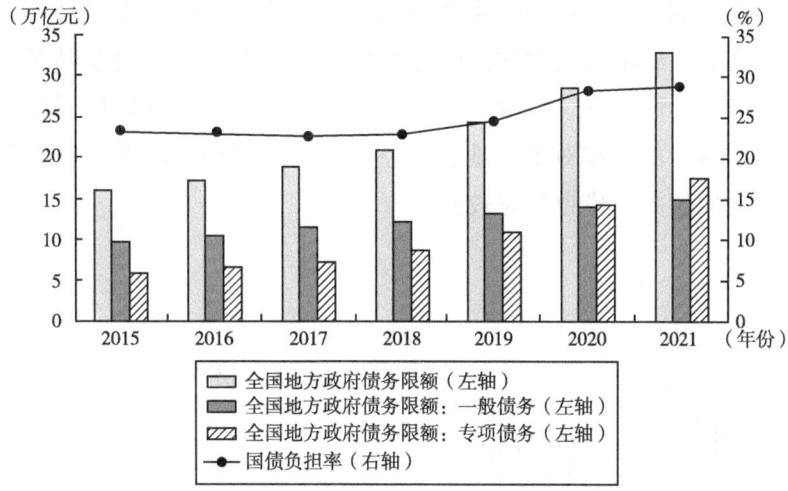

图 3-15　全国地方政府债务总额及全国国债负担率（2015~2021 年）

---

① 在全国政府性债务审计结果中，政府性债务分为政府负有偿还责任的债务（简称"第一类债务"）、政府负有担保责任的债务（简称"第二类债务"）和政府可能承担一定求助责任的债务（简称"第三类债务"）共 3 类。其中，第一类债务是指需要由财政资金偿还的债务、政府及其组成部门是法律意义上的负债主体，属于"政府债务"；第二类债务是指由政府提供担保，当其中被担保人无力偿还时，政府需承担法律偿还责任；第三类债务是指债务人为公益性项目举借、由非财政资金偿还、政府不负有法律偿还责任，但当债务人出现偿债困难时，政府可能需给予一定求助的债务。第二及第三类债务由债务人自身收入偿还，正常情况下无须政府承担偿债责任，属"政府或有债务"。

从图 3-15 可以得知，2015~2021 年全国地方政府三类债务总额均呈现逐渐上升的态势，其中 2015~2020 年全国地方政府一般债务规模要大于专项债务规模，但是在 2020 年专项债务规模首次超过了一般性债务规模。例如，2019 年一般性债务规模为 13.31 万亿元，而专项债务规模为 10.77 万亿元；2020 年一般性债务规模为 14.3 万亿元，而专项债务规模为 14.5 万亿元。从全国国债负担率分析，2015~2017 年基本保持稳定在 23% 左右，2018~2021 年呈现不断上升态势，从 2018 年的 24.4% 上升到 2021 年的 29%。

从全国各省域 2021 年政府一般性债务限额加专项债务限额的债务总额规模横向对比分析，如图 3-16 所示，发现广东、山东、江苏、浙江和四川的债务规模明显走在全国前面，该五省域是我国沿海和内地经济大省，经济总量大的同时也举借了大量地方政府债务以支持地方经济发展，而西藏、宁夏、青海、海南与甘肃排在倒数后五位，其主要位于西北经济相对落后地区，经济规模总量相对较低，对于举借的地方政府债务规模也相对较低。

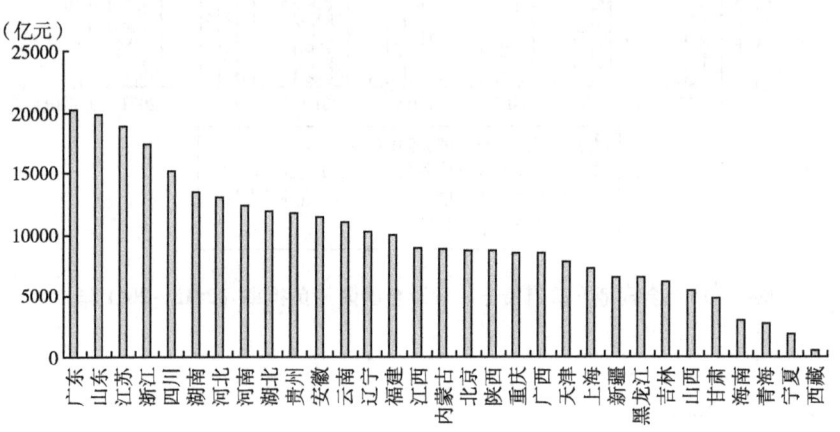

图 3-16　全国各省域政府债务规模对比（2021 年）

为了能更好反映各省域的政府债务风险水平，本书以 2018~2021 年末各省域的债务余额为基础，对各省域的政府债务负担率与债务率数据进行了核算，具体如表 3-12 所示。

表 3-12　全国各省域政府省债负担率与省债债务率风险对比（2018~2021 年）

年份	省债负债率				省债债务率			
	2018	2019	2020	2021	2018	2019	2020	2021
北京	12.83%	14.03%	16.80%	21.78%	53.10%	61.03%	74.04%	107.49%
天津	30.52%	35.16%	45.22%	50.22%	124.85%	129.11%	224.63%	241.22%
河北	22.40%	24.94%	30.43%	32.75%	113.35%	124.04%	157.57%	189.64%
山西	18.57%	20.63%	26.13%	23.96%	94.43%	99.38%	133.74%	190.99%
内蒙古	40.61%	42.45%	47.63%	43.39%	270.31%	271.19%	305.39%	311.77%
辽宁	36.56%	35.67%	36.86%	37.17%	242.14%	228.18%	231.03%	259.50%
吉林	32.97%	37.05%	42.41%	47.29%	206.20%	243.79%	247.91%	300.58%
黑龙江	32.04%	34.88%	41.50%	43.92%	251.06%	289.44%	354.85%	391.09%
上海	13.98%	15.00%	17.81%	17.02%	54.71%	59.71%	67.42%	63.75%
江苏	14.25%	14.93%	16.77%	16.30%	78.83%	82.42%	84.37%	80.19%
浙江	18.61%	19.74%	22.66%	23.70%	70.39%	69.72%	78.71%	87.53%
安徽	19.71%	21.38%	24.82%	26.95%	219.92%	121.04%	150.93%	165.04%
福建	15.66%	16.59%	18.99%	20.67%	108.26%	125.10%	128.12%	298.26%
江西	21.04%	21.61%	27.83%	30.43%	96.73%	106.51%	127.46%	155.83%
山东	17.16%	18.47%	22.69%	24.06%	91.60%	98.93%	119.89%	131.00%
河南	13.10%	14.58%	17.85%	21.05%	86.18%	97.39%	124.13%	160.52%
湖北	15.89%	17.54%	23.20%	23.86%	97.57%	117.14%	175.56%	363.42%
湖南	23.97%	25.59%	28.28%	29.54%	171.06%	170.46%	185.69%	193.19%
广东	9.96%	11.10%	13.83%	16.42%	55.35%	63.68%	71.03%	90.37%
广西	27.97%	29.92%	34.37%	34.60%	176.07%	180.98%	208.29%	242.58%
海南	39.54%	42.01%	47.41%	46.45%	171.13%	175.63%	195.94%	326.54%
重庆	21.73%	23.74%	27.19%	30.87%	102.38%	127.86%	149.34%	185.42%
四川	21.67%	22.69%	26.22%	28.30%	120.14%	128.18%	140.90%	157.89%
贵州	57.64%	57.68%	61.64%	60.61%	297.30%	278.10%	286.62%	272.92%
云南	34.19%	34.91%	39.12%	40.34%	217.57%	221.28%	260.99%	332.65%
西藏	8.71%	14.81%	19.71%	23.83%	58.53%	113.24%	169.69%	229.92%
陕西	24.59%	25.32%	28.39%	29.15%	158.77%	157.48%	170.40%	168.46%

续表

年份	省债负债率				省债债务率			
	2018	2019	2020	2021	2018	2019	2020	2021
甘肃	30.75%	35.75%	43.72%	47.79%	196.17%	227.27%	258.49%	306.45%
青海	64.16%	70.87%	81.65%	83.28%	430.27%	398.55%	517.81%	536.21%
宁夏	39.55%	44.25%	47.43%	42.51%	248.92%	305.88%	321.04%	319.44%
新疆	31.07%	33.79%	44.76%	41.46%	185.49%	218.29%	300.77%	409.43%
全国平均	26.17%	28.29%	33.01%	34.18%	156.41%	164.23%	194.28%	234.49%

注：国债负担率又称国民经济承受能力，是指国债累计余额占国内生产总值（GDP）的比重。这一指标着眼于国债存量，反映了整个国民经济对国债的承受能力。国际公认的国债负担率的警戒线为发达国家不超过60%，发展中国家不超过45%。这个指标反映着国家累积债务的总规模，是研究控制债务问题和防止出现债务危机的重要依据。一国的GDP值越大，国债负担率越小，则国债的发行空间越大。

数据来源：根据财政部网站、Wind 数据库收集整理而成。

从各省域省债负担率对比分析发现，青海明显高于全国其他省域，如2021年达到了83.28%，而贵州、天津、甘肃、吉林和海南的省债负担率也超过了40%上，明显超过了40%的警戒线并存在较大省域债务风险；而江苏、广东、上海、福建、河南、北京、浙江等我国主要经济大省的省债负担率均控制在20%以内，并处于高度以上安全状态。从各省域的省债债务率对比分析，青海、新疆、黑龙江、湖北、云南和海南的省债债务率走在全国前面，并大大超过了100%的危险警戒线而处于危机状态。例如，青海2021年债务率达到了536%，新疆达到了409%。而省债债务率排名倒数后六位的依次是上海、江苏、浙江、广东、北京和山东，其中上海2021年债务率为64%，并处于低度不安全状态。以2021年为例，全国仅有上海、江苏、浙江和广东的省债债务率在100%以内，其他27个省域均超过了100%的安全警戒线，其中有17个省域债务率在200%以上。这表明当前我国地方政府债务风险普遍比较严重，虽然有地方政府强制性财政收入兜底，但长期高额的债务负担显然不利于各地长期稳定的发展，如何化解债务风险以保增长、促转型依然是中央和各地方政府面临的重要议题。

第二节 中国省域金融风险的影响因素分析

一、外源性金融风险影响因素

外源性金融风险指在经济全球化与国际金融市场一体化背景下，由于我国对外贸易开放与资本项目逐步开放条件下，各省域金融市场面临的各种外来直接或间接冲击威胁风险。通过前面对我国省域金融风险的分析，主要体现在开放条件下的对外经济贸易风险、外资银行类金融机构进入冲击风险、国际热钱流动冲击风险与地方政府对外债务偿还风险等。

（一）对外经济贸易风险

改革开放以来，我国各省域与国际市场经贸往来日益密切，尤其是东部沿海省域，凭借其优越的地理区位优势，率先走出国门并参与到国际经济与金融市场交易中来。经过40多年的改革开放，我国从东部到中西部，从沿海到内陆省域已经从更广范围与更深层次参与到国际贸易市场中来。目前中国已经和世界上150多个国家和地区建立了经贸合作关系，形成了多元化的市场格局。此外，中国还参加了包括世界银行、国际货币基金组织、亚太经济合作组织在内的多边国际经济组织。2021年中国货物进出口总额达到39.1万亿元，其中货物出口额为21.7348万亿元，增长21.2%；货物进口额为17.3661万亿元，增长21.5%，进出口差额为4.3687万亿元，增长17.8%。2021年全年服务进出口总额为4.5643万亿元，服务出口1.9357万亿元，进口2.6286万亿元，服务进出口逆差为6929亿元。2021年全年实际使用外商直接投资金额1444亿美元，增长4.5%。其中"一带一路"合作伙伴对华直接投资额为83亿美元，下降1.8%。全国对外直接投资额（不含银行、证券、保险）达1102亿美元，下降0.4%，对"一带一路"合作伙伴的非金融类直接投资为 178 亿美元,增长 18.3%。其中从我国省域之间对比发现,北京、上海、天津、广东、浙江、福建、江苏、山东等对外贸易依存度明显高于全国,其中广东、浙江、福建、江苏等对外净出口也明显高出全国水平,对国际市场的需求依赖明显。从三大需求对各省域经济增长的贡献分析,根据 2017 年统计数据,浙江、江苏、广东、上海、福建和山东净出口本省域经济增长的贡献率排在全国前六位,外向型经济发展特征明显。因此,研究我国省域金融风险,必须考虑国际贸易与金融市场变化可能对省域内企业造成的冲击与影响,进而影响到省域内经济与金融市场安全性。

国际市场变化对我国省域金融风险的影响途径包括:第一,国际金融危机对省域内实体企业的传导效应。在经济全球化与金融市场一体化背景下,国际金融危机的冲击影响如果省域对外贸易依存度过高,则容易导致包括沿海经济省域在内的大量外向型企业海外订单急剧减少,企业经营状况恶化,进而导致不良资产上升,金融机构不良贷款风险增加。第二,省域对外贸易过度集中所受到的风险冲击效应。如果部分省域海外贸易的国家过于集中,则可能更容易受到贸易国的海外地缘政治、贸易摩擦、关税技术等制裁等冲击影响,进而传导到我国省域内与之进行海外贸易的企业经营状况恶化,从而引起省域经济与金融风险。第三,省域贸易赤字率长期过高,则容易导致国际贸易失衡而引发关税贸易制裁、贸易摩擦升级以及反倾销行为,同时也不利于国家积累外汇储备以应对外汇市场波动和外债风险。第四,国际金融市场的联动传导冲击效应。国际金融市场风险会形成对国内资本市场的传导冲击影响并导致我国各省域上市公司股价容易跟随下跌,从而增加省域资本市场金融风险。第五,统计数据显示,我国许多沿海省域是外商直接投资的主要集中地,如 2022 年浙江省外商直接投资企业数量达到 2910 家,合同利用外资 433.98 亿美元,实际利用外资 193 亿美元。外商直接投资主要表现为国际长期资本,具有投资性与时间期限较长以及投资目的比较明确的特点,有利于促进外资引进国家或地区的经济与金融市场的发展。外资流入我国境内主要是基于国内经济稳定增长的态势,人民币长期升值的预期,以及国内外较大的利差等，而经济新时代下我国正面临经济结构转型升级的考验，而国内经济发展态势将影响到外资的流入规模与流速等，从而可能影响地区经济与金融发展风险。

（二）外资银行进入风险

2006年12月11日，我国取消了对外资银行经营地域与业务范围限制，允许外资银行经营人民币业务，并给予外资银行国民待遇，兑现了加入世贸组织（WTO）五年后全面开放中国银行业的承诺。到2011年12月中国加入WTO十年过渡期结束，也将全面开放中国境内的金融市场，包括取消外资银行准入与经营的各种限制条件。2018年6月，我国如期宣布取消银行和金融资产管理公司的外资持股比例限制等金融领域开放的6大措施[①]。2019年7月，国务院金委会推出金融业对外开放11条改革措施，以进一步扩大金融业对外进一步开放。中国对外开放国内金融市场，既是中国践行深入扩大对外开放战略的国际承诺，也是金融全球化背景下中国金融业积极融入国际市场，参与国际金融竞争以提升自身竞争力的客观迫切需要。

外资银行的进入对东道国本土的银行类金融机构的利弊影响目前尚存在争议（董青马和卢满生，2010；张瑜和李书华，2011），一般认为，外资银行进入中国境内可以为本土银行机构创造国际竞争力，可使本土机构学习外资银行先进的管理经验与风险控制技术，改善银

---

① 金融领域的开放措施具体包括六个方面。第一，取消银行和金融资产管理公司的外资持股比例限制，内外资一视同仁；允许外国银行在我国境内同时设立分行和子行。第二，将证券公司、基金管理公司、期货公司、人身险公司的外资持股比例的上限放宽至51%，三年以后不再设限。第三，不再要求合资证券公司境内股东至少有一家是证券公司。第四，为进一步完善内地和香港两地股市互联互通的机制，从2018年5月1日起把互联互通每日的额度扩大四倍，也就是说沪股通和深股通每日额度由130亿元调整为520亿元人民币，港股通每日额度从105亿元调整为420亿元人民币。第五，允许符合条件的外国投资者来华经营保险代理业务和保险公估业务。第六，放开外资保险经纪公司经营的范围，与中资机构一致。2018年年底前落实的改革措施。第一，鼓励在信托、金融租赁、汽车金融、货币经纪、消费金融等银行业金融领域引入外资。第二，对商业银行新发起设立的金融资产投资公司和理财公司的外资持股比例不设上限。第三，大幅度扩大外资银行的业务范围。第四，不再对合资证券公司的业务范围单独设限，内外资一致。第五，全面取消外资保险公司设立前需开设两年代表处的要求。

行内部治理结构,提高银行业经营效益,提升中国银行业的整体竞争实力。但是我们也发现,外资银行大举进入中国境内的主要目的是赚钱,对中国本土的银行业形成的威胁是多方面是:其一,对中国国内银行业市场份额的抢占,从外资银行金融资产占我国银行业总资产的情况来看,目前还很低(小于2%);其二,通过各种方式对中资银行进行参股渗股的股权控制。按照之前银监会《境外金融机构投资入股中资金融机构管理办法》的规定,"单个境外金融机构向中资金融机构投资入股比例不得超过20%。多个境外金融机构对非上市中资金融机构投资入股比例合计达到或超过25%的,对该非上市金融机构按照外资金融机构实施监督管理。多个境外金融机构对上市中资金融机构投资入股比例合计达到或超过25%的,对该上市金融机构仍按照中资金融机构实施监督管理"。而2018年4月11日中国人民银行、中国证监会和国家外汇管理局等金融部门向社会公布了我国金融市场进一步开放的具体举措,包括允许外资控股合资证券公司,取消银行和金融资产管理公司的外资持股比例限制,大幅度扩大外资银行业务范围,允许符合条件的外国投资者来华经营保险代理等业务等;同时中国人民银行2018年6月宣布取消中资银行和金融资产管理公司外资持股比例限制,实施内外资一致的股权比例规则,持续推进外资投资便利化的相关内容,表明中国将大幅度放宽金融市场准入门槛,更大范围与更深程度扩大国内金融市场对外开放。目前虽然外资参股银行都还未达到20%的比例上限,表面上看中方在银行股权结构中占有多数控制权,外资机构对中方银行机构的影响不大,但实际上在全流通的情况下,中方股东的股权结构也有分散之势,虽然单个外资股东股权比例尚未达到20%上限,但仍可能是该机构的第一大股东,仍然拥有该机构的最大控股权;与此同时,对信贷资源的控制是银行业务的核心,外资银行参股渗股中资银行,可以少量的资本金放大贷款额度且分享到贷款收益的杠杆作用,变相控制中方贷款资源,而且外资董事可利用自己的那部分话语权采用差别贷款的歧视政策(戴志敏和王海伦,2008)。外资类金融机构凭借其优质的服务质量,畅通的国内外理财渠道与发达的表外多元化业务,将会吸引中国国内更多优质高端客户,剩下一些信用度低的高风险客户通过逆向选择行为将使中资银行类金融机构的不良贷款风险增加。同时外资银行可通过金融专利等技术嵌入中国境内银行系统对中资机构实施技术依赖性控制等。

目前我国外资类银行机构主要集中在上海、北京与广东，而且在国内占有绝对优势地位，而我国其他省域的外资银行类金融机构则相对较少。以浙江为例，2021年浙江外资银行机构数占浙江全部银行类机构数量比重为0.22%；外资银行机构从业人员数占浙江全部银行类机构从业人员总数比重为0.3%；浙江外资银行机构资产占浙江全总金融机构总资产比重为0.355%。因此从目前浙江外资银行类机构对浙江银行类金融机构的冲击威胁程度分析，目前造成的外源性冲击威胁风险还很小，而更多表现为"没有外来狼群威胁的羊群成长的风险"。但随着我国金融市场的进一步对外开放，以及包括浙江在内的我国省域经济的持续稳定向前发展态势，将会有更多外资类金融机构进入我国各省域境内开展业务投资，但从目前从我国省域金融风险的角度，外资类金融机构主要表现为潜在的风险。

（三）国际热钱流动冲击风险

由于中国近10年来经济持续稳定增长态势、人民币长期升值的预期，国内外较大的利率差等因素（2022年美联储因应对国内高通胀而进行的多轮加息干扰，期间导致利差收窄，国际资本大量流出），大量国际资本流入中国境内从事投资与投机活动。投资活动如外商直接投资等，具有较长投资周期、具有明确的投资地域或领域场所，且以分享中国经济增长的合理成果为回报等，对引进地区的经济发展具有良好促进作用。但近些年来大量国际热钱流入中国境内，由于其投机性强，快进快出且没有固定投资场所等，主要流向中国的外汇市场、股票市场与房地产市场等，容易对这些市场形成冲击威胁并形成一定的资产价格泡沫。因此，对于流入中国境内的短期投机性资本要保持高度的警惕。从这些年国际热钱流入我国境内的途径分析，主要表现为：一是通过资本账户输入，包括利用地方政府招商引资政策进行虚假投资，将无实体资产投资资本投向房地产与有价证券等；国内投资者在国外以成立公司为名筹集境外资金进行返程投资；一些国际投资机构或跨国公司等从内部调集资金或短期借贷等，将境外转来的资金投向高利润行业。二是通过贸易账户输入，包括与国外公司签订虚假合同，向境内输入无实体交货款或预付货款；以高报出口或低报进口的方式，将超额货款用于国内投机。三是通过沪股通、深股通等资本市场互联互通机制的"北上"资金流入。为了增强我国资本市场的对外开放性，为了方便内地投资者和香港投资者也能投资在香港与内地上市的股票，我国陆续开放了沪股通与深股通（沪港股票市场交易互联互通机制、深港股票市场交易互联互通机制），并允许符合条件的投资者投资上证180、上证380成分指数，以及在深圳和香港同时上市的A+H上市公司股票，虽然方便境外的资本合法流入内地A股市进行交易买卖。沪、深股通自从2014年11月和2016年12月分别开通以来，对我国资本市场的发展与稳定起到了一定积极作用，但多以短期资金为主且撤退较快，近几年北上资金快进快出，明显对我国A股市场的稳定形成了较大的扰动风险。四是通过个人项目输入，包括利用个人申报金额小、大量分散等真伪难辨，混杂着国际热钱流入；以国内投机机构或个人签订虚假合同，通过贸易中介佣金形式流入；通过职工报酬、赡养费等形式流入。五是通过"地下钱庄"的国内外分支机构转移资金流入等。例如，浙江省是我国主要对外贸易大省与FDI的引进地区，同时由于浙江省民间金融借贷活动，"地下钱庄"等比较集中，难免会通过以上形式将大量的国际热钱流入浙江省境内，并从事资本市场投机或房地产投机活动，从而增加该省域内的经济与金融风险。

（四）地方政府外债偿还风险

2010年4月以来，欧洲希腊、葡萄牙、西班牙、意大利及爱尔兰因发生国家债务偿还危机而遭受国家主权信用级别被降级下调，引发国内外债权人与投资者的恐慌，金融市场动荡，欧洲货币贬值，并最终引发"欧洲主权债务危机"爆发，将国际金融危机后有复苏迹象的国家经济又拖入了危机泥潭。欧洲主权债务危机的爆发、蔓延与深化的过程，使人们深刻认识到一国主权信用评级对稳定国家金融市场安全的重要性。信用评级是"通过对企业和政府的债务偿还风险进行评判，以引导金融资本投资和决策行为，直接关系到金融产品的定价权，并直接影响一国信贷市场利率和汇率形成，与国家金融和经济安全密切相关"（付俊文，2010）。在全球金融市场自由一体化下，国际资本在金融市场之间流动更加便利，如果一国主权信用遭受危机（如被穆迪、标准普尔和惠誉3大信用评级机构下调），将直接影响国内外投资者或债权人的市场信心，从而造成国际资本，特别是短期国际游资大规模跨境外流，引发国内证券市场与外汇市场等剧烈波动，金融资产价格大幅度下跌，直接威胁国内金融市场的安全与稳定。因此，在当今金融市场开放一体化时代，主权信用评级直接影响被评级国家的金融安全与稳定，影响力愈发显著。

从我国外债形成来源分析，主要包括向外国政府的借款、向国际金融组织借款、向国外银行及其他金融机构借款、买方商业信贷、向国外出口商、国外企业或私人借款、对外发行债券、非居民存款、国际金融租赁、补偿贸易中用现金偿还的债务、企业间贸易信贷等；如果从外债借款主体来分析，包括国务院部委、中资金融机构、外商投资企业、中资企业、企业间贸易信贷等。通过2021年年底中国外债统计数据发现，其中企业间贸易信贷、贸易融资、向国外出口商、国外企业或私人借款、国外银行及其他金融机构贷款占全国外债来源的主要部分，而借款的主体主要集中在其他接受存款公司（占全部外债的43.33%）、其他部门（占24.45%）、广义政府外币借款（占18.1%）和公司间的直接投资负债和关联公司负债（占11.2%）。如果从地域划分的角度，我国的外债借款除去国务院部委和国有控股的中资金融机构外，理论上是由全国各省域的地区主体借款所导致的，而中资金融机构、外商投资企业和企业间贸易信贷的地域特征相对更加明显，因此我国的外债余额在理论和实际中是由全国各省域主体所举外债总额组成的。但由于我国实行结售汇制，而中国人民银行驻各省域分行或中心支行代管理各省域的外汇、外债和国际收支业务，并直接对中国人民总行负责且由国家外汇管理局集中进行运营等，同时由于我国相当一部分省域一直是负创汇状态，国内一直缺乏地方省域公开的外汇与外债统计数据，而我国主权债务偿还风险也主要表现为国家层面，即主要考虑我国的主权债务偿还问题，有学者曾对我国国家主权债务偿还风险问题进行过详细分析（张安军，2015）。同时由于我国从中央到地方的管理体制，地方政府的债务危机，尤其是外债危机最终将由中央政府进行救助解决，因此在本书中，我国31个省域的地方政府外债偿还风险等同于国家外债偿还风险。

二、内源性金融风险影响因素

内源性金融风险是指在经济全球化与金融市场一体化的背景下，各地区通过加强自身机制体制建设，以抵御外来各种直接或间接经济金融风险冲击威胁的能力。根据前面对我国省域金融风险现状的分析，我国各省域内源性金融风险的影响因素主要包括各省域宏观实体经济发展态势，各省域金融机构自身防范风险的能力，各省域资本市场与房地产市场的资产价格泡沫风险，以及各地方政府对内债的偿还能力风险等。

（一）宏观实体经济运行风险

实体经济最终决定虚拟经济，我国省域金融市场的健康稳定离不开各省域良好的宏观实体经济发展态势，而良好的宏观实体经济发展态势当然离不开中观实体产业良好发展态势与微观企业良好经营表现的支撑。实体经济对虚拟经济的影响主要体现在以下几个方面：第一，省域金融市场作为资金融通与货币信贷的集中场所，良好的实体经济发展态势创造了更多的投资需求，为银行业资金的放贷提供了更多的选择出路，同时也减少了企业不良贷款风险的发生。第二，良好的实体经济发展态势将使企业与员工收入增加，社会流动资金充裕并转化为金融机构各类存款或投资理财，有利于银行、证券、保险类机构等吸收社会良性资金，实现自身的盈利发展。第三，良好的实体经济发展态势意味着全社会通货膨胀率控制在合理范围，避免土地、房地产等价格虚高,以及金融资产价格泡沫化风险。观察全社会通货膨胀率不仅要看其增长率,还要看其波动程度。合理的通货膨胀有助于国民经济的平稳较快增长,但是如果出现恶性通货膨胀,全社会主要产品价格出现极不合理的虚高时,企业经营困难,居民生活陷入贫困,社会陷入恐慌,将是经济社会衰退的前兆。第四,良好的实体经济发展态势意味着全社会失业率保持在合理承受范围,有利于地区社会的持续稳定,为地区金融市场的良性发展营造非常有利的外部经济社会环境。当前我国各省域正处于经济结构转型升级的重要时期,在面临经济下行压力下保持全社会真实失业率控制在合理可承受范围之内,对于社会安全稳定尤为重要,并可以为地区金融安全稳定,乃至社会安全提供良好的外部条件。

(二)金融机构运行风险

金融机构是金融市场的主体,金融机构自身风险防范能力强弱将直接影响到国家或地区金融市场的安全性。因此金融机构自身金融风险的监测与预警始终是国家或地区金融风险监测预警的重点。目前我国省域金融市场的主体大体可以分为3类:第一,传统的银行、证券、保险、基金等传统正规金融机构,其中数据分析发现几十年来银行类金融机构是传统金融市场上的绝对主体(无论是总资产、净资产、机构网点数量还是从业人员数量)。第二,影子银行。影子银行是游离于常规金融体系之外,但实际功能与银行无异的信用活动(保罗·麦卡利,2007),IMF(2014)提出了界定银行影子的三个标准:一是从参与实体来看,影子银行存在于监管体系之外,这些机构有可能采取类似银行的管理模式,实施具有期限、信用和流动性转换功能活动,但是没有中央银行作为最后贷款人和流动性的支持。二是从实施来看,存在过度的金融工具创新,但受到较少监管或不受监管。三是从市场形态来看,影子银行主要存在于证券化市场、金融衍生品市场、回购市场等。巴曙松(2013)曾对影子银行业务从核心到外围分为4个层次:银行理财和信托资产;金融租赁公司、财务公司、消费金融公司等非银行金融机构;委托贷款及银行同业等业务;民间借贷,如浙江省作为民营企业活跃与外向型经济特征显著的经济大省，其以温州地区为代表的民间金融机构借贷行为一直游离于正规金融监管之外，既是对传统银行类金融机构惜贷之外的有益补充，也存在潜在的民间借贷风险而威胁到浙江省金融市场的安全稳定。第三，互联网金融企业。随着近些年来互联网金融的快速发展，网络借贷、网络众筹、第三方支付、网络销售、网络理财等快速兴起，已经对传统柜台金融业务造成了巨大的冲击，并且网上交易额呈现逐年上升的态势。因此，本书将从传统银行类金融机构风险、互联网金融风险与民间金融风险 3 大类出发，来分析我国省域金融机构的风险影响因素，并进行测度预警实证分析。

传统正规银行类金融机构风险：传统的银行类金融机构是我国省域金融市场的主体，银行类金融机构经营能力与风险防范能力强弱将直接影响到银行业自身的安全与稳定。通过前面分析发现，目前我国绝大多数省域，大型商业银行、股份制商业银行和城市商业银行占据了各省域银行业的主体。如以浙江省为例，其中 2021 年大型商业银行机构资产占浙江省全部银行业总资产的 31.6%，银行机构数量占浙江省银行业金融机构总数的 28%，是浙江省银行业的传统主体。其次股份制商业银行资产占浙江省银行业全部资产的 16.3%，银行机构数占浙江省银行业的 8.63%，是浙江省的重要组成部分。最后是城市商业银行资产占浙江省银行业全部总资产的 21.5%，银行机构数占浙江省银行业的 16.3%，是浙江省银行业的重要组成部分。由于我国大型商业银行、大部分股份制商业银行与城市商业银行都直接或间接由政府控股，中央政府、地方政府、国控银行与国有企业在产权归属上性质相同，国有企业更容易通过体制内"寻租"而获得银行贷款，而商业银行也倾向于贷款给具有政府背景并直接或间接受到政府保护的国有企业等，不一定按照市场化原则贷款给经济发展前景更好，经营效率更高的企业，从而更容易催生不良资产贷款。与此同时，如浙江省作为我国民营经济大省，民营企业众多而国有企业较少，在激烈的市场竞争条件下以及在美国对中国不断打压制裁等单边霸权主义不断抬头的外部背景下，大量外向型民营企业经营发展的不确定性更大，从而更容易导致银行机构不良资产贷款的产生。

通过前面研究,2017~2021年我国大部分省域不良资产贷款率均在2%以内,虽然绝对值仍处于高度安全范围内,但"十三五"期间我国商业银行不良贷款率呈现不断上升态势。从资产充足率方面考察,根据前面研究,我国系统重要商业银行在2011~2021年的资本充足率均达到了银监会最新规定的系统重要性银行机构与系统非重要性银行机构最低资本充足率的11.5%与10.5%的标准,均处于安全范围以内,保持最低资本充足率是银行类机构维持审慎监管的关键环节之一。商业银行的安全性不仅体现在消极的防御性安全上,更体现在积极进取的安全性上,而保持较好的盈利能力与资产的流动性则体现了银行机构通过自身的良好发展来应对现实或潜在的风险损失。因此盈利能力与资产的流动性亦是商业银行风险监测预警的重要方面。

互联网金融风险:《中国金融稳定报告2014》指出,互联网金融是互联网与金融的结合,是借助互联网和移动通信技术实现资金融通、支付和信息中介功能的新兴金融模式。广义的互联网金融既包括作为非金融机构的互联网企业从事的金融业务,也包括金融机构通过互联网开展的业务。狭义的互联网金融仅指互联网企业开展的、基于互联网技术的金融业务。互联网金融包括P2P网络借贷、网络众筹、第三方支付、网络基金销售与网络理财等。互联网金融风险具体内容前面已进行了相关介绍,在此不再赘述。

民间借贷风险:以浙江为例,浙江省是我国民营经济大省,中小微企业众多,对资金需求量大,而浙江省民间资本实力雄厚,因此催生出大量的民间借贷等投融资活动,并在浙江省杭州、温州、舟山、嘉兴等地区比较活跃。民间借贷作为一种民间自发的融资方式,是我国传统银行类贷款融资方式之外的有益补充,可以满足社会各层次主体融资需要,有效解决资金出路,在一定程度上缓解我国中小企业"融资难"问题。但在实际中,民间借贷等在投融资方面存在交易隐蔽、利率过高、部分规模过大、风险不易控制,以及正规民间借贷与非法集资等交织一起的情况,导致一些地方中小微企业出现资金链断裂,容易引发地区性金融风险的发生。剖析浙江省民间金融借贷案例内容，并总结浙江省民间金融的风险，主要包括：第一，中小企业转型升级困难，企业经营困难利润下降导致偿债能力下降。浙江省民间借贷多以经营性借贷为主，中小微企业深度介入，一旦外部经济形势发生变化（如对外贸易下降、对内消费需求困难等）导致企业经营困难利润下降，将会直接降低企业的偿债能力，从而容易引起民间借贷的法律纠纷。第二，浙江省民间借贷利息成本高，提高了企业债务清偿风险。在浙江省民间借贷行为中普遍存在高息借贷现象。李建军等（2013）对浙江省民间借贷的2083个案例的平均借贷利率进行研究发现，民间借贷普遍的利率水平是月息2～3分，借贷的平均周期是3～4个月，转化为年化利息率为24%～36%，大大超出同期正规银行机构一年期贷款利率。又如根据《浙江法院民间借贷审判报告》，2012年4月温州民间借贷综合利率平均水平为21.58%，到2022年民间借贷综合利率下降到了15%左右，但仍明显高出正规银行的借款利率。甚至有些省域一些民间融资活跃的地区，月利率普遍在2分、3分以上，有的甚至达5分以上，即年化利息率超过60%！如此高的贷款融资成本，已超过了一般企业的资本利润率水平，致使企业偿债压力巨大，容易引起企业资金链断裂而导致民间借贷金融风险的发生。第三，民间借贷乱象丛生，缺乏有效监管，极易引发纠纷。浙江的民间借贷以经营性借贷为主，加之实践中职业放贷人群体的出现以及担保公司、典当行、投资公司等市场主体的加入，民间借贷活动实际上已具有经营的性质。但由于长期游离在监管边缘，民间融资市场因缺乏必要的约束和管理而呈现出无序乱象，如借贷形式不规范、担保不完备、借款用于非正常用途、高息借贷、违法借贷，甚至与刑事犯罪交织在一起，为纠纷的发生埋下了隐患。

（三）资产价格泡沫风险

资产价格泡沫是金融类资产的市场价格严重偏离金融资产实际内在价值，造成经济虚拟化而严重偏离实体经济的脱实向虚过程。金融资产价格泡沫多是由于金融市场上的投机行为盛行造成的，由于缺乏实体经济支撑，极易发生泡沫破灭而给金融与实体经济带来巨大破坏。

在我国主要表现为资本市场价格泡沫与房地产市场价格泡沫风险。

股票市场价格泡沫风险：首先，由于我国资本市场起步晚，从 1990 年上交所成立至今也才 20 多年，资本市场运作机制与监管体制还存在许多不完善之处，市场上投资炒作风气盛行，时常表现为股票市场频繁剧烈波动。其次，由于资本市场的逐利本性与民众投机心理驱使，以及受资本市场人为风气与非理性"羊群效应"驱使等，股票价格易出现虚高，严重偏离了上市公司内在价值，一旦受到市场内外各种非利好消息影响，容易引起股价在短期内大幅下跌，股价泡沫破灭的风险。20 世纪初以来，人类历史上曾经发生过多次由于金融资产价格泡沫破灭所导致的金融危机事件，如最著名的有 20 世纪 20 年代受第一次世界大战影响，大量欧洲资金流入美国，导致美国股价飞涨，之后"黑色星期二"事件爆发，美国泡沫经济破裂，导致 1929～1932 年大萧条的灾难发生。20 世纪 80 年代初，日本由于签署《广场协议》致使日元对美元大幅升值，国际投机资本纷纷投向日本的股市与房市，引发股价、地价与房价严重虚高，1989 年日本政府实施紧缩性货币政策直接催生了资产价格泡沫的破灭与本国经济的衰退。1998 年东南亚金融危机发生之前的泰国房地产价格泡沫，1999～2000 年美国互联网高科技股泡沫等。2008 年美国次贷危机的发生在一定程度上也是由于房地产价格不断实现自我证券化而形成房市价格虚高，最终次级抵押贷款终因无力偿还而引起的金融市场资产价格泡沫破灭，并最终引发全球性金融危机。2015 年我国资本市场由于场外杠杆资金配资炒作等而催生了一轮较大级别牛市，上证指数飙升到了 5178.19 点，并在三个月之内泡沫破灭跌至 2848.7 点。又如最近 2020 年机构抱团白马股、2021 年大力炒作新能源板块，以及 2023 年上半年市场疯狂人工智能概念股票等，均催生了相应板块较大资本市场泡沫风险。最后是我国资本市场基础设施还不完善，包括上市公司财务造假成风及证监会打击成本力度不够，而上市公司信息披露不及时不透明、大股东频繁减持套现等原因，也容易造成在中国 A 股市不适合长期价值投资的错觉，导致市场投机炒作层出不穷并容易 行业性和区域性资本市场金融风险。因此，在我国金融市场深入扩大对外开放的趋势背景下，对资本市场价格风险的监测预警始终是国家与地区金融风险监管防范的重点内容。

房地产市场价格泡沫风险：根据前面房地产市场风险分析，以房价收入比来衡量我国31个省域的房地产价格泡沫风险程度，2017~2021年的近5年期间我国除内蒙古和宁夏以外，基本上处于危机状态，其中北京、海南、上海、西藏和浙江房价泡沫尤其严重，排在全国前五位。如果从省域房地产金融深化率分析，海南、北京、上海、江西和广东房地产金融深化率均明显超过了40%的警戒线并计算得分处于危机状态。2017~2021年我国有14个省域房地产金融深化率较高并处于中度不安全到危机状态，表明这些省域经济发展对房地产投资依赖比较严重，并存在较大的房地产泡沫风险。因房地产行业属于高杠杆行业，对资金需求依赖严重，严重依靠银行类机构贷款融资，与地方金融市场联系紧密，容易由于各种原因而引发资金链断裂。首先，随着民众财富的增加，在面临通货膨胀背景下，老百姓考虑将更多财富分配到股市与房市中进行投资或投机活动，尤其是如东部经济发展较好的省域主要城市房地产容易成为投机的关注重点，从而助推房地产价格泡沫。其次，随着近些年疫情之前我国部分东中部省域经济发展态势良好，与未来良好的发展前景，将吸引更多外地人员来经济发展前景良好城市创业生活定居，而"有房才有家"的观念促进大量外来人员在浙江省买房生活，其中一部分外来炒房的也可借机揽房炒作，从而可能推动房价上涨。最后，我国部分城市如郑州、杭州、佛山、天津、重庆，以及武汉、南京等重点城市经济发展一直以来对房地产投资严重依赖，容易形成经济发展的路径依赖效应，并从政府土地财政政策、房地产商与银行机构的形成紧密联系，也在主观上希望维持较高的房价而没有太大房价下跌的意愿，并在房地产政策、广告宣传等方面为维持助推高房价形成了幕后助手。如果房地产价格虚高，但面临价格泡沫破灭的风险，从而可能引发区域性乃至全国性金融市场危机。因此，当前房地产价格泡沫风险已经成为影响我国省域经济与金融市场风险的重要因素。

（四）地方政府内债偿还风险

地方政府债务风险是指地方政府承担债务但无能力按期还本付息的可能性以及相应产生的后果，如导致政府财政不能正常运转，拖欠行政及事业单位职工工资和职工养老金，以及无力进行正常公用事业投入等。对于地方政府而言，适当举借债务是我国在积极发展市场经济过程中所产生的正常现象，通过适当举债来发展地方经济，有利于弥补地方财政资金的不足，有利于发挥一定的财务杠杆效应，有利于充分利用政府的职能，从而更好地服务于地方经济建设发展，正如企业保持适合的资产负债率一样，关键是要利用好所举债务，并将政府债务风险控制在地方政府可承受的范围。地方政府债务风险一般包括偿债风险和流动性风险。前者是指地方政府资不抵债，后者是指虽然政府的资产总额大于其负债总额，但由于缺乏流动性，地方政府无力对到期债务还本付息。我国政府债务风险既表现为全国性的，也表现为区域性的，而且全国性的债务风险也主要由区域性的债务风险所形成。地方政府的债务风险主要包括规模性风险，即由于地方政府债务规模过大而可能导致的到期债务无法完全偿付的风险。结构性风险主要是指各类地方政府债务状况所呈现的各类显性，或有的隐性债务风险，其中我国地方政府显性债务与隐性债务规模数据自 2015 年财政部就没有再公布数据，取而代之的是从 2015 年开始公布全国各省域的一般债务与专项债务规模数据①。效率风险是指由于所借债务资金的投资管理效率不高可能导致的债务资金不能有效使用的风险。外在风险

---

① 自 2015 年 1 月 1 日起实行的新预算法规定，地方政府只能通过发行地方政府债券方式举债。国发〔2014〕43 号文件明确，将一般债务纳入一般公共预算管理、专项债务纳入政府性基金预算管理。按照法律和国务院文件要求，财政部印发《2015 年地方政府一般债券预算管理办法》（财预〔2015〕47 号）和《2015 年地方政府专项债券预算管理办法》（财预〔2015〕83 号），指导地方做好 2015 年地方政府债务预算管理工作。2016 年，国务院和地方各级政府分别在 2016 年全国预算草案、地方预算草案和预算调整方案中完整反映地方政府债务情况，主动接受人大监督。按照预算法和国发〔2014〕43 号文件规定，《办法》明确将一般债务收支纳入一般公共预算管理，主要以一般公共预算收入偿还；专项债务收支纳入政府性基金预算管理，主要通过政府性基金收入、项目收益形成的专项收入偿还。专项债务以对应的政府性基金收入、专项收入实现平衡。

主要是指地方政府无法清偿到期债务所引发的其他衍生的风险。如不能偿还到期债务，可能会出现挪用其他财政用途的资金、增加或进一步举债、向上级政府转嫁债务等，从而引发其他财政支出项目的资金缺口，并可能增加经济与社会不稳定性风险。由于地方政府与地方性商业银行，或全国性银行在地方的分支机构在所有权性质与管理归属上呈现内在关联性，而我国地方政府出于推动经济增长的目的，通过各种类型的地方政府投融资平台等，或为地方企业或公益性项目提供显性或隐性担保，或负有最后救助义务的责任，而从银行类金融机构，或通过发行地方政府债券等形式举借了大量债务，既前面所述的第一类、第二类与第三类债务。如果由于各种原因导致地方政府不能定期偿还各种债务，将导致银行类金融机构不良资产上升，或债券风险增加，从而增加区域金融风险。本章对 2017～2021 年我国 31 个省域的一般政府债务与专项政府债务风险进行了横向与纵向对比分析，在此不再赘述。

第四章　中国省域金融风险同步测度动态分析

对省域金融风险状况进行测度评估分析是全面系统而精细化的过程：第一，需要明确什么是省域金融危机？省域金融危机爆发的主要表现在哪里？对于主权经济体，金融危机主要表现在该国货币在短期内大幅度贬值的汇率危机和因银行类金融机构流动性不足而出现挤兑等社会恐慌，以及大量银行类金融机构宣布破产、并购或被政府接管的现象。由于我国是从中央到地方的管理体制，我国省域经济是全国经济的组成部分，没有独立的经济主权（包括对内的独立经济金融政策的制定权，独立的经济事务的管辖权；对外的独立平等的国际经济事务的参与分享权；对本地区发展的重要经济战略资源的控制权）。因此，正如本书前面章节的分析，对于我国省域而言，不存在独立的经济主权，也就没有独立的经济或金融安全的概念，而主要表现为省域金融风险恶化并可能引发更大范围区域性金融风险或系统性金融风险，从而可能影响威胁到国家总体金融安全。由于人民币是我国的唯一法定货币，中国只存在以人民币为法定计价货币，由国家外汇管理局统一管理的我国外汇交易市场，因此对于各省区市而言，也不存在各省区市单独的区域性货币危机。我国省域性金融危机主要表现为金融机构的危机，由于银行业是我国金融市场的绝对主体（如2021年银行业资产占我国金融业总资产的81.8%），也与实体经济联系密切，因此省域金融危机主要表现为省域范围内银行类金融机构大量破产倒闭，被收购或被政府接管的危机。第二，需要对省域金融体系运行过程中面临的主要风险进行全面深入的分析，包括对重要领域与重点环节面临的现实风险与潜在可能出现的风险进行分析，既包括经济与金融全球化背景化所面临的外来各种直接或间接的冲击威胁风险，也包括来自该省区市金融体系内部自身面临的各种运行风险或体制机制的脆弱性。第三，需要构建一套科学有效的测度评估机制体系，而纵观国内外学者的研究思路，基本集中在选取相应的金融风险评价指标并构建省域金融风险测度评估指标体系，因此问题的关键在于能否根据我国省域近些年来金融体系发展实情而构建科学有效的测度评估指标体系，而这个过程成为本书整个测度评估的中心环节。第四，根据一定的方法对省域金融风险测度指标的风险程度进行综合评价，包括线性综合加权法、主成分分析方法、模糊综合评价法等，由于各种综合评价方法都有优劣，本书选用线性综合加权法，而其中重要环节是指各测度指标权重的准确核算。第五，科学合理设置各测度指标临界警限区间。不同的测度指标其安全警限区间不同，同一指标在国家经济发展的不同阶段其面临的安全警限区间又有差别。因此能否科学判断本国金融经济发展所面临的现实阶段并科学合理设置各测度指标警限区间，是整个测度评估体系的重要环节。第六，在以上基础上，将省域各测度评估指标的实际观测值，通过其安全临界警限转化为相应的风险信号程度（如金融风险指数、安全得分或安全信号强度等级赋值等），并通过综合评价方法合成为各个子系统或总系统的综合安全信号程度，最终对省域总体、各个重要领域或重点环节的金融风险程度作出科学准确的判断。

  本章在第三章对我国省域金融风险现状与金融风险主要影响因素进行归纳总结的基础上，从金融安全条件（即我国面临的外源性直接或间接的风险冲击威胁）与金融安全能力（通过加强自身机制体制建设以抵御内外金融风险冲击威胁的能力）两大逻辑维度出发，从省域对外经济风险、外资性银行机构进入风险、短期国际热钱冲击风险、地方政府外债偿还风险、省域宏观经济运行风险、银行机构运行风险、金融资产价格泡沫风险与地方政府内债偿还风险8大重点领域精选了重要测度评价指标，构建了我国省域金融风险测度指标体系；在此基础上，通过AHP层次分析法与熵值法相结合测算了各测度指标的相应权重，并集中了国内外专家学者的智慧成果与笔者对我国20多年来金融经济发展实情判断，科学合理设定了各测度指标的临界警限区间，并对 2010~2021 年我国 31 个省域金融风险程度与各重要领域的风险程度进行了一次全面动态测度评估分析，同时对我国 31 个省域金融风险的空间关联度及集聚分布状况与区域分异程度进行一次全面计算分析，在此基础上通过 H-P 滤波法与有增长上限的修正指数模型对我国省域金融风险指数的演进过程进行了动态计量测度分析。

第一节　中国省域金融风险同步测度指标系统构建

一、省域金融风险测度指标选取的相关研究

（一）国外对于省域金融风险测度指标选取相关研究

虽然国外对金融风险等问题研究较早，但现有文献检索发现主要集中于主权国家（如美国、日本、墨西哥、巴西、俄罗斯等）或东南亚（如东南亚金融危机期间涉及的国家）、欧盟区（如欧洲主权债务危机波及的国家）等国际区域层面，而单独对国内区域性金融风险问题研究较少。这主要原因体现为以下几方面：一是从全球范围，具有大国经济特征的国家非常少（包括国土面积大、经济发展总量大而内部区域发展呈现不均衡性，目前从全世界范围主要表现为美国与中国，其次为巴西、俄罗斯、印度等）；二是国外学者关注金融风险等问题主要基于金融危机爆发的背景，而金融危机的爆发更体现在对主权国家金融安全的冲击威胁，而对于金融安全的研究一般以主权国家为整体研究对象，而内部区域难有独立的经济主权；三是国内外学者对于金融安全视角下的金融风险问题的研究主要始于 20 世纪 90 年代初，包括 1994 年墨西哥金融危机的爆发之后，至今也才 30 年的时间，而对于金融安全等问题的认识研究还远没有达到真正成熟的程度。

而国外学者对于国家金融风险监测指标相关研究主要体现在：

20世纪60年代末，美国商业环境风险情报研究所（BERI）的汉厄（F. T. Haner）设计了第一个反映政治经济环境风险的评价指数——国家风险预测指数，亦称富兰德指数。该指数是由定量评级体系、定性评级体系和环境评级体系构成的综合指数。由伦敦国际商业交流有限公司的美国分部出版的《国际各国投资指南》中将投资风险分为政治、金融与经济三大类风险，分别进行风险评估，在此基础上设计了综合风险等级，计算了综合风险指数。国际金融界权威刊物《欧洲》（*Euromoney*）于每年9月或10月定期公布当年欧洲货币国家风险等级表。该表侧重反映一国在国际金融市场上的形象与地位，从进入国际金融市场的能力（权重20%）、进行贸易融资的能力（权重10%）、偿付债券和贷款本息的记录（权重15%）、债务重新安排的顺利程度（权重5%）、政治风险状态（权重20%）、二级市场上交易能力及转让条件（权重30%）等方面对国家风险进行了考察。日本公司债务研究所对国家风险进行了研究并提出国家风险等级表，国家风险评价内容包括：内乱、暴动及革命的危险性，政权的稳定性，政策的连续性，产业结构的成熟性，经济活动的干扰，财政政策的有效性，金融政策的有效性，经济发展的潜力，战争的危险性，国际信誉地位，国际收支结构，对外支付能力，对外资的政策，汇率政策等。美国银行家欧·梅耶根据对国际上18家银行、跨国公司国际风险监测的指标进行了归纳、综合并分类，从大的方面分为3大类。美国联邦机构监管委员会协商建立的"骆驼评价体系"（CAMELS）来对金融机构的经营状况进行现场评级。CAMELS系统是美国联邦金融机构监管委员会（FFIEC）于1979年建立的，并经过1997年修改后成为美国主要监管机构统一使用的CAMELS（骆驼）监测制度，其内容包括6个方面：资本充足率、资产质量、管理水平、盈利状况、流动性和市场风险敏感性。所有银行评估和监管工作基本都围绕这6个方面的指标展开。评估方式分为A、B、C、D、E 5个等级，警示范围被评为D、E两级或本期评估结果较前期低两级的机构，美国监管当局通常每年对各家金融机构进行现场检查一次。CAMELS系统被认为是效果最显著、最可信赖的评估工具，近几年这种方法已经由现场引入非现场的实践当中。同时，美国金融监管当局还提出了"ROCA＋S"评级体系，主要用来对商业银行非法人分支机构的经营风险管理状况作出综合性评判，包括风险管理、营运控制、合规性和资产质量4个方面，分别评估银行分行经营管理状况，并结合总行支持度（SOSA）进行适当调整后，确定对银行分行的综合风险评估等级，目前该评级方法已被国际上许多机构采用。国际货币基金组织（IMF）有关部门于2001年6月提出了金融稳健性指标（financial soundness indicators，FSI），以希望通过规范统一的报告、披露与评价标准，来监督金融机构和市场是否安全稳健运行。FSI评价体系是用于评估金融部门及经济部门金融风险的多项统计指标集合，不仅可用于从微观上实现对商业银行风险的监测预警，而且可从宏观上监测总体经济的金融风险，包括核心指标集（core sets）与鼓励指标集（encouraged sets），其中核心指标集的统计内容和中项指标是FSI的重点部分，用于监测银行体系的风险，包括对银行资本充足性（包括调整的资本对风险加权资产的比率、调整的I级资本对风险加以资产的比率）、资产质量（包括呆账点占全部贷款的比率、呆账占全部资本的比率、贷款在各经济部门的分布比率）、盈利能力（包括资产利润率、资本利润率、利息收入占比、非利息收入占比）、流动性（流动资产占总资产比率、流动资产对短期负债的比率）、市场风险的敏感度（资产平均期限、外汇净头寸对资本的比率）。鼓励指标集主要是考虑各国的金融体系和经济体制存在的较大差异，为了弥补核心指标体的不足，便于对银行和非银行金融机构以及相关经济部门进行全面的考察，以进一步衡量金融体系潜在风险的设计的。

（二）国内对于省域金融风险测度指标选取相关研究

2001年中国加入世贸组织（WTO），随着外商投资与国际资本大量进入，在促进地区经济发展的同时也带来了地区不确定风险，部分学者对我国区域金融风险问题进行了监测评估研究。易传和等（2005）从区域核心指标与区域相关指标两个方面共选取了31项指标构建了我国区域金融稳定评价指标体系，其中核心指标主要考察区域内各金融机构资本的充足性、安全性、流动性和盈利性；而相关指标则是对核心指标的补充，从侧面来评价区域金融稳定，主要从当地政府调控、企业效益、利率风险、债务清偿、经济增长和银行规模6个方面选取了相应衡量指标。汪祖杰等（2006）从区域金融安全内在关键性指标与外在影响性指标两大维度来构建监测衡量指标体系，其中内在关键性指标主要从微观监测、宏观监测与生态环境监测出发选取了29项监测指标；外在影响性指标主要选取了全国经济状况指标、货币指标、股票价格指数指标和汇率指标，并对苏州市金融风险程度进行了分析，但忽略了外源性金融风险冲击威胁，也忽略了新常态下互联网金融风险带来的冲击影响等。叶莉等（2007）从宏观监测预警指标和微观监测预警指标方面共选择了16项监测评价指标，并对河北省的金融安全状况进行了监测评估分析，但忽略了外源性风险冲击影响，同时也存在互联网金融、政府债务风险与泡沫风险等考虑不足问题。孙清等（2008）从区域经济环境、区域银行机构、区域证券机构和区域保险机构风险4个方面构建了我国区域金融风险评价指标体系，并对江浙沪3省域金融风险进行了实证分析；谭中明（2010）从区域外部影响因素与内部影响因素两个方面共选取了39项区域金融风险衡量评价指标。其中，区域外部影响因素主要从全国范围的宏观经济风险、货币风险、对外经济风险、资产价格泡沫风险4个子方面来衡量；内部影响因素主要从区域内部的金融机构经营风险、区域经济运行、区域金融生态、特殊影响因素4个子方面来衡量，同时对江苏省2007年金融风险状况进行了评价。李建军等（2013）通过构建民间借贷利率风险指数与规模风险指数对浙江省2008~2012年的民间金融风险进行了实证分析，但仅涉及民间金融风险且存在监测数据难以获取，持续监测操作性较差等问题。中国人民银行上海总部（2015）每年公开出版《中国区域金融稳定报告》，其中该报告主要从宏观经济、金融机构与金融生态环境3个方面选择了25项区域金融稳定监测评估指标，并对我国东、中、西部与东北地区的金融稳定状况进行了定量监测评估分析。但存在监测指标选取来源无解释说明，只注意到内源性金融风险而忽略外源性冲击威胁风险，同时忽略了传统民间金融与新时期互联网金融带来的风险影响。郭俊峰等（2015）从经济因子、信用法律因子、金融因子和制度干预因子4个方面构建了江苏省域金融稳定评价指标体系，并对江苏省1999～2012年金融稳定与经济增长关系进行了实证分析。罗晓蕾等（2018）从区域宏观经济状况、政府调控能力、企业经营状况、银行业运营状况、证券业运营状况、保险业运营状况、金融法治环境和金融信用服务环境8个方面分别选取了39项监测指标，通过信号分析法对河南省2014～2016年的金融安全状况进行了定量分析。但该研究存在选择指标过多与表征含义重叠、选取逻辑重点不明确等问题。王晓婷等（2019）构建了山西省金融企业部门、金融部门、政府部门等账面宏观资产负债表和或有权益宏观资产负债表，并构建了山西省区域金融风险评价指数且对山西省2007～2016年金融风险程度进行了度量评价分析。李凯风和李星（2019）基于熵权Topsis法和综合模糊评价法对我国各省域的债务水平进行测算和风险程度评估分析。刘凤根等（2022）从宏观经济、政府调控、银行业、保险业、房地产业和规模以上企业选取了18项指标构建了我国区域金融风险压力指数，并通过熵权法对我国省域金融风险压力指数进行了测度分析。然而该研究指标体系选取逻辑不明，同时忽略了外源性风险对区域金融风险造成的冲击影响。同时艾洪德（2005）、欧阳禹（2005）、孙清（2008）、黄萍（2012）、张帅等（2021）等也对区域金融风险监测问题进行了一定探讨。

二、省域金融风险测度指标系统的构建标准

（1）科学系统性：即所选取的指标应该能涵盖当前及未来一段时期影响我国区域金融风险的主要方面，包括内源性风险影响因素与外源性风险影响因素。同时指标体系之间逻辑划分应层次分明，包括一级指标与二级、三级指标之间关系分明。由于不同指标的敏感性不同，有些指标相对惰性，有些指标相对活跃，指标体系也应注意到它们之间的互补平衡关系。

（2）代表独立性：即所选取的指标应该具有典型代表性、少而精

的特点，包括在同一风险影响因素应选取最能代表衡量区域金融风险的监测指标；同时，各子系统之间、指标之间都应尽量保持相对独立性，避免反映同一金融领域风险状况的指标设置过度重复，造成事实上的对该金融领域赋予的权重过高。

（3）动态开放性：由于我国市场化程度在稳步提升，经济与金融市场的对外开放程度也在稳定推进。指标的选取既要反映我国省域当前的金融风险变化状况，也要能预见到未来一段时期我国省域金融系统的发展变化趋势，以动态发展的眼光来衡量我国区域金融系统的风险运行发展情况。

（4）可操作性：即所选取的指标要有可靠权威的数据来源，能客观地对我国区域金融风险情况进行实时定量监测，及时准确地对我国当前金融风险程度进行评估。对于一些新的风险监测领域，由于目前国内相应统计数据相对落后，监测指标的设计也要有利于定量核算；同时，对于一些定性指标，也要有科学合理的量化途径与方法，以便于监测核算。

三、省域金融风险测度指标选取的依据与逻辑结构体系

本书通过以下方法来构建我国省域金融风险测度指标体系。

一是选择我国区域金融风险的初选指标。根据国内外主要学者在研究国家区域金融风险程度过程中所使用的常用监测指标并建立了国家区域金融风险测度评价指标池，以作为原始初选指标。

二是对初选指标的进一步筛选。此处综合运用专家调查法与社会调查法。专家调查法是通过对国内外主要专家学者在衡量国家区域金融风险、区域金融危机、区域金融安全或区域金融稳定过程中的期刊、著作或研究报告中所使用的监测指标的频数多少，并进行从多到少排名，一般单个监测指标出现的频数越多表明该指标被专家学者认可的程度越高，并越显得重要；社会调查法是通过设计问卷调查并就我国区域金融风险的常用监测指标，通过对国内外该领域若干专家学者进行调查统计，同时按指标频数从高到低排名。通过这两种方法研究的

指标排名，将每种方法排名分别赋予分值并进行综合加权总排名，从而进一步筛选区域风险测度指标。

三是对进一步入选的测度指标作动态的调整修正。本着动态发展的视角，本书根据我国自东南亚金融危机以来，特别是2008年国际金融危机爆发以来我国区域经济与金融市场风险形势出现的新特征新变化判断理解，并紧密结合前面省域经济与金融风险特征的实情，对第二步入选的测度指标作进一步的补充与动态修正，最终确定了我国省域金融风险测度指标体系。

本书所构建的测度指标体系依据矛盾对立统一的哲学观点，立足于我国区域经济与金融发展过程中内外相互作用的过程安全性，从我国区域金融市场在开放过程中面临的直接或间接的外部冲击威胁，以及我国区域金融系统在对外开放过程中如何通过加强自身的机制体系能力建设，抵御防范金融风险以维护自身金融安全的能力，即从我国区域金融安全的外在条件与区域金融安全的内在能力两大逻辑维度出发，来构建我国区域金融风险测度指标体系。本指标体系考虑到了影响我国区域金融风险的重要领域与重点环节，精选了重点测度指标来构建我国区域金融风险测度指标体系，其逻辑结构与具体指标内涵解释如下。

（一）省域金融安全条件指标

衡量我国区域金融系统在对外开放过程中面临的各种直接或间接的外部冲击威胁影响。根据前面分析，我国省域金融系统在对外经济贸易风险、外资银行类金融机构进入冲击、国际热钱流动冲击、对外债务偿付4个方面重要影响性在当前及今后一段时期显得尤为突出。

1. 对外经济贸易风险。

我国区域经济发展与国际市场联系愈发密切，尤其是东部沿海发达省域如广东、江苏、浙江、山东、福建等外向型经济与国际市场联系显著，而经济是金融发展的基础，如果地区经济发展水平对国外市场严重依赖将直接影响到地区经济持续稳定发展。首先，地区国际贸易对海外市场的整体依赖程度；其次，地区对外贸易进出口顺/逆差程度;最后,地区经济发展对引进外资的依赖程度。因此,本书主要从这3个方面选择相应的测度指标如下。

(1) 对外贸易综合依存度:外贸依存度用于衡量一国经济对国际市场依赖程度的高低,一般用对外贸易总额占GDP的比重来衡量。比值越高意味着地区对外贸易对国际市场的依赖越严重,外来风险变化的冲击威胁就越大。

但是,需要考虑到我国目前的汇率水平实际上是偏低的,因此,单纯按照官方汇率来计算会人为地提高我国的对外依存度。同时不同的贸易方式对我国经济安全的影响不一样,如对于加工贸易而言,由于原材料和销售地"两头在外",我国各区域在加工的过程中赚取的只是加工费,对区域经济风险的影响相对较小。相比而言,一般贸易对我国区域经济风险会带来更大的影响。因此,本书在此采用将官方名义汇率与购买力平价所决定的汇率结合起来考虑的办法,同时综合考虑贸易方式对我国省域外贸依存度的影响,计算我国区域的对外贸易综合依存度。具体而言,本书需要先计算各省域GDP的真实经济总量(综合考虑官方名义汇率和世界银行实际有效汇率),然后根据对区域经济安全影响的不同,对不同的贸易方式赋予不同的风险权数来计算综合的对外贸易总量。根据专家调查的意见,我国对外贸易中一般贸易、加工贸易和其他贸易的风险权数可以考虑为100%、50%和100%。具体计算方法为:将一般贸易、加工贸易和其他贸易分别按100%、50%、100%的权重加权求和,再分别计算其占名义GDP和实际GDP的比重[1],最后将这两个比重进行算术平均,得到我国各区域按照贸易类别加权的对外贸易综合依存度。

(2) 进出口贸易赤字率:该指标反映一国或地区对外贸易赤字的

---

[1] 由于我国尚没有实行完全浮动的汇率制度,事实上很难测算我国的真实汇率水平。因此,在本书中将综合考虑我国的官方汇率水平和世界银行依据购买力平价法确定的人民币汇率进行计算。该指标的具体计算方法是,先根据不同的人民币汇率将以人民币计的GDP折算为以美元计的GDP,再计算出外商直接投资分别占用不同汇率计算出的以美元计GDP的比重,最后将两个比重进行简单算术平均。以下我们将根据官方汇率水平计算出来的GDP称为名义GDP,将按照世界银行购买力平价法确定的汇率水平计算出来的GDP称为实际GDP。

相对规模，以及该国或地区经济增长对贸易赤字的相对承受能力，是衡量一国或地区贸易与外债风险的重要指标。进出口贸易赤字率 =（进口总额 − 出口总额）/GDP。进出口贸易赤字率大于 0 表示对外贸易逆差，进出口贸易赤字率小于 0 表示对外贸易顺差。在一国或地区对外经济贸易过程中，并非贸易赤字率越大或越小越好，如果长期处于贸易逆差，将会不断消耗外汇储备以维持汇率相对稳定，如果外汇储备不足将会影响对外债务偿还风险，并可能引起本币贬值风险；而且长期进口国外商品导致贸易逆差，将影响国内进口替代产品的竞争力提升并影响国内就业创造；而长期的贸易逆差也会影响贸易相关国的国际关系，甚至可能削弱本国的国际地位与影响力。而如果长期贸易顺差，将会带来本币升值的压力增大与预期贬值风险，同时长期顺差带来大量外汇储备的维持成本费用增加，而长期贸易顺差可能会激发相关国的贸易保护主义上升，贸易摩擦加剧并影响两国关系，同时也会增加本国对外贸易的依赖程度，不利于提升本国独立自主的经济安全能力。值得注意的是，在计算各省域贸易赤字额的过程中同样需要考虑名义汇率和实际有效汇率的影响，本书取官方公布的名义汇率和世界银行网站公布的实际有效汇率的平均值作为汇率计算的依据。

（3）利用外资综合依存度：指我国各省域对吸收外商直接投资较多的国家或地区资金的依赖程度。如果我国省域经济发展对外资的依赖过多过重，则地区经济发展对海外资本市场依赖较重，尤其是当引进吸收外商直接投资方面只集中在某一个（或少数几个）国家或地区，风险难以分散则对外经济风险更严重。但考虑到不同国家或地区的资金对我国经济安全的影响程度是不一样的，本书采用外资综合依存度指标，即对我国省域在吸收的外商直接投资，根据资金的来源分别赋予不同的风险权数，再加权计算我国对这些国家的风险外资依赖程度，即用各国或地区的资金在我国外商直接投资中占总投资的比重乘以风险系数，然后加总即可得到我国的风险外资依赖程度。根据专家调查意见，分别赋予美国、日本 100% 风险系数，维尔京群岛 90% 风险系数，新加坡、德国与法国 80% 风险系数，中国香港 20% 风险系数。然后再根据我国省域从这些国家（地区）风险加权引进外资额占我国省域综合加权 GDP 的比重，所占比重越大，则我国省域经济发展对外资的依赖程度越严重，对外经济风险越大。

2. 外资银行进入风险。

（1）外资银行资产占省域银行业总资产比重。该指标主要衡量外资银行对我国省域银行业市场的控制渗透程度，由于我国国内商业银行大部分具有国有直接或间接控股性质，因此该指标也体现了该省域对金融资产的掌控程度。随着中国 2001 年加入 WTO 后，对国外银行类机构进入我国境内的门槛逐渐放松，特别是 2006 年以来外资银行类机构大量进入我国境内开展人民币存贷款与各类中间业务，一般认为外资类金融机构在经营管理水平、金融服务水平、金融风险控制水平等方面相比中资类金融机构具有明显的优势，能够给国内中资类金融机构带来较好的学习模仿的机会，但凭借其国际化优势也会对本土银行类金融机构带来风险冲击影响。但是，根据第二章的分析，目前国内商业银行，特别是国有大中型商业银行无论在金融资产总规模，还是银行营业网点数量及覆盖范围上相比外资类银行机构都占有绝对优势，但是随着中国银行业的不断开放，以及现行国有银行机构的垄断经营地位被逐渐打破，外资银行对中国银行业市场的占有率将会逐渐提升。

（2）外资金融机构对省域银行类机构的综合持股比例。该指标主要用来衡量外资银行类金融机构对我国本土商业银行的股权控制程度。由于我国国内商业银行大部分都具有国有控股性质，因此该指标也体现了我国政府对本土银行类金融机构的股权掌控程度。根据中国银保监会在其官网发布《中国银行保险监督管理委员会关于废止和修改部分规章的决定（征求意见稿）》，包括涉及取消中资银行和金融资产管理公司外资持股比例限制，实施内外资一致的股权比例规则，持续推进外资投资便利化等，因此，在全流通与股权分散的情况下，单家外资银行类金融机构或是通过收购市场上转让的流通股，或是联合其他境外合格金融机构联合控股等形式，还是有可能成功取得相对控股的地位，可能使中资银行类金融机构丧失对自身的控制权或部分经营管理权等，从而威胁到本土银行机构的金融安全。本指标通过对省域范围内注册成立的法人银行机构的外资类金融机构持股比例，并以各家银行机构总资产为权重进行综合加权平均，测算出外资类金融机构对省域范围内的综合平均持股比例，进而判断其持股风险。

3. 国际热钱流动冲击风险。

（1）短期资本占资本流入比重。短期国际资本流动是指期限为1年或1年以内，或即期支付资本的流入与流出。这种国际资本流动，一般都借助于有关信用工具，并通过电话、电报、传真等通信方式来进行。这些信用工具包括短期政府债券、商业票据、银行承兑汇票、银行活期存款凭单、大额可转让定期存单等。广义的短期资本又称国际热钱，狭义的短期资本中的投机性资本为国际热钱部分。国际短期资本的流动形式包括贸易性资本流动、银行间资本流动、保值性资本流动、投机性资本流动等。由于短期资本流动的形式与所使用工具的复杂性、政策诱导性、投机性与市场逐利性，当一国由于汇率、利率、经济金融政策变动或金融监管的加强或放松等因素，将导致短期国际资本快速流动，并对该国的外汇市场、货币资本市场、各省域的房地产市场，以及金融体系缺陷等形成冲击。短期国际资本是风险性流动资本，其规模之大、时间之短、反应之灵敏，具有高脆弱性和强破坏性，易形成较大风险。改革开放40多年来，随着中国经济依然保持强劲稳定中高速增长态势，多年来贸易顺差积累，基于人民币加入SDR向国际储备货币迈出了重要步伐等利好信息，大量国际资本流入中国境内，其中不乏大量短期投机性资本夹杂其中，我国金融体系输入了大量流入性金融风险，且短期资本在资本总流动中所占的比重越高，国际资本风险性越大。本指标主要衡量各省域在国际贸易与引进外资过程中夹杂的国际短期资本占各省域当年总流入资本的比重，比重越高，则短期不确定性资本越多，通过投机该省域房地产市场、货币资本市场等，对该省域金融体系的冲击威胁就越大。

（2）国际热钱占省域金融机构信贷比重。国际热钱或称为国际游资，其危害性非常大，因为它有两个显著特征：投机性和短期性，它不同于中长期投资的国际资本，往往无助于资金接受国的长期经济发展，甚至某些时候直接成为一国爆发金融危机的导火索。当一国的证券市场或房地产市场出现过热苗头时，国际热钱便蜂拥而至，直接助长了泡沫的形成，加剧了金融风险；当一国经济出现衰退迹象、泡沫出现收缩苗头时，国际热钱又迅速撤离，直接加速了泡沫破灭进程，导致"羊群"效应，最终极有可能让该国陷入全面性的金融危机。基于人民币加入 SDR 国际化向好趋势、国内经济持续稳定中高速增长态势、国内外较大利差与我国房地产业的暴利等因素，自 2003 年以来吸引了大量国际热钱涌入我国境内，虽然我国对国际投机资本的进入是严格限制的，但国际热钱还是采取多种渠道大量流入我国境内，给我国外汇市场、资本市场、房地产市场等输入了大量短期不确定金融风险，成为我国金融领域的重要风险源。由于我国金融市场的融资方式是以银行信贷为主，因此银行体系是国际热钱进入我国的重要渠道，考察国际热钱是否对我国各省域金融安全产生实质性的影响，不仅要看国际热钱的总规模，还要看国际热钱占我国各省域银行类金融机构信贷的比重。我国对国际投机资本的进入是严格限制的，因此国际热钱就采取各种各样的渠道流入，使得统计其规模具有一定的难度。我们采用的方法是：国际热钱流入额 = 新增外汇储备 - 贸易顺差 - FDI 流入额 - 汇率变动造成的估值损失 - 外汇储备投资收益。

4. 政府对外债务偿还风险。

对于一国/地区金融安全而言，最重要的是外力对一国/地区经济的干预程度，而外力对一国或地区经济进行干预的最大理由就是外债归还问题，而一国/地区是否拥有足够的外汇储备是应对因外债干预的关键所在。由于我国实行统一的结售汇制度，由国家外汇管理局统一管理经营国家的外汇储备，因此各省域没有独立管理国家外汇储备的权限。同时由于我国的政治体制，因此地方政府的对外债务偿还风险受到并最终由国家对外债务偿还能力所决定。我国目前还没有对外公布各省域每年的外汇储备流入或流出情况，难以获取各省域相关外汇储备官方权威统计数据。因此，本书将以国家对外债务偿付风险来近似表示全国各省域对外债务偿还风险。

衡量国家对外债务偿还能力的指标很多，而真正对国家金融安全能直接产生重大影响的是外债与外汇储备之间的比例关系。本书在借鉴国内外专家学者研究成果的基础上，选取了以下衡量一国偿还外债能力的3个指标，从国家整体偿债能力、年度偿债能力与短期快速偿债能力3个方面来进行度量，可以认为这3个指标是一个有机整体，在衡量国家对外债务安全方面的准确性较高，特别是当3个指标的风险取向趋于一致时，结论更为准确可靠。

（1）外汇储备/外债余额。该指标可衡量我国整体偿还外债的能力，是最重要的总量性指标，也体现了外汇储备作为对外借债与充当清偿手段的重要作用。一国国际储备与外债总额的比率越低，则抵御金融危机的能力就越弱；比率越高则一国抵御外来风险冲击的能力就越强。一般而言，该指标的国际基本安全区间是30%~50%，上下增减10%可作为其警戒线。

（2）当年还本付息额占外汇收入比重。该指标反映一国当年外债还本付息的外在压力大小的重要指标，这一压力的大小甚至直接决定着是否爆发金融危机。由于外汇储备/外债余额只反映国家整体一般偿还债务的能力，但是每年的外债还本付息额是不一样的，因此还须看当年还本付息额的大小情况。由于传统的偿债率指标用当前外债还本付息额与当年出口创汇的比例，但其仅考虑了经常项目对一国偿债能力的影响，与当前国际资本流动日益频繁的事实不相符，本书选用外汇储备作分母是对以前偿债率指标的修正。外汇储备的增减可来自经常项目顺差或资本项目顺差，在短期内可提供偿债保证，用外汇储备作分母更能反映一国国际收支对全年外债还本付息的承受能力。一般认为该指标的基本安全区间为30%~50%，上下增减10%作为其警戒线。

（3）短期外债占外汇储备比重。该指标可衡量一国在短期内快速偿债能力，具有短期预警的功能，最能反映一国短期内是否会爆发金融危机。"它就像引爆炸弹的导火索一样，通过它基本可以预测到一个国家爆发金融危机的具体时间"（姜洪和焦津强，1999）。国际上一般将该指标小于70%作为基本安全线，如果高于70%就容易受到外来冲击而威胁到国家金融安全。同时，如果短期外债占外汇储备的比重不到20%，将会有部分资源遭到闲置而使经济蒙受一定的损失，也可认为国家金融运行又回落到一定的"风险"状态。

(二) 省域金融安全能力指标

1. 宏观经济运行风险。

（1）省域实际GDP增长率。该指标是衡量我国各省域宏观经济发展态势的最综合体现，是衡量地区经济发展的3大宏观经济指标之一。地区经济整体保持持续快速平稳增长，不仅可以进一步带动地区投资与消费，增加社会信贷资金的需求量，促进金融业蓬勃发展，更重要的是可以稳定和增加全社会投资者的信心，促进地区经济保持良性健康循环发展。如果地区GDP增长速度过快，则容易造成经济过热而引起通货膨胀，造成经济脱实向虚，金融资产价格泡沫；如果地区GDP增长速度过慢，则意味着经济可能面临下滑或衰退，容易造成投资需求进一步下降，消费需求萎缩，全社会投资者信心下降，从而可能引起真实经济进一步衰退，社会失业增加，地区经济与金融风险上升，甚至会引起社会风险问题。

（2）通货膨胀率。该指标是衡量宏观经济是否过热的最主要经济指标之一，也是衡量地区经济发展状况的3大宏观经济指标之一。一般温和的通货膨胀是随着商品经济内在价值提升而出现的正常现象，可以刺激人们生产的积极性，促进国民经济保持健康向前发展态势。如果经济中出现过度的通货膨胀甚至恶性通货膨胀，不仅生产中的原材料成本与生活成本急剧上升，造成全社会生产与社会的困难，也容易形成社会心理恐慌，甚至可能引起社会动荡。如果地区通货膨胀率过低甚至为负数（表现为通货紧缩），则易引起社会物价紧缩，影响生产的积极性，不利于国民经济向前发展。

（3）社会真实失业率。失业率 = 失业人数/（在业人数 + 失业人数），是指社会失业人口数占全社会具有劳动能力人口数的比重，旨在衡量社会闲置中的劳动产能，是反映一个国家或地区失业状况的主要指标，也是衡量经济发展状况的3大宏观经济指标之一。当宏观经济运行态势健康向好时社会失业率减少，就业人数增加；当宏观经济态势步入下滑衰退时，社会失业率上升，就业人数减少。失业率通过菲利普斯曲线与通货膨胀率联系在一起。不仅如此，失业率还与社会安全与稳定联系在一起，由于我国大量农村剩余劳动力涌入城市务工，一旦由于各种内外因素导致宏观经济下滑或衰退并造成大量工人失业，将会导致经济金融风险上升，甚至影响地区社会安全稳定。由于目前我国各地区登记的失业率是城镇登记失业率，此失业率是指本该就业但处于失业状态的人员去自主自愿登记，主要动力与领取失业救济和低保补助等相关，是社保部门对城镇无业者提供帮助的一种途径，并不能作为反映地区真实失业水平的标准，我国城镇登记失业率水平一般不超过5%，该登记失业率指标历来为经济学家所诟病。本书根据中国社科院在2008年做过的一次抽样调查结果，即地区真实失业率水平约为城镇登记失业率水平的两倍标准进行估算。

2. 金融机构运行风险。

（1）商业银行不良贷款率。不良资产贷款率＝银行机构不良贷款/总贷款余额。不良贷款是指在评估银行贷款质量时，把贷款按风险等级分为正常、关注、次级、可疑与损失5类，其中后3类合称为不良贷款。国内商业银行的资产质量始终是我国银行业的主要风险来源，这主要是由于我国当前国家控股商业银行、国有控股企业与政府部门"三位一体"的产权性质归属，容易造成不良资产贷款的形成。例如，浙江省以民营中小企业为主，而该类企业本身生产经营规模与经营稳定成熟性等方面容易面临经营与财务风险，从而易引发浙江省域银行机构不良贷款的产生。同时，由于近些年浙江省房地产经济发展迅速，地区经济发展对房地产投资依赖较重，而房地产行业对银行机构贷款资金依赖严重，一旦房价泡沫萎缩或破灭，将直接导致银行机构不良资产风险上升，从而危及浙江省域银行业的安全性。

（2）商业银行资本充足率。资本充足率＝资本总额/加权风险资产总额。资本充足率是衡量银行业等金融机构风险的最核心指标之一，已为业内领域所熟知。《巴塞尔协议Ⅲ》规定，截至2015年1月，全球各商业银行的一级资本充足率下限将从现行的4%上调至6%。其中，由普通股构成的核心一级资本占银行风险资产的下限将从现行的2%提高至4.5%；此外，各银行还须增设"资本防护缓冲资金"，总额不得低于银行风险资产的2.5%，商业银行的核心一级资本充足率将由此被提高至 7%。该规定将在 2016 年 1 月至 2019 年 1 月间分阶段执行。2011 年 5 月初，银监会下发了《指导意见》，正式公布了资本充足率、杠杆率、流动性及贷款损失准备的 4 大监管工具，其中特别指出，正常条件下系统重要性银行和非系统重要性银行的资本充足率分别不得低于 11.5% 和 10.5%。

（3）商业银行流动性比率。流动性比率是衡量企业偿还短期债务的能力，保持商业银行资产流动性是防止应对因突发情况而面临大量客户短期内提现挤兑现象的发生，是防范银行机构金融风险的重要方面。一般银行流动性比率越高越好，表明自有流动资产偿还短期流动负债的能力越强。由于银行机构是典型负责经营的金融机构，与一般企业标准不同，如银行机构存贷款比例一般的标准为≥25%。

（4）商业银行净资产收益率。商业银行的安全性不仅体现在被动满足监管机构要求而做好不良资产贷款风险防范、满足资本充足要求与流动性要求，更体现在通过良好的经营管理来增强自身的盈利能力，即通过自身的不断发展壮大来增加自身抵御各种内外风险冲击威胁的能力。衡量商业银行盈利能力的指标较多，但资本利润率或净资产收益率为业界所普遍认可接受。本书以商业银行净资产收益率作为衡量商业银行盈利能力的核心指标。

（5）影子银行风险。美国经济学家保罗·麦科林（2007）首先提出"影子银行"的概念，并认为"影子银行是游离于金融体系之外，但实际功能与银行无异的信用活动"。此后学者与监管机构从不同视角对影子银行作出了界定。Pual Tucker（2010）认为影子银行是"向居民、企业以及同业机构提供流动性、进行期限互助和杠杆化服务，从而在一定程度上替代商业银行核心功能的金融工具和市场组合"。IMF（2014）提出了界定影子银行的三个标准：一是从参与实体上，影子银行存在于监管体系之外，这些机构有可能采取类似银行的管理模式，实施具有期限、信用和流动性转换功能活动，但是没有中央银行作为最后贷款人和流动性的支持；二是从实施活动上，存在过度金融工具创新，但受到较少监管或不受监管；三是从市场形态上，影子银行主要存在于证券化市场，金融衍生品市场，回购市场等。我国的影子银行与西方发达国家相比具有较大的差异（周小川，2011）。巴曙松（2013）对影子银行业务从核心到外围界定了4个层次：银行理财和依托资产；金融租赁公司、财务公司、消费金融公司等非银行金融机构；委托贷款及银行同业业务等表外业务、融资担保公司、小贷及典当等非银行金融机构业务；民间借贷等。本书借鉴杨霞和王敏（2016）、王晰等（2020），将我国影子银行划分为3部分：商业银行系统内部产生的影子银行，主要包括委托贷款、银行理财和未贴现银行承兑汇票等；非银行类金融机构产生的影子银行，主要包括依托贷款、资产证券化产品和小额贷款公司的贷款等；正规金融机构外产生的影子银行，主要指民间借贷。同时本书借鉴刘佳丽和马庆（2021）对我国31个省域的影子银行规模进行了测算分析。

（6）民间借贷规模风险。前面已经对民间借贷的含义进行了介绍，在此不再赘述。民间借贷的一大特点是借贷利率高（具有高利贷性质）与借贷规模变动大。如果民间借贷规模过大，实体经济产生的价值增值就难以覆盖借贷的高利息，因而极易造成资金链断裂，从而引发地区系统性民间信贷危机；如果民间借贷规模较小，实体经济产生的价值增值部分能够较容易覆盖借贷产生的高利息，则民间还存在继续借贷的需求空间动力。因此民间借贷规模应有一个合理的规模安全范围。本书同样借鉴刘佳丽和马庆（2021）对我国31个省域的影子银行规模中民间借贷的规模单独进行了测算分析。

（7）互联网金融风险。互联网金融包括网络借贷、金融网络众筹、第三方支付、网络银行、金融网销等不同形式，其中以P2P网络借贷为主要特征，也是最容易集聚风险的地方。鉴于数据的可行性，本书以互联网金融中P2P问题平台发生率来近似衡量我国各省域的互联网金融风险。P2P问题平台发生率是指考察期间新发生停止经营、提现困难、失联跑路等情况的问题网贷平台，是反映考察期间互联网络借贷的现实已发生的金融风险，考察期内问题平台发生数量越多，问题平台占考察期间全部网络借贷平台数的比重越高，则考察期该地区的互联网金融风险的直接发生率就越高，互联网金融风险就越大。

3. 资产价格泡沫风险。

(1) 股市金融深化率。股市金融深化率 = 股市总市值/GDP，该指标常被实务界与理论界用来衡量一个国家或地区股票市场发展是否存在过热泡沫风险。美国著名投资家巴菲特认为"如果所有上市公司总市值占 GDP 的比例在 70%~80%，则对于买入股票长期投资者而言，可能会有不错的收益，但是如果这个比例超过 150%，你需要谨慎，如果达到 200%，那么买入股票简直好像玩火自焚，总市值与 GDP 比值，这可能是判断当前股市估值的最佳指标。"目前，该指标获得了实务界及理论界的普遍认可。根据我国沪深两市上市公司总市值加上少数海外上市公司的总市值，对比我国当年的 GDP 发现，2018~2021 年我国股市金融深化率分别为 47.3%、59.8%、78.5% 和 80.3%，大体可以判断我国当年股市市值是否被低估还是高估风险。

(2) 股市综合平均市盈率。股票市盈率 = 每股市场价格/每股净收益。市盈率是金融界常被用来评估股票价格水平是否合理的指标之一。平均市盈率有两种计算方法：其一，先计算各只股票的单位时期内的静态市盈率，然后以其股本数为权重进行加权平均，即平均法（因受个股倾斜影响和负值影响，一般不准确）；其二，不计算个股的市盈率，而是用该地区上市公司市场总市值/该地区上市公司总收益 = 该地区综合平均市盈率，即整体法（能够较好反映行业或地区市场的总体变化趋势方向，相对准确）。目前我国沪深两市主要采用第二种方法为主，通常以过去 12 个月为考察时期。市盈率指标可以衡量不同市场、不同股票指数或同一股票指数的不同阶段或时期。由于上证综合指数基本代表了中国境内证券市场的行情走势，因此本书主要通过上证 A 股市场的年度平均市盈率来反映我国省域地区在中国境内上市公司股票的综合平均价格风险。一般而言，如果综合平均市盈率过高，则该地区上市公司股票价值被严重高估，存在股票价格泡沫的金融风险；如果综合平均市盈率过低，则股票价值被低估，股票市场总体表现过于低迷，不能很好反映地区正常经济发展成果，表现为地区金融抑制的风险。由于我国证券市场建立开始到现在，资本市场运行机制还有许多不完善之处，有效的市场监管机制还没有建立起来，我国证券市场投机炒作风气盛行，目前我国资本市场还难以起到价值投资引领的良性作用。因此，从世界范围内的历次金融危机与我国近20年来的证券市场发展实情，主要是要防范证券市场价格泡沫带来的金融风险。

（3）房市金融深化率。房市金融深化率=（地区房地产开发投资贷款+个人购房贷款）/地区银行本外币贷款余额。该指标主要用来衡量一国或地区银行类金融机构各项贷款资金中有多少是流向了房地产领域。由于房地产属于高杠杆负债经营，在某种程度上具有一定的金融杠杆经营的风险属性，而房地产销售价格受政策、土地供给、地理区位、人口流入、居民收入水平、价格预期等多种因素的影响而具有不确定性，这些不确定性将会增加银行类机构的不良资产贷款风险。例如，2020~2022年由于受三年疫情冲击影响和国家对房地产业的政策打压等，大量房地产企业面临亏损退市和倒闭的风险，大量购房群体因收入下降或失业等而面临断供风险。又如2018~2021年全国银行类机构人民币贷款中房地产相关贷款占比分别为28.4%、29%、28.7%和27.1%。同时，房地产业与建材、家电、装饰等诸多行业发展相关，近几年房地产业的衰退萧条将会拖累这些行业发展，并将会传导至银行类金融机构风险乃至地区金融安全与稳定。

（4）房价收入比。该指标主要用来衡量地区房地产市场价格泡沫风险。所谓房价收入比，是指住房平均市场价格与城市居民家庭平均年收入之比。一个国家或地区的平均房价收入比通常用家庭年平均总收入与一套房屋的平均价格之比来计算，即，房价收入比=每户住房总价÷每户家庭年总收入，其中，每户住房总价和每户家庭年总收入的计算公式分别如下：每户住房总价=人均住房面积×每户家庭平均人口数×单位面积住宅平均销售价格；每户家庭年总收入=每户家庭平均人口数×家庭人均全部年收入。按照国际惯例，目前比较通行的说法认为，房价收入比在3~6倍为合理区间，如考虑住房贷款因素，住房消费占居民收入的比重应低于30%。国际上通用的房价收入比的计算方式，是以住宅套价的中值，除以家庭年收入的中值。家庭年收入则是指全部家庭成员的年度税前收入，通常包括夫妇二人。家庭年收入同样取中值。在发达国家，统计家庭年收入只要看纳税记录就很清楚，但在中国情况要复杂得多，因国内统计的税收收入仅是居民家庭收入中的一部分。因此，在我国计算房价收入比也仅是一个初步估计，通过计算省域范围的平均房价收入比来估计省域范围内房价的整体泡沫风险程度。

4. 政府内债偿还。

（1）省债负担率。该指标主要衡量一省或地区政府内债相对风险的重要指标。即省债负担率 = 政府债务累计余额/当年省内生产总值。该指标着眼于国债余额存量，反映了整个省域/地区国民经济对国债的整体承受能力，或国家/地区经济增长对政府举债的依赖程度。国际公认的国债负担率的警戒线为发达国家不超过60%，发展中国家不超过45%。该指标数值越高，表明政府债务相对规模越大，政府偿还债务的压力风险就越大。如果政府债务规模超过了其还债能力，不仅有引发通货膨胀的可能，更有可能使债务投资者与民众失去对政府能力的信心，并引发更进一步的债务风险，从而损害到国家或地区的金融安全性。

（2）省债债务率。该指标主要用来衡量一省/地区动用自身各种财政资源以偿还债务的能力指标，其公式为：省债债务率 = 当年末省域债务余额/当年省域政府综合财力，是衡量债务规模大小的指标。国际货币基金组织（IMF）确定的国债债务率控制标准为90%~150%。其中，地方政府综合财力 = 地方公共预算收入 + 基金预算收入 + 转移支付和税收返还 + 地方国有资本经营收入 - 专项转移支付，各项收入均包括上年结余以及下级的净上交收入（下级上交收入 - 补助下级支出）。

（3）财政赤字率。财政赤字率 = （财政支出 - 财政收入）/国内生产总值。该指标反映一国或地区财政赤字的相对规模，以及该国或地区经济增长对财政赤字的相对承受能力，是衡量一国或地区财政与国债风险的重要指标。该指标数值越高，则经济增长对财政赤字的承受能力就越弱，举债空间就越小。因为指标数值越高，发债空间受到挤压，而举借新债同样需要偿还本息，这会导致财政支出进一步增加，容易导致"债滚债"，从而影响一国或地区的经济金融安全性。指标数值越低，则一国或地区经济增长对财政赤字的承受能力越强，财政风险就越小。

综合以上分析，我国省域金融风险测度指标体系如表 4-1 所示。

表 4-1　　我国省域金融风险测度指标体系

一级系统	二级子系统	主要测度指标	
金融安全条件（10 个）	对外经贸风险	对外贸易综合依赖度	
		进出口贸易赤字率	
		利用外资综合依赖度	
	外资银行进入	对本省商业银行市场业务冲击	外资银行资产占省域银行业总资产比重
		对本省商业银行股权控制风险	外资金融机构对省域银行类机构的综合持股比例
	国际热钱冲击	短期资本占资本流入比重	
		国际热钱占省域金融机构信贷比重	
	对外债务偿还	外汇储备/外债余额	
		当年还本付息额/外汇储备	
		短期外债/外汇储备	
金融安全能力（17 个）	实体经济运行	GDP 增长率	
		通货膨胀率	
		实际失业率	
	金融机构运行	正规银行机构风险	商业银行不良贷款率
			商业银行资本充足率
			商业银行流动性比率
			商业银行净资产收益率
		影子银行及互联网风险	影子银行规模风险
			民间借贷规模风险
			P2P 问题平台率
	资产价格泡沫	股票市场泡沫	股市金融深化率 = 股票总市值/GDP
			股市综合平均市盈率
		房地产市场泡沫	房市金融深化率 = 房地产贷款/金融机构贷款总额
			房价收入比

续表

一级系统	二级子系统	主要测度指标
金融安全能力（17个）	政府内债偿付	省债负担率
		省债债务率
		财政赤字率

注：金融风险测度指标对省域金融安全影响程度的大小，一方面体现在指标内容本身在我国省域金融安全体系中的重要程度；另一方面体现在测度指标观测值在警限区间内的风险程度。测度指标体系内各二级子领域是相互影响的有机整体，仅对单个子领域内的部分指标进行测度评估分析将失去其整体准确性。

第二节　中国省域金融风险同步测度评估模型

我国省域金融风险综合测度评估分析过程，不仅需要科学合理构建省域金融风险测度评估指标系统，同时要通过科学的方法对省域金融风险进行测度评估分析。其中包括测度评估指标体系权重的科学合理确定，以及如何设计或选择科学合理的测度评估模型以进行综合测度评估分析。

一、金融风险测度评估方法的相关研究

（一）指标权重设定相关研究

目前国内外关于指标权重确定的方法主要有三种：一是纯主观赋权法，如专家赋权法；二是纯客观赋权法，如因子方差贡献率法、熵值法等；三是主观与客观结合赋权法，如AHP层次分析法、网络搜索法等。

1. 纯主观赋权法。

纯主观赋权法主要是指专家赋权法，是指根据专家主观上的判断对各评价指标的重视程度来确定权重系数的一种方法。专家赋权

法的过程是运用专家的专业知识、经验阅历和主观判断能力，对受经济、政治、社会等因素影响的信息进行分析和判断。尤其在缺乏足够准确翔实统计数据和类似历史经验可借鉴的情况下，可依据专家意见做出的分析和估测进行判断。专家赋权法在具体操作中可采用专家会议法、专家函询法、专家委员会法。较常用的德尔菲法是指通过专家几轮匿名函询调查，逐步把结果收敛于某个数值（平均数、众数、中位数）。

纯主观赋权法有其独特优点：一是操作简单；二是社会科学领域自身的复杂易变性和难以模拟性，使得统计数据的准确、真伪与延续性难以区别。

2. 纯客观赋权法。

（1）熵值法。熵值法（entropy method）是一种根据各项指标观测值所提供的信息量大小来确定指标权重的方法。熵是热力学中的一个名词，在信息论中又称为平均信息量，它是信息的一个度量，仍称为熵。根据信息论的定义，在一个信息通道中传输的第 i 个信号的信息量 I_i：

$$I_i = -\ln P_i \tag{4-1}$$

其中，P_i 表示这个信号出现的概率。因此，如果有 n 个信号，其出现的概率分别为 P_1，P_2，P_3，…，P_n，则这个信号的平均信息量，即熵为：

$$-\sum_{i=1}^{n} p_i \ln p_i x_{ij} \tag{4-2}$$

设 x_{ij}（i = 1，2，3，…，n；j = 1，2，3，…，m）为第 i 个系统（方案或年份）中第 j 项指标的观测数值。对于给定的 j，x_{ij} 的差异越大，该项指标对系统的比较作用就越大，亦即该项指标包含和传输的信息越多。信息的增加意味着熵的减少，熵可以用来度量这种信息的大小。用熵值法确定指标权重的步骤如下：

第一步，计算第 j 项指标下，第 i 个系统的特征比重：

$$p_{ij} = x_{ij} / \sum_{i=1}^{n} x_{ij} \tag{4-3}$$

这里，假定 $x_{ij} \geq 0$，且 $\sum_{i=1}^{n} x_{ij} > 0$。或 $p_{ij} = Z_{ij} / \sum_{i=1}^{n} Z_{ij}$（经过标准化处理后的 $Z_{ij} > 0$）。

第二步，计算第 j 项指标的熵值：

$$e_j = -k \sum_{i=1}^{n} p_{ij} \ln(p_{ij}) \quad (4-4)$$

其中，$k > 0$，$e > 0$。

第三步，计算指标 x_j 的差异性系数：对于给定的 j、x_{ij} 的差异越小，则 e_j 越大；当 x_{ij} 全部相等时，$e_j = e_{max} = 1$（$k = 1/\ln n$），此时对于系统间的比较，指标 x_j 毫无作用；当 x_{ij} 差异越大，则 e_j 越小，指标对于系统的比较作用越大。因此，定义差异系数 $g_j = 1 - e_j$，g_j 越大，越应重视该项指标的作用。

第四步，确定权数。即取：

$$\omega_j = g_j / \sum_{j=1}^{m} g_j = (1 - e_j) / \sum_{j=1}^{m} (1 - e_j) = (1 - e_j) / \left(m - \sum_{j=1}^{m} e_j \right),$$
$$j = 1, 2, \cdots, m \quad (4-5)$$

其中，ω_j 为归一化了的权重系数。

（2）主因子方差贡献率法。主因子分析方法是将反映样本某项特征的多个指标变量转化为少数几个综合变量的多元统计方法。主因子分析法应用于综合评价是对综合评价体系涵盖的多变量通过无量纲标准化处理，将其原来相关的多个随机变量，以方差贡献率作为信息量的测度标准，降维为不相关的几个新变量（主因子），构建评价函数，对参评的项目进行综合得分的评价排序，属于综合评价方法中的客观赋权法。主因子赋权重的基本步骤包括：第一步选取评价指标并收集观测值；第二步对指标进行无量纲化处理；第三步进行主因子过程分析；第四步选取主因子并进行权重加权；第五步，评价指标归一化权重确定。

在进行主因子分析时，通常用 α 表示主成分的方差贡献率，其公式为：

$$\alpha_k = \lambda_k / \sum_{i=1}^{p} \lambda_i \quad (4-6)$$

其中 α_k 代表第 k 个主因子的方差贡献率。

一般用以下公式计算累计方差贡献率：

$$\sum_{i=1}^{m}\lambda_i \Big/ \sum_{i=1}^{p}\lambda_i \qquad (4-7)$$

上述公式代表前 m 个主因子的累积方差贡献率。

主因子的方差贡献率实际上代表主因子对样本信息变化反映程度的大小，如对区域经济进行研究时，主因子的方差贡献率代表各原始变量对所研究的区域综合特征的刻画程度。主因子的方差贡献率越大，该主因子对所研究区域的综合刻画程度越高。当少数几个主因子的累积贡献率达到 85% 时，我们就可以认为，这几个主因子可以代表原来的多个变量来反映所研究区域的综合特征。

方差贡献率有两个作用：一个作用是减少变量个数，达到减少变量个数、简化数据结构的目的。主因子的选取个数通常应以累计贡献率达到 85% 为标准，数学表述如下：

$$\sum_{i=1}^{m}\lambda_i \Big/ \sum_{i=1}^{p}\lambda_i \geqslant 85\% \qquad (4-8)$$

另一个作用是进行综合指标计算时，用来计算主因子的权重，计算公式如下：

$$W_i = \lambda_i \Big/ \sum_{i=1}^{m}\lambda_i \qquad (4-9)$$

3. 主观与客观结合赋权法。

（1）AHP 层次分析法。层次分析法的基本原理是排序的原理，即最终将各方法（或措施）排出优劣次序，作为决策的依据。具体可描述为：层次分析法先将总方针决策的问题看作受多种因素影响的大系统，这些相互关联、相互制约的因素可以按照它们之间的隶属关系排列成从高到低的若干层次，称为构造递阶层次结构。然后请专家、学者、权威人士等对各因素两两比较重要性，再利用数学方法对各因素层层排序，最后对排序结果进行分析，辅助进行决策。层次分析法的具体步骤包括：第一，建立递阶层次结构；第二，构造判断矩阵并请专家学者等填写；第三，层次单排序与检验；第四，层次总排序与检验。具体计算过程请参见文献（候景新、伊卫红，2007）。①

（2）网络调查法。网络调查法是借助于现代互联网搜索引擎或社会学术界认可度较好的专业数据库对指标关键词进行有约束条件下的方法，根据命中的篇数或个数的多少而进行排序打分确定权重的方法。

常见的互联网搜索引擎有 Baidu、Google 等，方法是将指标关键词放入搜索框中进行即时搜索，根据搜索到的词条多少，将所有指标按多到少或少到多进行排序并赋以一定的分数值，如有 25 个指标，可根据排序从多到少分别赋以 25→1 不等的分数值，并根据各分数值在总分数值中所占的比例近似作为各指标的相对权重。

常见的专业数据库有中国学术期刊网全文数据库、维普数据库、万方数据库，以及 Elsevier ScienceDirect、JSTOR、EBSCO 等外文数据库，把指标放入检索框内并统一设定好检索条件进行一一检索，根据命中文章篇数多少，从多到少或从少到多进行排序，并赋以一定的分数值，如有 25 个指标，同样根据排序从多到少分别赋以 25→1 不等的分数值，并根据各分数值在总分数值中所占的比例近似作为各指标的相对权重。

一般在同一检索条件下搜索到的词条或篇数越多，表示社会公众或专家学者对该指标使用的频数越高，对该指标的认可度越高，该指标的重要性就越高，相应权重就越大。但是由于网络毕竟存在一定虚拟成分，在进行 Baidu、Google 等搜索时可能受到一时社会热潮或国家经济政治事件等影响。

一般可将几种方法所确定的权重结合起来，最后取加权平均权重作为最后的权重值。

（二）测度评估综合模型方法研究

目前国内外学者对于指标数值进行综合评价的方法主要有线性综合加权法、非线性综合加权法、逼近于理想解的排序法、主成分综合

---

① 侯景新，伊卫红. 区域经济分析方法 [M]. 北京：商务印书馆，2007.

法与多目标模糊综合评判法等。

1. 线性综合加权模型法（Linear weighted sum method）。

该方法是应用线性模型 $y = \sum_{i=1}^{n} w_i x_i$ 来进行综合评价。式中，y 表示评价对象的综合评价值；w_i 表示与评价指标 x_i 相应的权重系数 $\left[0 \leqslant w_i \leqslant 1(i = 1,2,3\cdots,n), \sum_{i=1}^{n} w_i = 1\right]$。可见，对于线性综合加权模型方法来说，最重要的就是评价指标相应权重系数 w_i 的确定。

线性加权综合法具有以下几个特点：

（1）线性加权综合法可使各评价指标间得以线性的补偿。即某些指标值的下降可以由另一些指标值的上升来补偿，任意指标值的增加都会导致综合评价值的上升，任意指标值的减少都可用另一些指标值的相应增量来维持综合评价水平的不变。

（2）线性加权综合法中权重系数的作用比在其他"合成"方法中更明显，且突出了指标值或指标权重较大者的作用。

（3）线性加权综合法中，当权重系数预先给定时（由于各指标值之间可以线性地补偿），对区分各备选方案之间的差异不敏感。

（4）线性加权综合法容易发现引发风险的具体指标来源，方便寻找风险源并及时对风险进行防范控制，因此该方法既相对简单易懂，又在现实中具有很强的应用性。

2. 非线性综合加权法（Nonlinear weighted sum method）。

用非线性函数 $y = \prod_{j=1}^{m} x_j^{w_j}$ 作为综合评价模型，对 m 个系统进行综合评价，其中 w_j 为权重系数，且要求 $x_j \geqslant 1$。

适用条件：各评价指标间具有较强的关联性的场合。

该方法的主要特点：

（1）突出了各指标大小的一致性，即平衡了评价指标值较小的指标的影响作用；

（2）权重系数大小的影响不是特别明显，而对指标值的大小差异相对较敏感；

（3）要求无量纲指标数据均大于或等于1。

3. 逼近于理想解的排序法（Topsis Method）。

设定系统指标的一个理想点（x_1^*, x_2^*, …, x_m^*），将每一个被评价对象与理想点进行比较。如果某一个被评价对象指标（x_{i1}, x_{i2}, …, x_{im}）在某种意义下与（x_1^*, x_2^*, …, x_m^*）最接近，则被评价对象（x_{i1}, x_{i2}, …, x_{im}）为最好的。

基于这种思想的综合评价方法称为逼近理想点的排序方法（The technique for order preference by sililarity to ideal solution, TOPSIS）。

假设理想点为（x_1^*, x_2^*, …, x_m^*），对于被评价对象（x_{i1}, x_{i2}, …, x_{im}），则定义两者之间的加权距离：

$$y_i = \sum_{j=1}^{m} w_j f(x_{ij}, x_j^*) \quad i = 1, 2, \cdots, n \tag{4-10}$$

其中，w_j 为权重系数，$f(x_{ij}, x_j^*)$ 为 x_{ij} 与 x_j^* 之间的某种意义下距离。

通常可取 $f(x_{ij}, x_j^*) = (x_{ij} - x_j^*)^2$，则综合评价函数为：

$$y_i = \sum_{j=1}^{m} w_j (x_{ij} - x_j^*)^2 \quad i = 1, 2, \cdots, n \tag{4-11}$$

按照 y_i（i = 1, 2, …, n）值的大小对各被评价方案进行排序选优，其值越小方案就越好。特别地，当某个 $y_i = 0$ 时，则对应的方案就是最优的。

4. 主成分分析法（Principal Component Analysis，PCA）。

主成分分析法是把反映样本某项特征的多个指标变量转化为少数几个综合因子变量的多元统计方法。包括以下几个步骤：

（1）指标数据标准化处理。主成分分析法假定原变量是因子变量的线性组合。第一主成分有最大的方差，第二主成分有第二大的方差，后续主成分其可解释的方差越来越小。从数学角度来看，这是一种降维处理技术。假设估计样本数为 n，选取的指标数为 q，则由估计样本的原始数据可得矩阵 $X = (x_{ij})_{n \times q}$，其中 x_{ij} 表示第 i 年的第 j 个指标数据。将指标按以下公式进行标准化处理：

$$y_{ij} = (x_{ij} - x_j^*) / \sqrt{\mathrm{var}(x_j)} \quad (i = 1, 2, \cdots, n; j = 1, 2, \cdots, q) \tag{4-12}$$

进行指标标准化处理后，可得到新的数据矩阵 $Y = (y_{ij})_{n \times q}$。其中 x_j^*

为第 j 项指标的均匀值，var(x_j) 为第 j 项指标的方差。

（2）计算相关系数矩阵 R 和特征值。设 R_{ij}(i, j = 1, 2, …, q) 为原来变量 y_i，y_j 的相关系数，其计算公式为：

$$R_{ij} = \frac{\sum_{k=1}^{n}(y_{kj}-y_i)(y_{kj}-y_j)}{\sqrt{\sum_{k=1}^{n}(y_{kj}-y_i)^2(y_{kj}-y_j)^2}} \quad (4-13)$$

解特征方程 $|\lambda E - R| = 0$，求出特征值 λ_i（i = 1, 2, …, q）。因为 R 为正定矩阵，所以其特征值 λ_i 都为正数，将其大小顺序排列，即 $\lambda_1 \geq \lambda_2 \geq … \geq \lambda_i \geq 0$。特征值是各主成分的方差，它的大小反映了各个主成分的描述被评价对象上所起的作用，然后根据方程 $|R - \lambda E|U = 0$ 可确定特征向量的矩阵 U。

（3）计算因子变量方差贡献率及累积方差贡献率，确定主成分个数。对因子变量的解释命名是主成分分析的另一核心问题。经过分析得到的主成分是对原变量的综合。在实际分析过程中，主要是通过因子载荷矩阵来进行分析，得到因子变量和原变量的关系，从而对新的因子变量进行解释命名。

假设主成分个数为 m，因子变量 Z_i 的方差贡献率为 $\lambda_j / \sum_{j=1}^{q} \lambda_j$，累计方差贡献率为 $\sum_{j=1}^{m} \lambda_j / \sum_{j=1}^{q} \lambda_j$。因子变量的方差贡献是衡量因子重要程度的指标，方差贡献率越大说明对原变量描述程度越大。一般取累计方差贡献率达到 85% 以上的特征值 λ_1，λ_2，…，λ_m 所对应的主成分 1，2，…，m（m≤q）个主成分。

（4）计算因子得分。主成分确定以后，对每一样本数据，希望得到它们在不同因子上的个体数值，这些数值就是因子得分，它与原变量的得分对应。通过因子分析得到的结果可以用来综合判定。利用因子得分和主成分的方差贡献率构建综合评价函数，计算出的评价函数即为各主成分因子的线性函数。

$$f_m = W_1 Z_1 + W_2 Z_2 + … + W_m Z_m \quad (4-14)$$

其中，W_1，W_2，…，W_m 为主成分的方差贡献率，Z_1，Z_2，…，Z_m 为

主因子得分。

5. 多目标模糊综合评判法（multi-objective fuzzy synthetic evaluation method）。

多目标模糊综合评判法是利用模糊集理论进行评价的一种方法。该方法是应用模糊关系合成的原理，从多个因素对被评判事物隶属等级状况进行综合性评判的一种方法。这种方法不仅可对评价对象按综合分值的大小进行评价和排序，而且还可根据模糊评价集上的值按最大隶属度原则去评定对象所属的等级。它克服了传统数学方法结果单一性的缺陷，较好解决了判断的模糊性和不确定性问题。对于多因素的评价，其评价结果再进行高一层次的综合评价。每一层次的单因素评价都是低一层次的多因素综合评价，如此从低层向高层逐层进行。

综合评价所采用的数学模型为：

$$B = AR = (a_1, a_2, \cdots, a_m) \begin{bmatrix} r_{11} & \cdots & r_{1n} \\ \vdots & \ddots & \vdots \\ r_{m1} & \cdots & r_{mn} \end{bmatrix} = (b_1, b_2, \cdots, b_n) \quad (4-15)$$

其中，A 为权向量，$A = (a_1, a_2, \cdots, a_m)$；$a_i$ 为第 i 个指标在总目标中所获得的总权重值（$i = 1, 2, \cdots, m$），$a_i \in [0, 1]$，且 $\sum_{i=1}^{m} a_i = 1$；R 为由 n 个一应俱全指标构成的总评价矩阵，$R = (r_{ij})_{mn}$；r_{ij} 为第 j 个方案第 i 个指标的隶属度（相对满意度），$r_{ij} \in [0, 1]$；b_j 为第 j 个方案的综合评价指标，b_j 值越大越好，b_j 最大值对应的方案即为相对优方案，$b_j = \sum_{i=1}^{m} a_i r_{ij} (j = 1, 2, \cdots, n)$。

二、我国省域金融风险测度指标警限区间的确定

对于测度指标观测值的安全程度大小进行判别需要一定的判断标准，一般通过测度指标的安全警限区间来进行判定，即各测度指标的基本安全区间，因此确定各测度指标的基本安全警限区间就显得重要。

综合目前学者对于监测预警指标警限区间的确定方法，主要有以下3种。

（1）国际公认标准法。对于有国际公认标准或通用国际惯例的监测指标，一般将国际通行标准或惯例作为该监测指标的上下警限区间，如《巴塞尔协议Ⅲ》对商业银行资本充足率的要求就有明确的标准。

（2）专家共同意见标准。结合在国家或区域金融安全相关领域内的专家文献著作，如 IMF 经济学家 Morris Goldstein 等研究的经验数据和一些专门研究金融安全的科研成果等，并将其作为与之经济与金融发展过程相似的国家在金融危机爆发时的指标临界值参考标准。

（3）本国的具体国情。对于一些难以确定其安全警限的监测指标，本书根据最近 10~15 年该指标国家观测值的平均值上下浮动若干个百分点，作为该指标的上下警限。有些指标在安全或危机状态时没有上警限或下警限，对于这种情况采取如下处理方法：没有警限上限时，将警限下限值的两倍作为该指标的上限。没有警限下限时，又分为两种情况：①若警限的上限大于 0，则将 0 作为该指标下警限；②若警限上限小于 0，则将上限值乘以 2 作为该指标下限。指标观测值小于该下限时，按该指标下限计算（聂富强，2005）。

根据以上指标警限研究的常规方法，我国省域金融风险测度指标体系的所有指标警限区间研究如表 4-2 所示。

这里以北京与河北省为例，对外贸易综合依存度指标的警限区间为：正向区间（20%，-10%）和负向区间（20%，40%）。其中，正向区间表示指标观测值如果落在 20%~10% 的范围内则表示观测值越高，该指标所代表的安全程度越高；负向区间表示指标观测值如果落在 20%~40% 范围内则表示观测值越高，该指标所代表的安全程度越低。

具体计算过程如下：

2021 年北京市对外贸易综合依存度为 62.2%，则该指标当年安全程度得分计算为 =（40% - 62.2%）× 60/（40% - 20%）+ 40 = -26.64 分。

2021 年河北省对外贸易综合依存度为 11%，则该指标当年安全程度得分计算为 = 100 - （20% - 11%）× 60/（20% - （-10%））= 82.09 分。

表 4-2 我国省域金融风险测度指标体系安全警限区间标准

一级系统	二级系统	测度指标	指标性质	观测值范围	上下警限区间 (100分) 安全警限	危险警限 (40分)
金融安全条件	对外经济依存	对外贸易综合依存度	中	正向区间	20%	-10%
		进出口贸易赤字率	中	负向区间	20%	40%
		利用外资综合依赖度	中	正向区间	0%	-15%
				负向区间	0%	10%
	外资银行进入	外资银行资产占省域银行业总资产比重	中	正向区间	1.50%	10%
				负向区间	1.50%	-0.75%
		外资金融机构对省域银行类机构的综合持股比例	中	正向区间	3%	20%
				负向区间	3%	-1.5%
	国际热钱冲击	短期资本占资本流入比重	负	正向区间	15%	30%
				负向区间	15%	-15%
		国际热钱占省域金融机构信贷比重	负	—	33.30%	66.70%
	对外债务偿付	外债余额/外汇储备	负	—	1%	6%
		当年还本付息额/外汇储备	负	—	62.50%	250%
		短期外债/外汇储备	负	—	0%	60%
				—	0%	60%

续表

一级系统	二级系统	测度指标		指标性质	观测值范围	上下警限区间		危险警限（40分）
						安全警限（100分）		
金融安全能力	宏观经济运行	实际GDP增长率		中	正向区间	7%~8%		15%
		通货膨胀率		中	负向区间	7%~8%		3%
		真实失业率		中	正向区间	2%		6.50%
				中	负向区间	2%		-2%
				中	正向区间	小于3%满分，1.5%~2.5%为自然失业率		7%
				负	负向区间	3%		15%
	金融机构运行	传统银行类金融机构	不良贷款率	正	—	0%		80%
			资本充足率	中	—	10.5%以上为安全警线，12%以上为我国适宜值，8%以下为重度不安全警限值，即8%~12%警限区间		40%
			存贷款流动性比率	正	正向区间	65%		3%
			净资产收益率	中	负向区间	65%		-2%
		影子银行及互联网金融风险	影子银行规模占比	中	正向区间	30%		12%
			民间借贷规模占比	中	正向区间	2%		-1%
			P2P问题平台率	负	—	1%		60%

续表

一级系统	二级系统	测度指标		指标性质	观测值范围	上下警限区间（100分）	危险警限（40分）
金融安全能力	资产价格泡沫	股票市场泡沫风险	股市金融深化率	中	正向区间	75%	37.5%
					负向区间	75%	112.5%
			股市综合平均市盈率	中	正向区间	20倍	5倍
					负向区间	20倍	60倍
		房地产市场泡沫风险	房市金融深化率	中	正向区间	2.50%	-1.25%
					负向区间	2.50%	40%
			房价收入比	中	正向区间	3倍	7倍
					负向区间	3倍	
	政府内债偿还	省债负担率		中	正向区间	15%	45%
					负向区间	15%	-7.5%
		省债债务率		中	正向区间	25%	-12.50%
					负向区间	25%	100%
		财政赤字率		中	正向区间	1%	-1%
					负向区间	1%	3%

注：以上部分中性指标的正向区间危险警限出现负值，并不表示实际观测值会出现负值，而是根据正、负安全指数得分计算公式所推算出的危险临界值，根据该临界界限和安全得分计算公式计算观测值在0以上的安全得分。

三、我国省域金融风险测度指标权重的测定

由于目前各种测定指标权重方法都存在优缺点，本书将主客观结合的 AHP 法与客观赋权法中的熵值法相结合，以通过熵值法确定的权重对 AHP 法确定的权重进行动态调整修正，作为本书最终指标权重确定方法。AHP 法与熵值法的具体计算过程在第三章已详细介绍。

（一）基于 AHP 法确定的指标权重

1. 构建递阶判断矩阵（见表 4-3 至表 4-7）。

表 4-3　　金融安全条件对 S1、S2、S3、S4 判断矩阵

金融安全条件	S1	S2	S3	S4	Wi
S1	1	2	2	1	0.3333
S2	0.5	1	1	0.5	0.1667
S3	0.5	1	1	0.5	0.1667
S4	1	2	2	1	0.3333

注：表 4-3 至表 4-7 中字母对应的指标含义请参见表 4-9，下同。

表 4-4　　S1、S2、S3、S4 对各子系统判断矩阵

S1	x1	x2	x3	S3	x6	x7
x1	1	2	2	x6	1	1
x2	0.5	1	1	x7	1	1
x3	0.5	1	1			
S2	x4	x5	S4	x8	x9	x10
x4	1	1	x8	1	0.5	0.5
x5	1	1	x9	2	1	1
			x10	2	1	1

表 4-5　　　　金融安全能力对 S5、S6、S7、S8 判断矩阵

金融安全能力	S5	S6	S7	S8
S5	1	0.5	2	2
S6	2	1	2	2
S7	0.5	0.5	1	1
S8	0.5	0.5	1	1

表 4-6　　　　S6、S7、S7a、S7b 对各子系统判断矩阵

s6	s6a	s6b	s7	s7a	s7b
s6a	1	2	s7a	1	1
s6b	0.5	1	s7b	1	1
s7a	y11	y12	s7b	y13	y14
y11	1	1	y13	1	1
y12	1	1	y14	1	1

表 4-7　　　　S5、S6a、S6b、S8 对各子系统判断矩阵

s5	y1	y2	y3	s6a	y4	y5	y6	y7
y1	1	2	2	y4	1	1	2	2
y2	0.5	1	1	y5	1	1	2	2
y3	0.5	1	1	y6	0.5	0.5	1	1
				y7	0.5	0.5	1	1
s8	y15	y16	y17	s6b	y8	y9	y10	
y15	1	1	2	y8	1	2	2	
y16	1	1	2	y9	0.5	1	1	
y17	0.5	0.5	1	y10	0.5	1	1	

2. 判断矩阵随机一致性检验。

从表 4-8 可知,所有判断矩阵的随机一致性比率 CR 都小于 0.1,较好地满足了随机一致性要求,也表明本书集学者专家的智慧所构建的判断矩阵逻辑层次关系分明。

表4-8　　各判断矩阵随机一致性检验结果

判断层	λ_{max}	C.I.	R.I.	C.R.
金融安全条件	4.0	0.0	0.90	0.0
对外经贸风险	3.0	0.0	0.58	0.0
外资银行进入	2.0	0.0	0.0	0.0
国际热钱冲击	2.0	0.0	0.0	0.0
对外债务偿付	3.0	0.0	0.58	0.0
金融安全能力	4.0606	0.02043	0.90	0.0227
宏观经济运行	3.0	0.0	0.58	0.0
金融机构运行	2.0	0.0	0.0	0.0
正规银行机构运行	4	0.0	0.9	0.0
影子银行及互联网	3	0.0	0.58	0.0
资产价格泡沫	2	0.0	0.0	0.0
政府内债偿付	3	0.0	0.58	0.0

根据AHP法的计算步骤可以得到我国省域金融风险测度指标体系的相应AHP权重，结果如表4-9所示。

表4-9　　我国省域金融风险测度指标体系权重结果一览表

一级系统	二级系统	测度指标	AHP权重	熵值法权重	最后修正权重
金融安全条件（11个）	对外经济依存S1（13.62%）	对外贸易综合依存度X1	6.67%	3.90%	6.99%
		进出口贸易赤字率X2	3.33%	3.82%	3.42%
		利用外资综合依赖度X3	3.33%	3.57%	3.20%
	外资银行进入S2（4.82%）	外资银行资产占省域银行业总资产比重X4	3.33%	2.43%	2.18%
		外资金融机构对省域银行类机构的综合持股比例X5	3.33%	2.94%	2.64%
	国际热钱冲击S3（6.84%）	短期资本占资本流入比重X6	3.33%	3.72%	3.33%
		国际热钱占省域金融机构信贷比重X7	3.33%	3.91%	3.50%
	对外债务偿付S4（12.82%）	外债余额/外汇储备X8	2.67%	3.70%	2.66%
		当年还本付息额/外汇储备X9	5.33%	3.50%	5.02%
		短期外债/外汇储备X10	5.33%	3.58%	5.14%

续表

一级系统	二级系统	测度指标	AHP权重	熵值法权重	最后修正权重
金融安全能力（18个）	宏观经济运行 S5（17.22%）	实际 GDP 增长率 Y1	8.34%	3.83%	8.60%
		通货膨胀率 Y2	4.17%	3.87%	4.34%
		真实失业率 Y3	4.17%	3.81%	4.27%
	金融机构运行 S6（24.82%） 传统银行类金融机构（16.54%）	商业银行不良贷款率 Y4	5.27%	3.90%	5.53%
		商业银行资本充足率 Y5	5.27%	3.91%	5.54%
		商业银行流动性比率 Y6	2.63%	3.84%	2.73%
		商业银行净资产收益率 Y7	2.63%	3.88%	2.75%
	民间金融及互联网金融风险（8.28%）	影子银行规模风险 Y8	3.95%	3.91%	4.16%
		民间借贷规模风险 Y9	1.97%	3.84%	2.04%
		P2P 问题平台率 Y10	1.97%	3.92%	2.08%
	资产价格泡沫 S7（9.52%） 股票市泡沫风险（4.52%）	股市金融深化率 Y11	2.45%	2.94%	1.94%
		股市综合平均市盈率 Y12	2.45%	3.93%	2.59%
	房地产市泡沫风险（4.99%）	房市金融深化率 Y13	2.45%	3.71%	2.45%
		房价收入比 Y14	2.45%	3.87%	2.55%
	政府内债偿付 S8（10.34%）	省债负担率 Y15	3.92%	3.93%	4.14%
		省债债务率 Y16	3.92%	3.92%	4.14%
		财政赤字率 Y17	1.96%	3.91%	2.06%

（二）基于熵值法确定的指标权重

根据 31 个省域金融风险测度指标原始数据（2010~2021 年），通过熵值法计算方法（见本章第二节具体介绍），先对原始数据进行标准化处理后得到标准化数据矩阵，再求各指标的熵值权重，最终得到的指标权重。

（三）通过熵值法对 AHP 法确定的权重进行修正

用差异性因数 g_j 对专家组给出的权重 b_j 进行调整：

$$a_j = g_j \times b_j; j = 1,2,3,\cdots,m \qquad (4-16)$$

其中，g_j 为熵值法确定的指标权重，b_j 为经过 AHP 专家组给出的原始指标权重。经过归一化处理后，得到熵值法调整后的指标最终权重值为：

$$w_j = a_j \Big/ \sum_{j=1}^{m} a_j, j = 1,2,3,\cdots,m \qquad (4-17)$$

四、我国省域金融风险测度评估模型方法与过程解释

（一）测度模型方法

该方法是应用线性模型 $y_t = \sum_{i=1}^{l} W_{i,t} \times S_{i,t}$ 来进行综合测度评价。其中，y_t 表示 t 时期评价对象的综合评价值；$W_{i,t}$ 表示与测度指标 $S_{i,t}$ 相应的权重系数。可见，对于线性综合加权法来说，最重要的环节包括对各单项指标 $x_{i,t}$ 的安全分数 $S_{i,t}$ 的计算和各单项指标相应权重系数 W_i 的测算。

对于单项指标安全分数的计算本书采用阈值法，计算公式如下。

（1）对于数值越大、安全度越大的安全条件指标，安全分数的计算方法为：

$$S = 100 - \frac{(x_M - x)}{(x_M - x_L)} \times (s_M - s_L) \qquad (4-18)$$

其中，S 代表安全分数；x 表示指标实际观测值；X_L 表示指标实际观测值所在区间危险警限值；X_M 为指标实际观测值所在区间安全警限值；S_L 表示指标危险警限值对应的标准分值 40 分；S_M 表示指标安全警限值对应的标准分值 100 分。

（2）对于数值越大、安全度越小的安全条件指标，安全分数的计算方法为：

$$S = \frac{(x_L - x)}{(x_L - x_M)} \times (s_M - s_L) + 40 \qquad (4-19)$$

其中字母含义与上述相同。

（二）指标数据来源说明

本书中我省域金融风险测度指标体系中的所有指标原始数据分别来自 Wind 数据库、《中国统计年鉴（2006～2022）》、我国各省域国民经济与社会发展统计公报（2005～2022）、《中国金融稳定年鉴》（2008～2022）、《中国区域金融稳定报告》（2007～2022）、《中国区域金融运行报告》（2006～2022）、《中国银监会年报》（2006～2017）、31 个省域法人银行机构的 2005～2022 年公司年报数据，国家外汇管理局网站的中国外债与外汇储备统计数据（1985～2022），世界银行 World Bank 官网关于中国外债等统计数据、IMF 研究报告，以及美联储公布的美国国债收益率等统计数据。其中，我国 31 个省域影子银行规模数据和民间借贷规模数据主要参考中国人民银行西安分行课题组（2018）①、刘佳丽和马庆（2021）② 的估算方法，具体请参见其估算方法过程。关于我国各省域互联网金融风险的相关统计数据主要来源于《网贷之家》月度数据和《第一网贷》中各省域 P2P 大数据报告数据进行整理而成。

需要说明的是，笔者在申请中曾打算对我国 31 个省域进行月度同步测度分析，然而在实际调查研究过程中发现遇到了较大的困难，也就是有些重要测度指标无法获得月度观测数据。首先，在分省域外资银行等金融机构财务数据方面，我国 31 个省域的外资银行机构资产总额等财务数据，目前中国人民银行及中国银行业协会仅按年度公布 31 个省域外资银行资产等相关数据，而不公布分省域的月度财务数据；同时外资银行占各省域法人银行机构的股权比例也难以获取月度数据，因省域法人银行大部分是中小银行（除北京、上海等我国大型商业银行总部所在地外），基本上是非上市银行，即使是上市银行也仅按披露规定公布季度公布财务报告，而非上市银行更难以获取每月的外资

---

① 中国人民银行西安分行课题组. 我国影子银行的系统性金融风险测度与防范研究 [J]. 金融发展研究，2018（7）：9-17.

② 刘佳丽，马庆. 我国影子银行对系统性金融风险影响的实证研究 [J]. 吉林大学社会科学学报，2021（6）：107-115.

金融机构的控股权比例。其次，在外债规模及利息数据方面，目前国家外汇管理局仅公布季度全口径的外债统计数据，而不公布月度国家外债规模结构等数据，目前还无法进行分省域月度外债统计数据的测度核算，由于我国实行结售汇制，各省域对海外各种形式借款最后主要集中在国家层面进行统计核算与偿还兜底，在建立国内 31 个省域统一大市场中，各省域对外债务偿还能力集中体现在国家总体层面的偿债能力和抵御外债风险，因此本书是各省域的对外债务偿还能力以当年国家相应的债务偿还能力近似替代。再次，在影子银行及民间借贷规模方面，目前关于影子银行及民间借贷规模的核算还没有成熟公认的测算标准，而目前关于全国各省域民间借贷规模数据无法直接获得全国各省域的月度观测数据，而估算过程中涉及 GDP 等，而目前全国和各省域的 GDP 也仅公布到季度统计数据。最后，对于地方政府债务数据方面，目前财政部、审计署等主要中央机构仅公布全国层面及各省域的部分年度或半年度政府债务规模数据，而没有公布全国各省域的月度权威统计数据，包括国内学者目前还无法对全国各省域的月度地方政府内债偿还风险进行监测测度分析。

（三）金融安全等级划分与安全等级评定

在前面对金融风险测度指标的上下警限区间进行确定的基础上，为了对同一指标不同观测值在警限区间中的相对位置给出不同的安全级别，指标观测值安全或不安全到什么程度，是高度安全还是中度安全等，需要对警限区间安全等级进行划分。安全区间的划定先要与经济安全/金融安全/金融风险区间划分理论中已有的认识相一致，而具体划分安全区间的思路可使用客观分析与主观调查（如该领域的专家调查法）相结合的方法。客观分析中依据若干基本原则：多数原则、半数原则、少数原则、均数原则、众数原则、负数原则、参数原则（顾海兵和俞丽亚，1993）。

（1）多数原则：监测指标的历史值中，少数（1/3）低增长年份的监测值，归为非安全或有警。在剩下的多数（2/3）年份指标数值中取最低值作为安全区间的底线，或是无警警度的边界。使用该原则的前提是，在定性分析中对监测指标的总体变化状态持肯定状态，多数年份该指标的变动状态都处于安全状态，可使用该原则确定安全区间。

（2）半数原则：监测指标的历史数据由低到高排列，将中位数作为安全区间或无警警度的边界。

（3）少数原则：将监测数值的历史值中的少数增长水平较高的年份数值均值作为安全区间的边界值，使用这种方法是认为，绝大部分历史数据中都处于非安全或有警状态。

（4）均数原则：监测值的所有历史值的均值作为安全区间的边界。

（5）众数原则：与我国具有可比性的其他国家或全世界某一监测值的均值水平作为我国同一指标的安全区边界。该原则认为，安全底线应该是世界绝大多数国家所达到的平均水平。

（6）负数原则：监测指标的变化不应出现负增长，即取零作为安全区间的下限，这种方法应用在某些指标的增长率上。

（7）参数原则：根据其他与该指标有关联性的宏观经济指标的变化确定监测指标的安全界线。该方法也可依据专家的抽样调查和评估确定。

以上原则既可单独指标使用，也可综合使用并将综合平均结果作为划分安全区间的基础。

专家调查法是指通过调查该领域内的若干专家，让他们给出指标安全区间等级的基本判断，再将各位专家的判断结果进行综合汇总确定。值得注意的是，得出的结果要结合定性认识、以往的经验和实际情况做出调整后，可作为监测预警的安全区间和警度区间使用。

本书根据金融安全监测指标得分与国家金融安全度综合得分大小将国家金融安全划分为极高度安全、高度安全、中度安全、低度不安全、中度不安全、重度不安全、危机 7 种等级类型，如果将安全得分映射成 1~100 分，则安全得分与安全等级之间的关系可以由表 4-10 表示。

表 4-10　　我国省域金融风险类型等级划分对照表

安全类型	风险程度	安全分值区间	金融安全的具体含义解释
极高度安全	极低度风险	[100, 90]	省域金融系统运行非常良好，国外因素对省域有冲击，但影响可忽略不计
高度安全	很低度风险	(90, 80]	省域金融系统整体运行良好，国外因素对省域有冲击，但影响很轻
中度安全	低度风险	(80, 70]	省域金融运行出现部分小风险隐患，国外因素对省域有冲击，但影响程度较轻
低度不安全	较低度风险	(70, 60]	省域金融系统运行出现较大风险隐患，国外因素对省域有冲击，且影响程度一般
中度不安全	中度风险	(60, 40]	省域金融系统运行局部出现严重风险隐患，国外因素对省域冲击较大，若处理不当则可引发严重金融风险
重度不安全	重度风险	(40, 30]	省内金融系统运行已出现严重风险，或国外因素对省域冲击很大，随时可能引发全面性金融危机
危机	危机	(30, 0]	省域金融系统即将或已经爆发全面性区域金融危机，短期内难以自我恢复

第三节　中国省域金融风险程度动态测度评估与检验

一、我国省域金融风险综合指数测算

根据前面介绍的计算方法，通过搜集我国 31 个省域 2010~2021 年共计 12 年的实际观测指标数据，并根据表 4.9 中测度指标的权重，可以得到我国各省域金融风险的综合安全指数得分和各子领域安全指数得分，如表 4-11 所示。

表4-11 我国省域金融风险综合测度安全指数得分一览表（2010~2021年）

年份	2010	2011	2012	2013	2014	2015	2016	2017	2018	2019	2020	2021	平均值
北京	66.2	65.6	69.5	68.9	68.5	66.8	65.9	69.4	58.6	66.2	60.4	59.9	65.5
天津	60.2	59.9	66.0	65.5	68.2	68.8	72.1	68.9	56.7	58.2	58.5	61.9	63.7
河北	66.7	65.8	75.9	77.0	67.2	61.4	68.2	70.3	61.4	69.8	64.8	66.2	67.9
山西	67.0	67.2	77.4	71.6	67.8	65.2	66.2	66.7	66.2	72.9	69.8	64.0	68.5
内蒙古	65.6	64.6	72.8	68.9	66.5	60.4	62.5	63.9	61.7	69.1	59.3	59.4	64.5
辽宁	65.9	66.7	74.1	74.5	68.0	63.6	65.6	72.8	58.0	66.9	61.0	66.3	66.9
吉林	60.9	60.0	68.5	69.3	64.8	59.9	64.9	63.5	56.9	58.4	62.0	63.4	62.7
黑龙江	61.8	64.4	74.3	72.0	68.1	66.6	65.2	67.1	59.4	65.0	61.4	67.2	65.6
上海	64.4	64.6	68.4	69.1	67.6	67.6	64.8	69.2	56.8	65.1	57.1	69.4	65.4
江苏	58.4	64.1	70.4	70.4	67.1	70.1	69.2	71.9	68.7	69.1	65.4	65.2	67.5
浙江	59.0	65.1	73.7	72.5	64.1	64.5	67.9	70.6	63.4	65.9	62.2	59.0	65.7
安徽	66.7	66.0	72.1	71.5	69.8	65.6	65.5	70.3	62.3	71.1	67.6	68.4	68.1
福建	59.6	61.2	67.8	66.5	66.7	66.8	63.3	67.9	59.6	68.6	67.3	66.1	65.1
江西	62.9	64.0	70.3	70.1	65.0	64.1	62.8	68.4	62.7	67.0	61.8	60.9	65.0
山东	71.0	73.7	80.2	78.9	75.4	71.3	74.2	77.8	65.5	73.3	67.0	64.4	72.7
河南	66.7	69.3	76.4	76.9	72.0	68.0	68.3	72.1	66.7	68.3	63.0	68.2	69.7
湖北	64.2	63.5	69.8	70.3	68.6	69.5	67.1	73.0	62.6	69.0	59.6	61.0	66.5
湖南	65.8	63.8	71.7	72.3	66.6	65.4	67.4	70.5	67.0	65.5	66.0	64.9	67.2
广东	64.9	69.6	73.9	73.5	71.7	69.1	66.5	69.4	65.5	68.8	64.8	63.1	68.4
广西	65.6	65.4	73.0	71.9	67.0	68.5	69.2	65.2	67.8	67.1	65.0	65.4	67.6
海南	59.5	60.6	66.0	67.3	64.3	63.9	64.0	69.4	65.6	67.3	63.9	58.5	64.2
重庆	64.0	63.6	67.3	67.3	62.2	69.2	68.8	74.4	68.0	69.5	67.3	64.6	67.2
四川	65.6	66.4	71.9	72.6	70.3	67.8	69.6	70.4	66.8	71.3	68.0	67.4	69.0
贵州	61.8	61.0	62.6	61.0	60.7	59.6	60.8	62.1	62.2	65.2	62.3	59.5	61.6
云南	62.9	61.1	65.3	65.0	66.6	64.9	67.6	67.0	58.5	65.7	65.3	64.1	64.5
西藏	63.0	63.3	66.2	66.3	66.2	70.8	72.1	72.3	67.3	67.7	65.5	66.5	67.3
陕西	64.1	64.3	68.9	69.7	67.4	61.3	69.6	67.3	69.3	71.3	64.2	65.8	66.9
甘肃	63.9	64.1	71.4	69.9	67.1	57.2	64.2	65.8	68.2	68.1	62.2	59.8	65.2

续表

年份	2010	2011	2012	2013	2014	2015	2016	2017	2018	2019	2020	2021	平均值
青海	57.6	60.3	66.4	63.0	62.2	60.5	64.1	57.9	60.5	63.1	55.0	61.1	61.0
宁夏	60.9	61.1	69.5	67.9	60.5	59.5	62.8	65.7	57.4	66.1	63.6	60.5	63.0
新疆	64.6	67.1	69.7	68.7	65.1	59.8	65.5	69.1	61.0	70.0	62.7	62.8	65.5
平均值	63.6	64.4	70.7	70.0	66.9	64.9	66.6	68.7	63.0	67.4	63.4	63.7	—
金融安全程度	低度不安全		中度安全		低度不安全								—

如果将我国 31 个省域金融风险测度综合安全指数得分绘制成更加直观的图表，则可以得到图 4-1。

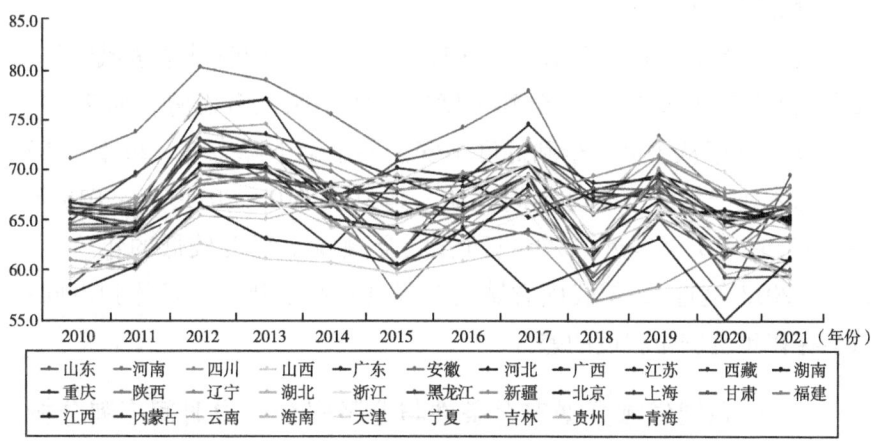

图 4-1 我国 31 个省域金融风险测度综合安全指数得分（2010~2021 年）

二、我国 31 个省域金融风险程度时间序列分析

（一）我国省域金融风险程度时间序列分析

图 4-1 反映了我国 31 个省域近 12 年以来的各省域金融风险状态及其变化趋势，从中可以得知，2010~2021 年我国 31 个省域金融风险平均处于从低度不安全到中度安全状态区间波动并伴有缓慢下行的态势，其中 2010~2013 年安全程度处于缓慢上升态势，而 2014~2021

年安全程度则有缓慢下降态势。

2010~2021年全国31个省域当中各省域金融风险的安全程度排名前六位的省域依次是山东（72.7分，对应中度安全）、河南（69.7分，对应低度不安全）、四川（69.0分，对应低度不安全）、山西（68.5分，对应低度不安全）、广东（68.4分，对应低度不安全）和安徽（68.1分，对应低度不安全）。

2010~2021年全国31个省域金融风险的安全程度排名后六位的省域依次是青海（61.0分，对应低度不安全）、贵州（61.6分，对应低度不安全）、吉林（62.7分，对应低度不安全）、宁夏（63.0分，对应低度不安全）、天津（63.7分，对应低度不安全）和海南（64.2分，对应低度不安全）。

从安全状态区间变化分析，2010~2012年我国省域金融风险平均安全程度处于从低度不安全到中度安全的不断上升态势，而2013~2015年则处于从中度安全到低度不安全的逐渐下降态势，2015~2021年则总体处于低度不安全区间波动。其中，2010~2011年、2015年、2018年和2020年是近12年我国省域金融安全程度较低的年份，而2012~2013是近12年我国省域安全程度较高的年份，具体到不同省域会存在年度安全程度的差异。

（二）我国省域金融安全条件与金融安全能力时间序列分析

1. 从金融安全条件分析。

如表4-12所示，2010~2021年我国省域金融安全条件平均程度处于从高度安全到低度不安全的波动下降态势。

其中，2010~2021年全国31个省域当中省域金融安全条件程度排名前六位的省域依次是陕西（82.0分，对应高度安全状态）、辽宁（81.9分，高度安全状态）、四川（81.7分，高度安全状态）、山东（81.5分，高度安全状态）、广西（80.4分，高度安全状态）和黑龙江（80.0分，高度安全状态）。

2010~2021年全国31个省域金融安全条件程度排名后六位的省域依次是广东（58.1分，对应中度不安全状态）、浙江（59.6分，中度不安全状态)、北京(60.2分,低度不安全状态)、上海(61.8分,低度不安全状态)、江苏(64.9分,低度不安全状态)和福建(70.7分,中度不安全状态)。

从安全状态区间分析,2010~2015年我国省域金融安全条件平均程度处于从高度安全到低度不安全的安全程度波动下降态势,而2016~2021年我国省域金融安全条件平均程度处于中度安全到低度不安全的波动态势。其中2011~2013年是近12年来我国省域金融安全条件程度表现较高的年份,而2015年、2018年和2021年是近12年来省域金融安全条件平均程度表现较低的年份,具体到不同省域会存在年度安全程度的差异。

表4-12 我国省域金融安全条件指数得分一览表(2010~2021年)

年份	2010	2011	2012	2013	2014	2015	2016	2017	2018	2019	2020	2021	平均值
陕西	85.4	88.7	88.1	88.8	80.4	79.4	77.9	82.8	75.4	78.8	81.4	76.6	82.0
辽宁	82.7	90.3	88.4	88.1	79.3	79.9	81.6	84.6	75.4	77.7	79.7	75.2	81.9
四川	86.9	91.1	89.7	89.6	78.7	74.2	76.6	83.6	76.2	77.8	80.4	75.5	81.7
山东	85.2	90.1	91.1	91.7	81.6	74.1	77.5	85.6	75.6	78.6	77.8	68.6	81.5
广西	83.8	87.0	87.1	86.5	76.2	76.0	77.0	82.5	76.0	77.1	79.1	76.7	80.4
黑龙江	81.6	90.7	89.1	90.3	81.6	77.8	76.5	80.8	73.5	72.9	74.8	70.9	80.0
安徽	85.8	89.6	86.8	88.2	76.3	70.0	71.2	81.8	73.8	75.9	79.0	75.0	79.4
河北	84.6	88.5	87.3	87.9	76.8	71.7	72.4	80.4	73.1	76.1	78.7	75.1	79.4
云南	84.6	87.6	88.8	87.8	77.3	72.5	74.5	79.5	72.6	74.0	76.0	72.3	79.0
海南	83.1	81.6	82.4	84.4	76.7	76.5	74.7	82.2	74.8	77.8	77.4	72.8	78.7
山西	81.9	86.2	86.8	87.1	77.8	74.8	74.3	79.0	72.7	73.7	76.0	71.5	78.5
湖北	84.3	88.1	87.2	87.2	76.5	71.5	71.5	79.7	71.7	74.5	77.0	72.1	78.4
重庆	86.2	90.6	86.3	85.5	67.4	68.5	74.0	83.3	74.2	76.2	78.0	70.2	78.4
内蒙古	83.7	86.8	86.1	86.2	77.1	75.2	74.9	79.2	73.2	73.5	74.8	70.1	78.4
吉林	83.6	86.9	87.0	86.8	77.2	75.9	75.5	77.7	72.2	73.1	74.4	70.6	78.4
河南	82.4	87.7	87.2	86.9	74.9	70.5	71.0	79.7	70.1	72.9	76.5	72.2	77.7
湖南	83.2	87.7	87.1	86.9	74.5	69.4	69.5	78.5	69.3	70.7	74.2	68.8	76.6
宁夏	81.7	84.9	84.4	83.9	73.0	72.3	72.1	78.2	71.1	73.3	74.0	69.5	76.5
甘肃	80.4	83.6	84.6	85.0	75.2	71.7	73.2	77.1	71.3	72.5	73.1	69.0	76.4

续表

年份	2010	2011	2012	2013	2014	2015	2016	2017	2018	2019	2020	2021	平均值
贵州	81.2	84.8	84.0	83.4	71.4	67.5	72.3	79.6	72.5	72.0	73.3	69.4	75.9
青海	82.1	84.3	84.5	83.8	74.5	71.1	70.9	76.3	70.0	71.6	72.9	69.0	75.9
江西	81.1	88.4	83.8	83.8	70.1	67.5	67.1	77.4	69.4	72.8	75.2	69.8	75.5
西藏	71.5	84.8	72.8	78.1	70.3	73.9	73.2	78.1	70.8	71.6	73.1	69.4	74.0
新疆	76.9	86.7	83.4	82.8	68.6	64.3	65.7	75.1	67.1	70.8	73.4	67.6	73.5
天津	76.0	77.4	77.4	75.8	67.8	71.6	76.4	77.2	61.1	68.2	70.1	65.8	72.1
福建	68.9	79.2	77.7	77.0	63.3	62.9	65.2	76.4	67.2	70.6	74.5	65.7	70.7
江苏	59.5	71.6	68.3	72.6	59.8	60.6	62.8	70.0	59.1	64.2	69.2	61.4	64.9
上海	70.8	72.7	71.4	70.3	60.1	58.2	57.2	59.8	54.3	56.5	57.4	53.1	61.8
北京	65.3	68.6	68.3	68.1	58.6	56.5	56.2	59.4	54.2	55.7	58.3	53.4	60.2
浙江	60.8	72.4	69.2	68.7	54.4	54.6	56.2	61.4	54.3	55.4	57.9	49.4	59.6
广东	60.0	71.8	66.7	67.4	53.1	51.2	51.1	58.0	51.3	54.9	59.8	52.5	58.1
平均值	78.9	84.2	82.7	82.9	72.0	69.7	70.7	76.9	69.1	71.4	73.5	68.4	75.0

2. 从金融安全能力分析。

如表4－13所示，2010～2021年我国省域金融安全能力平均程度处于从中度不安全到低度不安全的波动变化态势。

其中2010～2021年全国31个省域当中省域金融安全能力程度排名前六位的省域依次是广东（74.7分，对应中度安全状态）、浙江（69.4分，低度不安全状态）、江苏（69.1分，低度不安全状态）、北京（68.7分，低度不安全状态）、上海（67.5分，低度不安全状态）和山东（67.3分，低度不安全状态）。

2010～2021年全国31个省域金融安全能力程度排名后六位的省域依次是青海（51.8分，中度不安全状态）、贵州（52.7分，中度不安全状态）、吉林（53.0分，中度不安全状态）、宁夏（54.6分，中度不安全状态）、海南（55.3分，中度不安全状态）和云南（55.6分，对应中度不安全状态）。

从安全状态区间分析，2010～2012年我国省域金融安全能力平均处于从中度不安全到低度不安全的安全程度波动变化态势，而2013～2021年则处于中度不安全到低度不安全的波动态势。其中2012年、

2014年、2016～2017年和2019年是近12年我国省域金融安全能力安全程度表现较高的年份,而2010～2011年、2018年和2020年是近12年我国省域金融安全能力平均安全程度表现较低的年份,具体到不同省域会存在年度安全程度的差异。

表4-13 我国省域金融安全能力指数得分一览表(2010～2021年)

年份	2010	2011	2012	2013	2014	2015	2016	2017	2018	2019	2020	2021	平均值
广东	67.9	68.3	78.4	77.2	83.1	80.2	75.9	76.5	74.4	77.3	67.8	69.6	74.7
浙江	58.0	60.6	76.4	74.9	70.1	70.5	75.0	76.2	69.1	72.3	64.9	64.9	69.4
江苏	57.7	59.4	71.7	69.1	71.7	75.9	73.2	73.1	74.6	72.1	63.0	67.5	69.1
北京	66.7	63.7	70.3	69.4	74.6	73.1	71.8	75.6	61.3	72.7	61.6	63.9	68.7
上海	60.5	59.7	66.6	68.4	72.2	73.4	69.4	75.0	58.4	70.8	57.0	79.5	67.5
山东	62.3	63.5	73.4	70.9	71.7	69.5	72.1	73.0	59.2	70.1	60.4	61.9	67.3
河南	57.0	58.1	69.8	70.8	70.2	66.7	66.7	67.4	64.7	65.5	54.8	65.8	64.8
西藏	57.8	50.1	62.2	59.0	63.7	68.9	71.4	68.8	65.1	65.2	60.8	64.7	63.1
山西	57.9	55.5	71.5	62.1	61.7	59.3	61.3	59.1	61.6	72.1	66.0	59.4	62.3
福建	53.8	50.2	61.7	60.0	68.7	69.2	62.1	62.6	54.8	67.4	62.8	66.3	61.6
湖南	55.1	49.0	62.2	63.4	61.9	63.0	66.0	65.2	62.3	60.8	62.9	62.5	61.4
四川	52.6	51.2	61.0	62.1	65.2	63.9	65.3	62.2	61.0	67.3	60.4	62.5	61.2
安徽	54.9	51.5	63.0	61.3	65.3	61.9	62.6	63.4	55.3	68.2	60.7	64.3	61.1
河北	55.6	51.8	68.9	70.2	61.3	55.1	65.7	64.1	54.2	66.0	56.2	60.7	60.8
新疆	57.1	55.0	61.3	60.0	62.9	57.1	65.2	65.5	57.2	69.6	56.2	59.8	60.6
重庆	50.3	46.9	55.6	56.2	59.0	69.5	65.7	69.0	64.2	65.0	60.6	61.2	60.3
广西	54.5	52.1	64.3	62.9	62.0	64.5	64.5	54.5	62.7	61.0	56.3	58.4	59.8
湖北	51.8	48.3	59.1	59.8	63.7	68.5	64.3	68.9	57.0	65.7	48.9	54.3	59.2
天津	50.5	49.2	59.0	59.1	68.5	67.2	69.2	63.6	54.0	52.1	51.3	59.4	58.6
江西	51.8	48.9	62.1	61.7	61.9	62.0	60.2	62.8	58.5	63.5	53.6	55.4	58.5
甘肃	53.8	52.1	63.2	60.6	62.1	48.2	58.7	58.8	66.2	65.4	55.5	54.2	58.2
辽宁	55.6	52.1	65.3	66.1	61.0	53.6	55.6	65.6	47.2	60.2	49.6	60.8	57.7
陕西	51.0	49.2	57.1	57.9	59.4	50.1	64.6	57.7	65.7	66.7	53.6	59.2	57.7
黑龙江	49.7	48.2	65.2	60.7	59.7	51.6	58.2	58.7	50.6	60.2	53.1	65.0	56.7
内蒙古	54.4	50.9	64.6	58.2	60.0	51.2	54.9	54.4	54.7	66.4	49.7	52.2	56.0
云南	49.6	44.9	50.9	51.1	59.9	60.1	63.4	59.2	49.7	60.5	58.8	59.0	55.6

续表

年份	2010	2011	2012	2013	2014	2015	2016	2017	2018	2019	2020	2021	平均值
海南	44.9	47.7	56.0	56.7	56.7	56.2	57.4	61.4	60.0	60.8	55.7	49.6	55.3
宁夏	48.2	46.4	60.3	58.0	52.8	51.6	57.1	58.1	49.0	61.7	57.1	54.9	54.6
吉林	47.0	43.4	57.1	58.5	57.1	50.0	58.3	54.9	47.5	49.4	54.4	59.0	53.0
贵州	49.9	46.4	49.4	47.3	54.0	54.8	53.7	51.3	55.8	61.1	55.5	53.4	52.7
青海	42.4	45.6	55.3	50.3	54.7	53.9	59.8	46.5	54.6	57.8	43.9	56.3	51.8
平均值	54.2	52.2	63.3	62.1	63.8	62.0	64.2	63.7	59.2	65.0	57.1	60.8	60.6

（三）我国省域金融安全条件子领域时间序列变化分析与原因解读

本书进一步对我国 31 个省域分风险领域的金融安全程度分别进行了统计分析，具体如下。

1. 从对外经贸风险程度分析。

2010~2021 年我国省域对外贸易风险的平均金融安全程度处于中度安全区间的相对稳定波动态势，但不同省域之间相差很大，如表 4-14 所示。

其中 2010~2021 年全国 31 个省域对外贸易风险的金融安全程度排名前六位的省域依次是山东（91.1 分，对应极高度安全状态）、辽宁（88.9 分，高度安全状态）、四川（87.4 分，高度安全状态）、安徽（86.5 分，高度安全状态）、陕西（86.2 分，高度安全状态）和河北（85.8 分，中度安全状态）。

2010~2021 年全国 31 个省域对外贸易风险的金融安全程度排名后六位的省域依次是北京（22.0 分，危机状态）、上海（29.2 分，危机状态）、广东（34.3 分，重度不安全状态）、浙江（43.1 分，中度不安全状态）、天津（52.3 分，中度不安全状态）和江苏（56.1 分，中度不安全状态）。

分析造成以上省域对外贸易风险的金融安全程度相差较大的原因发现：

首先，从我国省域对外贸易综合依存度分析，2010~2021 年北京、上海、广东、浙江、天津和江苏等我国沿海主要发达省域的对外贸易依存度非常高,已经严重超过了国际上公认的危险警戒线40%,如2021年北京市对外依存度为62.2%,上海为77.4%、广东为54.7%、浙江为46.4%、天津为44.9%,同时江苏为36.9%亦接近40%的警戒线,但近12年来我国沿海主要省域对外贸易依存度有缓慢下降的态势。与此同时,辽宁、海南、山东、广西、重庆、江西等省域近10多年来对外贸易依存度平均位于相对合适区间范围并处于高度安全以上态势。

其次,对我国省域对外贸易赤字率分析,2010~2021年北京、浙江、上海、广东、海南、天津和江苏等省域的对外贸易不平衡严重,其中北京市对外贸易赤字率严重高于10%的危险警戒线。如北京市2010年为68.3%,到2021年为37.2%,近12年有逐渐下降态势但仍高于警戒线;上海市的对外贸易赤字率也高于警戒线,2010年仅为2.2%,到2021年上升到17.5%,近12年有逐渐上升态势;而浙江、江苏、广东等我国主要对外贸易大省则表现为贸易顺差过大,经济发展严重依赖对外贸易出口而造成的不平衡负向风险,如2021年浙江贸易顺差率为21.1%、广东为12.2%、江苏为9.2%、海南为10.4%等,对外贸易顺差或逆差过大均会带来贸易不平衡的风险。与此同时,2010~2021年陕西、青海、广西、山西、云南和内蒙古等对外贸易赤字率平均位于相对合适的区间范围并处于高度以上安全状态。

最后,从我国省域利用外资综合依赖度分析,2010~2021年广东、湖北、浙江、河南、江苏和山东等平均外资利用依赖度处于相对合适的区间范围,并处于极高度安全状态。如广东2000年外资依赖度为6.27%,2010年为2.22%,到2021年下降到1.48%的相对合适的区间范围,近20多年广东对外资依赖度呈逐渐下降的态势;江苏2000年外资依赖度为4.13%,2003年为6.98%,2021年下降到1.32%,近12年呈先上升后逐渐下降的态势;又如浙江2000年外资依赖度为1.44%,2004年为3.18%,到2021年下降到1.33%,近12年呈先上升后逐渐下降的态势。总体发现我国沿海主要省域2000~2010年对外资的引进依赖程度较大,而2010~2021年的外资依赖程度逐渐下降的态势,但不同省域之间存在较大差距。与此同时,甘肃、新疆、青海、广西、宁夏和西藏等省域主要表现为利用外资依赖程度不足，未能较好利用外资来促进本地经济较好发展的经济金融风险，如甘肃2010年外资依赖度为0.17%，2021年为0.06%，主要表现为外资依赖不足所呈现的低度不安全状态。

表4-14 我国31个省域对外贸易风险的金融安全程度得分（2010~2021年）

年份	2010	2011	2012	2013	2014	2015	2016	2017	2018	2019	2020	2021	平均值
山东	88.8	87.4	90.5	92.5	92.8	96.1	98.3	96.9	91.6	90.8	88.0	79.5	91.1
辽宁	88.4	89.7	90.2	90.0	93.7	92.2	93.9	89.9	81.9	85.0	86.6	84.9	88.9
四川	87.4	87.4	87.4	87.5	88.1	85.5	85.2	86.9	87.5	87.2	88.9	89.2	87.4
安徽	88.5	87.7	85.3	86.6	85.8	84.2	83.8	86.4	86.2	86.2	87.4	89.1	86.5
陕西	81.8	81.6	80.7	83.3	85.1	86.6	86.6	87.4	89.5	89.7	90.6	91.4	86.2
河北	85.9	86.5	84.9	85.6	85.2	83.1	83.2	84.8	86.3	87.1	88.0	89.4	85.8
广西	81.9	82.3	82.7	81.5	82.6	87.6	85.1	88.4	87.7	88.3	88.2	92.3	85.7
河南	81.9	84.0	86.2	86.1	85.9	87.0	85.9	86.2	85.3	84.8	86.5	88.0	85.6
湖北	85.6	84.8	83.7	84.2	85.2	85.2	83.7	84.2	84.4	84.4	84.4	84.7	84.6
江西	86.5	86.2	84.3	83.8	84.4	83.1	83.1	83.5	84.1	83.8	83.9	84.9	84.3
重庆	85.2	86.8	84.9	80.2	68.6	80.5	89.0	88.0	89.6	88.2	86.2	80.8	84.0
湖南	83.6	84.1	83.6	83.3	83.0	82.3	81.3	82.4	82.9	83.1	83.6	78.3	82.6
黑龙江	87.8	92.4	88.3	89.6	90.2	83.6	81.1	80.9	78.1	72.4	73.4	73.6	82.6
云南	84.3	83.8	87.4	84.9	85.3	83.1	78.2	79.9	78.1	78.1	79.0	79.8	81.8
山西	77.0	79.9	82.1	83.1	83.1	82.3	81.7	78.9	81.0	79.1	79.3	79.1	80.5
海南	79.8	66.5	69.5	75.1	79.2	82.6	78.4	87.3	83.9	88.4	82.5	80.7	79.5
内蒙古	81.9	81.8	80.2	80.8	80.8	79.1	79.6	79.5	80.0	77.1	76.2	74.0	79.2
新疆	79.5	81.1	79.8	78.4	76.3	74.2	73.9	73.9	73.8	75.8	75.3	73.8	76.3
宁夏	76.4	76.5	75.5	74.5	75.4	74.9	75.4	77.8	75.5	76.5	74.0	73.7	75.5
贵州	74.9	76.3	74.8	74.1	73.2	73.4	80.1	81.3	81.1	72.7	72.0	71.9	75.5
吉林	77.9	76.5	76.9	77.3	76.2	76.6	76.5	71.7	72.4	72.5	71.8	72.2	74.9
西藏	73.1	76.5	68.7	74.8	77.3	75.5	74.9	76.4	73.4	71.7	71.3	72.1	73.8
甘肃	72.8	72.8	76.1	77.6	75.5	73.9	74.8	72.3	72.4	72.4	71.1	70.9	73.6
青海	77.7	74.9	75.7	74.1	73.4	72.1	71.0	71.3	71.2	71.8	70.9	70.8	72.9
福建	60.8	55.5	60.5	62.1	64.1	69.2	76.9	79.1	78.7	80.0	80.6	68.1	69.6

续表

年份	2010	2011	2012	2013	2014	2015	2016	2017	2018	2019	2020	2021	平均值
江苏	36.2	37.0	40.8	49.9	54.5	60.3	67.7	64.0	62.8	67.5	69.3	63.7	56.1
天津	48.3	43.8	44.6	40.5	44.9	63.3	75.0	65.3	38.2	54.2	55.3	54.6	52.3
浙江	39.2	37.5	42.1	41.5	38.9	42.5	49.2	47.9	48.5	47.7	44.9	37.1	43.1
广东	34.0	33.6	33.5	33.5	32.1	29.6	32.6	33.3	37.0	36.6	40.0	36.3	34.3
上海	42.4	38.6	36.4	33.6	30.2	27.6	26.3	22.2	23.8	25.5	23.1	21.4	29.2
北京	22.2	22.4	22.3	22.5	22.5	21.3	21.5	18.1	21.3	22.3	25.0	22.6	22.0
平均值	72.6	72.1	72.2	72.7	72.7	73.5	74.6	74.4	73.2	73.6	73.5	71.9	0

2. 从外资银行进入风险分析。

2010~2021 年我国省域外资银行进入冲击风险的平均金融安全程度处于中度安全区间的相对稳定波动态势，但不同省域之间相差很大，如表 4-15 所示。

其中 2010~2021 年全国 31 个省域外资银行进入冲击风险的金融安全程度排名前六位的省域依次是天津（92.4 分，对应极高度安全状态）、广东（84.9 分，高度安全状态）、北京（83.6 分，高度安全状态）、重庆（81.6 分，高度安全状态）、四川（81.0 分，高度安全状态）和陕西（79.1 分，中度安全状态）。

2010~2021 年全国 31 个省域外资银行进入冲击风险的金融安全程度排名后六位的省域依次是宁夏（65.5 分，对应低度不安全状态）、青海（65.5 分，低度不安全状态）、西藏（65.5 分，低度不安全状态）、贵州（65.6 分，低度不安全状态）、内蒙古（65.6 分，低度不安全状态）和河北（65.7 分，低度不安全状态）。

分析造成以上省域外资银行进入冲击风险的金融安全程度相差较大的原因发现：

首先，从我国外资银行资产占省域银行业总资产比重分析，2010~2021 年外资银行资产占本省域银行业总资产比重安全程度得分排在前六位的省域依次是广东、天津、北京、福建、上海和江苏，并处于从极高度安全到中度安全状态。如广东 2010~2021 年外资银行占比平均值为 2.86%，接近 3% 的合适占比范围，其中 2010 年占比为 3.28%，

2021年占比为2.2%，近12年外资银行占比有缓慢下降的态势。又如天津2010年外资银行占比为3.26%，到2021年为1.4%，呈逐渐下降的态势。又如上海2010年外资银行占比为12.66%，到2021年为7.53%，近12年也呈现不断下降的态势。值得注意的是，上海外资银行资产所占比重明显高出其他省域，相比其他省域，上海外资银行占比主要呈现所占比重相对过度所呈现的低度不安全到中度安全状态，而其他省域主要呈现外资银行所占比重相对合理或不足的安全状态。从地区来看，外资银行数量较多的省域主要集中在我国沿海发达省域。

与此同时，2010~2021年外资银行资产占本省域银行业总资产比重安全程度得分排名倒数前六位的省域依次是宁夏、青海、甘肃、西藏、贵州、内蒙古和河北，并呈现由于外资银行占比严重不足所维持的低度不安全状态。如甘肃、青海、宁夏、西藏4省域基本上没有外资银行机构进入，呈现出引进外资金融机构严重不足所维系的低度不安全状态。排名靠后的省域主要集中在我国经济相对落后的省域，以西北地区省域比较集中。

其次，从我国外资金融机构对省域银行类金融机构综合持股比例分析，2010~2021年外资金融机构对省域银行类金融机构综合持股比例分析安全程度得分排在前六位的省域依次是天津、重庆、四川、吉林、安徽和陕西，并均处于极高度安全状态。如天津2010年外资金融机构持股比重为15.05%，到2021年为16.86%，均接近于15%左右的安全合适持股区间范围，但近12年有缓慢上升态势。又如重庆2010年外资金融机构持股比重为13.22%，到2021年下降到7.5%，从极高度安全下降到高度安全状态，但近12年该比重呈现下降态势。从全国31个省域分析，除天津外资金融机构持股平均占比略高于15%的合理线外，其他省域均低于15%的合理线，其中排名前十位的省域外资持股比重相对较多外，其他省域外资持股比重主要体现为严重不足的风险，即吸引利用外资金融机构合理持股以支持本地区金融机构更好提升国际竞争力不足的风险。2010~2021年外资金融机构对省域银行类金融机构综合持股比例分析安全程度得分排名后六位的省域依次是新疆、宁夏、青海、西藏、云南和贵州，并均表现为外资金融机构持股比重不足所维持有中度安全状态。从地区来看，主要集中在西北与西南地区经济相对落后的省域。

表 4-15　　我国 31 个省域外资银行进入冲击风险的
金融安全程度得分（2010~2021 年）

年份	2010	2011	2012	2013	2014	2015	2016	2017	2018	2019	2020	2021	平均值
天津	99.5	98.5	97.3	97.6	93.1	93.2	90.2	89.7	88.5	87.8	87.2	86.3	92.4
广东	86.1	85.4	85.7	89.7	86.1	88.2	82.8	83.7	83.7	83.8	82.3	81.7	84.9
北京	89.4	89.6	88.2	87.1	84.0	81.7	82.1	82.4	81.2	79.5	79.2	78.7	83.6
重庆	83.5	81.7	77.2	81.7	83.2	82.3	82.3	82.7	84.1	83.6	79.7	76.6	81.6
四川	84.2	84.0	83.8	82.5	81.6	80.3	79.4	79.1	78.8	79.4	79.1	79.6	81.0
陕西	79.7	81.3	80.5	79.6	79.3	80.4	79.6	79.1	78.7	77.7	77.0	76.1	79.1
安徽	68.4	70.7	72.9	75.4	81.9	83.0	82.5	75.8	81.3	81.3	80.3	82.1	78.0
吉林	76.1	81.6	81.7	80.4	79.4	78.5	78.6	73.0	79.2	75.6	74.8	74.4	77.8
浙江	77.7	77.2	77.0	77.1	76.3	76.5	76.5	78.2	78.0	77.3	78.3	77.3	77.6
山东	76.4	75.8	76.4	76.4	76.2	76.8	76.6	75.7	75.4	74.9	74.9	74.8	75.9
上海	75.9	76.0	73.2	73.1	73.6	74.9	76.4	73.5	75.4	77.1	77.6	77.3	75.7
辽宁	71.5	71.1	72.0	71.4	73.8	76.3	78.4	78.4	77.8	76.3	74.5	75.0	74.7
江苏	71.5	72.5	73.3	74.4	74.4	76.0	76.2	76.2	75.1	75.6	74.8	74.7	74.6
福建	81.0	80.1	83.8	71.5	70.2	69.6	69.3	69.6	70.0	70.8	70.1	70.0	73.0
黑龙江	66.0	66.0	66.4	73.0	74.1	73.8	73.7	73.8	73.7	73.3	72.9	71.7	
江西	66.0	66.2	66.2	66.1	66.1	66.0	66.1	70.4	77.7	76.8	75.0	75.1	69.8
湖北	67.2	67.3	67.8	68.0	67.4	67.6	67.2	67.3	67.2	67.1	67.3	67.3	67.4
海南	67.1	67.8	66.6	67.5	66.2	66.3	67.4	67.0	67.4	67.6	67.8	67.9	67.2
甘肃	65.5	65.5	65.5	65.5	65.5	65.5	65.5	69.0	71.1	70.5	66.7	65.5	66.8
云南	66.0	66.3	66.4	66.5	66.6	66.9	66.3	66.4	66.6	66.7	66.6	66.7	66.5
湖南	66.0	66.1	66.4	67.0	66.5	66.4	66.5	66.3	66.2	66.1	66.1	66.0	66.3
广西	66.3	65.9	66.2	66.3	66.4	66.3	66.2	66.3	66.4	66.4	66.4	66.1	66.3
新疆	66.4	66.5	66.7	66.4	66.2	65.9	65.8	65.8	65.8	65.7	65.6	65.7	66.1
河南	65.9	66.3	66.2	66.3	66.3	66.0	65.9	65.8	65.8	65.8	65.7	65.7	66.0
山西	65.6	65.8	65.8	65.9	66.0	65.9	65.7	65.7	65.7	65.8	65.7	65.7	65.8
河北	65.5	65.7	65.7	65.9	65.9	65.8	66.1	65.8	65.7	65.6	65.6	65.6	65.7
内蒙古	65.6	65.8	65.8	65.8	65.6	65.6	65.6	65.5	65.5	65.5	65.5	65.5	65.6

续表

年份	2010	2011	2012	2013	2014	2015	2016	2017	2018	2019	2020	2021	平均值
贵州	65.6	65.6	65.6	65.6	65.6	65.5	65.5	65.6	65.5	65.5	65.5	65.5	65.6
西藏	65.5	65.5	65.5	65.5	65.5	65.5	65.5	65.5	65.5	65.5	65.5	65.5	65.5
青海	65.5	65.5	65.5	65.5	65.5	65.5	65.5	65.5	65.5	65.5	65.5	65.5	65.5
宁夏	65.5	65.5	65.5	65.5	65.5	65.5	65.5	65.5	65.5	65.5	65.5	65.5	65.5
平均值	72.3	72.5	72.5	72.6	72.4	72.7	72.3	72.1	72.7	72.5	71.9	71.8	

3. 从国际热钱冲击风险分析。

2010~2021年我国31个省域国际热钱冲击风险的平均金融安全程度处于从极高度安全到危机状态的较大波动态势，且不同省域之间相差很大。从安全状态区间变化分析，2010~2011年我国31个省域国际热钱冲击风险的安全程度处于上升阶段，2011~2015年处于不断下降阶段，而从2015~2021年则处于波动变化状态，如表4-16所示。

其中2010~2021年全国31个省域国际热钱冲击风险的金融安全程度排名前六位的省域依次是北京（71.9分，对应中度安全状态）、吉林（71.9分，高度安全状态）、上海（71.9分，对应中度安全状态）、海南（71.9分，对应中度安全状态）、内蒙古（71.9分，对应中度安全状态）和天津（71.2分，中度安全状态）。

2010~2021年全国31个省域国际热钱冲击风险的金融安全程度排名后六位的省域依次是浙江（30.4分，对应重度不安全状态）、广东（34.8分，重度不安全状态）、江苏（36.5分，重度不安全状态）、江西（42.8分，中度不安全状态）、福建（43.0分，中度不安全状态）和新疆（50.2分，中度不安全状态）。

分析造成以上省域国际热钱流入冲击风险的金融安全程度相差很大的原因发现：

首先，从我国省域短期国际资本占国际资本流入的比重分析，2010~2021年我国省域短期资本占省域资本流入比重的安全程度处于从极高度安全到危机状态的变化态势，其中2010~2011年安全程度从低度不安全上升到极高度安全，2012~2015年从极高度安全不断下降到危机状态，而2016~2021年处于从危机状态到中度不安全的不断变化态势。其中 2015～2016 年、2018～2019 年和 2021 年处于危机状态，这主要受我国 2015～2016 年资本市场杠杆资本投机过热，2018～2019 年中美贸易摩擦导致的国际资本流动冲击，以及 2021 年受新冠疫情大流行导致的经济面临较大下行不确定性冲击等因素导致。

其次，从国际热钱占省域金融机构信贷比重分析，2010～2021 年我国省域该指标比重的安全平均程度处于从极高度安全到中度不安全的波动态势。其中 2010～2011 年从中度安全上升到极高度安全，2012～2015 年从高度安全逐渐下降到中度不安全，2016～2021 年又从低度不安全上升到高度安全状态。但不同省域之间该指标安全程度相差较大。2010～2021 年短期资本占资本流入比重的安全程度得分排在前六位的省域依次是北京、内蒙古、吉林、上海、海南和天津，平均安全程度均处于极高度安全状态。如北京市 2010 年国际热钱流入占省内金融机构信贷比重为 -19%、2015 年为 -33%，到 2021 年为 -17%，均为国际热钱流出状态，降低了金融机构信贷资本中国际热钱流入冲击的不确定性风险。2010～2021 年短期资本占资本流入比重的安全程度得分排名后六位的省域依次是浙江、广东、江苏、江西、福建和新疆，平均安全程度处于从危机到中度不安全状态。如浙江 2010 年国际热钱占省域金融机构信贷比重为 11%、2015 年达到了 26%，到 2021 年下降到了 10%，但均超过了 6% 的危险警戒线并计算得到安全得分对应危机状态。又如广东 2010 年该指标比重为 10%，2011 年为 27%，到 2021 年为 7%，也均超过 6% 的危险警戒线并计算得分对应危机状态。

表 4-16　我国 31 个省域国际热钱冲击风险的金融安全
程度得分（2010～2021 年）

年份	2010	2011	2012	2013	2014	2015	2016	2017	2018	2019	2020	2021	平均值
北京	80.4	100.0	99.6	100.0	62.5	51.2	51.2	81.0	51.2	58.5	72.0	55.5	71.9
吉林	80.4	100.0	99.6	100.0	62.5	51.2	51.2	81.0	51.2	58.5	72.0	55.5	71.9
上海	80.4	100.0	99.6	100.0	62.5	51.2	51.2	81.0	51.2	58.5	72.0	55.5	71.9
海南	80.4	100.0	99.6	100.0	62.5	51.2	51.2	81.0	51.2	58.5	72.0	55.5	71.9
内蒙古	80.4	100.0	99.6	100.0	62.5	51.2	51.2	81.0	51.2	58.5	72.0	55.5	71.9

续表

年份	2010	2011	2012	2013	2014	2015	2016	2017	2018	2019	2020	2021	平均值
天津	80.4	100.0	99.6	100.0	62.5	43.0	51.2	81.0	51.2	58.5	72.0	55.5	71.2
甘肃	80.4	100.0	99.6	100.0	62.5	42.4	51.2	81.0	51.2	58.5	72.0	55.5	71.2
青海	80.4	100.0	99.6	100.0	62.5	42.8	46.3	81.0	51.2	58.5	72.0	55.5	70.8
山西	80.4	100.0	99.6	100.0	61.2	42.7	43.9	81.0	47.9	58.5	72.0	52.7	70.0
黑龙江	56.9	100.0	99.6	100.0	62.5		51.2	81.0	51.2	58.5	72.0	55.5	70.0
广西	80.4	100.0	99.6	100.0	52.8	38.6	51.2	81.0	51.2	55.5	71.2	55.5	69.7
云南	80.4	100.0	99.6	100.0	53.9	28.8	51.2	81.0	51.2	58.5	72.0	55.5	69.3
宁夏	80.4	100.0	99.6	99.9	50.4	43.3	43.8	78.4	48.6	58.5	72.0	52.6	69.0
陕西	80.4	100.0	99.6	100.0	62.2	49.5	43.8	75.6	35.2	54.1	71.8	49.7	68.5
辽宁	57.9	100.0	87.9	88.1	43.0	44.1	51.2	81.0	51.2	58.5	72.0	55.5	65.9
贵州	80.4	100.0	99.0	97.6	45.5	19.7	36.0	79.2	45.3	58.5	72.0	55.5	65.7
河北	77.3	100.0	97.3	99.7	51.5	23.6	29.8	76.7	38.4	52.8	70.0	52.4	64.1
四川	74.3	100.0	92.3	94.0	45.2	22.6	39.9	80.9	43.9	52.4	68.1	45.3	63.2
湖北	75.6	100.0	97.5	97.1	48.7	17.0	22.9	73.1	33.0	47.5	66.3	43.7	60.2
西藏	30.5	99.3	48.4	67.1	31.4	51.2	51.2	81.0	51.2	58.5	72.0	55.5	58.1
山东	67.6	100.0	99.4	100.0	55.9	3.6	20.4	74.4	34.6	52.6	58.6	29.7	58.1
湖南	74.2	100.0	97.8	97.4	43.0	12.3	17.3	70.5	23.2	30.1	53.6	38.9	54.9
河南	73.0	100.0	93.3	92.7	39.3	9.4	16.7	70.0	23.7	39.4	60.8	38.9	54.8
安徽	77.2	100.0	88.5	92.8	36.1	0.0	10.2	73.3	31.3	42.6	62.6	41.1	54.6
重庆	75.5	100.0	83.2	86.0	20.1	0.0	15.3	74.4	23.6	42.0	59.8	34.6	51.2
新疆	46.6	100.0	84.7	85.2	23.7	0.0	10.9	68.7	29.7	45.7	65.9	41.9	50.2
福建	29.2	99.6	79.4	82.1	15.5	0.0	0.0	62.8	17.6	32.8	58.3	39.3	43.0
江西	56.9	100.0	78.3	80.3	15.5	0.0	0.0	59.3	13.6	33.0	52.1	25.5	42.8
江苏	32.9	100.0	73.6	79.4	11.5	0.0	0.0	52.8	0.0	18.8	47.8	21.0	36.5
广东	29.2	98.7	70.2	72.7	11.3	0.0	0.0	41.8	1.0	22.8	48.6	21.1	34.8
浙江	29.5	99.6	73.4	72.6	11.3	0.0	0.0	35.7	0.0	7.2	31.4	4.3	30.4
平均值	67.4	99.9	91.6	93.1	44.9	27.2	32.6	73.6	37.3	48.6	65.4	45.5	0.0

4. 从对外债务偿还风险分析。

由于我国没有单独公布31个省域的对外债务规模和省域外汇储备数据，但我国31个省域面临统一的外汇市场与汇率风险，同时由于我国实施国家外汇管理局统一结售汇制，我国省域外汇储备对外债务偿还能力风险最终还是国家层面兜底和体现为国家层面的对外债务偿还风险，因此对国家外债偿还能力风险分析作为我国31个省域对外债务偿还风险的分析，如表4-17所示。

表4-17 我国对外债务偿还主要指标观测值及安全程度得分（2010~2021年）

年份	外债余额/外汇储备	当年还本付息额/外汇储备	短期外债/外汇储备	外债余额/外汇储备的安全得分	当年还本付息额/外汇储备的安全得分	短期外债/外汇储备的安全得分	对外债务偿还风险总得分
2010	19.3%	1.6%	13.2%	100.0	98.4	86.8	94.1
2011	21.8%	1.7%	15.7%	100.0	98.3	84.3	93.0
2012	22.3%	1.6%	16.3%	100.0	98.4	83.7	92.8
2013	22.6%	1.6%	17.7%	100.0	98.4	82.3	92.3
2014	46.3%	2.6%	33.8%	100.0	97.4	66.2	85.4
2015	41.5%	5.0%	26.6%	100.0	95.0	73.4	87.4
2016	47.0%	6.1%	28.8%	100.0	93.9	71.2	86.1
2017	56.0%	5.5%	36.5%	100.0	94.5	63.5	83.2
2018	64.5%	5.5%	42.0%	97.5	94.5	58.0	80.5
2019	66.2%	6.7%	39.2%	95.5	93.3	60.8	80.7
2020	74.6%	6.5%	40.9%	87.0	93.5	59.1	78.4
2021	84.5%	5.9%	44.5%	79.2	94.1	55.5	75.5

2010~2021年我国31个省域对外债务偿还风险的金融安全程度处于从极高度安全到中度安全的安全程度缓慢下降态势。从安全状态区间变化分析，2010~2013年我国对外偿还领域处于极高度安全状态，2014~2019年处于高度安全状态，而从2020~2021年则处于中度安全状态。

从具体外债偿还指标分析：2010~2021年我国外债总额占外汇储备的比重呈现逐渐上升态势，从2010年的19.3%到2021年的84.5%，该指标安全程度从2010~2019年的极高度安全下降到2021

年的中度安全状态,这主要是由于我国自 2015 年外汇储备达到 3.33 万亿美元之后一直保持相对稳定规模,而近 10 年我国对外债务规模却处于不断增长的态势,此消彼长所导致的结果。

2010~2021 年我国当年还本付息额占外汇储备的比重呈现缓慢上升态势,从 2010 年的 1.6% 上升到 2021 年的 5.9%,但仍明显低于 60% 的国际危险警戒线,期间该指标的安全程度一直处于极高度安全状态。

2010~2021 年我国短期外债占外汇储备的比重呈现不断上升的态势,从 2010 年的 13.2% 上升到 2021 年的 44.5%,并不断接近国际危险警戒线 60%,导致该指标的安全程度从高度安全逐渐下降到中度不安全状态,这主要是由于我国对外贸易过程中产生的大量短期商业性外债占款的上升,但这类短期外债借款基本属于正常商贸往来的商业借款,会给我国短期外债偿还形成一定的压力风险,需要引起警惕关注。

(四)我国省域金融安全能力子领域时间序列变化分析与原因解读

本书进一步对我国 31 个省域金融安全能力分领域的金融安全程度分别进行了统计分析,具体如下。

1. 从实体经济运行风险程度分析。

2010~2021 年我国 31 个省域实体经济运行风险的平均金融安全程度处于从重度不安全到中度安全区间的较大波动态势,但不同省域之间相差很大,如表 4-18 所示。从安全状态区间分析,2010~2014 年实体经济运行风险的安全程度从重度不安全不断上升到中度安全状态,而 2015~2021 年则处于从中度不安全到低度不安全的区间波动态势。其中,2010~2011 年我国实体经济运行处于重度不安全状态,主要原因在于 2010~2011 年我国各主要省域 GDP 增长率过高过热,而这两年各主要省域通货膨胀率偏高,而真实失业率比较严重所致。而在 2015~2021 年,2018 年和 2020 年实体经济运行的安全程度明显相对较低(处于中度不安全状态),主要由于中美贸易摩擦打响,我国对外贸易环境不断恶化，导致我国 31 个省域经济增长出现严重分化现象，其中部分省域当年经济增速明显下降，如天津、河北、山西、内蒙古和东北 3 省，以及山东、广西、青海、宁夏等按当年价格 GDP 增速出现明显下滑现象，而真实失业率一直比较严重所致。

2010~2021 年全国 31 个省域实体经济运行风险的金融安全程度排名前六位的省域依次是北京（78.5 分，对应极中度安全状态）、广东（75.9 分，中度安全状态）、浙江（72.4 分，中度安全状态）、河南（69.6 分，低度不安全状态）、江苏（69.6 分，低度不安全状态）和广西（69.1 分，低度不安全状态）。

2010~2021 年全国 31 个省域实体经济运行风险的金融安全程度排名后六位的省域依次是内蒙古（46.0 分，对应中度不安全状态）、黑龙江（47.5 分，中度不安全状态）、山西（49.6 分，中度不安全状态）、辽宁（49.9 分，中度不安全状态）、天津（53.7 分，中度不安全状态）和贵州（55.4 分，中度不安全状态）。

分析造成以上省域实体经济运行风险的金融安全程度相差很大的原因发现：

首先，从省域 GDP 增长率方面，2010~2021 年我国省域 GDP 增长率的平均安全程度处于从危机状态到高度安全状态的波动态势，其中 2010~2013 年处于从危机状态到中度安全的不断上升态势，2014~2021 年主要处于从中度安全到中度不安全的波动态势，其中 2010~2021 年我国大部分省域 GDP 增速明显存在过快过热风险现象，而 2018 年和 2020 年受中美贸易摩擦和新冠疫情暴发等事件冲击影响，经济增长出现了一定程度下降。如广东 2010~2011 年 GDP 增长率为 16.5% 和 15.64%，存在经济增速过快过热的风险、而到 2012~2015 年则降到 7%~8% 的相对合理的增速范围，而 2016~2018 年增速在 11% 左右，到 2020 年和 2022 年则分别下降到 2.87% 和 3.82% 的低速增长风险状态。笔者发现，即使安全得分排名靠前的省域 GDP 增速也存在或过快或过慢的不稳定性，同时大部分省域每年经济增速存在一定的同向变化趋势，因我国各省域面对同样的国内外宏观经济环境以及中央层面刺激和收缩政策的影响等。与此同时，2010~2021 年我国

31个省域实体经济运行的安全程度得分排名后六位的省域依次是内蒙古、黑龙江、山西、辽宁、天津和贵州，并主要处于重度不安全到危机状态。这些省域安全程度得分排名倒数，主要是因为这些省域都是我国经济相对落后的欠发达地区，近十来年经济增长明显乏力，经济增速过缓所致。

其次，从省域通货膨胀率分析，2010~2021年我国31个省域通货膨胀率的平均安全程度得分主要处于高度安全状态区间波动（除2011年外），其中2011年我国部分省域通货膨胀率普遍偏高过快并处于中度不安全状态。其中安全程度得分排名前6位的省域依次是天津、浙江、江西、山东、江苏和福建。如天津市2010~2013年的通货膨胀率分别是3.55%、4.85%、2.73%和3.08%，2014~2021年则稳定控制在2%的安全范围以内。又如浙江2010~2011年通货膨胀率分别是3.84%和5.33%，之后年份基本上控制在3%的相对安全区间以内。2010~2021年我国31个省域通货膨胀率的安全程度得分排名后六位的省域依次是海南、青海、新疆、云南、黑龙江和山西，并均处于高度以上安全状态。从排名倒数的省域安全得分可得知，在省域通货膨胀率方面各省域之间的安全得分与安全程度相差较小，如2010~2021年平均安全得分的最高分为91.2分（对应极高度安全），最低分为84.1分（对应高度安全），表明我国近十多年来我国各省域在通货膨胀率方面总体控制比较好，这有利于维持经济与社会的安全稳定。

最后，从省域失业率分析，2010~2021年我国31个省域真实失业率的平均安全程度得分处于从重度不安全到中度不安全的安全程度缓慢上升态势，其中排在前六位的省域依次是北京、海南、广东、甘肃、新疆和西藏。除北京处于极高度安全程度外，其他5省域处于中度到低度不安全状态。如北京市作为全国首善之都，近十多年来失业率一直控制得比较好，如2010年北京市真实失业率为2.74%，2019年为2.6%，除2020~2021年真实失业率为5.12%和6.46%外，其他年份均控制在3%的高度到极高度安全区间范围。又如排名第二位的海南2010年真实失业率为6%，2010~2021年分别为5.56%和6.12%并处于中度不安全到低度不安全区间。2010~2021年我国31个省域真实失业率的安全程度得分排名后六位的省域依次是黑龙江、宁夏、四川、辽宁、云南和上海,并均处于重度不安全到危机状态。如黑龙江 2010 年真实失业率为 8.54%,到 2021 年为 6.36%,近 12 年平均真实失业率为 8.1%,并对应于危机状态。从全国 31 个省域分析,各省域之间的真实失业率相差很大,其中除北京市平均保持在极高度安全状态外,海南和广东平均保持在中度安全状态,甘肃、新疆和西藏保持在低度不安全状态,其他省域均在中度不安全及以下,其中有 11 个省域在重度不安全及以下状态,表明我国真实失业率现象还是比较严重的,这显然不利于经济可持续发展和社会和谐稳定。

表 4-18 我国 31 个省域实体经济运行的金融安全程度得分(2010~2021 年)

年份	2010	2011	2012	2013	2014	2015	2016	2017	2018	2019	2020	2021	平均值
北京	63.8	57.2	87.1	83.9	98.6	99.4	82.6	94.7	54.8	97.8	54.0	68.5	78.5
广东	52.2	49.0	90.0	85.2	89.7	91.2	78.7	78.3	78.1	89.7	59.4	70.0	75.9
浙江	31.2	39.8	88.1	83.8	84.4	85.3	80.1	83.8	73.6	89.4	64.1	65.1	72.4
河南	35.7	36.7	78.2	82.0	86.3	78.3	82.6	79.4	70.4	81.4	42.1	81.7	69.6
江苏	31.6	30.7	77.0	76.6	84.1	87.5	77.7	75.2	85.7	84.1	56.4	68.1	69.6
海南	29.3	34.7	69.9	78.4	83.9	81.2	84.6	82.1	83.7	89.2	68.5	43.2	69.1
广西	30.6	22.3	67.9	73.7	85.4	87.6	83.5	49.2	85.2	67.8	72.8	67.6	67.6
山东	50.6	42.6	76.4	75.9	86.2	75.9	85.1	82.3	34.7	79.9	54.7	62.1	67.2
湖南	26.5	18.0	59.8	64.6	72.1	77.5	74.6	79.0	81.7	75.6	78.8	66.1	66.1
江西	33.1	26.5	75.0	71.5	81.2	80.0	75.0	85.7	61.4	82.1	61.5	54.6	65.6
甘肃	30.2	25.0	69.4	72.4	94.4	43.6	84.9	63.3	87.6	87.8	60.0	57.7	64.7
上海	50.1	52.8	71.7	78.4	78.7	76.2	58.9	77.8	42.4	75.2	41.0	72.1	64.6
安徽	30.1	21.4	63.7	68.5	84.0	74.2	74.1	75.2	40.1	84.4	66.9	75.6	63.2
西藏	50.9	28.5	53.9	51.8	68.8	77.9	72.4	64.6	45.7	81.8	71.5	82.3	62.5
重庆	28.0	24.0	59.1	66.4	69.2	72.1	62.2	75.7	73.0	83.6	68.6	67.7	62.5
青海	21.6	19.0	59.6	62.5	82.8	69.8	82.9	49.4	69.9	92.8	50.9	80.5	61.8
湖北	27.0	18.0	56.8	67.8	77.5	89.7	81.7	87.4	47.3	84.8	33.9	52.0	60.3
河北	34.6	20.9	80.0	80.5	56.7	37.5	86.3	75.6	35.1	84.4	56.1	69.2	59.8
福建	29.0	24.9	64.7	70.7	76.7	82.9	68.9	63.5	31.8	76.3	56.3	67.9	59.4

续表

年份	2010	2011	2012	2013	2014	2015	2016	2017	2018	2019	2020	2021	平均值
宁夏	21.9	15.0	65.5	67.2	79.9	69.0	76.6	77.9	43.1	81.4	62.0	46.7	58.9
陕西	25.9	22.0	52.4	65.3	80.0	43.8	83.9	64.3	81.2	84.1	41.3	58.5	58.6
四川	26.7	19.4	55.7	66.9	78.1	65.8	73.1	60.7	50.0	79.7	59.5	65.9	58.5
云南	35.1	21.1	44.8	48.8	79.0	75.8	80.0	71.5	34.3	71.5	66.0	64.9	57.7
吉林	29.7	22.7	61.1	75.1	76.8	45.4	69.5	39.5	35.1	63.7	69.6	83.7	56.0
新疆	29.5	24.1	56.0	60.3	79.4	36.1	64.1	70.9	51.9	88.5	50.1	59.4	55.9
贵州	39.8	23.6	34.3	42.2	57.2	63.1	67.1	53.1	63.6	81.4	76.0	62.8	55.4
天津	29.2	24.8	56.1	63.6	80.7	70.0	84.1	60.1	42.9	32.6	34.3	66.4	53.7
辽宁	30.2	23.0	65.7	78.3	71.3	33.4	31.3	67.3	31.0	71.0	29.2	67.7	49.9
山西	31.1	24.5	84.7	64.7	37.8	29.8	45.8	35.2	54.4	86.4	60.0	40.5	49.6
黑龙江	23.0	15.7	72.8	66.6	53.8	24.6	40.4	29.1	31.4	74.4	37.3	79.5	47.5
内蒙古	28.1	20.9	68.6	76.2	68.1	30.8	41.0	33.0	33.9	79.6	36.5	34.9	46.0
平均值	33.4	27.4	66.6	70.0	76.9	66.3	72.1	67.9	56.0	80.8	55.8	65.2	0.0

2. 从金融机构运行风险程度分析。

2010~2021年我国31个省域金融机构运行风险的平均金融安全程度处于中度安全区间范围的相对稳定波动态势（70~79分），且不同省域之间相差很大。从安全状态区间变化分析，2010~2017年我国31个省域金融机构风险的平均安全程度处于中度安全状态的稳定波动状态，2018~2020年安全程度则呈现缓慢下降态势，如表4-19所示。

其中2010~2021年全国31个省域金融机构运行风险的金融安全程度排名前六位的省域依次是广东（88分，对应高度安全状态）、上海（83.7分，高度安全状态）、北京（83.5分，高度安全状态）、山西（82.9分，高度安全状态）、四川（80.5分，高度安全状态）和湖南（79.4分，中度安全状态）。

2010~2021年全国31个省域金融机构运行风险的金融安全程度排名倒数后六的省域依次是吉林（62.6分，对应低度不安全状态）、青海（64.0分，低度不安全状态）、江西（68.0分，低度不安全状态）、宁夏（69.5分，低度不安全状态）、贵州（69.8分，低度不安全状态）和西藏（70.6分，中度安全状态）。

分析造成以上省域金融机构运行风险的金融安全程度相差很大的原因发现：

从不良贷款率与资本充足率分析，2010～2021年我国31个省域法人银行类机构不良贷款率与资本充足率风险的平均安全程度均处于极高度安全状态且不同年份与不同省域之间相差较小，这主要由于我国中央银行和银保监会对银行类金融机构不良贷款率和资本充足率要求的严格监管控制，同时也得益于各省域主要银行机构均为国有直接或间接控股状态，相对严格执行银行类机构的监管风控相关规定，同时也由于在借贷市场部处于强势话语权一方，有力维持了主要风险指标的安全范围。值得注意的是，吉林、陕西和河南的银行类机构不良贷款率风险排在倒数前三位，其中吉林2010～2021年不良贷款率平均值为10.7%，明显高于其他省域，表明吉林企业经营状况普遍不好，银行机构的不良贷款资产明显较高并处于中度不安全状态。2010～2021年河南平均不良贷款率为6.88%，也明显高出其他省域并处于中度安全状态。2010～2021年陕西平均不良贷款率为2.94%，相对偏高于其他省域但仍处于高度安全状态。同时值得关注的是，海南2010～2021年平均资本充足率仅为9.02%但明显低于其他省域，虽然计算安全得分仍为高度安全状态，但明显低于其他省域的极高度安全状态，表明海南银行等核心资本对相对风险加权资产的比重仍存在一定的风险隐患，需要加强海南银行等省域法人银行机构的风险监管。

从流动性比例分析，2010～2021年我国31个省域存贷款风险的平均安全程度处于从低度不安全到危机状态的安全程度不断下降态势。从安全状态区间分析，2010～2013年处于低度不安全状态，2014～2016年处于中度不安全状态，2017～2022年处于重度不安全到危机状态。造成其安全程度越来越低的原因，是近12年来我国大部分省域金融机构的存贷款比例越来越高，从2010年的平均69.1%上升到2021年的88%，其中2020年达到了90.1%，严重超过了80%的危险警戒线。从期间各个省域的表现对比，安全程度排名前六位的省域依次是广东、上海、四川、河北、山西和陕西，均在中度安全及以上，而安全程度排名后六位的省域依次是宁夏、浙江、天津、福建、青海和内蒙古，安全程度均在危机状态。

从盈利性能力分析，2010~2021年我国31个省域法人银行类机构净资产收益率的平均安全程度处于从低度不安全到中度安全，再到中度不安全的先上升后下降的过程。从安全状态区间分析，2010~2013年处于从低度不安全到中度安全的缓慢上升过程，2014~2021年则处于从中度安全到中度不安全的缓慢下降过程。笔者认为，造成近12年银行类机构盈利能力发生变化的原因，还是我国内外宏观经济环境变化造成的，在2013年及之前年份，我国宏观经济快速发展，投资、消费、出口等经济"三驾马车"快速增长，包括房地产业快速发展带来了大量产业经济不断向好，并带来银行业盈利能力增加；而自从2014年之后，我国经济面临减速换档经济结构转型升级的困难，企业增速和盈利能力总体出现下降，而近些年我国企业面临的国际环境急剧恶化等，综合导致近些年包括银行类机构在内的企业总体盈利能力下降所致。在省域银行类机构盈利能力安全程度方面，排在前六位的省域依次是贵州、湖南、安徽、福建、四川和北京，均处于中度安全状态；排在后六位的省域依次是海南、内蒙古、云南、河南、江西和黑龙江，其中海南处于重度不安全状态，其他四省域处于中度不安全状态。

从省域影子银行规模分析，2010~2021年我国省域影子银行规模风险的安全程度处于从中度不安全到中度安全的不断上升的过程，主要原因在于我国大部分省域的委托贷款规模、信托贷款规模以及民间借贷规模等都出现了不同程度下降，而同时我国各省域银行金融机构的信贷总规模却在不断上升，影子银行规模在大部分省域的信贷总规模中的比重出现了逐渐下降到接近安全范围的情况。从安全状态区间分析，近10年来我国省域影子银行规模风险的平均安全程度处于从中度不安全到中度安全的波动上升过程。从各省域之间的比较发现，2010~2021年影子银行规模风险的安全程度排名前六位的省域依次是广东、上海、北京、山西、四川和湖南，其中湖南处于中度安全，其他五省域处于高度安全状态；排名后六位的省域依次是吉林、青海、江西、宁夏、贵州和西藏，除西藏处于中度安全外，其他五省域均处于低度不安全状态。安全程度排名靠后的主要原因是影子银行规模及规模占比较大。

从省域民间贷款规模风险分析，2010~2021年我国省域民间借贷规模风险的安全程度处于中度不安全区间的波动上升过程；从安全状态区间分析，2010~2016年安全程度处于相对稳定变化状态，2016~2021年安全程度处于波动上升过程。造成省域平均安全程度波动上升的主要原因在于期间民间借贷规模占省域金融机构信贷规模的比重呈缓慢下降的态势，虽然期间全国民间借贷规模在不断上升，但全国金融机构信贷总规模也在不断上升，而民间借贷规模占比呈现缓慢下降之势（如从2013年的5.72%下降到2021年的4.44%），即使是这样，目前全国及各省域民间借贷规模仍处于中度不安全状态，需要引起金融风险监管警惕。从2010~2021年全国省域内部风险对比分析，不同省域民间借贷规模风险的平均安全程度相差较大，排名前六位的省域依次是北京、广东、上海、辽宁、浙江和山西，北京处于极高度安全、广东处于高度安全，其他四省域处于中度安全状态；排名后六位的省域依次是江西、河北、安徽、贵州、河南和吉林，此六省域均处于危机状态。如江西民间借贷规模占省域金融机构信贷比重达到了9.96%，河北达到了8.39%，安徽达到了8.38%，由于民间借贷活动存在交易隐蔽、利率过高，部分规模过大、风险不容易控制，以及正规民间借贷与非法集资等交织等情况，容易造成资金链断裂等而引发区域内一系列连锁金融风险。

从互联网金融贷款问题平台率风险分析，2010~2021年我国省域互联网贷款问题平台风险的平均安全程度处于从极高度安全到中度不安全的波动下降态势。从安全状态区间分析，2010~2015年处于从极高度安全到中度安全态势，2015~2017年从中度安全上升到极高度安全，而2018~2021年则再次下降到中度安全状态。其中浙江、江苏、山东、上海和四川互联网贷款问题平台发生率排在全国前列，如浙江处于低度不安全状态，而其他省域则处于中度安全状态。如浙江2019年问题平台发生率高达88%，而2020~2021年也达到了72%和

79.3%,我国近几年加大了对互联网金融的监管与惩治力度,而自2018年以来各种原因导致网贷还款违约率明显上升,许多平台面临亏损倒闭,而互联网金融相关业务近几年明显出现了萎缩,尤其是互联网金融比较活动发达的江浙沪等地区受到的冲击影响较大,如网贷之家等门户网站都已经关闭,而许多网贷平台都出现了网站打不开的现象,投资者损失惨重。互联网金融是近10年来兴起的适合未来科技与消费发展趋势的新金融业态模式,是对传统正规金融业务的有益补充和有益竞争,如何促进与监管互联网金融新业态,以保持省域金融市场全面健康稳健发展是重要议题。

表4-19 我国31个省域金融机构运行的安全程度得分(2010~2021年)

年份	2010	2011	2012	2013	2014	2015	2016	2017	2018	2019	2020	2021	平均值
广东	88.0	90.3	91.2	85.6	89.1	90.1	87.3	89.9	85.6	86.3	86.9	85.3	88.0
上海	88.5	87.7	87.7	85.6	86.5	86.3	83.9	88.4	75.9	80.5	71.6	81.3	83.7
北京	88.0	87.6	86.9	87.0	86.5	84.3	84.5	86.3	77.6	74.8	79.3	79.3	83.5
山西	78.0	79.8	80.6	79.2	80.1	82.1	85.8	88.6	84.4	86.1	85.7	84.9	82.9
四川	81.0	81.4	80.5	80.2	83.0	82.9	80.4	80.8	81.9	79.9	77.1	77.6	80.5
湖南	83.8	84.1	85.8	84.9	83.9	78.9	81.9	78.8	76.5	72.1	70.4	71.6	79.4
江苏	79.5	83.5	82.3	80.1	77.3	82.0	79.4	81.9	79.6	77.1	73.7	74.5	79.2
山东	78.0	78.2	79.6	79.2	79.9	79.3	78.2	81.5	81.4	78.5	74.5	73.5	78.5
黑龙江	70.8	71.7	74.3	73.6	80.3	78.4	81.6	80.9	84.1	79.6	80.4	79.6	78.0
浙江	82.1	81.1	79.7	79.0	79.2	83.0	83.5	80.7	69.9	71.1	71.6	73.3	77.9
辽宁	80.7	79.0	79.4	75.3	75.1	80.5	84.4	83.6	66.3	73.0	73.5	74.4	77.1
新疆	75.5	77.8	76.2	74.9	75.3	79.7	79.4	76.7	71.9	79.0	75.1	76.0	76.5
河北	78.8	80.0	79.2	78.4	78.2	77.8	69.5	71.5	76.7	74.4	72.1	74.6	75.9
河南	76.5	79.0	78.8	83.6	78.7	75.6	70.4	72.7	71.3	67.6	69.0	73.8	74.8
重庆	72.8	72.5	73.5	73.6	74.3	81.4	78.9	78.2	72.0	71.7	72.2	74.0	74.6
云南	70.0	69.7	71.5	72.1	80.5	76.2	78.3	76.5	76.0	75.5	76.4	74.6	74.6
天津	73.0	72.8	75.0	72.2	75.3	73.6	72.6	78.6	73.1	76.0	75.8	77.2	74.6
陕西	73.8	75.0	75.0	75.4	73.2	70.5	75.3	69.7	75.2	78.9	74.9	75.1	74.5
安徽	75.1	74.6	74.2	73.3	73.7	72.9	68.9	71.4	78.3	74.7	70.4	72.8	73.4
湖北	76.7	75.2	76.2	74.9	74.0	77.2	72.3	73.0	72.1	70.6	68.5	69.6	73.3

续表

年份	2010	2011	2012	2013	2014	2015	2016	2017	2018	2019	2020	2021	平均值
福建	69.9	67.7	69.8	64.5	77.4	74.3	70.7	76.1	75.2	77.8	76.8	77.5	73.1
广西	79.4	79.0	79.6	77.5	74.9	74.0	73.0	70.6	67.4	67.4	65.3	67.7	73.0
内蒙古	76.1	73.6	72.5	54.5	69.6	73.6	72.7	75.9	78.5	78.2	68.6	74.3	72.3
甘肃	76.8	77.8	76.2	74.8	69.1	62.3	61.2	71.6	74.1	75.0	72.1	70.8	71.8
海南	70.1	68.8	66.3	65.2	65.1	64.9	64.1	78.3	76.9	77.6	76.2	74.1	70.6
西藏	58.5	58.7	66.8	69.3	70.2	78.7	84.8	80.7	79.7	59.6	68.4	71.7	70.6
贵州	69.0	68.1	68.1	68.3	74.8	72.0	65.3	67.6	69.0	71.1	69.6	74.4	69.8
宁夏	68.0	68.1	67.9	67.5	65.2	66.0	68.8	69.7	72.6	75.8	71.0	74.1	69.5
江西	70.4	70.9	69.7	71.0	68.3	70.3	67.5	64.5	65.0	64.5	64.7	69.3	68.0
青海	64.1	64.4	63.6	61.8	58.7	63.4	66.9	63.0	74.1	68.7	57.8	61.7	64.0
吉林	62.0	59.0	62.8	62.9	59.0	58.6	60.7	73.8	70.2	60.5	60.4	61.3	62.6
平均值	75.3	75.4	75.8	74.4	75.4	75.8	75.2	76.8	75.2	74.3	72.5	74.2	0.0

3. 从资产价格泡沫风险程度分析。

2010~2021年我国31个省域资产价格泡沫风险的平均金融安全程度处于从低度不安全到中度不安全的区间波动态势，且不同省域之间相差较大。从安全状态区间变化分析，2010~2014年我国31个省域资产价格泡沫风险的平均安全程度处于从低度不安全到中度不安全的缓慢下降态势，而2015~2021年则处于中度不安全区间的波动上升态势，如表4-20所示。

其中，2010~2021年全国31个省域资产价格泡沫风险的金融安全程度排名前六位的省域依次是内蒙古（66.6分，对应低度不安全状态）、新疆（66.1分，低度不安全状态）、贵州（56.7分，中度不安全状态）、西藏（56.2分，中度不安全状态）、浙江（56.1分，中度不安全状态）和山东（55.1分，中度不安全状态）。

2010~2021年全国31个省域资产价格泡沫风险的金融安全程度排名后六位的省域依次是北京（24.9分，对应危机状态）、海南（31.5分，重度不安全状态）、上海（36.1分，重度不安全状态）、湖南（42.0分，中度不安全状态）、湖北（42.8分，中度不安全状态）和宁夏（44.6分，中度不安全状态）。

分析造成以上省域资产价格泡沫风险的金融安全程度相差很大的原因发现：

首先，从股市价格泡沫风险分析，2010~2021年我国省域股市风险的平均安全程度处于从低度不安全到中度不安全，再到中度安全的先下降后上升的态势，但不同省域之间安全程度相差较大。从安全状态区间分析，2010~2014年处于从低度不安全到中度不安全的下降态势，2015~2021年则处于从中度不安全到中度安全的波动上升态势。其中全国31个省域股市风险的安全程度排名前六位的省域依次是浙江、广东、新疆、贵州、福建和山西，前四省域处于中度安全状态，福建和山西处于低度不安全状态。排名后六位的省域依次是北京、宁夏、黑龙江、云南、陕西和广西，北京和宁夏处于重度不安全状态，其他四省域处于中度不安全状态。其中北京股市风险较大的原因是地区金融深化率过高，而股市市盈率偏高；宁夏、黑龙江、云南、陕西和广西重度不安全的原因是地区金融深化率较低但股市市盈率偏高。而安全程度排名靠前的省域主要是由于省域上市公司平均市盈率相对靠近20倍的合理区间范围，同时省域金融深化率亦相对接近75%的合理区间。

其次，从房市价格泡沫风险分析，2010~2020年我国省域房地产市场风险的平均安全程度处于从中度不安全到重度不安全的安全程度下降态势。从安全状态区间分析，2010~2013年处于从中度不安全下降到重度安全状态，2014~2021年处于重度不安全区间且安全程度有缓慢下降态势。其中2019年是近12年的风险高点即接近危机状态。其中不同省域之间安全程度相差较大。2010~2021年全国31个省域房市风险的平均安全程度排名前六位的省域依次是内蒙古、新疆、黑龙江、青海、宁夏和吉林，其中只有内蒙古处于中度安全状态，其他五省域处于中度不安全状态；安全程度排名后六位的省域依次是海南、上海、北京、广东、湖北和天津，除天津处于重度不安全外，其余五省域均处于危机状态。造成不同省域之间房市风险/安全程度差异的主要原因在于安全程度排名靠前的省域如东北地区和西北地区等的房地产贷款占本省域信贷比重相对较低，而且房价收入比也相对不高；而安全程度排名靠后的省域，大多数集中在东部发达省域，主要由于本省域房地产业贷款占全省域贷款比重过高而房价收入比过高的双高风险。以海南为例，2010～2021年海南房地产贷款占全省信贷比重平均为43.7%，明显超出了40%的房地产贷款警戒线，且近10年房地产贷款比重有不断上升的态势；而期间海南城镇房价收入比平均值为20倍，大大超出了国际上7倍上的危险警戒线，并处于危机状态。

表4-20　　我国31个省域资产价格泡沫风险的安全程度得分（2010～2021年）

年份	2010	2011	2012	2013	2014	2015	2016	2017	2018	2019	2020	2021	平均值
内蒙古	69.3	66.5	73.0	65.3	62.4	61.8	64.9	72.8	68.3	64.4	63.4	67.5	66.6
新疆	85.9	79.7	69.7	57.7	49.8	66.2	71.4	68.1	61.0	59.2	61.4	63.0	66.1
贵州	65.9	74.4	74.6	46.1	53.0	54.3	57.5	60.1	61.2	58.2	38.8	35.9	56.7
西藏	78.7	69.1	80.7	57.2	48.5	29.3	38.1	46.1	64.6	64.8	48.5	49.1	56.2
浙江	54.1	56.2	55.5	53.9	53.6	56.6	58.6	59.1	60.2	55.8	57.5	51.9	56.1
山东	64.6	63.9	66.9	51.3	50.9	49.7	53.7	55.0	48.0	48.5	52.2	56.1	55.1
山西	83.2	76.2	70.7	52.3	53.0	54.9	49.4	43.4	25.2	32.0	57.4	56.1	54.5
辽宁	58.6	56.1	61.1	53.3	41.8	47.3	61.6	61.7	53.6	47.0	53.5	54.4	54.2
安徽	63.7	60.0	65.2	51.0	48.9	47.9	51.4	52.1	43.3	47.8	54.7	58.3	53.7
青海	56.2	80.8	73.1	52.8	52.8	46.9	53.3	42.4	34.8	29.0	42.9	59.6	52.1
吉林	64.0	60.6	70.1	52.1	44.7	50.9	55.9	55.4	34.3	23.7	50.7	56.9	51.6
甘肃	68.0	68.0	68.2	51.9	52.2	34.1	33.1	49.0	49.4	45.3	45.8	48.4	51.1
福建	53.4	43.6	43.3	39.2	45.5	54.4	53.0	52.1	45.8	46.6	58.7	63.8	49.9
河南	65.8	62.4	62.1	46.2	43.1	40.8	44.9	45.3	43.9	41.5	49.9	49.5	49.6
重庆	53.7	53.4	57.4	43.8	44.5	50.0	53.4	48.2	43.7	40.8	48.7	52.9	49.2
河北	59.5	56.5	62.5	46.1	46.7	47.0	48.7	47.8	39.3	38.6	46.0	47.1	48.8
江苏	52.3	54.9	57.2	44.3	40.8	42.3	48.1	49.1	48.3	45.1	50.9	52.5	48.8
四川	54.8	57.9	58.3	47.6	35.5	44.1	46.7	43.0	44.6	40.8	47.5	52.8	47.8
广东	59.8	51.0	38.9	48.8	59.9	52.3	50.7	48.5	44.5	46.1	35.9	33.5	47.5

续表

年份	2010	2011	2012	2013	2014	2015	2016	2017	2018	2019	2020	2021	平均值
黑龙江	60.8	62.0	62.6	47.4	45.0	48.1	53.6	42.5	24.4	22.7	47.7	52.7	47.4
天津	51.1	49.2	50.2	46.4	44.2	38.4	43.3	41.8	44.2	48.5	56.9	52.3	47.2
广西	60.4	61.5	57.1	43.4	32.4	39.0	42.9	47.6	46.2	36.0	46.4	45.3	46.5
江西	60.4	52.5	53.4	46.4	44.2	38.0	42.3	47.3	43.3	43.4	28.4	50.7	45.9
陕西	68.9	61.0	57.1	38.2	23.1	30.7	37.2	41.8	43.2	41.8	47.0	51.8	45.1
云南	64.7	60.4	52.1	42.9	22.2	38.4	43.5	38.4	43.5	40.0	43.6	45.6	44.6
宁夏	71.8	70.0	66.8	52.4	13.9	13.7	29.2	30.1	29.5	38.3	59.0	59.9	44.6
湖北	56.0	53.7	51.8	41.5	39.0	37.4	39.2	39.0	36.1	36.7	41.4	41.6	42.8
湖南	58.5	35.7	43.5	44.2	35.3	40.2	43.0	40.9	38.3	35.1	34.2	46.5	42.0
上海	34.6	31.2	39.8	33.8	32.8	33.4	32.9	31.1	23.6	26.1	29.5	84.4	36.1
海南	39.8	50.1	45.8	39.0	32.9	30.4	29.8	23.8	16.0	11.6	24.2	35.1	31.5
北京	26.2	27.6	30.6	24.8	30.0	30.8	17.7	18.8	22.8	21.5	23.2	24.6	24.9
平均值	60.2	58.3	58.7	47.1	42.7	43.5	46.7	46.5	42.7	41.2	46.9	51.6	0.0

4. 从政府内债偿还风险程度分析。

2010~2021 年我国 31 个省域政府内债偿还的平均安全程度处于从重度不安全到中度不安全，再到重度不安全的区间波动态势，且不同省域之间相差较大。从安全状态区间变化分析，2010~2016 年 31 个省域政府内债偿还风险的平均安全程度处于从重度不安全到中度不安全的安全程度缓慢上升态势，而到 2016~2018 年则处于中度不安全稳定波动态势，而 2018~2021 年则处于从中度不安全到接近危机的安全程度不断下降态势，如表 4-21 所示。

其中 2010~2021 年全国 31 个省域政府内债偿还风险的金融安全程度排名前六位的省域依次是广东（65.83 分，对应低度不安全状态）、上海（62.6 分，低度不安全状态）、江苏（62.56 分，低度不安全状态）、北京（57.24 分，中度不安全状态）、浙江（56.41 分，中度不安全状态）和西藏（52.74 分，中度不安全状态）；不难发现，这些省域主要集中在东部经济实力相对发达省域。

其中2010~2021年全国31个省域政府内债偿还风险的金融安全程度排名后六位的省域依次是贵州（3.67分，对应危机状态）、青海（5.4分，危机状态）、云南（16.55分，危机状态）、海南（17.17分，危机状态）、宁夏（20.89分，危机状态）和甘肃（21.42分，危机状态）；不难发现，这些省域主要集中在我国西南和西北地区经济发展欠发达省域。

分析造成以上省域政府内债偿还风险的安全程度得分相差很大的原因发现：

从各省域债务负担率分析，2010~2021年全国31个省域债务负担率平均安全程度处于低度不安全到高度安全区间变化态势；从安全状态区间分析，2010~2014年处于低度不安全区间并呈缓慢下降态势，2014~2016年处于从低度不安全到中度安全的安全程度不断上升态势，而2017~2021年处于从中度安全到低度不安全的安全程度缓慢下降态势。其中2010~2021年省域债务负担率安全程度排名前六位的省域分别为河南、福建、广东、山东、江苏和浙江，并处于高度以上安全状态；2010~2021年省域债务负担率安全程度排名后六位的省域分别为贵州、青海、云南、海南、宁夏和甘肃，其中贵州和青海处于危机状态，其余四省域则处于中度不安全状态。例如，2010~2021年河南省债务负担率平均值为15.31%，并处于接近15%的合理安全区间范围，而贵州平均值则达到了65.17%并严重超过了45%的危险警戒线，处于危机状态。省域债务负担率的高低不仅和该省域举债规模大小相关，更与该省域的国内生产总值规模相关，体现了该省域经济发展过程中对债务的总体承受能力，通过计算比较发现我国不同省域之间债务偿还能力之间相差甚大。

从省债债务率分析，2010~2021年全国31个省域债务率平均安全程度处于危机状态区间但安全程度先缓慢上升再不断下降的态势；从安全状态区间分析，2010~2018年安全程度处于缓慢上升态势，而2018~2021年则处于不断下降的态势。其中2010~2021年省债债务率安全程度排名前六位的省域分别为西藏、广东、上海、北京、江苏和浙江，其中前五省域处于中度不安全状态，浙江则处于重度不安全状态；2010~2021年省债债务率安全程度排名后六位的省域分别为新疆、宁夏、青海、陕西、云南和贵州，且全部均处于危机状态。全国31个省域的省债债务率中有25个省域处于危机状态，两个省域（浙江与山东）处于重度不安全，而上述排名前五省域分则处于中度不安全状态。如北京2010~2021年平均省债债务率为91.4%，近五年即2017~2021年平均值为69.6%，其中2021年为107.5%并超过100%的危险警戒线；又如贵州2010~2021年省债债务率平均值为361.6%，近五年即2017~2021年平均值为293.6%，均远超出100%的危险警戒线并处于危机状态。近10年我国大部分省域债务率较高是普遍现象，其中不少省域早已超过了危险警戒线，如果不是我国的行政体制保障以及国家作为最后兜底者则早就面临较大的地方政府债务风险问题，如何化解部分省域高企的政府债务问题，以保持地方经济持续健康稳定发展是重要议题。

从财政赤字率分析，2010~2021年全国31个省域财政赤字率平均安全程度处于危机状态区间且安全程度先缓慢下降再上升的变化态势；从安全状态区间分析，2010~2018年安全程度处于缓慢下降态势，而2021年则处于上升态势。其中2010~2021年财政赤字率安全程度排名前六位的省域分别为上海、江苏、广东、浙江、北京和天津，其中上海与江苏处于中度不安全状态，广东、浙江与北京处于重度不安全状态，而天津则处于危机状态；2010~2021年财政赤字率安全程度排名后六位的省域分别为新疆、宁夏、青海、甘肃、陕西和西藏，均处于危机状态。如上海2010~2021年平均财政赤字率为2.36%，接近3%的危险警戒线并处于中度不安全状态；又如浙江2010~2021年财政赤字率平均值为3.25%并处于重度不安全状态；如新疆2010~2021年赤字率平均值为24.72%，早已超出危险警戒线并处于危机状态。2010~2021年我国31个省域当中有29个省域的财政赤字率超出了3%的国际警戒线，其中有26个省域平均安全程度处于危机状态。合理的地方赤字安排，有利于促进本地经济发展和各项社会事业的稳步发展，但如果长年赤字率过高而得不到缓慢，则会加重债务负担并引起内债偿还危机，需引起警惕。

表4-21 我国31个省域政府内债偿还风险的安全程度得分（2010~2021年）

年份	2010	2011	2012	2013	2014	2015	2016	2017	2018	2019	2020	2021	平均值
广东	53.2	63.3	64.5	70.0	79.0	63.8	67.5	66.8	69.1	63.5	65.3	64.1	65.8
上海	34.4	30.1	32.1	42.1	63.3	74.5	85.9	78.6	74.7	79.0	73.8	82.8	62.6
江苏	53.6	53.3	50.5	53.1	65.9	73.1	74.0	70.5	68.5	64.9	59.6	63.8	62.6
北京	57.0	50.4	39.1	44.3	47.2	41.3	73.0	70.1	68.7	72.9	67.4	55.2	57.2
浙江	48.1	49.9	68.5	69.6	39.7	29.0	61.5	67.9	67.6	61.9	56.7	56.6	56.4
西藏	48.0	48.0	48.0	48.0	53.8	67.3	68.4	67.9	62.6	51.6	36.3	33.0	52.7
山东	41.6	62.7	59.7	60.8	46.9	53.1	53.9	57.0	53.6	43.5	38.9	52.1	
福建	56.9	56.4	54.1	51.0	56.2	47.7	38.2	38.5	52.9	46.7	43.8	39.1	48.5
河南	37.5	39.3	41.3	44.4	47.8	48.5	51.3	55.3	58.7	56.4	46.0	35.2	46.8
山西	30.7	29.7	28.6	25.6	65.9	57.4	38.9	42.6	55.0	51.7	36.3	32.9	41.2
天津	31.2	33.1	33.4	31.7	53.9	73.4	61.4	54.3	35.7	30.6	15.8	11.8	38.9
湖北	29.4	29.0	28.6	27.2	39.1	39.3	39.5	56.0	56.1	48.5	33.5	32.9	38.3
河北	31.5	31.5	31.5	55.5	41.9	37.4	37.6	42.3	45.8	40.4	27.7	25.8	37.4
江西	30.1	30.1	30.1	37.1	30.3	34.1	35.0	35.2	52.2	48.7	37.0	27.7	35.6
安徽	39.4	38.4	32.8	30.0	31.7	33.5	34.6	34.8	36.3	44.2	32.2	30.5	34.9
重庆	30.2	17.6	5.1	8.7	18.9	54.5	51.1	54.9	49.9	40.5	30.5	27.3	32.4
四川	25.2	25.2	25.2	24.0	28.1	33.5	33.1	32.2	38.0	44.2	40.9	34.0	29.4	31.7
黑龙江	33.0	33.0	33.0	32.2	33.7	35.2	35.8	34.7	26.4	24.1	18.8	16.9	29.7
湖南	30.6	28.7	26.8	26.9	16.5	21.5	34.6	33.9	32.9	31.6	29.4	28.4	28.5
辽宁	35.0	32.3	34.6	35.5	27.7	28.2	21.6	23.1	22.8	23.5	22.5	22.3	27.4
陕西	21.8	21.8	21.8	21.9	25.7	29.5	31.7	32.3	31.8	29.3	28.7	27.4	
广西	29.0	28.5	28.0	28.1	19.4	24.1	32.1	31.1	29.7	28.1	24.5	24.3	27.2
吉林	24.0	24.5	25.0	26.0	31.2	36.4	36.4	34.9	25.7	22.2	18.1	14.2	26.6
新疆	32.0	29.4	26.7	26.0	17.9	29.4	28.5	27.2	27.2	25.0	16.2	18.8	25.4
内蒙古	32.6	32.0	31.5	30.5	20.9	21.8	26.1	21.4	19.5	18.1	13.9	17.3	23.8
甘肃	24.6	20.9	17.7	14.5	0.8	35.0	32.7	29.4	27.4	23.4	17.0	13.8	21.4
宁夏	22.6	24.9	27.3	24.9	13.6	22.9	22.3	23.0	20.4	16.6	14.1	18.0	20.9
海南	15.1	16.3	17.5	16.5	13.2	17.2	21.1	25.7	20.4	14.1	14.9	17.2	
云南	10.6	10.6	10.6	11.7	13.6	15.4	17.6	19.1	24.7	24.1	20.7	19.7	16.5
青海	12.3	12.3	12.3	0.0	0.0	11.1	10.4	5.9	0.7	0.0	0.0	0.0	5.4
贵州	6.2	6.2	6.2	6.3	0.0	0.0	0.0	1.1	5.9	5.9	2.7	3.5	3.7
平均值	32.5	32.6	32.0	33.0	33.7	38.4	40.5	40.8	41.0	38.3	31.6	29.9	0.0

三、我国31个省域金融风险空间分布演化特征分析

（一）我国31个省域金融风险的空间自相关分析

为了进一步分析我国31个省域2010~2021年金融风险的空间聚集特征，本书利用全局空间自相关和局部空间自相关分析方法从两个方面进行展开分析。

1. 31个省域金融风险的综合安全指数得分的空间全局与局部自相关。

利用全局Moran's I指数和局部Moran's I指数，本书对我国31个省域金融风险的综合安全指数得分进行了空间自相关分析，最终结果如表4-22所示。

表4-22　　　我国31个省域金融安全总指数得分全局
莫兰指数计算结果（2010~2021年）

年份	Moran's I	Z值	P值
2010	0.087	1.116	0.132
2011	0.032	0.623	0.267
2012	0.224	2.381	0.009
2013	0.19	2.081	0.019
2014	0.075	1.019	0.154
2015	0.241	2.495	0.006
2016	0.054	0.813	0.208
2017	0.152	1.754	0.04
2018	0.137	1.545	0.061
2019	0.129	1.542	0.062
2020	-0.018	0.141	0.444
2021	-0.118	-0.772	0.22

表4-22为2010~2021年我国31个省域金融风险的综合安全指数得分的全局Moran's I指数值及其显著性水平。全局空间自相关分析结果显示，2010~2021年我国有近一半的省域P值在10%的显著性水

平及以下存在显著空间相关性，说明我国各省域之间的金融风险状况并非随机分布，而是呈现出显著的正相关空间关联特征。

与此同时，进一步利用局部空间自相关方法对 2010~2021 年我国 31 个省域金融风险综合安全指数得分的集聚类型分别进行了分析，结果如表 4-23 所示。

表 4-23　　我国 31 个省域金融安全总指数得分的局部聚集特征（2010~2021 年）

年份	高—高型聚集的省域	低—低型聚集的省域	低—高型聚集的省域	高—低型聚集的省域
2010	河北、山西、内蒙古、辽宁、山东、河南、湖北、湖南、重庆、陕西	黑龙江、浙江、福建、江西、西藏	天津、吉林、江苏、海南、贵州、云南、青海、宁夏	北京、上海、安徽、广东、四川、甘肃、新疆、广西
2011	河北、山西、安徽、山东、河南	黑龙江、湖南、重庆、西藏、甘肃、宁夏、贵州、云南	天津、吉林、江苏、福建、江西、湖北、海南、陕西、青海	北京、内蒙古、上海、辽宁、浙江、广东、广西、四川、新疆
2012	河北、山西、内蒙古、辽宁、安徽、山东、河南	北京、重庆、贵州、云南、西藏、青海、宁夏、新疆	天津、吉林、上海、江苏、福建、江西、湖北、海南、陕西	黑龙江、浙江、湖南、广东、广西、四川、甘肃
2013	河北、山西、辽宁、江苏、安徽、山东、河南、湖北	重庆、贵州、云南、西藏、甘肃、青海、宁夏、新疆	北京、天津、内蒙古、吉林、上海、福建、江西、海南、陕西	黑龙江、浙江、湖南、广东、广西、四川
2014	北京、天津、河北、山西、江苏、安徽、山东、河南、湖北	内蒙古、福建、湖南、重庆、贵州、云南、西藏、宁夏、新疆	吉林、浙江、江西、海南、青海	辽宁、黑龙江、上海、广东、广西、四川、陕西、甘肃
2015	北京、上海、江苏、安徽、福建、山东、河南、湖北、湖南、广东、广西、重庆	内蒙古、辽宁、吉林、黑龙江、甘肃、青海、宁夏、新疆	河北、浙江、江西、海南、贵州、云南、陕西	天津、山西、四川、西藏

续表

年份	高—高型聚集的省域	低—低型聚集的省域	低—高型聚集的省域	高—低型聚集的省域
2016	天津、河北、江苏、山东、河南、湖北、重庆、四川、云南、西藏	内蒙古、辽宁、吉林、黑龙江、福建、江西、广东、海南、甘肃、宁夏	北京、山西、上海、安徽、贵州、青海、新疆	浙江、湖南、广西、陕西
2017	北京、天津、河北、上海、江苏、浙江、安徽、山东、河南、湖北、湖南、海南、重庆	山西、内蒙古、吉林、黑龙江、广西、云南、甘肃、宁夏	福建、江西、贵州、陕西、青海	辽宁、广东、四川、西藏、新疆
2018	山西、山东、河南、湖南、广东、海南、重庆、四川、陕西	北京、天津、河北、内蒙古、辽宁、吉林、黑龙江、江西	上海、安徽、福建、湖北、贵州、云南、青海、宁夏、新疆	江苏、浙江、广西、西藏、甘肃
2019	河北、山西、江苏、安徽、山东、河南、湖北、重庆、陕西、甘肃	北京、辽宁、吉林、黑龙江、上海、广西	天津、浙江、江西、海南、贵州、青海、宁夏、湖南、云南	内蒙古、福建、广东、四川、西藏、新疆
2020	江苏、山东、湖南、广东、广西、海南、重庆、云南、陕西	北京、天津、辽宁、吉林、黑龙江、甘肃、新疆	内蒙古、上海、浙江、江西、河南、湖北、贵州、青海	河北、山西、安徽、福建、四川、西藏、宁夏
2021	山西、江苏、山东、河南、重庆、云南、西藏	天津、广东、海南、甘肃、宁夏、新疆	北京、内蒙古、吉林、浙江、江西、湖北、贵州、青海	河北、辽宁、黑龙江、上海、安徽、福建、湖南、广西、四川、陕西

从表 4-23 可得知,省域金融风险综合安全指数得分在 2010~2021 年的多数年份均存在显著的局部空间集聚特征;在所考察的 31 个省域,大多数省域都具有高—高型和低—低型的集聚特征,充分说明了金融风险整体上呈现出正的空间自相关性。以 2021 年为例,在样本考察期内,综合安全得分呈现出高—高类型聚集的省域主要集中在山西、江苏、山东、河南、重庆、云南和西藏,表明金融安全指数(即金融安全指数越高,则金融安全程度也越高)处于较高水平且相

邻省域金融安全指数也比较高的省域主要集中在中东部地区和西南地区；综合安全指数得分为低—低型集聚集中分布在天津、广东、海南、甘肃、宁夏和新疆等地区，说明本地金融风险指数处于较低水平且相邻省域金融风险水平也比较低的省域主要集中在部分东部省域和西北地区。

2. 我国31个省域金融安全条件指数得分的空间自相关分析。

进一步对我国31个省域金融安全条件指数的空间自相关特征进行了分析，最终结果如表4-24所示。

表4-24　　我国31个省域金融安全条件指数得分全局
莫兰指数计算结果（2010~2021年）

年份	Moran's I	Z值	P值
2010	0.258	2.732	0.003
2011	0.28	2.908	0.002
2012	0.255	2.671	0.004
2013	0.281	2.912	0.002
2014	0.294	3.035	0.001
2015	0.279	2.912	0.002
2016	0.261	2.762	0.003
2017	0.159	1.828	0.034
2018	0.24	2.56	0.005
2019	0.175	1.969	0.024
2020	0.162	1.86	0.031
2021	0.195	2.168	0.015

表4-24为2010~2021年31省域金融安全条件指数得分的全局Moran's I指数值及其显著性。结果显示，2010~2021年全局Moran's I统计量均为正数，且P值均小于0.05，说明我国31个省域金融风险分布状况并不是处于随机状态，而是呈现出显著的正相关空间关联特征。其中2011年、2013~2015年全国省域金融安全条件指数的空间关联程度较强，而2017年、2019~2021年省域金融安全条件指数的空间关联程度相对较弱。

由表4-25可知，绝大多数年份的局部空间自相关性都显著，且金融安全条件指数得分在2010~2021年的任意年份均存在显著的局部空间集聚特征；在所考察的样本31个省域，大多数省域都具有高—高型和低—低型的集聚特征，充分说明了金融风险整体上呈现出正的空间自相关性。具体来看，在样本考察期内，金融安全条件指数呈现出高—高类型聚集的省域主要集中在河北、山西、内蒙古、辽宁、吉林、黑龙江、河南、湖北、湖南、重庆、四川、贵州、云南、陕西、甘肃、青海、宁夏，表明金融压力指数处于较高水平且相邻省域金融压力指数也比较高的省域主要集中在中部地区、西部地区以及东北地区；金融安全条件指数低—低型集聚集中分布在天津、上海、江苏、浙江、福建，说明本地金融风险指数处于较低水平且相邻省域金融风险水平也比较低的省域主要集中在东部地区。

表4-25　　　我国31个省域金融安全条件得分的局部聚集特征（2010~2021年）

年份	高—高型聚集的省域	低—低型聚集的省域	低—高型聚集的省域	高—低型聚集的省域
2010	河北、山西、内蒙古、辽宁、吉林、黑龙江、河南、湖北、湖南、重庆、四川、贵州、云南、陕西、甘肃、青海、宁夏	天津、上海、江苏、浙江、福建、新疆	北京、广东、西藏	安徽、江西、山东、广西、海南
2011	山西、内蒙古、辽宁、吉林、黑龙江、山东、河南、湖北、湖南、重庆、四川、贵州、云南、西藏、陕西、青海、宁夏、新疆	北京、天津、上海、江苏、浙江、福建、海南	广东、甘肃	河北、安徽、江西、广西
2012	河北、山西、内蒙古、辽宁、吉林、黑龙江、山东、河南、湖北、湖南、重庆、四川、贵州、云南、陕西、甘肃、青海、宁夏	北京、天津、上海、江苏、浙江、福建、海南	广东、西藏	安徽、江西、广西、新疆

续表

年份	高—高型聚集的省域	低—低型聚集的省域	低—高型聚集的省域	高—低型聚集的省域
2013	河北、山西、内蒙古、辽宁、吉林、黑龙江、山东、河南、湖北、重庆、四川、贵州、云南、陕西、甘肃、青海、宁夏	北京、天津、上海、江苏、浙江、福建、新疆	广东、西藏	安徽、江西、湖南、广西、海南
2014	河北、山西、内蒙古、辽宁、吉林、黑龙江、山东、河南、湖北、四川、云南、陕西、甘肃、青海、宁夏	天津、上海、江苏、浙江、福建、江西	北京、广东、重庆、贵州、西藏、新疆	安徽、湖南、广西、海南
2015	河北、山西、内蒙古、辽宁、吉林、黑龙江、河南、湖北、四川、云南、西藏、陕西、甘肃、青海、宁夏	上海、江苏、浙江、福建、江西、湖南	北京、广东、重庆、贵州、新疆	天津、安徽、山东、广西、海南
2016	河北、山西、内蒙古、辽宁、吉林、黑龙江、河南、湖北、重庆、四川、贵州、云南、西藏、陕西、甘肃、青海、宁夏	上海、江苏、浙江、福建、江西、湖南	北京、广东、新疆	天津、安徽、山东、广西、海南
2017	河北、山西、内蒙古、辽宁、吉林、黑龙江、山东、河南、湖北、湖南、重庆、四川、贵州、云南、西藏、陕西、甘肃、宁夏	上海、江苏、浙江、福建	北京、广东、青海、新疆	天津、安徽、江西、广西、海南
2018	河北、山西、内蒙古、辽宁、吉林、黑龙江、山东、河南、湖北、湖南、重庆、四川、贵州、云南、西藏、陕西、甘肃、青海、宁夏	北京、天津、上海、江苏、浙江、福建	广东、新疆	安徽、江西、广西、海南
2019	河北、山西、内蒙古、辽宁、吉林、黑龙江、山东、河南、湖北、重庆、四川、贵州、云南、西藏、陕西、甘肃、青海、宁夏	天津、上海、江苏、浙江、福建	北京、湖南、广东、新疆	安徽、江西、广西、海南

续表

年份	高—高型聚集的省域	低—低型聚集的省域	低—高型聚集的省域	高—低型聚集的省域
2020	河北、山西、内蒙古、辽宁、吉林、黑龙江、山东、河南、湖北、湖南、重庆、四川、云南、陕西、宁夏	天津、上海、江苏、浙江、新疆	北京、广东、贵州、西藏、甘肃、青海	安徽、福建、江西、广西、海南
2021	河北、山西、内蒙古、辽宁、吉林、黑龙江、山东、河南、湖北、湖南、重庆、四川、贵州、云南、西藏、陕西、甘肃、青海、宁夏	天津、上海、江苏、浙江、福建	北京、广东、新疆	安徽、江西、广西、海南

3. 我国 31 个省域金融安全能力指数得分的空间自相关。

进一步对我国 31 个省域金融安全能力指数的空间自相关特征进行了分析，最终结果如表 4-26 所示。

表 4-26　我国 31 个省域金融安全能力得分全局莫兰指数计算结果（2010~2021 年）

年份	Moran's I	Z 值	P 值
2010	-0.004	0.277	0.391
2011	0.116	1.394	0.082
2012	0.233	2.46	0.007
2013	0.235	2.488	0.006
2014	0.185	2.055	0.02
2015	0.395	3.907	0.00
2016	0.192	2.065	0.019
2017	0.211	2.254	0.012
2018	0.091	1.145	0.126
2019	0.065	0.921	0.179
2020	0.049	0.76	0.224
2021	0.111	1.381	0.084

表 4-26 为 2010~2021 年 31 个省域金融安全能力指数得分的全局 Moran's I 指数值及其显著性。从结果来看，在样本考察期内，大多数年份都在 10% 及以下显著性水平上呈现为正相关，说明我国各省域的金融风险状况并不是处于随机状态，而是呈现出显著的正相关空间关联特征。其中 2012~2017 年 31 个省域金融安全能力指数得分的空间关联性较强，而 2010 年、2018~2020 年的空间关联性较弱。

由表 4-27 可知，虽然不是所有年份的全局空间自相关性都显著，但金融安全能力指数得分在样本考察期内存在显著的局部空间集聚特征；在所考察的样本 31 个省域，大多数省域都具有高—高型和低—低型的集聚特征，充分说明了金融风险整体上呈现出正的空间自相关性。具体来看，在样本考察期内，金融安全能力指数呈现出高—高类型聚集的省域主要集中在上海、江苏、浙江、山东、河北，表明金融压力指数处于较高水平且相邻省域金融压力指数也比较高的省域主要集中在东部地区；金融安全能力指数低—低型集聚集中分布在山西、内蒙古、辽宁、吉林、黑龙江、陕西、甘肃、青海、宁夏、新疆，说明本地金融风险指数处于较低水平且相邻省域金融风险水平也比较低的省域主要集中在西部和东北地区。

表 4-27　我国 31 个省域金融安全能力指数得分的局部聚集特征 (2010~2021 年)

年份	高—高型聚集的省域	低—低型聚集的省域	低—高型聚集的省域	高—低型聚集的省域
2010	河北、上海、江苏、浙江、安徽、山东、河南、广西	吉林、黑龙江、湖南、重庆、四川、贵州、云南、陕西、甘肃、宁夏	天津、福建、江西、海南、青海	北京、山西、内蒙古、辽宁、湖南、广东、西藏、新疆
2011	上海、江苏、浙江、山东、河南	内蒙古、辽宁、吉林、黑龙江、湖北、湖南、广西、重庆、四川、贵州、云南、西藏、陕西、甘肃、青海、宁夏	天津、河北、安徽、福建、江西、海南	北京、山西、广东、新疆

续表

年份	高—高型聚集的省域	低—低型聚集的省域	低—高型聚集的省域	高—低型聚集的省域
2012	北京、河北、山西、上海、江苏、浙江、山东、河南	湖北、湖南、重庆、四川、贵州、云南、西藏、陕西、甘肃、青海、宁夏、新疆	天津、吉林、安徽、福建、江西、海南	内蒙古、辽宁、黑龙江、广东、广西
2013	北京、河北、山西、上海、江苏、浙江、山东、河南	内蒙古、吉林、黑龙江、湖北、重庆、四川、贵州、云南、西藏、陕西、甘肃、青海、宁夏、新疆	天津、安徽、福建、江西、海南	辽宁、湖南、广东、广西
2014	北京、天津、上海、江苏、浙江、安徽、福建、山东	山西、内蒙古、辽宁、吉林、黑龙江、湖北、湖南、重庆、贵州、云南、西藏、陕西、甘肃、青海、宁夏、新疆	河北、江西、广西、海南	河南、广东、四川
2015	天津、上海、江苏、浙江、安徽、福建、江西、山东、湖北、湖南、广东、广西	山西、内蒙古、辽宁、吉林、黑龙江、陕西、甘肃、青海、宁夏、新疆	河北、海南、贵州、云南	北京、河南、重庆、四川、西藏
2016	北京、天津、河北、上海、江苏、浙江、山东、河南、广西	山西、内蒙古、辽宁、吉林、黑龙江、云南、甘肃、宁夏	安徽、福建、江西、海南、贵州、青海	湖北、湖南、广东、重庆、四川、西藏、陕西、新疆
2017	北京、天津、河北、上海、江苏、浙江、山东、河南、湖北、湖南	山西、内蒙古、吉林、黑龙江、广西、四川、贵州、云南、陕西、甘肃、宁夏	安徽、福建、江西、海南、青海	辽宁、广东、重庆、西藏、新疆
2018	江苏、浙江、山东、湖南、广东、广西、海南、重庆、四川	天津、河北、内蒙古、辽宁、吉林、黑龙江	上海、安徽、福建、江西、湖北、贵州、云南、青海、宁夏、新疆	北京、山西、河南、西藏、山西、甘肃
2019	山西、上海、江苏、浙江、安徽、福建、山东、河南、陕西	辽宁、吉林、黑龙江、广西、贵州、云南	天津、江西、湖南、海南、青海、宁夏	北京、河北、内蒙古、湖北、广东、重庆、四川、西藏、甘肃、新疆

续表

年份	高—高型聚集的省域	低—低型聚集的省域	低—高型聚集的省域	高—低型聚集的省域
2020	江苏、浙江、安徽、福建、山东、湖南、广东、云南	河北、内蒙古、辽宁、吉林、黑龙江、陕西、甘肃、宁夏、新疆	天津、上海、江西、河南、湖北、广西、海南、贵州、青海	北京、山西、重庆、四川、西藏
2021	上海、江苏、浙江、安徽、福建、山东	河北、山西、内蒙古、辽宁、吉林、云南、陕西、甘肃、青海、宁夏、新疆	天津、江西、湖北、广西、海南、贵州	北京、黑龙江、河南、湖南、广东、重庆、四川、西藏

（二）我国 31 个省域金融安全指数得分基尼系数分解

本书采用 Dagum 提出的基尼系数按子群分解方法，考察中国省域金融安全总指数得分、中国省域金融安全条件指数得分、中国省域金融安全能力指数得分的空间分异程度。根据基尼系数分解方法，按照东、中、西和东北四大地区对 2010~2021 年上述 3 类指数得分的地区差异进行分解，得出总体基尼系数、区域间基尼系数、区域内基尼系数及贡献率，测度结果如表 4-28 所示（基尼系数分解使用 Matlab2021a 进行计算）。

1. 金融安全总得分的基尼系数分解。

对我国 31 个省域金融安全的总指数得分进行分解，最终结果如表 4-28 所示。

图 4-2 刻画了样本期间全国层面及四大区域金融安全总得分的基尼系数变动趋势。如图 4-2 所示，整个样本考察期内金融安全总得分的基尼系数从 0.0264 上升至 0.0277，其中 2018 年基尼系数升至最高（0.0343）。这一结果表明中国金融安全总得分的空间分异总体上呈现上升态势。从四大地区内部的空间分异程度来看，中部和西部地区的地区内分异程度较大（样本期间中部、西部地区的基尼系数均值分别为 0.0234、0.0288）；东部和东北地区的地区内分异程度较小（样本期间东部和东北地区基尼系数均值均为 0.0195）。从变动趋势来看，

表 4-28　我国 31 个省域金融安全总指数得分的基尼系数分解结果（2010~2021 年）

年份	总体(%)	区域内差距(%)					区域间差距(%)						贡献率(%)		超变密度(%)
		东	中	西	东北	东—中	东—西	东—东北	中—西	中—东北	西—东北	区域间	区域内	
2010	2.64	1.23	1.85	3.5	1.77	2.12	3.29	2.49	3.09	2.09	3.04	26.07	26.56	47.37
2011	2.56	1.77	3.3	2.33	1.9	2.8	2.49	2.27	3.02	2.82	2.25	28.15	27.95	43.9
2012	3.1	2.15	1.78	3.43	2.56	2.42	3.22	3.39	3	3.21	3.33	41.47	26.89	31.64
2013	3.07	1.55	1.61	3.34	2.7	1.77	2.88	3.4	2.85	3.33	3.52	46.83	26.74	26.43
2014	2.52	1.81	2.44	1.09	2.49	2.23	1.76	2.89	2	2.99	2.29	43.76	27.8	28.44
2015	3.43	2.42	1.49	3.89	1.34	2.2	4.2	4.27	3.84	3.59	3.21	47.09	26.12	26.79
2016	2.56	2.74	2.9	1.43	0.24	2.96	2.34	2.34	2.46	2.39	1.39	22.81	30.45	46.74
2017	3.05	1.71	1.7	3.06	3.59	1.86	3.31	3.64	3.05	3.49	3.5	43.36	26.22	30.42
2018	3.63	1.68	3.53	3.6	0.94	2.99	3.32	5.31	3.91	5.04	3.9	39.23	27.06	33.71
2019	2.67	2.02	2.04	2.89	2.96	2.15	2.65	4.32	2.54	3.76	3.89	36.64	26.55	36.81
2020	2.95	3.07	2.86	2.93	0.35	3.15	3.24	3.02	2.96	2.67	2.69	21.38	28.9	49.73
2021	2.77	1.29	2.58	3.02	2.53	2.36	2.77	2.63	3.03	2.81	2.83	23.18	28.86	47.96
均值	2.91	1.95	2.34	2.88	1.95	2.42	2.96	3.33	2.98	3.18	2.99	35	27.51	37.5

东部、中部、东北地区基尼系数呈现上升的整体态势，西部地区基尼系数呈明显的下降的整体态势。其中，中部、西部和东北部地区的基尼系数变化幅度较大，而东部地区基尼系数的变化幅度较小。以上结果表明，中国金融安全总得分依旧存在明显的空间分异特征。

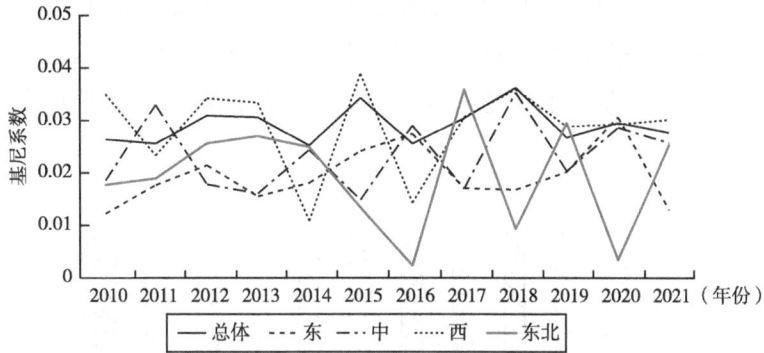

图4-2 我国省域金融安全总指数得分总体及
区域内分异度（2010~2021年）

图4-3刻画了样本期间中国金融安全总得分区域间基尼系数的变动趋势。根据图4-3，整个考察期内东部与东北地区间的基尼系数均值为0.0333，分异程度最大，东部与中部地区间的基尼系数均值为0.0242，分异程度最小。从变动趋势来看，金融安全总得分在东—西、中—西、西—东北地区的差异整体上呈现缩小的态势，而金融安全在东—中、东—东北、中—东北地区的差异整体上呈现出扩大的态势。

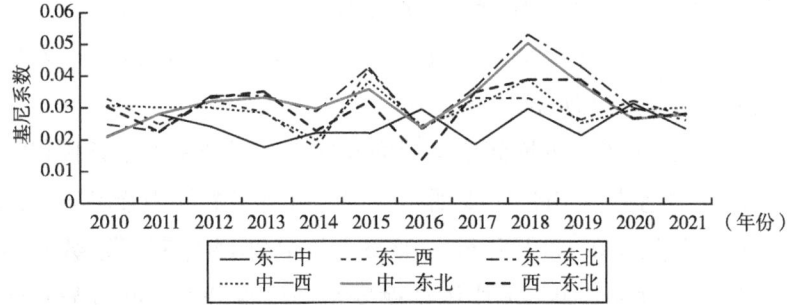

图4-3 我国省域金融安全总指数得分区域间
分异程度（2010~2021年）

图 4-4 为样本期间中国金融安全总得分的区域差异的贡献率。根据图 4-4，超变密度对总体空间分异程度的贡献率最大，呈现先下降后上升的变化态势；其次是地区间分异的贡献率，呈现先上升后下降的变化态势；地区内分异对总体分异程度的贡献率最小，地区内分异对总体分异程度的贡献率变化幅度较小。以上结果表明，超变密度以及地区间差异是金融安全总得分空间分异的主要来源。中国各地区金融安全风险水平差距主要是来源于不同地区之间的交叉重叠以及各地区间的差异。

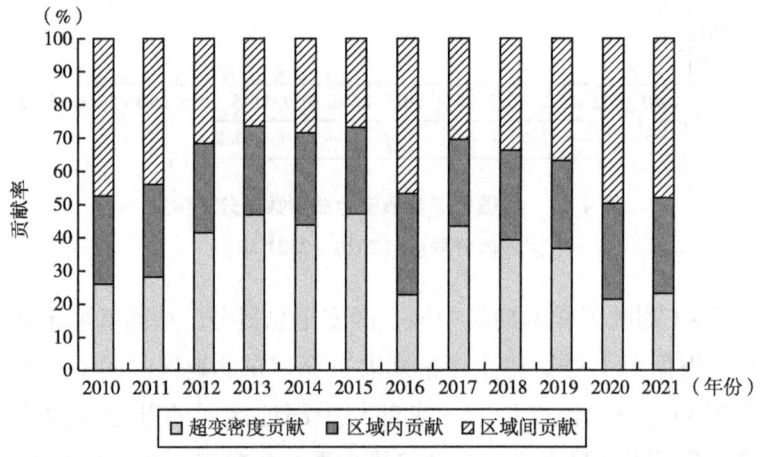

图 4-4 我国省域金融安全总指数得分区间分异
来源的贡献率（2010~2021 年）

2. 我国 31 个省域金融安全条件指数得分的基尼系数分解。

进一步对我国 31 个省域金融安全能力指数得分进行基尼系数分解，结果如表 4-29 所示。

图 4-5 刻画了样本期间全国层面及四大区域金融安全条件得分的基尼系数变动趋势。如图 4-5 所示，整个样本考察期内金融安全总得分的基尼系数从 0.0512 上升至 0.0523，其中 2014 年基尼系数升至最高（0.058）。这一结果表明中国金融安全条件得分的空间分异总体上呈现上升态势。从四大地区内部的空间分异程度来看，东北地区的地区内分异程度较大（样本东北地区的基尼系数均值为 0.0726）；东部、

表 4-29　我国省域金融安全条件得分的基尼系数分解结果（2010~2021 年）

年份	总体(%)	区域内差距				区域间差距						贡献率(%)		超变密度(%)
		东	中	西	东北	东—中	东—西	东—东北	中—西	中—东北	西—东北	区域间	区域内	
2010	5.12	1.06	0.52	2.65	7.68	0.9	2.01	8.15	1.88	7.94	8.06	62.34	23.12	14.54
2011	3.98	0.92	0.64	1.5	4.98	1.19	1.83	7.34	1.39	6.74	6.39	71.89	18.64	9.47
2012	4.47	0.54	0.6	2.32	6	0.99	2.08	7.79	1.75	7.15	6.9	65.56	21.45	12.99
2013	4.36	0.88	0.75	1.9	6.02	1.14	2.16	7.74	1.64	7.09	6.7	65.83	20.84	13.34
2014	5.8	1.22	1.68	3	8.13	2.86	3.59	10.1	2.52	8.46	8.39	60.26	22.59	17.15
2015	5.52	1.15	3	1.71	7.57	3.95	4.89	9.97	2.76	7.62	6.95	62.03	22.85	15.11
2016	5.31	1.76	2.25	1.67	7.98	3.13	4.77	9.2	2.71	7.55	6.95	62.14	22.50	15.35
2017	4.66	1.98	1.95	0.89	7.95	2.18	1.86	7.52	1.59	7.13	6.9	55.64	24.03	20.33
2018	5.21	0.96	1.97	1.37	8	1.7	1.93	8.75	1.93	8.48	8.03	64.88	21.58	13.54
2019	4.79	1.45	1.98	1.25	7.87	1.85	1.58	7.57	1.78	7.48	7.24	55.03	23.52	21.45
2020	4.38	1.08	1.53	2.13	6.94	1.53	1.9	6.45	2.03	6.62	6.59	55.61	24.11	20.28
2021	5.23	1.42	1.51	2.26	7.98	1.67	2.2	8.44	2.1	8.11	8.14	61.34	22.53	16.13
均值	4.9	1.2	1.53	1.89	7.26	1.92	2.57	8.25	2.01	7.53	7.27	61.88	22.31	15.81

中部和西部地区的地区内分异程度较小（样本期间东部、中部和西部地区的基尼系数均值分别为 0.012、0.0153、0.0189）。从变动趋势来看，东部、西部、东北地区基尼系数呈现先下降后上升的整体态势，中部地区基尼系数呈现先上升后下降的整体态势。其中西部、东北地区的基尼系数变化幅度较大，而东部、中部地区基尼系数的变化幅度较小。以上结果表明，中国金融安全总得分依旧存在明显的空间分异特征。

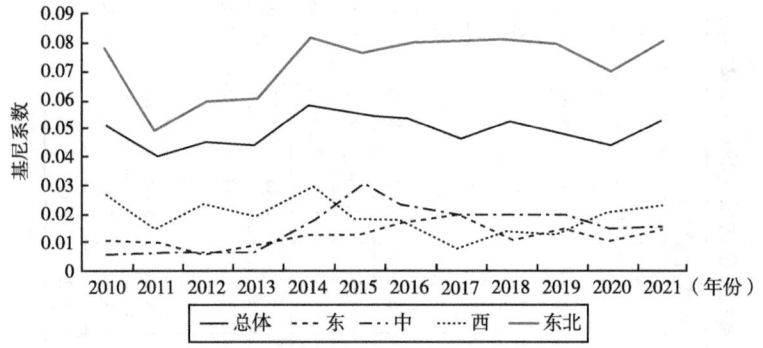

图 4-5 我国省域金融安全条件指数得分总体及区域内分异度（2010~2021 年）

图 4-6 刻画了样本期间中国金融安全条件得分区域间基尼系数的变动趋势。根据图 4-6，整个考察期内分异程度较大的区域间存在于东—东北、中—东北、西—东北地区（基尼系数均值分别为 0.0825、0.0753、0.0727）；分异程度较小的区域间存在于东—中、东—西、中—西地区（基尼系数的均值分别为 0.0192、0.0257、0.0201）。从变动趋势来看，金融安全条件得分区域间的差异整体上都呈现出扩大的态势。

图 4-7 为样本期间中国金融安全条件得分的区域差异的贡献率。根据图 4-7，地区间分异对总体空间分异程度的贡献率最大；其次是地区内分异的贡献率；超变密度对总体分异程度的贡献最小。以上结果表明，中国各地区金融安全条件得分差距主要是来源于地区间金融风险水平的差距。

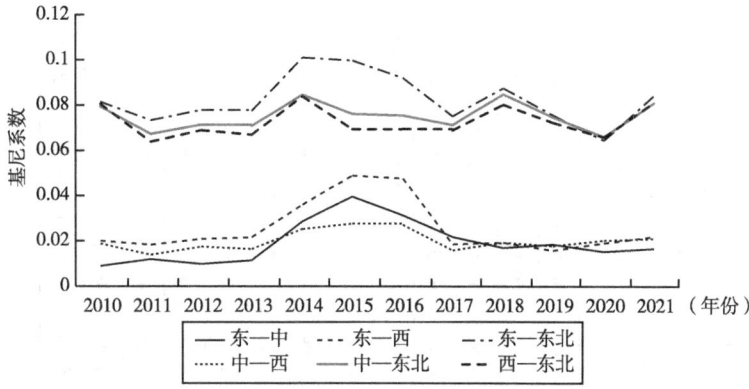

图 4-6 我国省域金融安全条件指数得分区域间
分异程度（2010~2021 年）

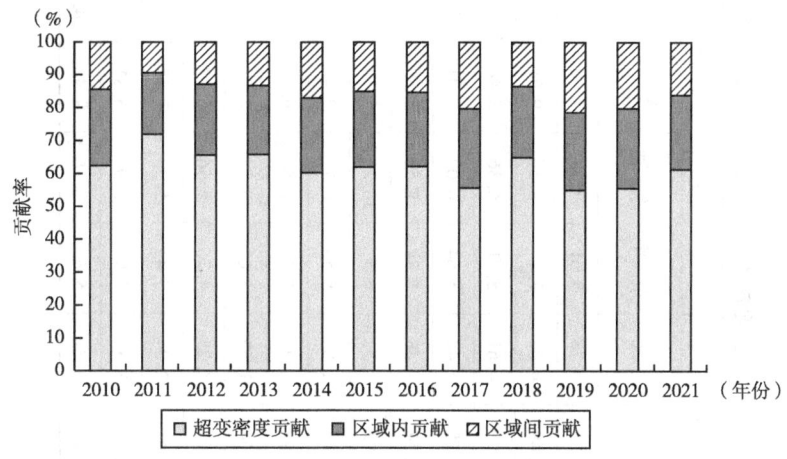

图 4-7 我国省域金融安全条件指数得分区间分异
来源的贡献率（2010~2021 年）

3. 我国 31 个省域金融安全能力指数得分的基尼系数分解。

进一步对我国 31 个省域金融安全能力指数得分进行基尼系数分解，最终计算结果如表 4-30 所示。

图 4-8 刻画了样本期间全国层面及四大区域金融安全能力得分的基尼系数变动趋势。如图 4-8 所示，整个样本考察期内金融安全能力得分的基尼系数呈现先上升后下降的整体态势。从四大地区内部的空

表4-30 我国31个省域金融安全能力指数得分的基尼系数分解结果（2010~2021年）

年份	总体(%)	区域内差距(%)				区域间差距(%)					贡献率		超变密度(%)
		东	中	西	东北	东—中	东—西	东—东北	中—西	中—东北	西—东北	区域间(%)	区域内(%)	
2010	5.62	6.53	2.36	4.25	3.78	5.61	7.37	7.98	4.05	4.71	4.41	48.95	25.90	25.16
2011	6.25	6.62	3.81	3.49	4.04	7.1	8.56	9.68	4.35	5.2	4.14	60.82	22.83	16.35
2012	6.07	5.85	3.71	2.9	4.61	5.71	6.36	8.48	4.19	5.6	4.81	57.42	24.15	18.43
2013	6.01	5.27	2.71	2.75	4.48	5.64	6.09	9.07	3.2	5.44	4.79	65.93	22.35	11.72
2014	5.62	5.14	2.41	3.54	1.46	5.84	8.56	8.59	4.15	3.98	2.91	67.07	21.10	11.83
2015	7.9	5.91	2.55	6.92	1.52	6.51	10.23	14.33	6.76	10.32	6.56	64.67	22.29	13.04
2016	5.3	4.42	2.15	4.46	1.03	5.59	6.7	9.42	3.7	4.98	4.86	59.23	23.22	17.55
2017	6.64	4.59	2.8	3.97	6.2	5.54	8.54	9.5	4.9	6.11	5.34	62.25	22.97	14.78
2018	6.66	6.58	3.58	5.64	1.55	5.67	6.74	12.28	4.9	11.07	9.81	41.99	25.62	32.39
2019	4.96	5.22	2.65	2.91	4.25	4.76	5.56	10.13	3.15	7.86	6.37	50.32	22.88	26.80
2020	5.2	4.42	5.47	4.41	2.04	5.43	5.39	7.15	5.33	5.78	4.86	43.80	26.00	30.20
2021	5.15	6.03	2.16	4.04	3.54	4.91	5.9	6.81	3.55	3.82	4.22	46.31	26.01	27.69
均值	5.95	5.55	3.03	4.11	3.21	5.69	7.16	9.45	4.35	6.24	5.26	55.73	23.78	20.49

间分异程度来看,东部和西部地区的地区分异程度较大(样本期间东部、西部地区的基尼系数均值分别为 0.0555、0.0411);中部和东北地区的地区分异程度较小(样本期间中部和东北地区的基尼系数均值分别为 0.0303、0.0321)。从变动趋势来看,东部、西部和东北地区基尼系数呈现下降的整体态势,中部地区基尼系数呈上升的整体态势。其中东部和中部的基尼系数变化幅度较小,而西部和东北地区基尼系数的变化幅度较大。以上结果表明,中国金融安全能力得分依旧存在明显的空间分异特征。

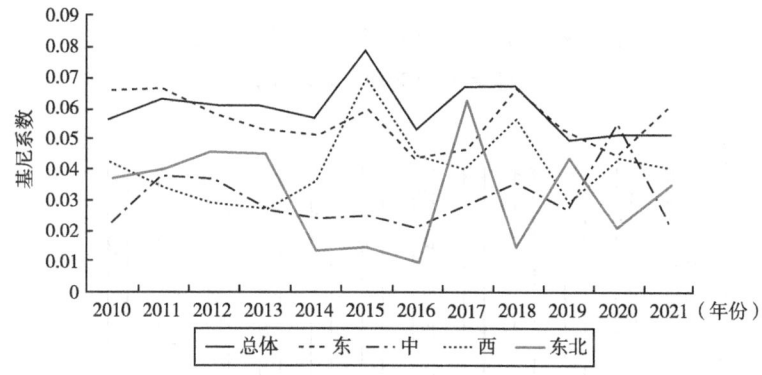

图 4 - 8 我国省域金融安全能力指数得分总体及区域内分异度(2010~2021 年)

图 4 - 9 刻画了样本期间中国金融安全能力区域间基尼系数的变动趋势。根据图 4 - 9,整个考察期内东部与东北地区间的基尼系数均值为 0.0945,分异程度最大,中部与西部地区间的基尼系数均值为 0.0435,分异程度最小。从变动趋势来看,在考察的整个样本期间,金融安全能力得分在绝大多数区域间的差异整体都呈现出扩大的态势。

图 4 - 10 为样本期间中国金融安全能力得分的区域差异的贡献率。根据图 4 - 10,地区间分异对总体空间分异程度的贡献率最大;其次是地区内分异的贡献率;超变密度对总体分异程度的贡献最小。以上结果表明,中国各地区金融安全能力得分差距主要是来源于地区间金融风险水平的差距。

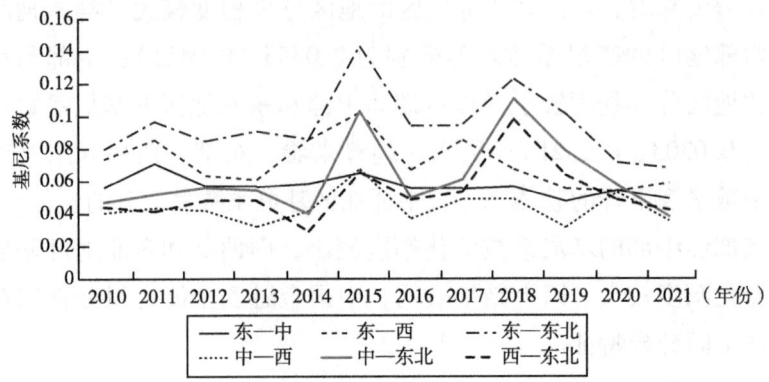

图4-9 我国省域金融安全能力指数得分区域间
分异程度（2010~2021年）

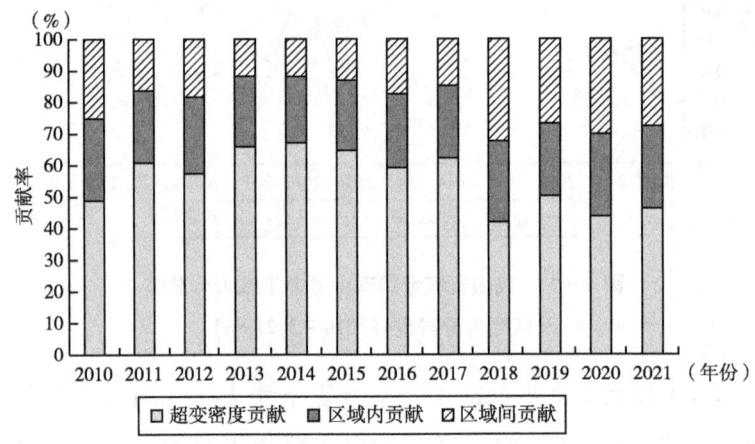

图4-10 我国省域金融安全能力指数得分区间分异
来源的贡献率（2010~2021年）

四、我国省域金融安全条件与能力相互作用关系实证检验

前面从金融安全条件与金融安全能力的内外源风险维度来对我国省域金融安全程度进行测度分析，并假设金融安全能力（通过增加自身金融机制体系建设以增强抵抗外来各种金融风险冲击威胁的能力）是内因，金融安全条件（经济开放条件下我国省域金融体系所面临的

各种威胁冲击的金融风险）是外因。从哲学辩证法的观点，即内因起主导作用、外因起从属作用，内因（金融安全能力）决定外因并成为影响我国省域最终金融安全程度的主导因素，而外因（金融安全条件）成为影响我国金融安全的次要因素。带着这种逻辑假设，本书拟通过灰色关联度分析方法来进行量化检验分析。前面对我国省域金融安全条件指数得分、金融安全能力指数得分与省域金融风险的综合安全指数得分分别进行了量化测算，以期间全国31个省域平均得分为例，三者之间的时间序列趋势对比关系如图4-11所示。

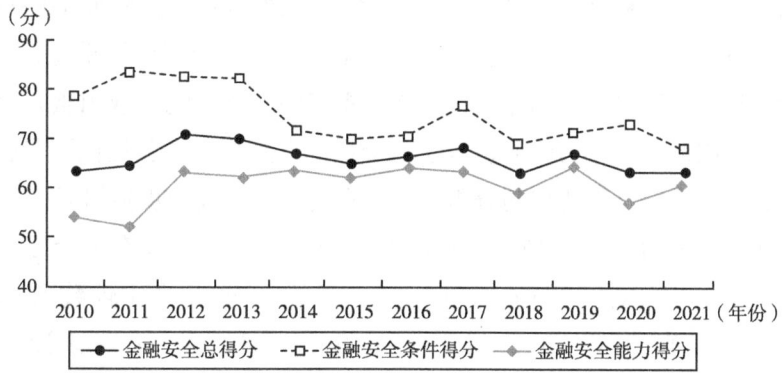

图4-11 我国省域平均金融安全条件、能力与综合安全指数得分趋势对比（2010~2021年）

从图4-11可以看出，2010~2021年全国省域平均金融安全条件得分（对外开放条件下面临外源性风险冲击威胁的安全程度）呈现在60~85分区间波动，其中2010~2014年安全程度处于波动下降态势，而2015~2021年则处于区间相对稳定波动态势。省域平均金融安全能力得分（通过自身机制体系建设，以增强自身抵御各种冲击威胁的免疫能力）呈现在50~65分区间波动，其中2010~2014年安全程度处于波动上升态势，而2015~2021年则处于稳定波动态势。省域平均金融安全总得分则处于60~75分区间波动，其中2010~2012年安全程度处于缓慢上升态势，而2013~2021年安全程度则有缓慢下降态势。

从以上三条曲线可以得知，近12年来，我国省域面临的外源性冲击威胁风险的安全程度得分相对较好（60~85分），而省域自身抵御各种冲击威胁的免疫能力安全程度得分一直相对较低（50~65分），两者力量的相对作用较量的综合平衡结果是我国省域金融风险的综合安全程度位于两者之间（60~75分）。为了进一步测算金融安全条件（外源风险冲击威胁）与金融安全能力（内源能力免疫保障）对金融安全总程度，哪一种力量关联程度更好？哪一种力量起主导作用？本书通过灰色关联度对全国31个省域进行了测算统计。

对于两个系统之间的因素，其随时间或不同对象而变化的关联性大小的程度，称为关联度。灰色关联分析方法就是根据因素之间的发展趋势的相似或相异程度，即"灰色关联度"，来作为衡量因素间关联程度的一种方法。灰色系统理论提出了对各个子系统进行灰色关联度分析的概念，目的是通过一定的方法，来寻求系统中各子系统（或因素）之间的关系。因此，灰色关联分析对于一个系统发展变化态势提供了量化的度量，非常适合动态历程的分析。其计算的基本原理和步骤如下：

第一步，计算差序列并找出最大（小）绝对差。设有一个参考数列 $X_0 = [x_0(1), x_0(2), \cdots, x_0(k), \cdots, x_0(n)]$ 和 m 个比较数列 $X_i = [x_i(1), x_i(2), \cdots, x_i(k), \cdots, x_i(n)]$，其中 $i = 1, 2, \cdots, m$。计算 X_i 和 X_0 第 k 个指标的绝对差即差序列 $\Delta_i(k)$：

$$\Delta_i(k) = |x_0(k) - x_i(k)|, 其中(k = 1, 2, \cdots, n) \quad (4-20)$$

其中，$\max\Delta_i(k)$ 和 $\min\Delta_i(k)$ 分别表示第 k 个指标中 i 个 $\Delta_i(k)$ 的最大值和最小值，即为最大绝对差和最小绝对差（亦称一级最大差和一级最小差）。

第二步，计算关联系数，关联度关排列关联序。设 X_i 和 X_0 的第 k 个指标的关联系数 $\xi_i(k)$ 为：

$$\xi_i(k) = \frac{\min\Delta_i(k) + \rho\max\Delta_i(k)}{\Delta_i(k) + \rho\max\Delta_i(k)} \quad (4-21)$$

分辨系数 $\rho \in [0, 1]$，ρ 一般取值为 0.5。X_i 和 X_0 的关联度 γ_i 为：

$$\gamma_i = \frac{1}{n}\sum_{k=1}^{n}\xi_i(k) \quad (4-22)$$

同时可按 γ_i 的大小依次进行排序，可得关联序并进行比较分析。

根据以上灰色关联度分析方法，就我国省域 2010~2021 年的金融安全条件与金融安全能力分别对我国省域平均金融安全度进行关联分析,并得到我国省域平均金融安全条件与金融安全度的灰色关联度为0.4696,金融安全能力与金融安全度的灰色关联度为0.6418,表明我国省域金融安全条件和能力对于金融安全度均表现出一定相关关系,而且相比之下,金融安全能力与金融安全度的相关程度更高,这也验证了前面的假设,即我国省域金融安全程度的高低主要由内因即金融安全能力所决定,内因在防范化解我国省域金融风险上起到更重要的作用。

五、我国省域金融风险指数动态分解与计量拟合

根据前面分析,2010~2021年我国省域金融风险的平均安全程度呈现出低度不安全到中度安全,再到低度不安全的波动变化过程。同时近12年来31个省域金融安全程度得分也呈现出不同幅度的波动变化过程。前面已经分析了我国31个省域金融安全程度得分及各子领域安全程度得分波动变化的原因,为了消除内外波动因素对我国各省域金融安全程度的影响,以更准确地反映省域金融安全程度的变化趋势,本书通过H-P滤波时间序列法对我国31个省域金融安全度得分进行状态空间分解。

(一)我国省域金融安全度得分H-P滤波分解

Hodrick-Prescott(1980)滤波是被广泛使用的一种方法。该方法在Hodrick and Prescott(1980)分析战后美国经济周期的论文中首次使用。设 $\{Y_t\}$ 是包含趋势成分和波动成分的经济时间序列,$\{Y_t^T\}$ 是其中含有的趋势成分,$\{Y_t^C\}$ 是其中含有的波动成分。则

$$Y_t = Y_t^T + Y_t^C \qquad (4-23)$$

其中 $t = 1, 2, \cdots, T$。

计算H-P滤波就是从 $\{Y_t\}$ 中将 $\{Y_t^T\}$ 分离出来。

一般地,时间序列 $\{Y_t\}$ 中的不可观测部分趋势 $\{Y_t^T\}$ 常被定义

为下面最小化问题的解：

$$\min \sum_{t=1}^{T} \{(Y_t - Y_t^T)^2 + \lambda [c(L)Y_t^T]^2\} \qquad (4-24)$$

其中，c(L) 是延迟算子多项式。

$$c(L) = (L^{-1} - 1) - (1 - L) \qquad (4-25)$$

则 HP 滤波的问题就是使下面损失函数最小，即：

$$\min\left\{\sum_{t=1}^{T}(Y_t - Y_t^T)^2 + \lambda \sum_{t=1}^{T}[(Y_{t+1}^T - Y_t^T) - (Y_t^T - Y_{t-1}^T)]^2\right\}$$

$$(4-26)$$

最小化问题用 $[c(L)Y_t^T]^2$ 来调整趋势的变化，并随着 λ 的增大而增大。这里存在一个权衡问题，要在趋势要素对实际序列的跟踪程度和趋势光滑度之间作一个选择。当 $\lambda = 0$ 时，满足最小化问题的趋势等于序列 $\{Y_t\}$；当 λ 增加时，估计趋势中的变化总数相对于序列中的变化减少，即 λ 越大，估计趋势越光滑；当 λ 趋于无穷大时，估计趋势将接近线性函数。λ 最优选取是 $\lambda = \sigma_x^2/\sigma_y^2$，$\sigma_x$ 和 σ_y 分别是趋势成分和周期成分的标准差。一般地，λ 的取值如下：$\lambda = 100$（年度数据）；$\lambda = 1600$（季度数据）；$\lambda = 14400$（月度数据）。

说明：H-P 滤波等分解没有区分各种周期不同的周期成分，近年来开始普遍使用的一种趋势分解方式是 Bass-Pass 滤波方法（Lawrence and Terry，1999），这是在时间序列频域中进行分解的方式，主要的优点是可以针对不同周期长度的周期成分进行趋势分离。一般由于中国经济中统计数据的样本容量较小，处理累积数据时难以有效运用这种方法。另外，由于数据样本容量较小，也难以采用著名的 B-N 分解方式（Beverage and Nelson，1981）。

本书考虑到样本数据周期频率的有限性与本书的年度数据特点，为了更好地捕捉近 12 年来的主要趋势发展特征，本书主要利用 H-P 滤波来分别对我国 31 个省域金融风险综合安全指数得分进行成分分解，可以得到实际有效趋势成分（REER）与波动成分（Cycle）。以我国 31 个省域平均金融安全指数为例，H-P 滤波分解结果如表 4-31 所示。

表 4-31 我国 31 个省域平均金融安全指数得分 H-P 滤波分解成分一览表（2010～2021 年）

年份	金融安全指数得分	趋势成分（Trend）	波动成分（Cycle）
2010	63.6	66.6261	-3.0315
2011	64.4	66.7543	-2.3303
2012	70.7	66.8523	3.8380
2013	70.0	66.8663	3.1402
2014	66.9	66.7812	0.1190
2015	64.9	66.6130	-1.6867
2016	66.6	66.3792	0.2566
2017	68.7	66.0802	2.6367
2018	63.0	65.7191	-2.7451
2019	67.4	65.3253	2.1151
2020	63.4	64.9007	-1.5506
2021	63.7	64.4686	-0.7613

如果将我国 31 个省域平均金融安全指数得分的各种成分通过 H-P 滤波分解图显示，则可以直观地反映出 2010～2021 年我国 31 个省域平均安全指数得分的实际有效趋势与波动变化情况，如图 4-12 所示。

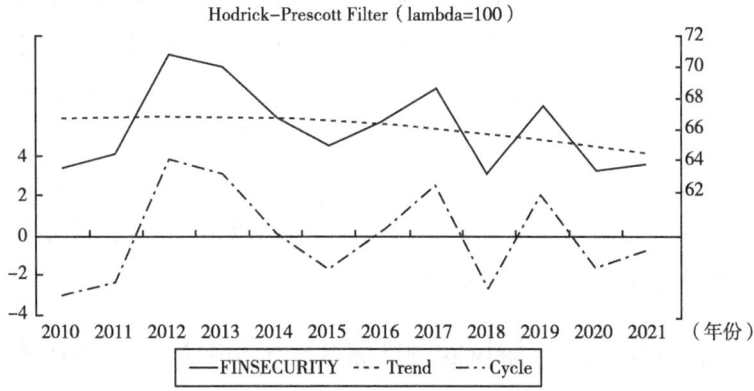

图 4-12 我国省域金融风险平均安全指数得分变化趋势及其成分分解（2010～2021 年）

从图 4-12 实际有效趋势线走势发现，2010~2013 年我国 31 个省域平均金融安全指数得分呈现缓慢上行的态势，而 2014~2021 年则呈现了不断下行的发展态势。从波动成分可以看出，2011~2012 年我国省域金融安全指数得分呈现不断上升态势，这主要是由于自 2008~2010 年国际金融冲击及欧洲主权债务危机对我国实体经济内外负面冲击之后，我国经济迎来了修复上升期，同时该时期随着我国房地产业的快速发展也带动了相关实体产业的快速发展，而这段时期我国面临的内外政治经济形势相对友好，也为我国实体经济发展和金融安全程度提升创造了较好的内外环境。2013~2015 年平均金融安全指数得分呈现不断下降态势，这主要是由于我国房地产发展面临过热的风险，而实体经济进入新常态并由之前的高增长向高质量发展面临转型升级的困难时期。2016~2017 年呈现反弹上升态势，主要是由于前几年实体经济和金融安全程度的持续下降的正常反弹修复，包括期间为实现全面建设小康社会的多重利好政策，实体经济向高质量发展积累了一定成效以及期间我国召开 G20 国际会议等为我国外部经济发展争取了相对较好的外部发展环境。2018 年出现了一次明显的快速深度下降态势，2019 年则出现了一次较大幅度的反弹态势，而 2020~2021 年又出现了下降走低态势，这主要是由于自 2018 年中美贸易摩擦并对中国出口到美国产品实施全方位的关税制裁，以及对中国高科技企业实施严厉打压等综合冲击影响所致。2019 年则是在 2018 年包括北京市在内的我国省域金融安全程度出现一次深度下跌之后的利空出尽之后的反弹结果。2020~2021 年我国省域金融安全指数得分又出现了下降态势，主要是由于 2020 年疫情大流行对我国实体经济运行造成的较大不利冲击影响、美国当局继续对我国实施贸易和科技制裁，以及全国经济贸易疲软等综合因素导致的结果。

（二）我国省域金融风险测度综合安全指数得分动态计量拟合

根据前面分析，2010~2021 年我国省域平均金融安全指数得分呈现出先缓慢上升再不断下行的总体风险变化态势，依据本书的核算方法，金融安全程度的最高得分为 100 分，假使以现有的增长速度持续下去，省域金融安全程度最终将达到相对安全程度（100 分），即我国金融安全指数得分受到最高上限的制约。

以我国 31 个省域平均金融安全指数得分变化走势图为例（见图 4-12），可以通过选择以下几种趋势模型（包括有增长上限的趋势模型）进行动态拟合，并通过方程的整体显著性与拟合优度的大小优劣择优选取来反映省域金融安全指数得分的实际变化趋势模型：

线性模型 1：

$$\hat{Y}_t = a + bt \ (b > 0) \tag{4-27}$$

二次曲线模型 2：

$$\hat{Y}_t = a + bt + ct^2 \ (b < 0, c > 0) \tag{4-28}$$

三次曲线模型 3：

$$\hat{Y}_t = a + bt + ct^2 + dt^3 \tag{4-29}$$

四次曲线模型 4：

$$\hat{Y}_t = a + bt + ct^2 + dt^3 + et^4 \tag{4-30}$$

指数曲线模型 5：

$$\hat{Y}_t = ab^t \ (a > 0, b > 1) \tag{4-31}$$

对数曲线模型 6：

$$\hat{Y}_t = a + b\ln t \ (b > 0) \tag{4-32}$$

幂曲线模型 7：

$$\hat{Y}_t = at^b \ (0 < b < 1) \tag{4-33}$$

有增长上限的修正指数曲线模型 8：

$$\hat{Y}_t = L + ae^{bt} \ (a < 0, b < 0) \tag{4-34}$$

以我国 31 个省域平均金融安全指数得分为被解释变量（Y），以时间 t 为解释变量（$t_{2005} = 1$），通过 Stata13.0，将数据输入进行拟合回归，得到以上模型的最终回归方程如下：

线性估计模型 1：

$$\hat{y}_t = 67.45803 - 0.206748t$$

(0.0000) (0.0001) $R^2 = 0.82$ $F = 44.31$。

二次曲线模型 2：

$\hat{y}_t = 66.7062 + 0.2078t - 0.0319t^2$

　　(0.0000) (0.0000) (0.0000)　　　$R^2 = 0.997$　　$F = 1527.31$。

三次曲线模型 3：

$\hat{y}_t = 66.3166 + 0.3424t - 0.05676t^2 + 0.001276t^3$

　　(0.0000)　(0.0000)　(0.0000)　　　(0.0001)

$R^2 = 0.9995$　$F = 6314.95$。

四次曲线模型 4：

$\hat{y}_t = 66.4116 + 0.2344t - 0.022727t^2 - 0.002683t^3 + 0.000152t^4$

　　(0.0000)　(0.0001)　(0.0378)　　(0.0056)

$R^2 = 0.9998$　$F = 13370.37$。

指数曲线模型 5：

$\ln \hat{y} = 4.211726 - 0.003141t$

　　(0.0000)　(0.0001)　　　$R^2 = 0.81$　　$F = 43.88$。

对数曲线模型 6：

$\hat{y} = 67.43026 - 0.790163 \ln t$

　　(0.0000)　(0.0078)　　　$R^2 = 0.52$　　$F = 10.99$。

幂曲线模型 7：

$\ln \hat{y} = 4.211295 - 0.011998 \ln t$

　　(0.0000)　(0.0079)　　　$R^2 = 0.52$　　$F = 40.46$。

有增长上限的修正指数曲线模型 8：

$$\ln\left(\frac{1}{\overline{Y}_t} - 0.01\right) = -5.333511 + 0.009194t$$

　　　　　(0.0000)　(0.0001)

$R^2 = 0.82$　　$F = 44.71$。

通过以上对我国省域平均金融安全综合指数得分的计量拟合，我们从模型拟合的整体显著性、模型的拟合程度以及模型本身的简洁性标准出发，对以上 8 种拟合回归方程进行了比较，并发现相比之下三次曲线模型的拟合程度达到了 0.9995，整体显著性达到了 6314.95，且方程整体相对简洁，综合比较适宜，因此，本书主要采用三次曲线模型的回归方程来大体量化表示近 12 年来我国省域平均金融安全指数得分的变化趋势。

与此同时，本书分别对我国 31 个省域金融风险测度的综合安全指数得分进行了不同模型的回归拟合和比较，并最终选取了适宜的计量拟合模型，由于篇幅限制，笔者在此没有全部展示拟合过程，但发现其中有少数省域拟合程度相对较低，笔者认为造成总体拟合程度效果不理想的原因是，首先主要在于样本观测数据的不足，这主要是受到客观现实统计观测值的缺失造成的。其次是受到个别或部分年份监测统计数据的大幅度变化造成，如前面 H－P 滤波分析中部分年份的波动幅度比较剧烈，造成对总体金融安全度的提升或下拉影响。最后是本书的金融安全警限区间的设置虽然考虑了国内外标准与业内专家的意见，以尽量做到客观真实地反映实际情况，但难免受到主观因素的影响。虽然本书难以做到尽善尽美，但基本上客观真实反映了我国省域近些年来的总体金融安全变化程度。随着今后年度统计数据的增多，特别是一些高频类统计数据的出现，笔者将进一步跟进研究以期更加准确地反映包括我国省域金融风险实际变化态势。

第五章　中国省域金融风险趋势预警机制分析

对省域金融风险进行预警分析，既是省域金融风险测度评估分析的延续，其本身也是一个全面系统而精细化的过程。首先，需要对国际上区域或国家金融危机爆发的前兆共性因素进行归纳总结，同时，需要对我国省域金融风险所面临的重要领域与重点环节中存在的主要风险进行全面深入把握，这是分析我国省域风险预警因素的基础；其次，根据各预警指标的特点构建一套科学有效的省域金融风险预警指标体系，而纵观国内外学者的研究范式，虽然所选用的模型方法存在差异（如通过噪声—信号比率最小化来筛选，或通过构建危机压力指数，进行两两因果关系检验，或构建各种回归方程来检验指标的统计显著性等），但其目的都在于如何科学有效选出能准确预测金融危机爆发时间或程度的先行性预警指标，并构建相应的预警指标体系，而这往往是整个预警过程的中心环节；再次，对预警指标或压力指数临界警限区间的科学合理设定。判断各预警指标或压力指数是否发出预警信号，主要依据各预警指标或压力指数的实际观测值是否突破指标临界警限，因此，能否根据各预警指标或压力指数特性与我国省域经济金融发展实情科学合理设定预警指标或压力指数的临界区间是整个预警过程的重要环节；最后，选取相应的预警模型来进行综合预警分析。目前国内外学者先后提出了多种金融危机预警模型，如 FR 概率模型、STV 横截面回归分析模型、KLR 信号分析模型、DSCD 模型、人工神经网络模型、二元或多元 Probit/Logit 模型、PHM 模型等，但通过比较发现复杂的模型并不代表较高的预测准确性。Andrew Berg 和 Catherine Pattillo（1998）与

Berg、Eduardo Borensztein、Catherine Pattillo（2005）利用20世纪90年代世界各地爆发金融危机的大量真实数据进行检验，发现 KLR 信号分析模型的预警效果比 FR 模型、STV 模型、DSCD 模型预警效果更好，而各种金融危机预警模型都没能准确预测 1998 年的东南亚金融危机与 2008 年的国际金融危机，也使国内外学者对目前各种预警模型的真实准确性进行了重新思考。对于能否及时有效地预测我国省域是否爆发金融危机的预警过程，并不在于预警模型本身的复杂晦涩性，而在于对我国省域金融系统运行的有效理解和预警模型机制的现实准确性，有时候简洁有效好于复杂无效。

本章在前面分析基础上，基于月度样本频率数据特征，利用面板门限向量自回归模型和面板排序概率计量模型方法等来对我国 31 个省域金融风险状况进行预警实证分析：具体方法是通过构建我国省域金融风险先行预警指标体系和省域金融风险压力指数，并以我国 31 个省域 2004 年 1 月至 2021 年 12 月的月度样本数据为对象，通过 TAR 门限自回归模型对省域金融风险压力指数门限个数与门限值进行了测算与检验。进一步，本书通过面板单位根检验和面板格兰杰因果关系检验对预警指标的先行显著性效果作进一步检验识别筛选基础上，构建了基于面板 Ologit 的省域金融风险排序概率预警模型，并以未来 12 个月的样本外数据对模型预警的准确度进行了检验分析。

第一节　中国省域金融风险趋势预警指标体系构建

一、省域金融风险预警指标选取相关研究

（一）国外关于省域金融风险预警指标选取相关研究

国外对于金融危机的研究主要集中在主权国家（如美国、日本、墨西哥、巴西、俄罗斯等）或跨国性的国际区域（如东南亚、拉美

地区、欧元区等）。1994年墨西哥金融危机后，国际货币基金组织专家Morris Goldstein（1995）曾提出7项金融危机预警指标，分别是短期债务与外汇储备的比例是否失调、经常项目逆差占GDP之比、消费比例是否过大、财政预算赤字占GDP之比、资本流入结构是否合理、汇率定值是否适度、货币供应量增加是否适当。斯坦福大学刘遵义教授（1995）在南非召开的联合国世界经济预测项目秋季年会上，做了题为"下一个墨西哥在东南亚"的报告，通过使用历史实证比较的数量分析方法，以墨西哥为参照国，来分析东南亚国家发生金融危机的可能性，并准确预测了东南亚金融危机的爆发。他在预测中所使用了10项预警指标，分别是实际汇率、实际GDP增长率、相对通货膨胀率、国际国内利率差、国际国内利率差变化、实际利率、国内储蓄率、国际贸易平衡、国际收支经常项目（顺差或逆差）及外国组合投资与外商直接投资比例。Frankel和Rose（1996）利用1971～1992年发生在105个发展中国家的金融危机为分析对象，并通过季度数据建立了FR概率模型以度量金融危机发生的可能性，并得出当经济增长率越低时，国内信贷增长率越高，国外市场利率越高，外商直接投资/外债越低。当实际汇率被高估时，发生危机的可能性越大。Sachs，Tornell和Velasco（1996）以月度数据作为样本数据，建立了STV横截面回归分析模型，最终得出结果认为实际汇率、贷款增长率、国际储备/货币供给等变量与一国发生金融危机与否密切相关。同时他们还根据实际汇率贬值程度、国内私人信贷增长率和国际储备/M2的取值确定了两个虚拟变量。研究认为实际汇率贬值越高、国内私人贷款增长率越高、国际储备/M2越小说明金融危机越有可能发生。Kaminsky，Lizondo和Reinhart（1997）通过对比了20世纪50～90年代中期发生于发达与发展中国家的25份研究成果，并从中得到了15项预警指标与危机发生关联度较大。他们选择了15个发展中国家与5个工业化发达国家1970～1995年的月度数据指标建立了KLR信号分析模型对货币危机进行了预测。与此同时，Kaminsky等（1999）又将上述15项预警指标拓展到了21项，将银行危机纳入预警范围，其中检验比较有预警效果的指标包括实际汇率、出口增长率、股票市场价格、M2/国际储备、产出增长率、M1 供给过度、国际储备增长率、M2 乘数增长率、国内信贷/GDP、实际利率、贸易条件增长率、实际利率差异等。Andrew Berg 和 Catherine Pattillo（1999）针对新兴市场国家在 KLR 模型基础上改进后提出了 DCSD 模型，该模型采用真实汇率水平、货币账户、外汇储备损失、出口增长、短期债务/外汇储备 5 项预警指标。Nag Mitra（1999）首次将人工神经网络方法引入货币危机预警系统，突破了传统模型的线性范式，以灵活地捕捉变量间复杂关系。Kumar Moothy Perraudin（2002）提出了基于滞后宏观经济和金融数据的 Simple Logit 模型，构建了投机冲击的预测模型。

与此同时，一些实务界的投资机构在实践过程中也选用了一些经济指标来预测国家或国际区域的金融危机，如高盛证券使用美国失业率、美国汽车销售量、密歇根消费者情绪指数 3 个指标来关注美国金融危机的发生情况；同时使用欧洲外债/GDP、经济账户赤字/GDP，欧洲银行外币贷款比重 3 个指标来关注欧洲地区爆发金融危机的可能性。美林证券使用美国企业申请破产的宗数、投资评级债券息差、美元汇率指数 3 个指标来关注美国政府及企业债券走势风险。瑞士信贷银行使用 CDS 指数变化、新兴市场政府财政赤字/GDP、汇率变动趋势、欧洲银行财务状况、美国国债利率共 5 项指标来关注金融危机爆发风险。摩根士丹利使用美国房地产价格变动与美国储蓄率变动 2 项指标来关注金融危机发展阶段。德意志银行通过使用新兴市场国家贷款/GDP、新兴国家净资金流入/流出数量、主要银行一级核心资本比率 3 项指标来关注新兴市场危机形势；同时使用企业债息差（credit spread）和伦敦交易所富时 EPRA NAREIT 全球地产股指数 2 项指标来研究企业及房地产市场风险。瑞士联合银行通过亚洲银行体系的不良贷款比率来关注亚太地区银行体系的健康状况。汇丰控股选取了主权 CDS 指数变化、东欧国家 GDP 增长率、失业率、财政赤字/GDP、经济账户赤字/GDP、外汇储备/每月进口增值、短期外债/外汇储备、新兴市场国家的银行存款比率共 8 项指标来研究新兴市场的风险状况。渣打银行通过国际清算银行的综合债权占 GDP 比重（BIS consolidated claims/GDP）来研究不同地区受信贷紧缩冲击的程度。

（二）国内关于省域金融风险预警指标选取相关研究

1998 年东南亚金融危机的爆发，使学者逐步认识到金融危机对国家与区域金融发展带来的严重危害性，并对国家或区域金融风险问题展开了思考研究。2001 年随着中国加入世贸组织（WTO），外商投资资本的大量引进与我国对外贸易进出口额的大幅度增长，在促进地区经济发展的同时也带来了地区外源性不确定风险，如何预警防范我国国家或区域金融风险的形成或金融危机的爆发，引起了部分学者的关注重视。仲彬等（2002）在借鉴国外 CAMEL 银行评价指标体系等基础上，从微观审慎指标与宏观先行指标两个维度选取了 35 项指标构建了我国区域银行体系风险预警系统指标体系，其中微观审慎指标包括流动性、盈利性、充足性、安全性与管理 5 个方面，宏观先行指标包括国家调控能力、企业效益、债务清偿能力、外汇与资本、增长能力、银行业规模 6 个方面。周才云（2006）从宏观先行指标与微观审慎指标两个层面选取了 25 项指标构建了我国区域金融稳定预警指标体系，其中宏观先行层面指标包括 GDP 增长率、通货膨胀率、公共债务、财政赤字率、财政收入占 GDP 的百分比、债务依存度、实际利率水平和净出口额，微观层面主要从区域银行类机构的安全性、流动性、盈利性 3 个方面选取了 17 项预警指标。王立平等（2007）以台州的经济金融特点为参照，从区域经济金融环境、人民银行运行风险、区域商业银行运行、区域借贷实体风险状况 4 个方面选取了 28 项风险指标构建了区域金融稳定预警指标体系，但存在选取指标过多、指标内容交叉重复、指标预警效果不明等问题。姚星垣等（2008）在分析浙江省经济金融特点的基础上，从微观审慎指标、宏观先行指标和浙江区域金融风险预警特殊指标 3 个维度，选取了 54 项风险指标构建了浙江金融风险预警指标系统。其中，微观审慎指标主要借鉴 CAMEL 银行评级体系，从流动性、盈利性、充足性、安全性与管理程度 5 个子领域出发，宏观先行指标则从国家调控能力、企业效益、外汇与资本市场、增长能力和银行业规模 5 个子领域选取，而区域特殊指标则是从经济发达（商品价格）、外向型经济（汇率）、民间金融发达（利率）、民间资本充裕（股票价格和房地产价格等）、突发事件冲击 5 个子领域选取。该文存在监测与预警不分、预警指标选取过多、指标难以量化、实证不足等问题。文洪武（2011）从宏观经济、银行业、保险业等部门出发，通过从 GDP、消费、信贷、通货膨胀率、保费收入等方面选取了经济增长率、投资增长率、消费增长率、借贷增长率、通货膨胀率、保费收入、就业增长率、货币发行量、城镇人口比例和利率 10 项指标为风险指标，在借助结构系统方程模型来测算单个指标均衡状态的基础上，通过加权平均法计算区域金融风险指数。并以此为基础对河北省金融稳定状态进行了实证分析。但该文存在社会部门分类偏颇、指标选取原因不明，风险指标正负向风险不明、实际应用较差等问题。贾拓等（2012）从宏观经济金融、区域经济与区域金融三个方面选取了 26 项预警指标，同时构建了区域经济金融、区域经济与区域金融压力指数，并通过马尔科夫区制转移向量自回归模型 MS – VAR 对泰州市 1998 ~ 2010 年金融风险的区制转换状态进行了实证分析。刘林（2014）通过选取 20 项指标构建了区域系统性金融风险预警指标体系，并基于模糊评判法对 C 市进行了实证分析，但该文存在指标分类不明、选取内因不明、风险核算不明等问题。张安军（2020）构建了排序概率模型并对浙江省域 2014 年 1 月到 2016 年 12 月的金融风险程度进行了趋势预警实证分析。同时闵剑和朱娇娇（2020）、程建华和程硕（2021）也对区域金融风险或稳定预警体系进行了探讨。

综合以上研究我们发现，国外对金融风险预警的研究主要集中在主权国家或国际区域，目前还没有一套有效预警指标体系能为各国所共同接受认可，表明金融风险成因的复杂变化性，同时也表明金融风险的成因可能与各国的具体国情有关，不同的国家由于政治制度、经济体制、经济发展程度阶段、文化背景差异以及现阶段风险状况的不同，导致预警指标的有效性可能存在差异性。在国内，目前学者们主要关注国家层面的金融风险或危机预警分析，而对于我国省域层面的金融风险预警研究的关注则存在严重不足。笔者认为，这不仅是由于目前国际上主流的研究主要集中在主权经济层面，正如笔者在前面对金融安全内涵的分析指出，金融安全与独立的金融主权相联系，而金融主权主要体现在主权国家上，而我国很难有真正意义上区域金融安全的独立提法，但存在区域金融风险累积到一定程度从而影响到自身区域金融风险和稳定性，并可能影响到国家整体金融安全。当前我国31个省域，如果从经济总量、地域面积和人均规模上分析，近一半的省域均已达到"富可敌国"的程度①，同时在中央政府的积极引导下各省域地方政府之间既存在合作又存在竞争关系，且我国各个省域经济发展各具经济特点，如果单独从国家整体层面来研究国家金融风险问题、"整体打包"的研究视角容易忽略各地方经济风险特征且难以找到具体的风险来源，在政策制定上难以做到有针对性，因此关注我国内部的区域或省域金融风险预警问题，构建适合我国省域的金融风险预警指标体系与预警模型方法，在我国省域经济规模快速发展的今天具有紧迫重要的经济战略意义。

二、省域金融风险预警指标系统构建标准

相关性：指所选取的预警指标与我国省域金融风险直接相关。由于经济与金融领域的各组成部分、各个要素环节是相互关联的，经济金融活动是各种经济金融要素相互作用联系所构成的有机系统，因此在省域金融安全程度恶化之前，往往有一些先兆性指标事前发生相应的恶化变化，通过这些先行性指标的恶化引起同步性指标的相应恶化，从而可能引发省域金融的不安全。预警指标的相关性包括直接相关与间接相关。直接相关是指预警指标的变化与省域金融

---

① 据2017年华尔街见闻做了一份统计，在将"内地省级行政区2016年生产总值"与"全球各国2016年GDP"进行对比后，发现广东、江苏、山东、浙江、河南五省的经济体量已经进入"G20"，广东和江苏更是进入全球前15位，区内生产总值与西欧老牌发达国家西班牙相当。http://www.sohu.com/a/203786079_100005176。

安全直接相关，甚至是省域金融安全的直接反映，如不良资产贷款率、资本充足率等；间接相关是指有些预警指标可能不是金融类指标，但是与省域金融风险有着密不可分的关联性，如宏观经济领域内的预警指标，这些指标的变化往往会引起金融领域内相应安全指标的变化，从而这些指标可以作为省域金融安全的先行性指标，如出口增长率、国内信贷/GDP等。当然，引发金融不安全的因素很多，不仅包括金融与经济因素，还包括政治、军事、社会等非经济因素，由于这些突发因素往往难以预控，因而本书所选取的预警指标仅限在经济与金融领域之内。

显著性：指所选取的预警指标在金融安全与金融不安全时期存在较为显著的变化，特别是在金融安全的平静时期与发生金融危机的非常时期这些预警指标的变化往往比较显著。预警指标的显著变化不仅表明金融危机是可以提前预测的，而且为我们寻找确定金融不安全的来源提供了可行的切入途径。当前正处于经济全球化、国际金融市场自由一体化不断推进的时代，世界各国金融市场面临着许多共同的金融风险，如外汇储备不足将导致偿债危机，欧美等股市的下跌将引起世界主要股票市场指数发生变化等，有许多共同的金融与经济因素导致预警指标发生显著变化。但是，由于世界各国金融市场发展程度不同（如欧美发达国家的金融市场较为发达，而大多数发展中国家的金融市场发展水平较低），经济发展阶段不同，各国的经济体制与经济结构的差异性，也有许多国家所特有的因素引起预警指标发生显著性变化。因此对于中国全国及省域金融安全预警指标的选取既要考虑各国金融安全所面临的共有因素，又要考虑中国当前与未来时期经济金融安全所面临的独特因素，既要考虑共性因素又要考虑个性因素，做到个别性与一般性的统一。

可操作性：指省域金融风险预警指标能够获得及时有效的统计数据。由于我国省域金融风险预警的重要环节是对预警指标的金融风险警情进行实时监控观察，而金融风险是金融活动的常态，是否能获取及时、准确统计指标数据，对预警指标的金融风险变化程度进行及时有效的观测评估分析就显得尤为重要。因此我们所预警的指标需要有相应的统计数据来支撑，否则对于预警指标的风险程度无法及时地作出判断，对该指标的预警作用也就失效了。当然，由于我国金融市场还处于发展初期，比起欧美等发达金融市场体系，我国目前的金融市场发展程度还很不完善，对于一些对国家金融安全有重要作用的预警指标，我们目前都没有相应的统计数据，特别是季度、月度以及每周或每日的高频统计观测数据，而且越是深入省级及以下地区，相应的统计指标数据越难获取，这给此方面的研究工作带来了很大的障碍。例如，对全国和地方商业银行风险衡量非常重要的不良贷款率数据，目前数据频率仅停留在年度数据，无法进行季度及以下的分析工作；再如衡量地方政府债务风险的地方政府债务数据，许多省域政府债务规模数据残缺不全。又如近10年来新兴的互联网金融行业，目前数据仅统计到2019年且来源都缺乏正式权威性，相应数据出入较大，如此等等。虽然目前我国全国与地方金融市场的统计指标相比欧美发达国家还有许多不健全不完善的地方，但这也正是我国金融市场努力发展的方向，对于关系到国家金融安全的重要预警指标的高频数据的统计观测，对保证国家金融安全显得尤为重要。

其他包括科学全面性、典型独立性、互补性等也是进行各种指标体系设计所应参考的共同准则。

三、省域金融风险预警指标的选取依据与逻辑结构体系

本书对影响我国省域金融风险预警因素的经济分析判断依据如下：开放经济条件下一国的金融安全，特别是对于发展中国家与较小国域面积的发达国家的金融安全，最终主要落实到两类领域的安全性：其一是国家货币安全性；其二是国家银行机构安全性。货币不安全发展到一定程度表现为货币危机，即一国货币在短期内实际汇率大幅度贬值。而银行机构不安全发展到一定程度表现为银行危机，即国内许多银行机构，特别是大型银行机构短期内发生严重挤兑、倒闭、并购或

被政府接管现象①。我国作为世界最大的开放经济中的发展中国家，是由 31 个省域组成的集权与分权体制下的国家经济，全国金融的安全性从根本上取决于全国各地方经济金融风险的总体安全程度，但是由于我国政治和经济体制的特殊性，有些重要的经济金融事务管辖权归中央集中统一管理，如对全国外汇储备和外汇市场的统一集中管理，中央银行集中制定货币政策，利用多种货币政策工具对全国经济金融活动进行宏观调控等。这就决定了有些重要的风险领域很难从单个的省域来进行衡量，如全国性的货币风险、外汇风险等，而我国地方省域金融风险主要表现在受地方经济金融运行情况影响且主要集中在地方层面的金融风险，如省域银行风险、省域政府债务风险等。

我国省域金融风险主要表现为金融市场风险，目前我国金融市场的参与主体包括银行类金融机构、证券机构、保险机构、基金信托等机构以及从 2013 年兴起的互联网金融、游离于正规金融监管之外的民间金融等，如果从我国省域金融市场参与者的规模（包括总资产、净资产、从业人数、对实体经济的影响力等）来看，目前我国省域金融市场的绝对主体明显表现为银行类金融机构，尤其是商业银行仍然是省域金融市场的主体。从前面分析可知，国家金融安全主要表现为货币安全与银行安全，而我国的货币风险管理主要集中在全国层面由中央国家外汇管理局集中统一管理，因此我国省域金融风险主要表现为银行类机构风险。影响我国省域银行机构风险的因素包括内因与外因，

---

① 由于对银行业危机进行定义跟金融危机一样，都显得非常艰难，故国内外学者一般都主要从一些界定标准这一角度出发。代表性的有：V. Sunhdaramiarl 和 J. T. Balino 认为银行业危机是指由于一组金融机构的负债超过了其资产的市场价值，从而引起了挤兑、资产组合转换和政府干预的情况。因而危机过程中会出现不良资产比重增加，损失扩大，从而导致清算、合并或重组事件增加。Kaminsky 和 Reinhart 认为发生了银行挤兑，并导致银行被关闭、合并或接管的；没有发生挤兑、关闭、合并或接管，但是出现了政府对某家或某些重要银行的大规模援救。IMF 于 1998 年对银行业危机下了如此定义：实际的或潜在的银行挤兑与银行失败引致银行停业偿还负债，或为防止这一情况的出现，政府被迫提供大规模的援助。不过国外也有学者试图从量上进行粗略界定：如 IMF 专家 Kunt 和 Detragiache 综合对 1980～1994 年世界范围内银行部门进行研究，提出了判断银行业危机的界定依据：银行系统的不良贷款占总资产的比重超过 10%；援助经营失败银行的成本至少占国内生产总值的 2%；银行业的问题导致了大规模的银行国际化；出现范围较广的银行挤兑，或者由政府采取存款冻结、银行放假担保存款等措施以应对危机。他们认为，只要出现了上述四种情况中的任何一种即构成银行业危机。

外因主要表现为以下 3 个方面。

首先，地区宏观实体经济运行态势，表现为对外出口贸易、对内投资驱动与地区市场消费需求拉动情况。尤其以外向型经济主要的民营经济大省，出口贸易对省域经济带动影响作用显著。而衡量对外贸易活跃态势的重要先行指标表现在出口增长率与进口增长率，尤其是出口增长率是衡量地方对外贸易的重要先行性指标。在对内投资方面，资本形成是我国经济增长的重要贡献之一，全社会固定资产投资是地区经济增长的重要推动力，而投资资金大多依靠银行类机构提供信贷融资，实证显示我国的贷款规模与固定资产投资的相关系数高达 0.996，与 GDP 的相关系数高达 0.987，GDP 与固定资产投资的相关系数也高达 0.987。因此，国内信贷规模既是全社会投资增长的前兆，也是我国经济增长的前兆，本书通过国内新增信贷投资额与 GDP 的相对比例来进行衡量。在对内市场消费需求拉动方面，全社会最终消费需求一直是拉动我国经济增长最重要贡献力量，因为企业生产的产品最终只有满足国内外消费者的需求才能将生产的产品或服务转化为利润并实现企业价值，而全社会消费品零售总额则是衡量地区总体消费需求的直接体现，所以全社会消费品零售总额增长率是反映地区宏观经济运行的重要先行性指标。与此同时，地区生产总值增长率、地区通货膨胀水平以及全社会失业率水平既是宏观经济运行的直接体现，也是地区金融市场运行风险的先兆，被国内外众多专家学者广泛采用。

其次，地区金融市场运行态势，其中影响银行类金融机构的风险主要集中在以下几个方面：一是本土商业银行类金融机构之间的相互竞争，市场自由竞争是市场经济的常态，由市场优胜劣汰机制决定，一般不会对本土银行业总体安全性造成大的风险影响；二是来自外资类银行机构对本土银行机构形成的冲击威胁，由前面分析可知，目前外资银行类金融机构主要集中在上海、广东、北京、江苏、福建等地，对于我国绝大多数省域，无论是外资类金融机构的总资产、净资产、分支机构数量，还是从业人员数都难以与本土银行类金融机构进行竞争抗衡，在可预见的未来一段时期还不足以对本土商业银行形成威胁，而目前更需要的是继续扩大金融市场对外开放以引进"狼"进入促进本土商业银行的竞争活力,从根本上增强本土商业银行的国际竞争力。三是来自股票市场风险,截至 2023 年 5 月初,全国共有 5166 家上市公司,其中排名第一位的是广东(843 家),排名第二位的是浙江(673 家),排名第三位的是江苏(659 家),北京(460 家)排在第四位,上海(423 家)仅排第五位。而省域上市公司主要在中国境内的沪深股票市场上市交易,而股票价格指数作为国民经济的"晴雨表",直接反映了上市公司的经济发展态势,而上市公司的经营发展情况又直接影响到地区宏观经济发展情况与地区银行类金融机构的风险与盈利能力。不仅如此,国内重要商业银行基本上都已经上市交易,可以说股票价格指数也是银行业自身风险与收益的直接反映。因此如果地区上市公司的股票价格指数过度虚高,股票市盈率严重脱离上市企业的内在价值,虚拟经济严重脱离实体经济,则有可能面临股市在短期内泡沫破灭的危险。一旦股指大幅度下跌,企业市场价值短期内大幅度缩水、破产倒闭等,银行的不良资产上升。同时股市大跌所引发的市场恐慌心理将可能发生银行严重挤兑现象,银行经营风险面临考验。如果股票价格指数长期低迷,则严重影响上市公司的积极性,难以通过资本市场实施许多有益的资本运作行为(如再次增发新股融资、实施股权激励、进行横纵向收购兼并、阻止竞争方恶意收购等),以增加银行机构和上市公司的整体竞争力。但值得注意的是,我国大部分企业都是依靠银行类机构间接融资为主,通过股权和债权融资量目前还比较少,而且我国股票市场运作监管机制相比欧美发达国家还很不完善,经常出现涨跌频繁无序,市场投机炒作风气盛行,企业内在市场价值难以得到有效体现,目前还难以真正起到像市场经济发达国家那样的股指波动反映国民经济冷暖的作用(吴晓求,2012)[1]。考虑到我国 31 个省域的大部分企业都没有上市交易,股票价格指数对各省域宏观经济的影响程度差别较大,本书主要通过各省域上市公司整体市盈率及总市值/GDP 来体现该省域股票市场的泡沫风险影响程度。四

---

[1] 中国人民大学校长助理吴晓求教授在第十六届(2012 年度)中国资本市场论坛主题"中国资本市场:新起点、新机遇、新突破"作报告时的发言,2012 年 1 月 7 日于北京。

是来自各地区房地产市场的运行态势。数据显示，目前我国大部分省域全社会固定资产投资中的重要一部分比重来自房地产市场的投资，而房地产行业是高杠杆运作行业，房地产公司对当地银行机构的借款依赖严重，也就是我国许多地方银行对地区房地产企业的贷款比重较大，地区房地产企业的利润主要依赖于地区房价上涨行情，如果房价下跌，可能导致房地产企业短期内捂盘囤房难以出售，将导致房地产企业难以在短期内收回前期投资成本，加之前期贷款合同中银行机构高额的利息负担，容易出现资金链断裂甚至跑路倒闭等，而房地产行业是与地方政府土地财政收入、银行机构贷款风险与收入，乃至上下游煤炭、钢铁、化工、建材装饰等牵涉面极广的行业，我国许多中小城市甚至因房地产而兴又因房地产而衰，如我国海南海口、三亚等城市。因此地区房地产市场价格指数是地区宏观经济态势的先行反映，也是地区银行类金融机构的不良贷款风险与收益的先行反映。这里需要注意的是，我国地区银行类金融机构的贷款包括住户贷款、非金融类企业贷款和政府机构贷款，其中住户贷款在近些年呈现上升的态势，主要包括个人经营性贷款和消费贷款，个人经营性贷款与当地的宏观经济总体态势直接相关，前面已经得到了反映，而住户消费贷款包括住房按揭贷款、商用房按揭贷款、汽车贷款，其中住房按揭贷款与商用房按揭贷款占消费贷款的主要部分，这些部分都与当地的房地产市场行情紧密联系，也与消费者个人收入相联系，而消费者的个人收入又依赖于其所在的工作单位，最终还是依赖于企业经营情况和当地的宏观经济发展情况。

最后，是来自政府类机构的财力状况。我国地区银行类金融机构的贷款很大一部分贷款给了当地的政府机构，政府机构以其法定强制性财政收入为担保来维护政府机构运作，同时还包括以政府名义为担保的第二类政府债务（政府负有担保义务的债务）和第三类政府债券（政府负有救助义务的债务）。由于我国银行类机构与当地政府、国有企业在产权性质上有着紧密的内在联系，银行机构主要管理者一方面追求银行类企业价值最大化，另一方面可能出于自身利益考虑（如个人短期经济利益最大化，或出于其他政治目的考虑）会出现信贷审批不严，或以公为私的操作手段贷款给其他可能具有潜在风险的企业或机构部门，从而可能增加银行机构不良资产贷款的风险，如贷款给政府部门组建的各种形式的地方政府融资平台企业等。而体现地方政府偿还债务的能力主要来自地方政府的财政收入与财政支出，以及地方政府历史上所欠政府债务的偿债能力，因此地方政府的财政收入与支出的增长率是反映地方政府债务偿还的重要先行性指标。这里要强调的是，目前我国地方政府还不能自行发行地方政府债券融资，地方政府只能通过财政部代为发行地方政府债券融资，或者通过地方政府融资平台组成如城建公司、城投公司等来发行企业债券融资。由于发行企业债券需要一定的规模资质，对于我国大部分中小类城投企业还主要以间接融资为主。

影响我国省域银行类金融机构的内因主要体现在银行类机构自身在经营管理商业银行过程中所表现出来的非系统性金融风险，在这方面国内学者主要借鉴美国金融监管当局的 CAMELS 骆驼评级体系，目前"骆驼"评价方法因其有效性，目前已被世界上大多数国家所采用，包括中国的商业银行在内对自身经营管理风险的监管基本上都未能跳出该评价体系的框架。CAMEL 评价体系主要是通过对金融机构的资本充足程度、资产质量水平、银行管理水平、资产盈利水平、资产流动性水平和市场风险敏感度 6 个方面来考核评价商业银行总体的风险稳定状况。由于美国金融业发展水平走在我国前面，而美国的银行业市场化国际化水平也走在中国前列，在某种程度上美国过去的市场化之路的经验教训可能就是中国即将面临的经验教训，因此本书也主要借鉴 CAMEL 骆驼评价体系从省域商业银行的资产质量、资本充足水平、资产流动性水平和盈利能力 4 个方面，在遵循预警指标体系构建标准的基础上分别选取相应的评价指标，来衡量省域商业银行自身的经营管理风险能力。

综上所述，本书所构建的指标体系，结合了专家统计法与专家调查法的优势，从我国省域经济与金融体系之间直接或间接的作用传导机制的实际省情出发并考虑了主要预警指标的先行性特征，即在省域金融安全形势恶化之前而提前发出预警信号的内在逻辑出发，从省域宏观实体经济运行风险、省域金融市场运行风险、省域财政运行风险3个子领域精选了重点预警指标来构建开放经济条件下我国省域金融风险预警指标体系，逻辑结构与具体指标解释如表5-1所示。

表5-1　我国省域金融风险先行预警指标体系一览表

二级子系统	主要预警指标	备选预警指标
宏观实体经济运行风险	出口增长率 gexports	进出口总额增长率 gimportex、进口增长率 gimports、进出口总额 importex、进口值 imports、出口值 exports、经常项目逆差/GDP currentaccdr
	实际利用外资增长率 gfdi	FDI
	省内新增信贷额/工业增加值 creditindu	固定资产投资增长率 gfixedassets
	消费增长率 gconsumptiom	
	工业增加值增长率 ginduadv	工业增加值 industrialadv
	通货膨胀率 cpi	
金融市场运行风险	股市市值/工业增加值 stockindu	
	房地产销售价格指数 realestateindex	房地产投资增长率 grealestate、房地产单位面积售价 realestateprice、房地产贷款/银行贷款 realestatecredit
政府财政运行风险	财政收入增长率 grevenue	财政赤字 deficit、财政赤字率 deficitrate
	财政支出对收入的增长弹性 fiscalelasticity	财政支出增长率 gfiscalexpen

注：以上预警指标均剔除了价格通胀因素的影响，同时本书通过X12季节调整法对存在明显季节因素影响的时间序列数据进行了季节因素调整，以真实反映该观测指标的实际变化趋势。本书没有考虑同比增长率主要是因为同比增长的时间跨度相对较长（12个月的时间跨度），不能及时反映预警指标观测数值波动的风险。由于样本经过了剔除通胀因素处理和季节性调整，因而环比增长率更具有参考价值。对于房地产价格指数，因为目前我国省域层面没有专门的房地产价格指数统计，本书借鉴国内学者的做法通过商品房销售金额/商品房销售面积=单位商品房面积销售价格来体现，因为全国和包括浙江省域在内的1月商品房销售金额与销售面积数据普遍存在缺失，在此本书根据后11个月数据通过建立时间序列多元回归模型，同时对于多数年份的12月数据存在明显翘尾现象，为消除异常值影响本书通过后10个月数据对1月份缺失数据进行补齐。由于全国及31个省域的GDP只有季度统计数据，而无月度统计数据，本书参照国内学者的做法，以各省域工业增加值近似替代GDP进行指标核算，下同。以上指标数据来源于Wind、中国统计年鉴（2005~2022年）、中国银监会年报、中国区域金融运行报告（2004~2021年）等。

我国省域金融风险主要预警指标内涵解释如下。

（一）宏观经济运行风险

实体经济最终决定虚拟经济，我国省域宏观经济运行变化态势往往是我国省域金融安全形势变化的前兆，因此宏观经济运行领域的某些重要先行性指标具有提前预警我国省域金融风险形势的功能。

出口增长率：我国东部沿海许多省域都是以出口为导向型的经济体，省域大量加工制造类的企业产品主要远销海外，连年的贸易顺差为国家积累了大量的外汇储备，也吸引了大量农村剩余劳动力就业，为国家经济发展与扩大对外开放作出了巨大的贡献。例如，浙江作为我国最具典型的外向型民间经济大省，近 30 年来除了 2019 年受国际金融危机影响出现出口下滑外，其余年份都保持出口平稳较快上涨态势，如前所述，浙江出口创汇能力在近些年来仅次于广东，位居全国第二，为国家出口经济发展作出了重要贡献。党的十九大报告提出，"中国开放的大门不会关闭，只会越开越大""要拓展对外贸易，培育贸易新业态新模式，推进贸易强国建设"，因此，在可预见的未来一段时间，我国外向型省域在实现由贸易大省向贸易强省迈进、优化出口产品结构、提升出口贸易竞争力依然是未来一段时期拉动省域经济向前发展的主要动力之一，而出口增长率具有较好的预警效果并得到了国内外许多专家学者的支持。

实际利用外资增长率：投资是促进地区经济发展的最主要动力之一，投资资金或者来自国内如银行机构贷款，或者来自国外投资资本引进，而引进 FDI 是我国许多省域促进地区经济发展的重要方式。1978 年改革开放初期，我国面临资金、技术与人才的短缺，40 年来我国各省域积极补充国内经济发展要素不足，大力外进外资与外商投资企业来我国投资建设，包括上海、广东、浙江、江苏等我国东部沿海经济大省在引进外资方面率先获益，并在改革开放的浪潮中率先发展起来。当前改革开放已经历经 40 多年，我国的经济发展格局和水平已经发生了巨大的变化，党的十九大报告已经明确提出要"坚持引进来与走出去并重"，目前我国国内具有竞争力的企业纷纷走出国门在欧美国家与非洲国家投资建厂兴业,同时中国作为世界第二大经济体并保持持续良好发展态势,也吸引了众多外商在中国投资兴业,在今后一段时期省域内企业的我国企业"走出去"与"引进来"相结合是我国外资流向的主旋律,同时由于我国地域发展极不平衡,大量中西部省域仍需要大量引进外资来加快本地区的经济发展建设,对外商投资的需求依然强劲迫切。因此在我国众多省域,实际利用外资增长率也成为衡量该地区宏观经济发展态势的重要先行性指标,并得到了国内外许多专家学者等的支持。

省域内新增信贷/GDP:我国对内是依靠投资与消费需求驱动经济增长,特别是全社会固定资产投资对我国各省域地区经济增长的促进作用显著,而投资资金大多依靠银行类机构提供信贷融资,实证显示,我国的贷款规模与固定资产投资的相关系数高达 0.996,与 GDP 的相关系数高达 0.987,GDP 与固定资产投资的相关系数也高达 0.987。谭太平(2011)研究得出,我国经济发展主要是通过国内信贷以及货币供给投放促进投资规模的扩张以及出口的增长,经济增长是外延式扩张。而且实证得出 M2 与国内信贷对经济增长的贡献弹性在 1994～2009 年是 0.61～0.65。每当中央政府实行积极的、宽松的货币政策时,国内信贷与货币供应量对经济的贡献度都会相应地增加,而实行紧缩性的货币政策时对经济的贡献度相应下降。而中央政府在保增长下通过发行大量货币信贷容易造成国内高货币化现象。因此国内信贷既是全社会固定资产投资的资金来源,也是全社会固定资产投资增长与经济增长的前兆。本书通过国内新增信贷投资额与 GDP 的相对比例来进行衡量,该指标具有较好的预警效果并得到国内外许多主要专家的支持。

消费增长率:通过全社会消费品零售总额增长率来反映。我国省域地区对内依靠投资与消费拉动经济增长,尤其是近些年来消费对地区经济增长的贡献越来越显著。2017 年最终消费需求对全国 GDP 的贡献率在 55.3%,已经超过资本形成贡献并成为地区经济增长的最主要拉动力,在"双循环"的政策背景下预计未来一段时期该比率还将上升,也体现了我国省域经济结构在转型升级,以服务业为代表的第三产业在地区国民经济中所占的比重会越来越大。因此,全社会消费需求增长率是地区宏观经济发展态势的良好先行反映，也是地区金融市场风险动向的先行反映，在地区经济与金融风险预警中具有重要的先行作用。

实际 GDP 增长率：该指标是衡量我国省域宏观经济发展态势最集中综合的体现。国民经济整体保持平稳较快的增长，不仅可以带动投资与消费的进一步增长、对社会信贷资金的需求量增加，提高人民收入水平，从而促进为实体经济服务的金融业蓬勃发展以增强省域金融业抵御金融风险的能力；更主要的是可以稳定和增强国内外市场投资者信心，形成良性互动效应，使我国国民经济进入良性循环发展轨道。如果地区实际 GDP 增长速度过快，则容易造成经济过热而引起通货膨胀，而实际 GDP 增长速度缓慢或下滑则预示着经济下滑或衰退，如 2014~2016 年辽宁国内生产总值增速连续出现下滑态势，甚至 2016 年出现了负增长态势，将会对省域宏观经济与金融业发展带来严重的信心损害，甚至影响社会的稳定。当前保持国内生产总值与国民财富的净增长，对于执政者、投资者与社会公众显得尤为重要。该指标的预警效果得到国内外专家或研究机构的普遍支持。

通货膨胀率：该指标是衡量省域宏观经济过热的最主要指标之一，也是影响实际利率变化的重要因素，通常用 CPI 消费物价指数来计算。一般温和的通货膨胀既是随着商品内在价值的提升而出现的正常表现，而且可以刺激人们生产的积极性，促进国民经济保持一定增长速度；如果经济中出现过度的通货膨胀或恶性通货膨胀，不仅生产中的原料成本与生活成本增加，造成人们生产与生活困难，而且也容易形成社会心理恐慌，可能引起社会扰动等严重后果。如果通货膨胀率过低或为负数，则易引起社会物价紧缩，影响人们生产的积极性，因此通货紧缩是宏观经济衰退的表现。我国自 2007 年夏天以来出现了不同程度的通货膨胀现象，其中包括经济中房地产投资过热或货币发行量过度引起的，也包括其他成本推动与结构性通货膨胀，导致国内实际利率水平下降（实际利率 = 名义利率 - 通货膨胀率），物价水平大幅度上升。管理好通货膨胀预期，使物价水平的上涨控制在民众与当前国民经济发展所能承受的范围内是全国和各省域当前宏观经济风险调控的重点内容之一，该指标的预警效果得到国内外主要专家学者的支持。

（二）金融市场运行风险

金融是现代经济的核心，金融机构在实体经济运行过程中起到重要的资金融通与信用中介服务的功能并通过金融市场表现出来，在市场经济条件下，金融市场不仅是金融机构活动的载体场所，金融市场运行也能直接或间接地预示反映金融机构的运行风险状况。在我国，从某种程度上分析，我国银行类金融机构的外部风险状况依赖于其所在地区一般企业和房地产企业经营状况（鉴于我国房地产企业经营的特殊性质，国内许多学者将房地产企业单独列出来进行分析），而股票市场行情是地区上市企业经营状况的"晴雨表"，因此股票市场价格指数状况与房地产市场销售价格指数状况往往是地区银行类金融机构的先兆反映。

股市市值/GDP：股票市场价格交易行情长期而言是上市企业经营发展前景的综合反映，因此地区股票市场综合运行状况在某种程度上是地区宏观经济运行的综合反映。股票市场一般通过股票价格指数来衡量，如果地区股票价格指数较高，表明地区上市企业在股票市场中交易活跃，投资者对该地区企业的经营发展前景看好，愿意投资该地区的上市企业；如果地区股票价格指数较低，表明地区上市企业在股票市场中交易比较冷清，投资者不愿意投资该地区的上市企业，甚至抛售该地区企业的股票。在短期内股票价格指数忽高忽低容易受市场众多投资者的非理性情绪影响，一般不能代表短期内该地区企业的经营发展状况，但如果在长期内股票价格指数偏高或偏低，则在某种程度上能说明问题。尤其是当股价指数在短期内上涨过高过快，则容易引起股市泡沫风险。需要注意的是，我国各省域大量的企业，尤其是中小企业由于自身目前的规模条件所限都还没有上市交易；同时由于我国股票市场发展起步晚，各种资本市场运行机制还不健全，有些已经达到上市的优秀公司也没有选择上市交易；另外，我国全国31个省域经济发展很不平衡，广东、江苏、浙江、北京、上海、山东、四川、福建等省域的上市公司数量远高于其他省域,对于我国多数省域的大部分企业,从目前的企业数据与上市公司数量对比,没有上市的企业仍然占据大部分,因此,在目前的状况下,仅凭地区上市公司的综合股价指数难以反映我国各省域的总体宏观经济发展态势,因此本书选用省域股市市值/GNP 来衡量股票市场对省域实体经济的相对风险状况。该指标又称为"巴菲特指标",是用来衡量一国或地区股票市场的泡沫化程度。巴菲特认为,上市公司股票总市值占 GNP 的比率,这个指标尽管非常简单,对于需要了解众多信息的投资人来说,这项指标提供的信息相对有限,但它仍然可能是任何时点上评估公司价值时的最佳单一指标。巴菲特认为,如果投资人财富增加的速度比美国经济增长的速度更快,那么所有上市公司总市值占 GNP 的比率形成的曲线必须不断上升、上升再上升。如果 GNP 年增长 5%,而希望市值增长 10%,那么这条曲线必须迅速上升到图表的顶端。而事实上这是根本不可能的。依据该理论指标,长期而言,上市公司股票总市值的增长速度与国民经济增长速度基本一致。换句话说,股市长期是一台"称重机",称出的是国民经济财富增长。如果股市总市值/GNP 在100% 左右,表明上市公司股票市值已充分反映了地区国民财富的增长,处于正常可接受的区间;如果比值有 70% ~ 80%,表明股票市场整体被合理估值,此时进入股票市场交易可以获得不错的长期投资回报;如果该比值超过了 100%,甚至大大超过了警戒值,则表明存在较大的股市泡沫风险。由于 GDP 数据比 GNP 容易获取,GNP 与 GDP 的关系是:GNP 等于 GDP 加上本国投在国外的资本和劳务的收入再减去外国投在本国的资本和劳务的收入。中国过去 10 年 GDP 与 GNP 差距很小,在 -0.78% 到 1.63% 之间,因此基于统计数据可获得性,可以用 GDP 代替 GNP 进行近似计算。

房地产销售价格指数:房地产企业是我国地区商业银行信贷资金的重要对象,特别是近 10 年来我国房地产市场的快速发展与商品房房价的快速上涨,吸引了大量企业与银行信贷资金投放于当地房地产市场,给房地产企业带来丰厚利润,同时也给银行机构带来了可观的利息收益,同时更给当地政府带来了丰厚的土地财政等收益。由于我国房地产企业是典型的高杠杆运作企业，前期大量投资资金多来自银行贷款，同时购房者的贷款资金也大部分来自银行按揭贷款，如果地区房地产市场交易活跃，房价上涨，则房地产企业可以在较短时期内收回投资资金并获得可观的利润，而购房者的房价市值上升亦提升了该房的市场抵押价值，降低了还贷风险；如果地区房地产市场交易冷清，房价下跌，房地产企业难以在短期内收回投资成本，甚至出现运作过程中资金链断裂，银行不良资产贷款显著上升，而购房者因房产市值下降也降低房产抵押价值，提升了潜在难以偿还的风险。因此，当地房地产市场的销售价格状况直接关系到银行信贷资金的安全性，具有预示地区银行类金融机构风险状况的先行作用。

（三）政府财政运行风险

政府机构既是金融市场的主要监管者，也是银行类金融机构的信贷资金投放对象，政府通过国家强制性财政收入作为向银行类金融机构信贷资金提供担保（主要为税收收入），同时通过财政支出行为来实施其公共服务职能，因此，通过地区政府的财政收入与财政支出行为发展状况往往能提前反映预示地区银行金融机构的风险状况。

财政收入增长率：财政收入是政府资金的来源，也是政府偿还银行信贷资金的保障。在我国各省域，银行面向政府渠道的信贷资金主要包括政府机构的第一类、第二类与第三类债务资金（见前面的政府债务解释），这3类资金的偿还都以政府财政收入为依托保证，因此地方政府能否及时获取充足的财政资金来源是政府偿还3类债务的风险保障。在我国，由于政府处于市场当中的强势地位，我国政府的财政收入有国家法定强制力作为保证，因此政府的财政资金收入状况主要取决于地区宏观经济的发展水平，并通过财政收入总量与增速来体现，因此地区政府财政收入增长率是地区政府财政风险的先行反映，该指标也得到了国内外许多专家学者的支持。

财政支出对财政收入的增长弹性：地区政府对所借债务的偿还能力不仅取决于财政收入水平，还取决于其财政支出水平，只有在一定时期内保证财政收入与财政支出的动态平衡，才能实现财政运行的良好发展，才能降低乃至消除财政风险。由于我国各地区经济社会事务的不断增多，公共服务范围的扩大，医疗、教育、科技、环保、文化、社会保障等的压力越来越大，对财政支出的需求也在不断增多，如果政府在预算年度内不能较好地量入为出，合理规划财政资金的使用，就很容易出现财政赤字，长期的财政赤字则容易积累财政风险。虽然我国地方政府在行政权力方面处于强势地位，不像欧美发达国家的小政府大社会，我国地方政府在财政收入方面拥有较大的主动权，但随着我国市场化程度的不断推进和政府由市场行政干预型到市场服务型职能的转变的大背景趋势下，我国地方政府亦要注重防范政府财政债务风险，在扩大税基财源的同时，合理节流，把钱用在百姓急需的刀刃上应是我国财政发展的重要方向。因此本书通过财政支出对财政收入的增长弹性来预示反映我国区域政府的财政收支风险，以提前预示我国银行类金融机构可能面临的潜在和现实风险状况。

第二节 中国省域金融风险动态趋势预警模型构建

一、国内外关于金融风险预警模型的相关研究

（一）国外关于金融风险预警模型方法相关研究

国外关于金融安全的预警评价方法主要体现在对金融危机的预警模型与方法之中。金融危机预警方法主要分为模型预警与非模型预警两类，其中非模型预警是根据一定的标准通过对经济体的一系列经济指标的综合评价、评定该经济体发生危机的可能性，主要方法包括债券利差法、权威信用评级法和货币市场分析法；而模型预警的基本方法是构造金融危机识别指标，规定识别指标危机的极限临界值，比较危机前后某些经济指标的变化特点，从中选取预警信号代表性较好的

预警指标,并界定国家或地区发生金融危机的预警标准。目前国际上比较流行的金融危机预警模型如下。

1. FR 概率模型:Frankel 和 Rose(1996)运用 105 个发展中国家 1971~1992 年的季度数据,首次运用 Probit/Logit 模型来预测金融危机的发生。Y 表示金融危机变量,当危机发生时,Y 取值为 1;当危机未发生时,Y 取值为 0。向量 X 表示金融危机的各种引发因素,β 是 X 所对应的参数向量,则可以用引发因素 X 的联合概率来衡量金融危机发生的可能性大小。该模型可以表示为:

$$P\{Y=1\} = F(X,\beta) \quad (5-1)$$

$$P\{Y=0\} = 1 - F(X,\beta) \quad (5-2)$$

这是一个 Probit 模型。在样本中有 n 个国家、样本时期为 1,2,3,…时,若:

$$P\{i,t\} = \begin{cases} 1; 当 i 国在 t 时发生危机 \\ 0; 其他 \end{cases} \quad (5-3)$$

以 X{i,t} 表示 i 国在 t 时对应的 X 值,则概率单位模型的对数估计为:

$$\ln L = \sum_{i=1}^{T}\sum_{i=1}^{n}\{P(i,t)\ln[F(\beta'x(i,t))] + (1-P(i,t))\ln[1-F(\beta'x(i,t))]\}$$

$$(5-4)$$

将样本值代入 $\partial \ln L/\partial \beta = 0$ 求解,可得到 β 的估计值,进而求出 P(i,t) 的估计值。Frankel 和 Rose 认为,引发金融危机的因素 X 包括 GDP 增长率、外国利率、国内信贷增长率、经济开放度、外债总额等指标。

2. STV 横截面回归分析模型:Sachs,Tornel 和 Velasco 在 1996 年首先确定对金融危机的形成有重要作用影响变量,然后以月度数据作为样本数据,在此基础上通过多元线性回归模型进行模拟,计算出 STV 横截面回归分析模型的标准形式。其中在该模型中,以外汇储备变动率(IC)既作为因变量又作为危机指数,以实际汇率的贬值幅度(RED)、私人信贷的增长率(PCG)和两个虚拟变量(D1、D2)为自变量建立了多元回归方程:

$$IC = \beta_0 + \beta_1 RED + \beta_2 PCG + \beta_3 RED \times D1 + \beta_4 PCG \times D1 + \beta_5 RED \times D2 + \beta_6 PCG \times D2 \qquad (5-5)$$

其中虚拟变量的选择是根据三个实际变量（即实际汇率贬值幅度、私人信贷增长率、外汇储备/M2）所计算的值来划分区间，划分的依据是三个实际变量的累积分布频率：当汇率贬值幅度处于低四分位或信贷增长率处于高四分位时，D1 = 1，其他情况 D1 = 0；当外汇储备/M2 的取值处于低四分位时，D2 = 1，其他情况 D2 = 0，先根据历史数据对上述回归模型进行参数估计后，可对其他国家进行金融危机的预测。

3. KLR 信号分析法：1997 年 Kaminsky，Lizondo 和 Reinhart 选取了 15 个月度指标建立了金融危机预警的信号分析法（KLR 信号分析法），并经过 Kaminsky 于 1999 年进一步完善，已成为当今最受重视的预警理论，该理论的基础思想为：选取一系列与金融危机相关的预警指标，并根据其历史数据确定各指标的临界值，当某个指标的临界值在某个时点或时间段被突破，则意味着该指标发出了一个危机预警信号，而指标危机信号发出得越多，表明某个国家/地区在未来 24 个月内爆发金融危机的可能性就越大。该分析方法的具体过程如下：首先，定义危机的发生。Kaminsky（1997）将危机定义为对一国货币的进攻导致该国货币的大幅度贬值或国际储备的大幅度下降，或两者兼而有之的状态，并构建了外汇市场危机指数来对金融危机的发生进行定量化描述，该危机指数是以汇率月度百分比变化和国际储备月百分比变化的加权平均，权数是使国际储备与汇率的方差相等，具体如下：

$$I_t = X_t \cdot \frac{e_t - e_{t-1}}{e_{t-1}} - (1 - X_t) \cdot \frac{R_t - R_{t-1}}{R_{t-1}} \qquad (5-6)$$

其中 I_t 为第 t 月外汇市场压力指数，e_t 为第 t 月汇率，R_t 是第 t 月国际储备，X_t 为权数。

其次，确定指标临界值与预警区间。当预警指标超出临界值时，就发出未来一段时间内将要发生金融危机的信号，这段未来特定的时间就称为信号区间，KLR 模型设定的信号区间是 24 个月。预警指标临界值的确定是利用历史数据，根据各指标发出与没有发出预警信号的噪音—信号比率，即 $\frac{B}{B+D} \big/ \frac{A}{A+C}$ 最小化的方法来确定。如果某指标的噪音—信号比大于1则应剔除掉。最后，估计金融危机的发生。通过 $A/(A+B)$ 来表示所有发出信号中正确预警危机信号的比率，而 $(A+B)/(A+B+C+D)$ 表示指标的正确预测所占比重。其中预警指标的表现如表 5-2 所示。

表 5-2　　　　　　　　KLR 方法中预警指标的表现

	24 个月内发生危机	24 个月内没有发生危机
发出危机信号	A	B
未发出危机信号	C	D

同时，他们把经过噪声—信号比率检验辨别出来的那些单个指标进行加权综合成一个单一的危机指数，指数的权重是噪声—信号比的倒数。用此指数既可以进行样本内的模拟，又可以进行样本外的预测。进行样本内模拟时，对样本国家 i 在 t 时间发出信号的指标进行加权，在其后 $\{t, (t+24)$ 个月$\}$ 内发生危机的条件概率为：

$$P(C^i_{t,t+24} \mid K_t = j) = \frac{\text{if } K = j, \text{the number of months in which a crisis occurred within 24 months}}{\text{the number of months that } K = j}$$

(5-7)

其中，K 表示发出信号的指标加权和，C 表示发生危机感，j 表示某个具体数字。

4. 对以上三种国内外流行的预警模型的评价：

首先，KLR 模型有助于识别对金融危机有重要作用的影响变量，但是 KLR 模型实际上是单变量分析，没有考虑到变量之间可能存在相互影响和相互作用的内在关系，因此无法判断一系列内部相关条件是否促使一国更容易发生危机。KLR 模型的自变量为二元变量，变量所包括的经济信息无法体现在预测模型中，如经常账户与 GDP 的比率在超过临界值之上 1%、5% 或 10% 均代表相同的含义，因此模型的精确度较低；KLR 模型选择的信号区间为 24 个月，时间跨度较大；所选指标大多为宏观经济指标，对于政治事件等外生因素未作考虑。

其次，Probit 和 Logit 概率模型考虑到所有预测变量之间的相关性，并且通过检验每个变量的统计显著性解决了信号法（KLR 模型）的不足之处，但是 Probit 和 Logit 概率模型为非线性模型，某一变量对危机概率的贡献依赖于其他所有变量的大小，因此变量之间的内在关系以及变量对危机预警的贡献程度很难通过模型的系数估计值简单进行描述（苏冬蔚和肖志兴，2011）[1]。

最后，20 世纪 90 年代以来世界各地金融危机频繁爆发，为金融危机预警模型的检验提供了大量真实数据。Andrew Berg 和 Catherine Pattillo（1998）利用亚洲国家金融危机的数据，对 FR、STV、KLR 模型进行了实证检验，结果发现 FR 概率模型的预警效果最差，STV 横截面回归分析模型预警效果次之，而 KLR 信号分析模型的预警效果最好。同时 Andrew Berg，Eduardo Borensztein 和 Catherine Pattillo（2005）通过实证比较了模型预警与非模型预警效果的优劣，结果表明，从 1990 年以后发生的金融危机情况来看，基于模型的金融预警比非模型的金融预警准确性要高得多。此外，他们还对 KLR 模型和 DCSD 模型的样本外数据做了进一步检验，结果显示，DCSD 模型对 1999～2000 年的数据预警效果还不如 KLR 模型准确。

刘遵义（1995）以墨西哥为参照，通过选取了 10 项金融危机预警指标，分析了东南亚地区金融危机发生的可能性。他观察了 1985～1995 年的 10 年间东南亚 9 个国家和地区（中国大陆、中国香港、中国台湾、韩国、泰国、马来西亚、印度尼西亚、菲律宾、新加坡）的经济和金融发展情况，将一国（地区）在指标表现好时记为"√"，表现较差时记为"×"，若以一国（地区）表现较差时的指标个数与总指标企业之比作为该国（地区）发生金融危机的主观概率，最后得出韩国、泰国、印度尼西亚、马来西亚、菲律宾是东南亚地区可能发生墨西哥式金融危机的国家和地区，而中国、新加坡则不大可能发生墨西哥式金融危机。刘志强（1999）也采用了这种方法。

---

[1] 苏冬蔚，肖志兴. 基于亚洲六国宏观数据的我国金融危机预警系统研究［J］. 国际金融研究，2011（6）：14~24.

此外，国外部分学者在以上三类预警模型的基础上进行改进，并提出了一些新改进的预警方法。Andrew Berg 和 Catherine Pattillo（1999）针对新兴市场国家在 KLR 模型基础上改进后提出了 DCSD 模型，该模型采用真实汇率水平、货币账户、外汇储备损失、出口增长、短期债务与外汇储备比例，五个指标的月度数据来预测未来 24 个月内发生危机的可能性，实证发现，绝大多数指标与危机概率之间存在线性关系，并在临界值处有跳动，该模型在被发生危机可能的国家中，一半以上得到了验证。Nag 和 Mitra（1999）使用人工神经网络建立货币危机预警系统，突破了传统模型的线性范式，其优势在于灵活的规则与捕捉变量间复杂关系的能力。Kumar Moothy Perraudin（2002）提出了基于滞后宏观经济和金融数据的 Simple Logit 模型，构建了投机冲击的预测模型等。Bussiere 和 Fratzscher（2006）提出了一种多项 Logit 选择回归预警模型，并区分了平静期、危机爆发期与后危机时期 3 个时段。2008 年，国际金融危机爆发对传统的金融风险或危机预警模型形成巨大挑战，并引起了国外学者反思，相关研究可分为 3 类：一是比较传统经济金融先行指标的显著性或预警效果（Llaudes et al.，2010；Frankel and Saravelos，2012；Berkmen et al.，2012；Frost and saiki，2014；Gianfelice et al.，2015；Purificación et al.，2016；Desai et al.，2016；Ryan，2016）。二是对现有的预警模型的实际预警效果进行比较分析，例如，Beckmann 等（2006）使用 20 个国家 1970 年 1 月到 1995 年 4 月的样本数据发现，参数预警系统比非参数预警系统对金融危机事件的预警效果更好。Cumperayot 和 Kouwenberg（2013）应用极值理论和 46 个国家 1974～2008 年样本数据，对 3 种货币危机方法和 18 个预测危机中常用指标的尾部依赖性特征进行了评估，并发现了现有的货币危机预警系统表现都较差的原因。Comelli（2014）利用参数与非参数预警系统 EWS 对新兴市场国家货币危机发生可能性进行了样本内与样本外的预测分析，发现参数预警系统在样本外预测效果要优于非参数预警系统。Candelon 等（2014）使用动态 Logit 预警模型和最大似然估计法对 16 个国家的货币危机进行样本内与样本外预测时，发现动态 Logit 预警系统模型相比传统静态预警模型表现了显著更好的预测能力。三是试图利用新的技术方法构建金融风险或危机预警模型。Oet 等（2013）在宏观和微观审慎预警系统基础上，并考虑金融系统结构特征和反馈放大机制提出了混合预警模型。Sevim 等（2014）利用土耳其 1992 年 1 月至 2011 年 12 月经济数据，并通过 ANN，决策树和 Logistic 回归模型构建了货币危机预警系统模型。

（二）国内关于金融风险预警模型方法研究

顾海兵（1997）提出一种因果分析的逻辑框架，其逻辑就是明确警义、寻找警源、分析警兆并预报警度。预警方法分为黑色预警方法，使用时间序列模型对要素的走势进行预测。黄色预警方法，由因到果的分析，包括指数预警系统，即警兆指标的扩散指数或合成指数方法，还包括统计模型预警系统、计量模型预警系统。红色的预警方法即重视定性分析，对影响要素变动的有利因素和不利因素进行全面分析。林伯强（2002）提出了一个可用于预警一国外债风险的动态模型，即多元累计和模型，模型的用户（债权人和债务国）能很早地预测到可能导致债务国重订债务期限的金融危机，并通过实证得出该模型具有提前 3 年探测到债务国潜在还债困难的能力。冯芸和吴冲锋（2002）提出了基于综合指标的多时标预警流程，引入了多时标和扩充观测指标集的方法，以提高系统洞察市场变化的能力。张元萍和孙刚（2003）借鉴 STV 横截面回归分析法与 KLR 信号分析法，对我国 1997～2002 年金融危机发生的可能性进行了预警分析。胡燕京等（2003）运用 BP 人工神经网络方法构建了中国金融风险预警模型，在中国 1991～2011 年的金融安全进行监测与自组织学习的基础上，根据已经训练了的 BP 模型对中国 2012 年上半年的金融安全程度进行了预测。石柱鲜和牟晓云（2005）认为二元 Logit 模型中被解释变量只分为发生危机前部分与其他部分，而变量在危机发生后一段时期（或称为恢复期）和平静时期有明显的差异（Bussiere et al.，2002），因此如果不把恢复期和平静时期区分开来就会产生偏差，在二元 Logit 模型的基础上构建了三元

Logit 模型，利用三元 Logit 模型，在定义外汇风险压力指数的基础上，通过选用实际有效汇率高估、国内信贷增长率、出口、实际利率 4 个指标对我国 1990~2002 年的外汇风险预警进行了实证分析。陈守东和杨莹（2006）通过因子分析法研究了我国金融风险的来源并进行了综合评价，在此基础上，运用二元 Logit 模型分别建立了我国宏观经济预警模型和金融市场风险预警模型。之后陈守东等（2009）运用马尔科夫区制转移的向量自回归过程 MS-VAR，从宏观经济、金融系统、泡沫风险、全球经济 4 个方面选取了 23 个指标构建了中国金融监测预警指标体系。陈卫华和张睿（2007）基于金融危机早期预警系统，建立了基于"可能—满意度"新的预警方法，并通过对 1992~1996 年发生金融危机的泰国、韩国、印度尼西亚、马来西亚和没有发生金融危机的中国进行了实证比较。南旭光和孟卫东（2007）在 Cox 和 Oakes（1984）基于存活分析理论提出的等比例危险模型（PHM）基础上，利用 31 个样本国家的年度数据，采用 13 个预警变量，构建了金融危机前一年的 PHM 预警模型。苏冬蔚和肖志兴（2011）从实体经济和公共部门、金融稳定、外部结构以及全球经济 4 个方面选取了共 19 个变量，构建了我国金融危机预警指标体系。周宏等（2012）选取了美国的 M2/GDP 作为表征中国金融风险的因变量，从宏观经济、金融市场、金融机构与微观企业 4 个方面选取了 11 个预警指标作为自变量，通过 Logit 模型构建了中国国际金融风险预警模型。宫晓琳（2012）利用未定权益法对中国宏观金融风险进行了分析。王春丽和胡玲（2014）运用马尔科夫区制转移模型对中国金融风险进行了预警研究，较好预测了样本内金融风险的发生时间。林宇等（2016）构建了 ODR-ADASYN-SVM 模型并以我国沪深 300 指数 2002 年 4 月 8 日至 2012 年 12 月 31 日为研究样本对中国极端金融风险程度进行了预测，并从模型预测精度与预测稳定性方面测试发现该模型要优于 SMOTE-SVMA 和 ADASYN-SVM 模型。吴宜勇等（2016）基于 CDF-信用加权法从银行市场、外汇市场、股票市场和国债市场 4 个维度构建了我国金融风险压力指数，并通过 MSBVAR 模型对 2008~2016 年我国金融风险区制转移状态进行了实证分析。沈悦等（2019）通过识别人民币国际化进程中金融风险来源基础上，构建了我国金融风险预警综合金融压力指数，并利用马尔科夫区制转移模型对人民币国际化进程中的金融风险演化趋势进行了实证预警分析。白鹤祥等（2020）基于房地产市场系统性金融风险形成机制，构建了分阶段跨部门的系统性金融风险网络模型和房市系统性金融风险测度指标，对房价大幅下跌导致的金融体系总损失、脆弱性和传染性进行了测度，并建立了房地产市场系统金融风险预警综合指数。肖争艳和任梦瑶（2021）采用新闻文本大数据构建了媒体风险感知指标，结合股票、债券、货币和外汇等金融子市场风险指标，使用CISS方法合成了中国系统性金融风险指数，并与金融压力指数进行了对比分析。

二、基于信号分析法的省域金融风险多阶段压力指数动态描述

近20年来世界范围内的金融危机的发生，我们发现金融风险的传播具有速度快、传染性强和破坏力大等特点，为了更好捕捉金融风险程度大小的变化，需要时刻关注省域金融风险的预警信号变化情况，尤其是基于高频观测数据来捕捉快速变化的风险信号，对做好金融风险的提前预警防范尤为重要。本节拟以我国31个省域月度高频数据为样本，来尝试对我国省域（2004年1月至2021年12月）的金融风险变化程度进行提前预警分析。

（一）省域金融风险压力指数模型设计

目前，国内外学者通过不同的方法构建了金融风险压力指数，主要总结为4大类：（1）熵权重法等（沈丽等，2019）；（2）等方差权重法（饶勋乾，2015；刘超和孙晓鹏，2023）；（3）主成分分析法（沈丽等，2019；冯智杰和刘丽龙，2021）；（4）CDF-信用加权法（吴宜勇等，2016）。根据前面的分析，我国省域金融系统风险的重点在省域银行类金融机构的风险，省域银行类金融机构既是全省资金流散集中地，也是全省金融风险的主要集聚地，是全省金融系统脆弱性

的重要来源。因此本节构建我国省域银行类金融机构风险压力指数模型来测度 31 个省域银行类金融机构的即时风险信号。前面已经分析过，银行类金融机构危机主要表现为银行类机构发生恐慌性挤兑而面临流动性衰竭、信贷投放过度而面临大量不良贷款的上升，实际利率上升导致银行类机构成本上升利差收窄、盈利能力下降等[1]，并最终发生银行类机构被兼并收购，或被政府接管，或宣布破产等发生[2]。因此，在借鉴国内学者研究成果的基础上（陈守东等，2009；王维国等，2016），本节拟从存贷款比例变化（The ratio of loan to deposit，用 $\triangle$ Rld 来衡量信贷过度，流动性不足的风险）、实际利率变化（Real interest rate 用 dRir 来衡量利率上升导致银行类机构盈利能力下降风险）和货币供应量投放过度（Money supply 用 $\triangle$ M2/GDP 来衡量全国货币供给失衡风险或我国地方信贷投放过度的泡沫化风险）3 大方面来构建我国省域银行危机压力指数（Provincal Banking Crisis index，PBCI 指数），由于在我国省域层面没有发行货币的权力（制定货币政策和发行货币的权力集中在中国人民银行），而且目前我国 31 个省域只公布 GDP 季度数据而没有月度统计数据，由于考虑到央行货币投放主要通过商业银行贷款来实现，考虑到数据的可得性与指标的解释能力，本节拟构建的省域银行类金融机构风险压力指数（PBCI 指数）由存贷款比例变化 $\triangle$ Rld、实际利率变化 dRir 和省域银行机构新增贷款总额变化 $\triangle$ CreditL 3 部分组成，具体公式如下：

---

[1] 实际利率上升会导致银行机构存款和贷款利率都上升，但是居民储蓄存款多以短期为主，而贷款期限多以中长期为主并用合同的形式固定了下来，因此短期内存款利率比贷款利率总体上升更快，银行的存款利息支出比贷款利息收入上升得更多，银行经营风险上升；相反，如果实际利率下降会导致银行机构存款和贷款利率都下降，但短期内存款利率会比贷款利率总体下降得更快，银行经营风险下降。两种情况在中长期范围内，旧的贷款利率会被已经变化了的新的利率所取代，无论实际利率上升或下降，对银行的存贷款利差的影响不大。

[2] 由于在我国国情下，主要商业银行都具有国有控股及地方政府产权背景，在全国或地区范围内甚至具有垄断经营地位，而且中国普通老百姓因面临医疗、教育、就业、养老保障等一系列不确定性，在可预期的时间范围内普通民众理财依然以储蓄存款为主，在我国未来一段时期内难以见到类似于西方市场化程度高的国家出现的银行类金融危机事件，但随着我国市场化开放程度的提升，预警防范化解银行类金融机构金融风险对促进地方，乃至全国宏观经济持续健康发展依然具有重要的意义。

$$PBCI_t = \omega_{Ltd}\left(\frac{Ltd_t - Ltd_{t-1}}{Ltd_{t-1}}\right) + \omega_{Rir}(Rir_t - Rir_{t-1})$$
$$+ \omega_{CreditL}\left(\frac{CreditL_t - CreditL_{t-1}}{CreditL_{t-1}}\right) \quad (5-8)$$

以上公式表明，压力指数越大，表明潜在的金融风险就越大。其中权数 ω_{Ltd}、ω_{Rir} 和 $\omega_{CreditL}$ 是每个变量的相对精度，相对精度通过每个变量的标准差的倒数来确定，权数的选择是使得这 3 部分的条件方差相等，具体计算公式如下：

$$\omega_i = \left(\frac{1}{Stdev_i}\right) \Big/ \left(\frac{1}{Stdev_{Ltd}} + \frac{1}{Stdev_{Rir}} + \frac{1}{Stdev_{CreditL}}\right) \quad (5-9)$$

（二）省域金融风险压力指数动态描述

根据以上公式，通过各个省域相应指标的月度观测数据，并考虑到所有指标均表现出了季节性变化倾向，本节为此对各压力指标进行了剔除价格通胀因素，其中实际利率 = 名义利率 – 通货膨胀率，同时进行了 X – 12 加法模型的季节性因素排除，最终可以计算得到 2004 年 1 月到 2021 年 12 月期间 31 个省域金融系统风险的压力指数，其中将 31 个省域平均金融系统风险压力指数绘制成图形，如图 5 – 1 所示。

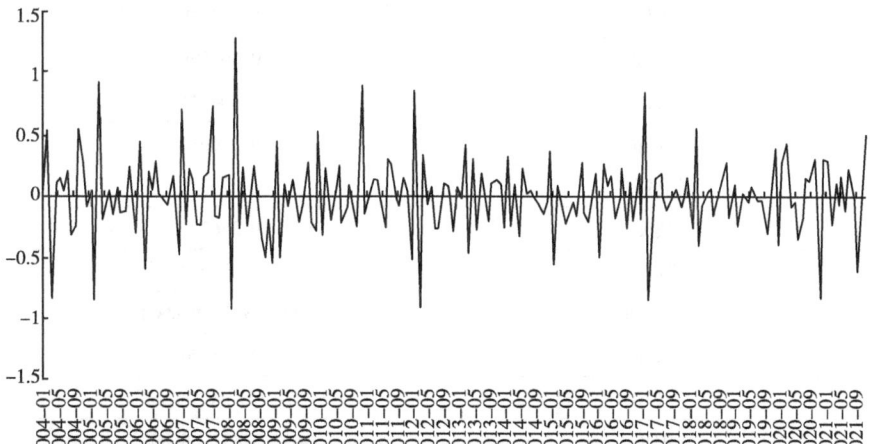

图 5 – 1　我国 31 个省域金融风险平均压力指数变化趋势

（2004 年 1 月至 2021 年 12 月）

从图 5-1 可得知，2004 年 1 月至 2021 年 12 月我国省域平均银行类金融机构的风险压力指数围绕 0 轴线呈现月度频繁波动状态，表明我国省域银行类金融风险压力的月度变化不稳定。其中特别值得注意的是，2005 年 1 月至 5 月压力指数出现了一次急速下降与上升过程，2008 年 1 月至 5 月、2012 年 1 月至 5 月、2017 年 1 月至 5 月均出现了一次急速下降与上升过程，2020 年 11 月至 1 月和 2021 年 9 月至 11 月也出现了一次较大幅度的快速下降与回升的过程，表明期间我国省域银行类金融机构有过一次较大的风险波动。而期间的风险压力指数小幅度波动则是常态，也表明在我国以银行业为主体的金融市场面临风险波动变化是常态，但需要注意个别年份风险压力指数较大幅度变化所带来的冲击影响效应。

以下是对我国省域金融风险压力指数（PBCI）的基本统计特征进行描述（见表 5-3），从中可以得知该时间序列图形不服从正态分布而存在尖峰形态，序列相关性不显著而在水平值上是平稳的时间序列。

表 5-3　我国 31 个省域金融风险平均压力指数基本统计特征
（2004 年 1 月至 2021 年 12 月）

统计量	数值结果
均值	0.000628
中位数	-0.009598
最大值	1.304141
最小值	-0.916952
标准差	0.320551
偏度	0.246243
峰度	5.033069
Jarque-Bera	39.38323（0.000）
求和	0.135676
Q（10）	29.169（0.0012）
ADF	-15.39852（0.000）

注：(1) JB 为检验样本是否服从正态分布的统计量；(2) Q（10）是检验时间序列是否存在序列相关性的 Ljung-Box 统计量；(3) ADF 为检验各序列是否存在单位根 Augmented-Dickey-Fuller 统计量，各统计量后面括号内数据为其 p 值。

（三）基于门限自回归模型（TAR）的金融风险压力指数门限压力值测算与检验

为了对我国省域金融风险压力指数进行科学准确的描述，需要对 2004 年 1 月至 2016 年 12 月的压力指数进行具体的分类，以反映压力指数变化落在哪个金融风险等级区间上。国内学者之前对金融风险指数的划分多基于主观经验的判断，这样难免会受到专家学者主观因素影响而容易出现错误的划分。为此，在借鉴国内外研究成果基础上（Tong and Lim，1980；Tsay，1989；Tong，1983；Chan，1993；孟庆斌，2008；靳晓婷等，2008；孟庆斌，2016），本节通过门限自回归模型（TAR）来对省域金融风险压力指数的门限压力值进行科学识别检验。

对于类似于金融风险压力指数变化通常表现为一种非线性变化过程，而门限自回归模型（Threshold Autoregressive Model，TAR）能够较好地解释经济数据变化中的非线性性质。该模型暗含了一个假定，即在某一个特定时点，时间序列的演进方式发生了跳跃，即从一种机制（regime）跳跃到另一种机制，而且这种跳跃是离散的。这样，利用门限值就可以将一系列非线性时间序列根据不同的机制划分为若干个线性子序列，进而对每个子序列分别进行模型估计。由此可见，门限自回归模型能够较好地对包含结构性断点的时间序列进行拟合。门限自回归模型最初由 Tong 和 Lim 于 1980 年提出，但由于建立该模型的建模步骤比较复杂，在很长一段时间内未得到足够的重视，直到 Tse 在 1989 年提出了相对比较简易的建模及检验方法后，才逐渐得到了广泛应用。

一般地，如果时间序列 X_t（$t = 1, 2, \cdots$），满足：

$$X_t = \beta_{j0} + \beta_{j1}X_{t-1} + \beta_{j2}X_{t-2} + \cdots + \beta_{jp_j}X_{t-p_j} + \xi_{jt}, r_{j-1} < Z_t \leq r_j \quad (5-10)$$

就被称为满足一个 k 段门限自回归模型（TAR）。其中 $Z_t = y_{t-d}$ 为门限变量（d 为滞后参数），在 I_{t-1}（I_t 为 t 时刻及其以前的信息集合）上可知，初始值（x_0，x_{-1}，$\cdots$，x_{-p_j+1}）已知，r_j（$j = 1, 2, \cdots, k$）为门限值，满足 $-\infty = r_0 < r_1 < \cdots < r_{k-1} < r_k = \infty$，$k \geq 0$ 为 TAR 模型的

段数，$\{\xi_{jt}\}$ 是独立同分布的随机白噪声序列。满足上述条件的模型通常记为 TAR$(d, k, p_1, p_2, \cdots, p_k)$。当 $p_1 = p_2 = \cdots = p_k = p$，即模型满足在各段的阶数相等记为 TAR$(d, k, p)$。

在实际应用中，Tong 以及 Tong 和 Lim 提出了各种状态下涉及若干含有分离高阶 AR（P）过程的 TAR 模型，对于只存在单个门限的两区制模型中，其状态的一般形式可以表示为：

$$y_t = \beta_{10} + \beta_{11}X_{t-1} + \beta_{12}X_{t-2} + \cdots + \beta_{1p_1}X_{t-p_1} + \xi_{1t} \quad (-\infty < Z_t < r_1) \tag{5-11}$$

$$y_t = \beta_{20} + \beta_{21}X_{t-1} + \beta_{22}X_{t-2} + \cdots + \beta_{2p_1}X_{t-p_2} + \xi_{2t} \quad (r_1 \leqslant Z_t < \infty) \tag{5-12}$$

这里使用示性函数 $1(\cdot)$ 来表示上述方程，如果括号中的表达式为真则取值为 1，否则取值为 0，并定义 $(Z_t, r) = 1(r_j \leqslant Z < r_{j+1})$，我们可以将 k 个不同区制方程形式合并到一个方程中：

$$y_t = \sum_{j=0}^{k} 1(Z_t, r) \cdot \mathbf{X}_t' \boldsymbol{\beta}_j + \xi_{jt} \tag{5-13}$$

显然，这里的门限变量特征 Z_t 和回归因子 $\mathbf{X}_t$ 将决定自回归模型的具体形式。

对于给定的 r，称为 $\hat{r}$，最小化残差平方和 SSR 只是一个简单的最小二乘问题，我们可以将方程的估计视为寻找门限集合和回归系数集合的过程，在这个过程中通过对所有可能的 k 个门限划分值进行遍历以最小化残差平方和来获得参数的超一致估计值。

门限自回归模型简单来说就是分区间的 AR 模型，因此，在建模中，沿用一般的 AR 模型参数估计和模型检验准则是可以的。参数估计的基本思路如下：

首先，根据 AIC 信息准则，选取 AR 模型的最高阶数 p，以及可能的延迟系数 d 的集合 S（d≤S）。AIC 信息准则为赤池弘次（Akaike，1973）最先提出并成功地应用于 AR 模型的分析与定阶。滞后阶数 p 的确定可以通过 AIC 信息准则确定，使得分段 AIC 信息值总和最小化，即：

$$AIC = \sum_{k=1}^{m} \{T = \log \hat{\sigma}^2 + 2(p+1)\} \qquad (5-14)$$

其次，选取延迟参数 d 的可能取值，d 的范围是一个离散集合。通常延迟参数 d 是未知的，用最小二乘估计的方法估计参数，d 可以和其他参数一起估计。我们通常先估计 d，在 d 已知的情况下估计其他参数。d 的参数空间是离散的，并且只取有限个值。

最后，对于上一步骤中确定的阶数 p 和 S 中每个可能的延迟参数 d 拟合排序自回归。建立模型之前，一个重要的问题就是检验一下门限自回归模型是否显著于线性自回归模型。如果并不显著，那么我们就没有必要舍易求难来建立门限自回归模型，而只需要建立一般的线性回归模型了。Chan、Tong 和 Hansen 提出了似然比检验和 F 检验的两种等价检验方法来进行检验。

从表 5-4 可以得知，我国 31 个省域平均金融风险压力指数（2004 年 1 月至 2021 年 12 月）门限变量在单个到 4 个之间均非常显著，但综合考虑到使残差平方和 SSR 最小化、AIC 信息准则最小化、方程拟合程度 R^2 最大化、方程回归的 F 值在 1% 水平上显著等，4 个门限变量更能准确地拟合金融风险压力指数的波动形态变化特征，因此本节选取 4 个门限数量作为自回归方程的拟定参数。同时模型检验过程中给出了延迟系数为 1~5 的检验结果（见表 5-5），从结果可以得知，在门限变量为 PBCI（-4）下模型的残差平方和 SSR 最小，且 AIC 信息准则最小化，而方程的拟合程度达到最大化，并最终得到了 4 个具体的门限值分别为 -0.1978323、-0.0741068、0.04777348 和 0.1436768。

表 5-4　我国省域平均金融风险压力指数门限数量模型检验

门限数量	门限变量	SSR	AIC	Log likelihood	R^2	F 值	P 值
1 个	PBCI（-4）	11.28092	0.172126	6.357038	0.447151	6.365013	0.00
2 个	PBCI（-4）	9.807818	0.149266	20.70020	0.519345	5.217234	0.00
3 个	PBCI（-4）	8.643326	0.139947	33.65541	0.576413	4.545622	0.00
4 个	PBCI（-4）	7.743374	0.147010	44.92528	0.620518	4.018632	0.00

表5-5　　金融风险压力指数 TAR 门限变量检验结果

Threshold Variable	SSR	AIC	F	R²	Regimes
PBCI（-2）	9.189435	0.318287	2.999520	0.549650	5
PBCI（-1）	9.085542	0.306917	3.061922	0.554741	5
PBCI（-3）	7.972934	0.176285	3.832165	0.609267	5
PBCI（-5）	7.903423	0.167529	3.887484	0.612674	5
PBCI（-4）	7.743374	0.147070	4.018632	0.620518	5

通过4个门限值将省域金融风险压力指数划分为5个区间并分别进行线性回归拟合，最终门限自回归拟合结果如图5-2所示。

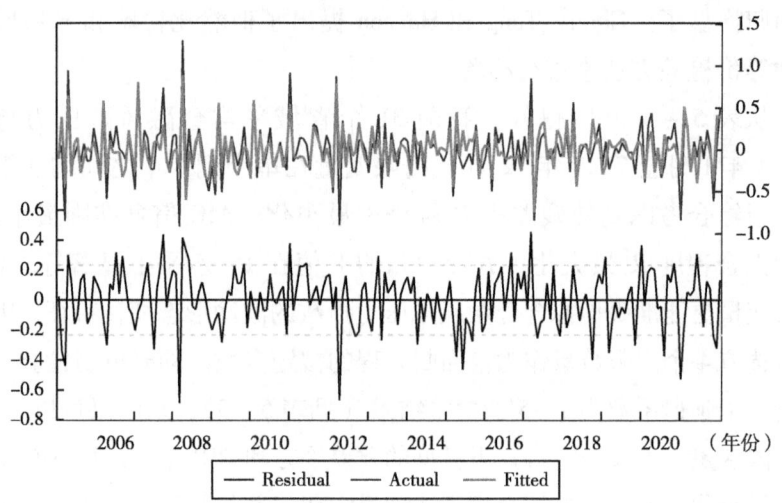

图5-2　基于 TAR 模型的我国31个省域平均金融风险压力指数
实际值与拟合值趋势对比（2004年1月至2021年12月）

本节根据 TAR 模型检验的门限数量与门限数值结果，将我国31个省域金融风险压力指数（PBCI）时间序列划分为5个区间，即将金融风险压力指数划分为无警 A 级警度、无警 B 级警度、轻警 A 级警度、轻警 B 级警度，中警警度（根据门限值，处于中警警度的样本数量较多，为了更准确反映风险压力指数等级，本节进一步区分为中警 A 级警度，中警 B 级警度），风险警度与对应风险压力排序等级对应如表5-6所示。

表5-6　　　　　省域金融风险压力指数风险等级对照

预警风险程度	风险压力等级值	解释
无警 A 级	1	金融系统处于高度安全态势
无警 B 级	2	金融系统处于中度安全态势
轻警 A 级	3	金融系统处于轻警不安全态势
轻警 B 级	4	金融系统处于轻警不安全态势
中度 A 级	5	金融系统处于中度不安全态势
中度 B 级	6	金融系统处于中度不安全态势

根据以上划分标准和前面 FBCI 的具体门限值，将我国省域金融风险压力指数区间划分如表5-7所示。

表5-7　　　　我国省域平均金融风险压力指数（PBCI）

风险警度区间划分结果

门限值	样本数量	风险警度	排序概率模型赋值
（最小值，-0.19783）	49个月	无警 A 级警度	1
[-0.19783，-0.07411）	36个月	无警 B 级警度	2
[-0.07411，0.047773）	38个月	轻警 A 级警度	3
[0.047773，0.143677）	32个月	轻警 B 级警度	4
[0.143677，0.2800）	31个月	中警 A 级警度	5
（0.2800，最大值）	30个月	中警 B 级警度	6

三、基于面板 Ordered Logit 排序概率预警模型的构建

经典的 FR 概率预警模型和 KLR 信号分析预警模型的因变量都只为二元选择变量1（发生危机）或0（不发生危机），而对于自变量预警指标包含信息的连续性变化所带来的金融风险状态的连续性变化，则无法体现出来，而在我国国家与省域金融风险的预警过程中，由于中国没有出现如西方国家所遭受的真正意义的金融危机事件的爆发，

因此对于中国，更多表现为金融风险的持续性变化而未见到突破临界值的危机发生，为了能够更加准确地捕捉金融风险程度信号，需要在原来的二元选择的基础上进行改进成多元压力选择；同时传统经典的 KLR 信号分析法是基于单个预警指标突破阈值发出信号的数量来判断危机发生的概率可能性，正如本章前面对传统季度数据预警模型分析评价过程，这种模型的好处是可以明确找到造成金融风险变化的来源在哪个预警指标信息上，但却无法捕捉金融风险程度的上升可能不是由于单个或几个并列的预警指标的信息变化，而可能是各预警指标信息之间相互作用所共同促成的变化，因此需要考虑各预警指标之间的相关性。为此，本节尝试在前人预警模型的基础上进行改进，并利用多阶段排序压力 Ologit 概率预警模型来对 31 个省域金融风险进行动态实证预警分析。

假设 $y^* = \mathbf{x}'\boldsymbol{\beta} + \varepsilon$（$y^*$ 不可观测），而选择规则为：

$$y = \begin{cases} 0, & \text{若 } y^* \leq r_0 \\ 1, & \text{若 } r_0 < y^* \leq r_1 \\ 2, & \text{若 } r_1 < y^* \leq r_2 \\ \cdots \\ J, & \text{若 } r_{J-1} \leq y^* \end{cases} \quad (5-15)$$

其中，$r_0 < r_1 < r_2 < \cdots < r_{J-1}$ 为待估参数，称为"切点"。

假设 $\varepsilon \sim N(0, 1)$（将扰动项的方差标准化为 1），则有：

$$\begin{aligned}
p(y = 0 \mid \mathbf{x}) &= p(y^* \leq r_0 \mid \mathbf{x}) = p(\mathbf{x}'\boldsymbol{\beta} + \varepsilon \leq r_0 \mid \mathbf{x}) \\
&= p(\varepsilon \leq r_0 - \mathbf{x}'\boldsymbol{\beta} \mid \mathbf{x}) = \Phi(r_0 - \mathbf{x}'\boldsymbol{\beta}) \\
p(y = 1 \mid \mathbf{x}) &= p(r_0 < y^* \leq r_1 \mid \mathbf{x}) \\
&= p(y^* \leq r_1 \mid \mathbf{x}) - p(y^* < r_0 \mid \mathbf{x}) \\
&= p(\mathbf{x}'\boldsymbol{\beta} + \varepsilon \leq r_1 \mid \mathbf{x}) - p(\mathbf{x}'\boldsymbol{\beta} + \varepsilon < r_0 \mid \mathbf{x}) \\
&= P(\varepsilon \leq r_1 - \mathbf{x}'\boldsymbol{\beta} \mid \mathbf{x}) - p(\varepsilon < r_0 - \mathbf{x}'\boldsymbol{\beta} \mid \mathbf{x}) \\
&= \Phi(r_1 - \mathbf{x}'\boldsymbol{\beta}) - \Phi(r_0 - \mathbf{x}'\boldsymbol{\beta}) \cdots \\
p(y = J \mid \mathbf{x}) &= 1 - \Phi(r_{J-1} - \mathbf{x}'\boldsymbol{\beta})
\end{aligned} \quad (5-16)$$

其中，$\Phi(x) = \int_{-\infty}^{x} \frac{1}{\sqrt{2\pi}} e^{-\frac{t^2}{2}} dt$，即如果扰动项服从标准的正态累积分布函数；或 $\Phi(x) = \frac{\exp(x)}{1+\exp(x)}$，即如果扰动项服从逻辑分布的累积分布函数。

这样，可写出样本似然函数，并得到 MLE 估计量，即 Ordered probit 模型。如果假设扰动项服从逻辑分布，则可得到 Ordered logit 模型。

首先，进行预警模型指标选择。本章前面已经对影响我国省域金融风险的先行性指标进行了详细介绍，同时考虑到月度数据的可获得性和预警模型的准确性，本节在前面先行性指标的基础上增加了部分备选先行预警指标，具体如表 5-8 所示。

表 5-8　基于 Ologit 预警模型的省域金融风险预警指标体系一览表

二级子系统	主要预警指标	备选预警指标
宏观实体经济运行风险	出口增长率 gexports	进出口总额增长率 gimportex、进口增长率 gimports、进出口总额 importex、进口值 imports、出口值 exports、经常项目逆差/GDP currentaccdr
	实际利用外资增长率 gfdi	FDI
	省内新增信贷额/工业增加值 creditindu	固定资产投资增长率 gfixedassets
	消费增长率 gconsumptiom	
	工业增加值增长率 ginduadv	工业增加值 industrialadv
	通货膨胀率 cpi	
金融市场运行风险	股市市值/工业增加值 stockindu	
	房地产销售价格指数 realestateindex	房地产投资增长率 grealestate、房地产单位面积售价 realestateprice、房地产贷款/银行贷款 realestatecredit
政府财政运行风险	财政收入增长率 grevenue	财政赤字 deficit、财政赤字率 deficitrate
	财政支出对收入的增长弹性 fiscalelasticity	财政支出增长率 gfiscalexpen

其次，为了挑选在观测数据上更具稳健性的预警解释变量，本节在此通过面板格兰杰因果关系检验来对各预警先行指标与省域金融风险压力指数进行两两 Granger 因果关系检验。

在进行因果检验之前，要求各时间序列必须是平稳的时间序列，或具有协整关系的单位根过程，因此在进行 Granger 因果关系检验之前，需要对各时间序列变量进行单位根检验。

对我国 31 个省域平均金融风险压力指数（PBCI）进行单位根检验，结果如表 5 – 9 所示。

表 5 – 9 我国 31 个省域平均金融风险压力指数单位根检验结果

Null Hypothesis: PBCI has a unit root

Exogenous: Constant

Lag Length: 1 (Automatic – based on SIC, maxlag = 14)

		t – Statistic	Prob. *
Augmented Dickey – Fuller test statistic		– 15.39852	0.0000
Test critical values:	1% level	– 3.460884	
	5% level	– 2.874868	
	10% level	– 2.573951	

注：* MacKinnon (1996) one – sided p – values.

ADF 单位根检验和 SBIC 信息准则的结果表明，在无常数项和无趋势项的水平值上，PBCI 序列的 t 值为 – 15.39852 < – 3.460884，在 1% 水平上显著，表明 PBCI 原序列是平稳的时间序列。同时本节通过目前最具功效的 DF – GLS 单位根检验结果亦表明，PBCI 序列在无常数项和无趋势项下的 t 值为 – 15.05746 < – 2.575813，在 1% 水平上拒绝原假设，表明 PBCI 序列在其水平值为平稳的时间序列。

同理，进一步分别对 31 个省域金融风险压力指数和主要预警指标及备选预警指标构成的面板数据进行面板单位根检验，其检验结果如表 5 – 10 所示。

表 5-10　我国 31 个省域金融风险预警指标面板单位根检验结果

预警指标	趋势类型 (C T)	面板 LLC 检验	AIC 准则确定的滞后阶数	P 值	结论
金融风险压力指数 PBCI	0 0	-96.4630	1	0.0000	平稳
金融风险压力指数等级 PBCI_grade	0 0	-79.2315	1	0.0000	平稳
出口增长率 gexports	0 0	-60.8965	1	0.0000	平稳
外商直接投资增长率 gfdi	0 0	-58.8233	1	0.0000	平稳
省内新增信贷/工业增加值 creditindu	0 0	-29.9868	1	0.0000	平稳
消费增长率 gconsumptiom	0 0	-76.3299	1	0.0000	平稳
工业增加值增长率 ginduadv	0 0	-58.2034	1	0.0000	平稳
通货膨胀率 cpi	0 0	-55.4957	1	0.0000	平稳
省股市成交额/工业增加值 stockindu	C T	-2.4571	1	0.0070	平稳
省房地产市场价格指数 realestateindex	0 0	-56.4526	1	0.0000	平稳
财政收入增长率 grevenue	0 0	-76.4009	1	0.0000	平稳
财政支出对收入的增长弹性 fiscalelasticity	0 0	-56.9136	1	0.0000	平稳
进出口值	C 0	-2.6903	1	0.0036	平稳
进口增长率 gimportex	0 0	-57.4053	1	0.000	平稳
进出口增长率 gimports	0 0	-69.3926	1	0.0000	平稳
出口值 exports	C 0	-3.8276	1	0.0001	平稳
进口值	C 0	-3.7375	1	0.0001	平稳
经常项目赤字率 currentaccdr	0 0	-11.0133	1	0.0000	平稳
外商直接投资总额 fdi	0 0	-18.2211	1	0.0000	平稳
固定资产投资增长率 gfixedassets	0 0	-61.3020	1	0.0000	平稳
工业增加值 industrialadv	0 0	-3.2653	1	0.0005	平稳
房地产投资增长率 grealestate	0 0	-60.0595	1	0.0000	平稳
省商品房单位面积售价 realestateprice	0 0	-53.4928	1	0.0000	平稳
房地产投资贷款/省内信贷总额 realestate-credit	0 0	-57.6953	1	0.0000	平稳
财政赤字 deficit	0 0	-23.9969	1	0.0000	平稳
财政赤字率 deficitrate	0 0	-23.3840	1	0.0000	平稳
财政支出增长率 gfiscalexpen	0 0	-60.8477	1	0.0000	平稳

注：本样本中 n=31 个省域，t=216 个月度观测值，n/t→0，具体长面板的特征，故适合通过面板 LLC、IPS、Fisher 等进行单位根检验。以上大部分预警指标在截面去心后均在 1% 显著水平上通过了平稳性检验。

从以上检验结果可知，我国省域金融风险所有预警指标在 1% 显著水平上均通过了滞后一阶的平稳性检验。其中进口值、出口值与进出口值再加上个体效应后实现了一阶平稳性，而仅有股市成交额/工业增加值再加上个体效应和时间趋势效应后实现了平稳性。同时本节还通过面板 IPS、费雪式检验等方法对预警指标平稳性进行了检验，也能得到和表 5-10 相同的结论，在此不再赘述。因此，本节所选取的省域金融风险大部分都具有较好平稳性并都满足进行格兰杰因果关系检验的条件。

最后，进行格兰杰因果关系检验。经济学中常要确定变量之间的因果关系究竟是从 x 到 y，还是从 y 到 x，抑或是双向因果关系。Granger（1969）因果关系检验是基于以下思想：如果 x 是 y 的原因，但 y 不是 x 的原因，则 x 的过去值可帮助预测 y 的未来值，但 y 的过去值却不能帮助预测 x 的未来值。

考虑以下时间序列模型：

$$y_t = \gamma + \sum_{m=1}^{p} \alpha_m y_{t-m} + \sum_{m=1}^{p} \beta_m x_{t-m} + \varepsilon_t \tag{5-17}$$

其中，滞后阶数 p 可根据"信息准则"或"由大到小的序贯 t 规则"来规定。检验原假设："$H_0: \beta_1 = \beta_2 = \cdots = \beta_P = 0$"，即 x 的过去值对预测 y 的未来值没有帮助。如果拒绝 H_0，则称 x 是 y 的格兰杰原因（Granger cause）。将以上回归模型中 x 与 y 的位置互换，则可以检验 y 是否为 x 的格兰杰原因。注意，格兰杰因果关系并非真正意义上的因果关系，它充其量只是一种动态的相关关系，表明的是一个变量是否对另一个变量有"预测能力"，从某种意义上说，它顶多是因果关系的必要条件（如果不考虑非线性的因果关系）。另外，格兰杰因果关系也可能由第三个变量引起。

下面进行面板格兰杰因果关系检验。进行该检验不仅要保证被检验的时间序列变量是平稳的序列或具有协整关系的单整序列，而且要确定各变量的滞后阶数，为此本节通过多种统计信息准则来检验各平稳的预警指标序列与平稳的金融风险综合压力指数的最佳滞后阶数，并根据以上最佳滞后阶数检验结果，本节进一步对各预警指标与省域金融风险压力指数（PBCI）进行格兰杰因果关系检验，具体结果如表 5-11 所示。

表 5-11　我国省域预警指标与金融风险压力指数的面板格兰杰因果关系检验结果

预警指标	lags	Z-bar/z-bar tilde 检验	P 值	结论
gexports does not Granger Cause PBCI	2	0.3566/0.2970	0.7214/0.7665	gexports 不是 PBCI 的格兰杰原因
PBCI does not Granger Cause gexports	1	636662/6.5193	0.0000/0.0000	PBCI 是 exports 的格兰杰原因
gimports does not Granger Cause PBCI	1	2.5279/2.4493	0.0115/0.0143	gimports 是 PBCI 的格兰杰原因
PBCI does not Granger Cause gimports	1	0.5582/0.5121	0.5767/0.6086	PBCI 不是 gimports 的格兰杰原因
exports does not Granger Cause PBCI	1	1.001433193	0.0145/0.0146	exports 是 PBCI 的格兰杰原因
PBCI does not Granger Cause exports	1	5.4795/5.3522	0.0000/0.0000	PBCI 是 exports 的格兰杰原因
imports does not Granger Cause PBCI	1	1.003389831	0.0049/0.0051	imports 是 PBCI 的格兰杰原因
PBCI does not Granger Cause imports	1	0.8493/0.7984	0.3957/0.4246	PBCI 不是 imports 的格兰杰原因
gimportex does not Granger Cause PBCI	1	0.6898/0.6094	0.4903/0.5423	gimportex 不是 PBCI 的格兰杰原因
PBCI does not Granger Cause gimportex	3	5.4284/5.3020	0.0000/0.0000	PBCI 是 gimportex 的格兰杰原因
importex does not Granger Cause PBCI	1	1.002443681	0.0087/0.0088	importex 是 PBCI 的格兰杰原因
PBCI does not Granger Cause importex	1	2.9789/2.8929	0.0029/0.0038	PBCI 是 importex 的格兰杰原因
currentaccdr does not Granger Cause PBCI	1	0.988645763	0.1886/0.1832	currentaccdr 不是 PBCI 的格兰杰原因
PBCI does not Granger Cause currenaccdr	1	3.7722/3.6731	0.0002/0.0002	PBCI 是 currentaccdr 的格兰杰原因
gfdi does not Granger Cause PBCI	1	0.952941176	0.5762/0.5575	gfdi 不是 PBCI 的格兰杰原因
PBCI does not Granger Cause gfdi	2	0.997186246	0.0160/0.0157	PBCI 是 gfdi 的格兰杰原因
creditindu does not Granger Cause PBCI	2	0.993425187	0.0399/0.0386	creditindu 是 PBCI 的格兰杰原因
PBCI does not Granger Cause creditindu	3	4.2569/4.0989	0.0000/0.0000	PBCI 是 creditindu 的格兰杰原因
gfixedassets does not Granger Cause PBCI	3	5.002/4.8278	0.0000/0.0000	gfixedassets 是 PBCI 的格兰杰原因

续表

预警指标	lags	Z-bar/z-bar tilde 检验	P 值	结论
PBCI does not Granger Cause gfixedassets	1	6.2968/6.1560	0.0000/0.0000	PBCI 是 gfixedsaaets 的格兰杰原因
gconsumptiom does not Granger Cause PBCI	1	5.8158/5.6829	0.000/0.000	gconsumption 是 PBCI 的格兰杰原因
PBCI does not Granger Cause gconsumption	2	0.98274451	0.1496/0.1426	PBCI 不是 gconsumption 的格兰杰原因
induadv does not Granger Cause PBCI	1	1.003358462	0.0050/0.0051	induadv 是 PBCI 的格兰杰原因
PBCI does not Granger Cause induadv	2	3.2777/3.1623	0.0010/0.0016	PBCI 是 induadv 的格兰杰原因
ginduadv does not Granger Cause PBCI	2	3.5904/3.4691	0.0003/0.0005	ginduadv 是 PBCI 的格兰杰原因
PBCI does not Granger Cause ginduadv	2	1.9931/1.9023	0.0463/0.0571	PBCI 是 ginduadv 的格兰杰原因
cpi does not Granger Cause PBCI	1	137.3131/135.0105	0.000/0.000	cpi 是 PBCI 的格兰杰原因
PBCI does not Granger Cause cpi	1	8.9944/8.8091	0.000/0.000	cpi 是 PBCI 的格兰杰原因
stockindu does not Granger Cause PBCI	1	1.002674603	0.0078/0.0079	stockindu 是 PBCI 的格兰杰原因
PBCI does not Granger Cause stockindu	1	13.4555/13.1966	0.000/0.000	PBCI 是 stockindu 的格兰杰原因
realestateindex does not Granger Cause PBCI	2	3.0738/2.9624	0.0021/0.0031	realestateindex 是 PBCI 的格兰杰原因
PBCI does not Granger Cause realestateindex	2	2.8593/2.7520	0.0042/0.0059	PBCI 是 realestateindex 的格兰杰原因
realestateprice does not Granger Cause PBCI	2	4.3526/4.2167	0.0000/0.0000	realestateprice 是 PBCI 的格兰杰原因
PBCI does not Granger Cause realestateprice	1	3.6752/3.5777	0.0002/0.0003	PBCI 是 realestateprice 的格兰杰原因
grealestate does not Granger Cause PBCI	1	2.7646/2.6821	0.0057/0.0073	grealestate 是 PBCI 的格兰杰原因
PBCI does not Granger Cause grealestate	1	0.987115643	0.2117/0.2058	PBCI 不是 grealestate 的格兰杰原因
realestatecredit does not Granger Cause PBCI	1	4.9349/4.8165	0.0000/0.0000	realestatecredit 是 PBCI 的格兰杰原因
PBCI does not Granger Cause realestatecredit	1	1.9077/1.8394	0.0564/0.0659	PBCI 是 realestatecredit 的格兰杰原因

续表

预警指标	lags	Z-bar/z-bar tilde 检验	P 值	结论
grevenue does not Granger Cause PBCI	1	4.0846/3.9803	0.0000/0.0001	grevenue 是 PBCI 的格兰杰原因
PBCI does not Granger Cause grevenue	4	0.984033921	0.0601/0.0561	PBCI 是 grevenue 的格兰杰原因
fiscalelasticity does not Granger Cause PBCI	2	1.9416/1.8517	0.0522/0.0641	fiscaleasticity 是 PBCI 的格兰杰原因
PBCI does not Granger Cause fiscalelasticity	1	2.0749/2.0038	0.0380/0.0451	PBCI 是 fiscaleasticity 的格兰杰原因
fdi does not Granger Cause PBCI	1	0.99378538	0.1063/0.1041	fdi 不是 PBCI 的格兰杰原因
PBCI does not Granger Cause fdi	1	0.990114501	0.1639/0.1597	PBCI 不是 fdi 的格兰杰原因
deficit does not Granger Cause PBCI	1	1.004196039	0.0028/0.0029	deficit 是 PBCI 的格兰杰原因
PBCI does not Granger Cause deficit	2	0.989636444	0.0741/0.0712	PBCI 是 deficit 的格兰杰原因
deficitrate does not Granger Cause PBCI	3	0.8568/0.7727	0.3919/0.4397	deficitrate 不是 PBCI 的格兰杰原因
PBCI does not Granger Cause deficitrate	1	0.989188792	0.1786/0.1739	PBCI 不是 deficitrate 的格兰杰原因
gfiscalexp does not Granger Cause PBCI	1	5.2258/5.1027	0.0000/0.0000	gfiscalexpen 是 PBCI 的格兰杰原因
PBCI does not Granger Cause gfiscalexpen	1	0.999104703	0.0340/0.0338	PBCI 是 gfiscalexpen 的格兰杰原因

注：以上面板格兰杰因果关系检验中滞后阶数的合理值是根据 AIC、BIC、HQIC 准则和 P 值最小化而确定的，由表可得知，绝大多数指标与金融压力省份的两两 Granger 因果检验的滞后阶数集中在一阶和二阶，只有少数指标集中在三阶和四阶范围。

根据以上检验结果，为了进一步选取对我国省域金融风险压力指数影响比较敏感的指标，我们根据以下标准来选取预警指标：标准1重点挑选在滞后1阶至3阶下都有单向Granger因果关系的预警指标；标准2重点挑选检验结果在5%的显著性水平或以下显著的预警指标；标准3为了避免预警模型中存在解释变量多重共线性，在同类预警指标中选取最具代表性的预警指标。根据以上原则与格兰杰因果关系检验结果，本节重点选取进口增长率（gimports）、进口值（imports）、社会消费品零售总额增长率（gconsumption）、工业增加值增长率（ginduadv）、房地产价格指数（realestateindex）、房地产开发投资增长率（grealestate）、房地产开发贷款/银行贷款（realestatecredit）、财政收入增长率（grevenue）、财政赤字（deficit）、财政支出增长率（gfiscalexp）。同时本节将标准放宽为标准1重点挑选在滞后1~3阶下都有双向Granger因果关系的预警指标；并保持标准2和标准3不变，以挑选潜在的备选预警指标，根据表5-11，主要备选指标主要有：固定资产投资增长率（gfixedassets）、工业增加值（induadv）、通货膨胀率（cpi）、股市成交额/工业增加值（stockindu）、房地产单位面积售价（realestateprice）作为我国省域金融风险预警模型的重点预警指标。

因此，本节根据以上格兰杰因果关系检验结果，构建如下模型：

$$PBCI_{i,t} = \beta_0 + \beta_1 X'_{i,t} + \varepsilon_{i,t} \quad (5-18)$$

$$Ologit(PBCI\_grade_{i,t}) = \beta_0 + \beta_1 X'_{i,t} + \varepsilon_{i,t} \quad (5-19)$$

$$Ologit(PBCI\_grade_{i,t}) = \beta_0 + \beta_1 X'_{i,t} + PBCI\_grade_{i,t-1} + \varepsilon_{i,t} \quad (5-20)$$

其中对于面板排序概率模型，如果其回归结果的切点（cutoff point）用 r_j（$j=1, 2, \cdots, J$）来表示，J表示共有J种可供选择的风险等级情况，如表5-11中的无警A级警度、无警B级警度、轻警A级警度、轻警A级警度、中警A级警度、中警A级警度共6种风险等级情况。对于每种风险等级，其发生的概率计算公式如下：

$$P(y=0|\mathbf{x}) = F(\mathbf{x}, \boldsymbol{\beta}) = \frac{\exp(r_0 - \hat{\beta}_0 - \hat{\boldsymbol{\beta}} X'_t)}{1 + \exp(r_0 - \hat{\beta}_0 - \hat{\boldsymbol{\beta}} X'_t)} \quad (5-21)$$

$$P(y=j\mid \mathbf{x}) = F(\mathbf{x},\boldsymbol{\beta})$$

$$= \frac{\exp(r_j - \hat{\beta}_0 - \hat{\boldsymbol{\beta}}\mathbf{X}'_t)}{1+\exp(r_j - \hat{\beta}_0 - \hat{\boldsymbol{\beta}}\mathbf{X}'_t)} - \frac{\exp(r_{j-1} - \hat{\beta}_0 - \hat{\boldsymbol{\beta}}\mathbf{X}'_t)}{1+\exp(r_{j-1} - \hat{\beta}_0 - \hat{\boldsymbol{\beta}}\mathbf{X}'_t)} \quad (5-22)$$

$$P(y=J\mid \mathbf{x}) = F(\mathbf{x},\boldsymbol{\beta}) = 1 - \frac{\exp(r_{J-1} - \hat{\beta}_0 - \hat{\boldsymbol{\beta}}\mathbf{X}'_t)}{1+\exp(r_{J-1} - \hat{\beta}_0 - \hat{\boldsymbol{\beta}}\mathbf{X}'_t)} \quad (5-23)$$

其中，$X \equiv (x_1, x_2, \cdots, x_m)'$ 为各预警解释变量组成的向量，$\hat{\beta}_0$，$\hat{\boldsymbol{\beta}} \equiv (\hat{\beta}_1, \hat{\beta}_2, \cdots, \hat{\beta}_m)'$ 为各预警解释变量的估计参数值，$PBCI\_grade_{i,t}$ 为根据前面 $PBCI_{i,t}$ 的门限值划分的风险警度排序变量，$PBCI\_grade_{i,t} = \{1, 2, 3, 4, 5, 6\}$。$PBCI\_grade_{i,t-1}$ 为 $PBCI\_grade_{i,t}$ 的滞后一期变量。各变量原始观测数据来源和核算过程前面已作了详细介绍，在此不再重复。

首先，为了方便知晓全国 31 个省域的金融风险压力指数走势，分别绘制了 31 个省域的金融风险压力指数趋势图，如图 5-3 所示，从中可得知 31 个省域的压力指数（PBCI）均围绕 0 轴而上下波动，不同省域因自身风险特征不同，压力指数的不同年—月呈现出不同的波幅变化。以下是全国 31 个省域 2004 年 1 月至 2021 年 12 月期间各省域金融风险压力指数的统计特征，如表 5-12 所示。

从表 5-12 可得知，从金融风险压力指数平均值分析，2004 年 1 月至 2021 年 12 月，我国 31 个省域平均金融风险压力指数排名前六名的分别是海南、辽宁、吉林、山东、黑龙江和天津，排名倒数后六名省域分别是陕西、江西、广西、安徽、新疆和湖南。从金融风险压力指数波动标准差分析，期间波幅较大的排名前六的省域分别是广东、海南、吉林、天津、福建和广西，波动较小的排名倒数后六的省域分别是内蒙古、西藏、四川、山东、江苏和云南。当然，由于期间跨度有 18 年，中间经历了 2008 年的国际金融危机、2010 年的欧洲债务危机、2015 年的股市金融危机、2018 年的中美贸易摩擦升级以及 2020 年开始的疫情大流行等内外重大事件的冲击影响，不同的省域在不同的年份内面临的金融风险压力会呈现不同的波动变化。

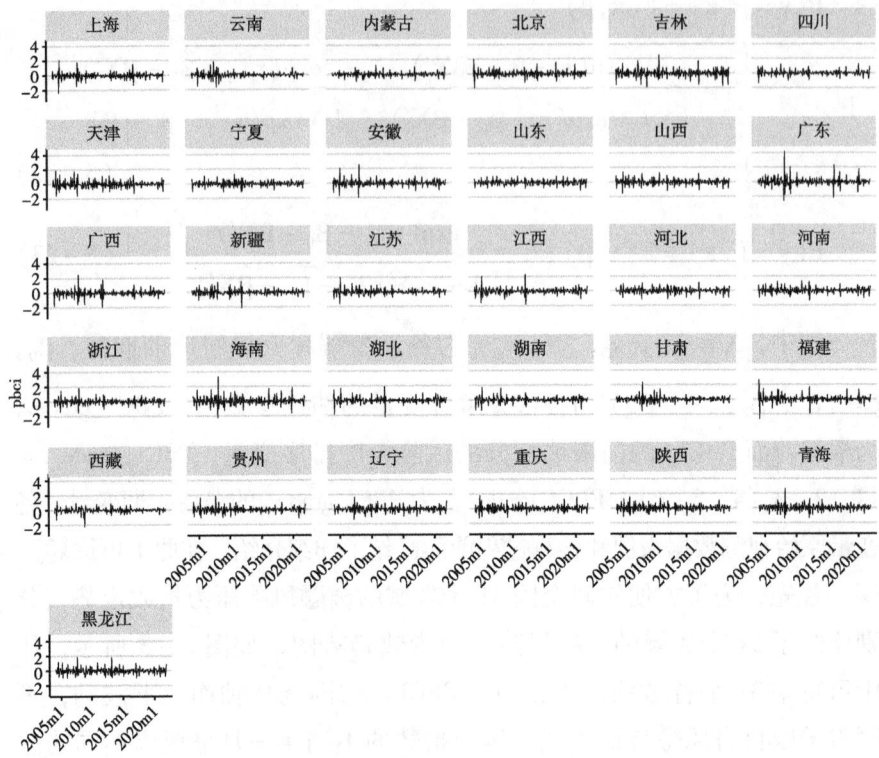

图 5-3 我国 31 个省域金融风险压力指数趋势
（2004 年 1 月至 2021 年 12 月）

表 5-12　我国 31 个省域金融风险压力指数（PBCI）描述性统计

省域	月数	平均值	标准差	最大值	最小值	25%分位数	中位数	75%分位数
海南	216	0.0051	0.5891	3.3037	-2.2388	-0.3040	-0.0640	0.2471
辽宁	216	0.0039	0.4106	1.6172	-1.3686	-0.2310	-0.0075	0.2362
吉林	216	0.0028	0.5538	2.4614	-1.9250	-0.3035	0.0021	0.2896
山东	216	0.0020	0.3509	0.8837	-1.1253	-0.1961	0.0036	0.2117
黑龙江	216	0.0017	0.4493	1.8644	-0.9668	-0.2557	-0.0056	0.2190
天津	216	0.0017	0.5124	1.9076	-1.6011	-0.2726	-0.0118	0.2549
广东	216	0.0016	0.6241	4.1609	-2.5718	-0.2329	-0.0264	0.2319
云南	216	0.0016	0.3779	1.8152	-1.6280	-0.1681	0.0062	0.1428

续表

省域	月数	平均值	标准差	最大值	最小值	25%分位数	中位数	75%分位数
河北	216	0.0016	0.3804	1.1321	-1.1544	-0.2127	-0.0010	0.2149
福建	216	0.0015	0.5073	2.6123	-2.6773	-0.2096	-0.0153	0.1893
宁夏	216	0.0013	0.3782	1.2817	-1.1193	-0.2172	0.0188	0.2544
贵州	216	0.0011	0.4050	1.8634	-1.1880	-0.1957	-0.0122	0.2146
甘肃	216	0.0010	0.3857	2.3109	-1.5436	-0.1743	0.0088	0.1679
内蒙古	216	0.0007	0.3159	1.2236	-0.9622	-0.1723	0.0044	0.1684
山西	216	0.0006	0.4274	1.3874	-1.5761	-0.2103	-0.0029	0.2382
浙江	216	0.0005	0.4071	1.8376	-1.5518	-0.2041	0.0121	0.2195
北京	216	0.0005	0.4296	1.9637	-1.8908	-0.2317	-0.0144	0.2313
湖北	216	0.0003	0.4307	1.8806	-2.2664	-0.1781	-0.0133	0.1871
上海	216	0.0000	0.4467	2.1041	-2.3654	-0.2258	0.0126	0.2217
河南	216	-0.0001	0.3981	1.3115	-1.3653	-0.2285	-0.0050	0.1950
江苏	216	-0.0001	0.3772	1.9664	-1.6193	-0.1918	-0.0348	0.1828
青海	216	-0.0003	0.4460	2.5923	-1.4272	-0.2618	0.0119	0.2665
西藏	216	-0.0003	0.3429	1.2256	-2.2454	-0.1544	0.0144	0.1557
四川	216	-0.0004	0.3504	1.2465	-1.3345	-0.1735	-0.0072	0.1635
重庆	216	-0.0007	0.4185	1.7748	-1.2698	-0.2566	-0.0263	0.2040
湖南	216	-0.0010	0.3898	1.7006	-1.4189	-0.1671	-0.0027	0.1694
新疆	216	-0.0010	0.4006	1.4737	-2.1181	-0.1953	-0.0182	0.1503
安徽	216	-0.0011	0.4737	2.5353	-1.9482	-0.2460	-0.0342	0.2506
广西	216	-0.0011	0.4815	2.4944	-1.9293	-0.2197	-0.0043	0.2111
江西	216	-0.0015	0.4313	2.2998	-1.7770	-0.2218	0.0046	0.2195
陕西	216	-0.0027	0.4373	1.5330	-1.2549	-0.2716	-0.0342	0.2526

注：以上按平均值从高到低排序，平均值越大，表示样本期间的金融风险平均压力越大，否则越小。

为了能进一步识别对金融风险压力指数有显著影响的预警解释变量，根据本章面板模型，本节对全部预警变量进行了回归分析，如表5-13所示。

表 5-13 我国省域金融风险压力指数的混合/面板多元线性回归结果

变量	混合 OLS 稳健标准误回归结果			固定面板聚类稳健回归结果			随机面板聚类稳健回归结果		
	(1) PBCI	(2) F. PBCI	(3) F2. PBCI	(4) PBCI	(5) F. PBCI	(6) F2. PBCI	(7) PBC	(8) F. PBCI	(9) F2. PBCI
gexports	0.6786** (2.3135)	-0.4175 (-1.5143)	0.1235 (0.4967)	0.7343*** (2.9390)	-0.3947 (-1.6130)	0.1254 (0.3713)	0.6786*** (2.6775)	-0.4175* (-1.7600)	0.1235 (0.3682)
gimports	-0.0113 (-0.6148)	0.0910*** (9.4672)	-0.0771*** (-5.7544)	-0.0204 (-1.4034)	0.0841*** (12.2677)	-0.0726*** (-9.2335)	-0.0113 (-0.7194)	0.0910*** (14.2970)	-0.0771*** (-9.7035)
exports	-0.0047 (-0.1793)	-0.0118 (-0.4462)	-0.0262 (-0.7777)	-0.0094 (-0.6786)	-0.0114 (-0.9715)	-0.0282** (-2.4187)	-0.0047 (-0.3723)	-0.0118 (-0.9825)	-0.0262** (-2.3057)
imports	-0.0033 (-0.1184)	-0.0168 (-0.6050)	-0.0235 (-0.6644)	0.0165 (0.8390)	-0.0280** (-2.1166)	-0.0139 (-1.2435)	-0.0033 (-0.2436)	-0.0168 (-1.2289)	-0.0235** (-1.9895)
gimportex	1.3121 (1.5123)	-0.3000 (-0.4088)	-0.3774 (-1.0368)	1.3150 (1.6377)	-0.3152 (-0.4089)	-0.3676 (-1.0035)	1.3121 (1.5633)	-0.3000 (-0.3897)	-0.3774 (-1.0450)
importex	0.0037 (0.1373)	0.0148 (0.5502)	0.0242 (0.7103)	0.0040 (0.3082)	0.0132 (1.1029)	0.0256** (2.3417)	0.0037 (0.2964)	0.0148 (1.1846)	0.0242** (2.1803)
currentaccdr	0.2119 (0.2051)	0.8162 (0.6922)	-0.1107 (-0.0873)	2.2464*** (4.8733)	1.4598* (1.7665)	0.0405 (0.0427)	0.2119 (0.2462)	0.8162 (1.6228)	-0.1107 (-0.1407)

续表

变量	混合 OLS 稳健标准误回归结果			固定面板聚类稳健回归结果			随机面板聚类稳健回归结果		
	(1) PBCI	(2) F. PBCI	(3) F2. PBCI	(4) PBCI	(5) F. PBCI	(6) F2. PBCI	(7) PBC	(8) F. PBCI	(9) F2. PBCI
gfdi	0.0185 (0.4519)	−0.0365 (−1.0305)	0.0024 (0.0599)	0.0216 (0.4815)	−0.0339 (−1.0972)	−0.0003 (−0.0058)	0.0185 (0.4149)	−0.0365 (−1.1332)	0.0024 (0.0518)
creditindu	−0.4184 (−1.5615)	0.3133 (1.2768)	0.1607 (0.5202)	−0.3534* (−2.0103)	0.2453 (1.4220)	0.2332 (1.0935)	−0.4184* (−1.8621)	0.3133* (1.8442)	0.1607 (0.8051)
gfixedassets	−0.0251 (−0.0624)	−0.0509 (−0.1637)	−0.0190 (−0.0272)	−0.0301 (−0.0744)	−0.0455 (−0.1402)	−0.0256 (−0.0349)	−0.0251 (−0.0620)	−0.0509 (−0.1610)	−0.0190 (−0.0261)
gconsumption	2.2627 (0.7044)	−7.5876** (−2.0917)	15.3919*** (2.8347)	2.2560 (0.7663)	−7.6137** (−2.0092)	15.4770*** (3.6904)	2.2627 (0.7728)	−7.5876** (−2.0082)	15.3919*** (3.6868)
ginduadv	0.6260 (1.1147)	0.4407 (0.8067)	−1.5252** (−2.0406)	0.7879 (1.1859)	0.4882 (0.9355)	−1.6106** (−2.1543)	0.6260 (1.0802)	0.4407 (0.8183)	−1.5252** (−2.1899)
induadv	0.0003 (0.3959)	−0.0014 (−1.3442)	0.0016 (1.2515)	−0.0004 (−0.6705)	−0.0017*** (−2.8726)	0.0021*** (7.0121)	0.0003 (0.4767)	−0.0014*** (−3.8723)	0.0016*** (4.4947)
cpi	−27.0593*** (−26.9406)	32.1.15*** (30.5192)	1.2951 (1.3068)	−27.12.8167*** (−16.7138)	32.1920*** (21.1377)	1.2613 (1.6594)	−27.0593*** (−16.5609)	32.1215*** (21.1790)	1.2951* (1.7159)

续表

变量	混合 OLS 稳健标准误回归结果			固定面板聚类稳健回归结果			随机面板聚类稳健回归结果		
	(1) PBCI	(2) F. PBCI	(3) F2. PBCI	(4) PBCI	(5) F. PBCI	(6) F2. PBCI	(7) PBC	(8) F. PBCI	(9) F2. PBCI
stockindu	-0.0026 (-0.7816)	0.0045 (1.4251)	0.0003 (0.0770)	-0.0046*** (-4.5249)	0.0021* (1.9354)	0.0015 (1.6652)	-0.0026*** (-3.2612)	0.0045*** (3.9525)	0.0003 (0.3878)
realestateindex	0.0488 (0.6081)	0.1476 (1.3991)	-0.1025 (-0.9493)	0.0353 (0.4343)	0.1424 (1.3171)	-0.0979 (-0.7236)	0.0488 (0.5512)	0.1476 (1.2969)	-0.1025 (-0.7477)
grealestate	-0.9308*** (-4.8867)	-0.2454*** (-2.8786)	0.2198 (1.1946)	-0.9535*** (-6.1403)	-0.2679** (-2.2247)	0.2350 (1.4191)	-0.9308*** (-6.0162)	-0.2454** (-2.0103)	0.2198 (1.2941)
realestateprice	-0.0001 (-0.9207)	-0.0001 (-1.4597)	0.0001 (1.1943)	-0.0000 (-0.7559)	-0.0001 (-1.3863)	0.0001 (0.9289)	-0.0001 (-0.8895)	-0.0001 (-1.3574)	0.0001 (0.9489)
realestatecredit	0.1944*** (2.7211)	0.1546*** (5.5345)	-0.1288*** (-2.5997)	0.2007*** (3.1749)	0.1535*** (4.7805)	-0.1279** (-2.3584)	0.1944*** (3.1376)	0.1546*** (4.7551)	-0.1288** (-2.3879)
grevenue	4.4631*** (3.0615)	-5.6290*** (-3.0650)	1.7297 (1.1248)	4.3645** (2.2276)	-5.6030*** (-3.0831)	1.7261 (1.3500)	4.4631** (2.2973)	-5.6290*** (-3.1024)	1.7297 (1.3478)
gfiscalexp	0.6567 (1.4331)	0.4430 (0.9915)	0.0755 (0.2346)	0.6937 (1.4110)	0.4310 (0.9183)	0.0879 (0.3026)	0.6567 (1.3217)	0.4430 (0.9286)	0.0755 (0.2585)

续表

变量	混合 OLS 稳健标准误回归结果			固定面板聚类稳健回归结果			随机面板聚类稳健回归结果		
	(1)	(2)	(3)	(4)	(5)	(6)	(7)	(8)	(9)
	PBCI	F. PBCI	F2. PBCI	PBCI	F. PBCI	F2. PBCI	PBC	F. PBCI	F2. PBCI
deficit	-0.0286***	0.0227***	-0.0125*	-0.0380***	0.0328***	-0.0194***	-0.0286***	0.0227***	-0.0125***
	(-5.2265)	(4.3950)	(-1.9015)	(-8.5479)	(6.9847)	(-3.8084)	(-7.2074)	(6.4560)	(-3.3872)
deficitrate	0.0673	-0.1396	0.0629	0.0630**	-0.2623***	0.1704***	0.0673*	-0.1396***	0.0629*
	(0.7534)	(-1.5729)	(0.6330)	(2.5422)	(-6.7722)	(6.0176)	(1.7548)	(-3.6853)	(1.8002)
fiscalelasticity	-0.0006	0.0015	-0.0008	-0.0004	0.0015	-0.0008	-0.0006	0.0015	-0.0008
	(-0.1574)	(0.2425)	(-0.1200)	(-0.1105)	(0.2701)	(-0.1544)	(-0.1497)	(0.2890)	(-0.1598)
fdi	0.0076	-0.0089	0.0139	0.0101	-0.0130*	0.0178***	0.0076	-0.0089	0.0139**
	(0.9793)	(-0.9042)	(1.5535)	(1.0269)	(-1.8539)	(2.7930)	(1.0138)	(-1.6343)	(2.3893)
常数项	9.4636***	-8.1495***	-0.7171	7.4295***	-5.7102***	-2.7599***	9.4636***	-8.1495***	-0.7171
	(9.8102)	(-9.8044)	(-0.7172)	(6.4936)	(-9.9622)	(-4.8794)	(19.8154)	(-16.0972)	(-1.5489)
Obs	6696	6665	6634	6696	6665	6634	6696	6665	6634
Adj R²	0.1728	0.2389	0.0013	0.1759	0.2404	0.0022	0.1758	0.2417	0.0050
F/Wald	32.5319	50.0051	3.3276	136.8177	331.4277	101.6279	2717.44	12778.5	4039.31
Prob	0.0000	0.0000	0.0000	0.0000	0.0000	0.0000	0.0000	0.0000	0.0000

注：以上回归结果均经过了以省域为聚类变量的聚类稳健标准误校正。表中括号中为 t 值检验结果，*、**、*** 分别表示在 10%、5%、1% 水平上显著。F. PBCI 表示金融风险压力指数 PBCI 的往前一期，F2. PBCI 表示 PBCI 的往前二期，下同。

从表5-13列（1）至列（9）可以得知，在解释变量是当期和滞后一期时方程的拟合程度明显要大于解释变量是滞后二期的拟合程度，且通过表5-13的单位根检验和格兰杰因果检验结果发现，大部分预警指标在滞后一期实现了平稳性并具有最佳滞后期，因此重点选择解释变量在当期、滞后一期和滞后二期都显著的预警指标，并发现出口增长率、进口增长率、出口值、进口值、经常项目赤字率、省内信贷/工业增加值、消费增长率、通货膨胀率、股市成交额/工业增加值、房地产开发投资增长率、房地产贷款/省内银行贷款、财政收入增长率、财政支出增长率、财政赤字和外商直接投资都在不同模型回归结果中与省域金融风险压力指数之间表现出显著相关性，因此以此筛选出的预警指标作为后续初步重点预警指标池。

由于本书的样本数据的省域数明显小于月度时期数，并表现出一定的长面板数据特征，为了缓解可能存在的组内自相关、组间异方差及组间截面相关性问题，本书进一步通过 XTPCSE 面板校正标准误回归，以及全面 FGLS 有效估计回归，最终结果如表5-14所示。

表5-14中列（1）和列（4）是当期预警指标回归结果，列（2）和列（5）是滞后一期预警指标回归结果，列（3）和列（6）是滞后二期预警指标回归结果。同理，由于省域金融风险大部分预警指标在滞后一阶上均实现了平稳性，且通过回归结果比较发现，当期和滞后一期的回归方程拟合程度有明显高于滞后二期回归方程的拟合程度，因此本书重点选取在当期和滞后一期均具有较好显著性的预警指标，并发现，进出口增长率、经常项目赤字率、固定资产投资增长率、消费增长率、通货膨胀率、房地产开发投资增长率、房地产新增贷款/省域银行新增贷款、财政收入增长率、财政支出增长率、财政赤字和财政赤字率均具有一定的显著性。

因此本书结合表5-13和表5-14的回归结果所共同筛选出的显著预警指标作为后续排序概率模型预警的综合重点考察预警指标，它们分别是：出口增长率、进口增长率滞后一期、进出口增长率、经常项目赤字率、省内新增信贷/工业增加值、固定资产投资增长率滞后一期、消费增长率滞后一期、通货膨胀率、股市成交额/工业增加值、房地产开发投资增长率、房地产贷款/省域银行贷款、财政收入增长率、财政支出增长率、财政赤字和财政赤字率滞后一期。这些指标将作为后续排序概率模型预警的重点考察预警指标。

表 5-14　基于长面板模型的我国省域金融风险压力指数的多元线性回归结果

变量	XTPCSE 面板校正的稳健标准误回归结果			全面 FGLS 有效估计回归结果		
	(1)	(2)	(3)	(4)	(5)	(6)
	PBCI	F. PBCI	F2. PBCI	PBCI	F. PBCI	F2. PBCI
gexports	0.7340 (1.6418)	-0.2168 (-0.5247)	-0.1302 (-0.3033)	0.3441 (1.3780)	0.0604 (0.2554)	-0.0743 (-0.3128)
gimports	-0.0135 (-0.3030)	0.0678 (1.5970)	-0.0623 (-1.3355)	0.0029 (0.0810)	0.0487 (1.3959)	-0.0508 (-1.3641)
exports	-0.0104 (-0.4919)	-0.0203 (-1.0101)	-0.0126 (-0.6100)	0.0017 (0.1739)	0.0050 (0.5296)	-0.0169* (-1.8324)
imports	0.0011 (0.0487)	-0.0262 (-1.2735)	-0.0130 (-0.6085)	0.0048 (0.4784)	-0.0010 (-0.0970)	-0.0177* (-1.8454)
gimportex	1.3742** (2.3619)	-0.1125 (-0.2078)	-0.4922 (-0.9414)	0.6676** (2.1892)	0.4863* (1.7103)	-0.3112 (-1.0940)
importex	0.0105 (0.5065)	0.0194 (0.9784)	0.0118 (0.5775)	-0.0014 (-0.1483)	-0.0039 (-0.4137)	0.0154* (1.6826)
currentaccdr	2.0968** (2.0320)	1.3984 (1.5149)	0.6008 (0.6065)	1.3206* (1.8783)	1.0302 (1.5710)	0.4507 (0.6728)
gfdi	0.0172 (0.3648)	-0.0377 (-0.8539)	0.0045 (0.1016)	0.0078 (0.3100)	0.0121 (0.4982)	-0.0054 (-0.2302)
creditindu	-0.3615 (-1.0145)	0.2539 (0.8044)	0.1809 (0.5161)	-0.1744 (-0.8376)	0.0504 (0.2558)	0.1185 (0.5699)
gfixedassets	0.2823 (0.6758)	-0.0022 (-0.0057)	0.2118 (0.5548)	0.0288 (0.1477)	-0.3920** (-2.0598)	0.1938 (1.0519)
gconsumption	2.3843 (0.6838)	-5.6810* (-1.7060)	4.8318 (0.8820)	0.0560 (0.0437)	-1.9060 (-1.4875)	1.5070 (0.9569)
ginduadv	0.8848 (1.0463)	0.3779 (0.4720)	-0.8873 (-1.1475)	0.1243 (0.4023)	0.3769 (1.2668)	0.0588 (0.2031)

续表

变量	XTPCSE 面板校正的稳健标准误回归结果			全面 FGLS 有效估计回归结果		
	(1)	(2)	(3)	(4)	(5)	(6)
	PBCI	F. PBCI	F2. PBCI	PBCI	F. PBCI	F2. PBCI
induadv	-0.0008 (-0.6533)	-0.0015 (-1.2834)	0.0006 (0.5277)	-0.0002 (-0.5223)	-0.0011 ** (-2.4902)	0.0008 * (1.9067)
cpi	-17.7650 *** (-7.6444)	23.6033 *** (10.8777)	11.7011 *** (5.5516)	-27.9699 *** (-37.4652)	30.2145 *** (41.7515)	16.6802 *** (24.6326)
stockindu	-0.0039 (-0.7895)	0.0009 (0.2109)	0.0003 (0.0596)	-0.0028 (-0.7677)	-0.0003 (-0.0854)	0.0000 (0.0075)
realestateindex	0.0736 (0.5740)	0.1234 (0.9861)	-0.1326 (-1.0113)	0.0293 (0.3849)	0.0594 (0.7980)	-0.0705 (-0.9157)
grealestate	-1.0538 *** (-5.8146)	-0.4387 ** (-2.5458)	0.1532 (0.8109)	-0.8953 *** (-6.5591)	-0.4274 *** (-3.1948)	0.1983 (1.3989)
realestateprice	-0.0001 (-0.8008)	-0.0001 (-0.9894)	0.0001 (1.1946)	-0.0000 (-0.5597)	-0.0000 (-0.7489)	0.0001 (0.9409)
realestatecredit	0.2463 ** (2.4590)	0.1676 * (1.7018)	-0.0960 (-0.9574)	0.1716 *** (3.1585)	0.1036 * (1.9129)	-0.0694 (-1.2898)
grevenue	3.5621 ** (2.2018)	-4.4033 *** (-2.9357)	-1.0754 (-0.6920)	1.6480 *** (2.6408)	-1.5048 ** (-2.4890)	-0.9849 (-1.6167)
gfiscalexp	0.6562 * (1.7306)	0.6563 * (1.7978)	0.2054 (0.5468)	0.2819 * (1.7956)	0.3474 ** (2.2683)	-0.1298 (-0.8358)
deficit	-0.0234 * (-1.7600)	0.0202 (1.6154)	-0.0065 (-0.5168)	-0.0066 * (-1.7922)	0.0005 (0.1394)	-0.0009 (-0.2516)
deficitrate	-0.0007 (-0.0046)	-0.2089 (-1.6034)	0.0741 (0.5219)	0.0046 (0.0423)	-0.0307 (-0.3027)	0.0004 (0.0034)
fiscalelasticity	0.0013 (0.4709)	0.0009 (0.3332)	-0.0001 (-0.0250)	0.0015 (0.9686)	0.0016 (1.0780)	0.0012 (0.8466)
fdi	0.0079 (0.7240)	-0.0110 (-1.0565)	0.0129 (1.2495)	-0.0040 (-0.9700)	0.0000 (0.0106)	0.0016 (0.4152)
常数项	-5.4226 (-0.8867)	2.6527 (0.4726)	-3.0301 (-0.5231)	6.8690 ** (2.0705)	-3.7813 (-1.2364)	-1.8531 (-0.6099)
省域效应	控制	控制	控制	控制	控制	控制

续表

变量	XTPCSE 面板校正的稳健标准误回归结果			全面 FGLS 有效估计回归结果		
	(1)	(2)	(3)	(4)	(5)	(6)
	PBCI	F. PBCI	F2. PBCI	PBCI	F. PBCI	F2. PBCI
时间趋势效应	控制	控制	控制	控制	控制	控制
Obs	6696	6665	6634	6696	6665	6634
R^2	0.1117	0.1867	0.0581	—	—	—
Wald chi^2	142.29	161.07	44.76	1503.87	1796.94	640.80
Prob	0.0000	0.0000	0.8596	0.0000	0.0000	0.0000

注：以上回归结果均经过了以省域为聚类变量的聚类稳健标准误校正。表中括号中为 t 值检验结果，*、**、*** 分别表示在 10%、5%、1% 水平上显著。F. PBCI 表示金融风险压力指数 PBCI 的往前一期，F2. PBCI 表示 PBCI 的往前二期，下同。

根据本书面板排序概率模型（5-2）和模型（5-3），首先对前面所筛选出的重点预警指标进行混合排序概率回归分析，最终结果如表 5-15 中列（1）和列（2）所示，其中列（1）是混合排序逻辑概率回归结果，列（2）是混合排序正态概率回归结果。从列（1）和列（2）的回归结果发现，回归方程均具有较好的整体显著性，其中出口增长率、进口增长率一阶滞后项、固定资产投资增长率一阶滞后项、消费增长率一阶滞后项、通货膨胀率、房地产新增贷款/省域银行新增贷款、财政收入增长率与财政赤字指标具有良好的预警效果（大部分在 5% 水平上显著）。

列（3）和列（4）是静态面板排序概率回归结果，从中可知，列（3）和列（4）回归方程具有良好的整体显著性，同样，出口增长率、进口增长率一阶滞后项、固定资产投资增长率一阶滞后项、消费增长率一阶滞后项、通货膨胀率、房地产新增贷款/省域银行新增贷款、财政收入增长率与财政赤字指标具有良好的预警效果（大部分在 5% 水平上显著）。

列（5）和列（6）是动态面板排序概率回归结果，从中可知，列（5）和列（6）回归方程具有良好的整体显著性，并且方程整体显著程度均有明显高于静态面板排序概率模型的回归结果。同样，出口增长率、进口增长率一阶滞后项、固定资产投资增长率一阶滞后项、消费增长率一阶滞后项、通货膨胀率、房地产新增贷款/省域银行新增贷款、财政收入增长率与财政赤字指标具有良好的预警效果，而且还发现进出口增长率和房地产投资增长率具有一定的预警效果，其中进出口增长率在10%水平上显著，而房地产投资增长率在5%水平上显著。值得注意的是，省域金融风险压力指数等级的滞后一期（即 L.PBCI_grade）在1%水平上显著负相关，对于我国省域金融风险，上一月的金融风险压力值对下一月的金融风险压力水平呈现出显著的负相关影响效应，即，如果上一月金融风险压力程度较高，则下一月将会出现下降；如果上一月金融风险压力程度较低，则下一月将会出现上升的现象，也即下一月的金融风险压力程度会对上一个月起到自动"熨平"的调节效应。这一回归结果也印证了前面对 PBCI 的自相关检验结果（即 PBCI 指数为水平上平稳的时间序列且无自相关现象）。同时本书还对滞后二期，以及滞后多期的金融风险压力指数值是否会对当期产生显著影响，结果发现均不显著。

其中对于显著预警指标的回归结果解释如下：

gexports 与 PBCI_grade 在1%水平上呈现显著正相关，即省域出口增长率越高，省域企业出口销售量越多，则出口企业向银行申请的出口信贷融资亦增加，会增加银行类金融机构现实和潜在不良资产贷款等，从而增加银行类机构短期金融风险压力指数等级。L.gimports 与 PBCI_grade 在1%水平上呈现显著正相关，即上个月的进口增长率越高，企业越需要进口更多的原材料或半成品等商品，则倾向于向银行类金融机构贷款更多的资金用于支付对外贸易费用，而目前我国短期贸易中采用商业信用融资比较普遍，即上月的进口贸易货款一般会延续到本月才支付，从而使银行类机构本月面临的现实和潜在的贷款损失风险增大，导致金融风险压力指数等级上升。L.gfixedassets 与 PBCI_grade 在5%水平上呈现显著负相关，即上月的全社会固定资产投资增长率升高，而我国固定资产投资资金与银行信贷密切相关，固定资产投资增长率越高则银行类机构信贷资金投放越高，上月现实与潜在的不良贷款风险等增加，而上月金融风险压力值具有对本月的自动"熨平"调节效应，从而使得本月的金融风险压力指数等级下降。L.gconsumption 与 PBCI_grade 在 1% 水平上呈现显著负相关，即上月的社会消费品零售总额增长率升高，则消费者用于消费的贷款增加，则上月银行信贷投放量增加导致现实与潜在不良贷款风险增加，而上月金融风险压力值具有对本月的自动"熨平"调节效应，从而使得本月的金融风险压力指数等级下降。cpi 与 PBCI_grade 在 1% 水平上呈现显著负相关，即 CPI 升高，而名义存款利率一般受央行利率指导相对变化较小，通货膨胀率升高则实际存款利率下降，银行类金融机构吸纳存款等成本压力减小，从而有利于降低银行类机构的金融风险压力指数等级。grealestate 与 PBCI_grade 在 1% 水平上呈现显著负相关，即本月房地产投资增长率升高，由于过去十几年我国大部分地区经济增长主要依靠房地产等投资带动基建建材、家电、装饰等众多行业发展，有利于带动经济增长的预期和资本市场利好预期，以及带动就业与收入增长，从而有利于降低银行类机构金融风险。realestatecredit 与 PBCI_grade 在 1% 水平上呈现显著正相关，即房地产新增贷款占银行新增贷款比重较大，则银行类金融机构不良贷款等风险增加，从而短期内直接导致银行类机构金融风险压力指数等级上升。grenenue 与 PBCI_grade 在 5% 水平上呈现显著正相关，即本月财政收入增长率升高，而我国地区财政收入主要来自企业所得税和个人所得税等，从而导致企业与个人消费者资金压力增大，向银行类机构贷款融资需求增加而还款能力下降，从而传导至银行类机构金融风险压力指数等级上升。deficit 与 PBCI_grade 在 1% 水平上呈现显著负相关，即本月财政赤字增加，也即本月财政支出大于本月财政收入，而财政支出主要用于社会各项事业的支出主要包括基础建设、科教文卫、社会抚恤和福利支出，价格补贴、企业税收返还、偿还债务支出等，其中大部分直接或间接增加了企业和家庭个人的收入水平，减轻了企业和家庭个人的经济压力，从而有利于直接或间接传导降低当月银行类机构的金融压力指数水平。L.PBCI_grade 与 PBCI_grade 在 1% 水平上呈现显著负相关，前面已经进行了解释，在此不再重述。

表 5-15 　　　基于面板排序概率模型的我国省域金融风险压力指数等级的最大似然估计结果

变量	混合稳健 ologit 回归	混合稳健 oprobit 回归	静态面板稳健 ologit 回归	静态面板稳健 oprobit 回归	动态面板稳健 ologit 回归	动态面板稳健 oprobit 回归
	(1)	(2)	(3)	(4)	(5)	(6)
gexports	0.0329 ** (2.1901)	0.0181 * (1.6937)	0.0329 *** (2.8339)	0.0181 ** (2.0098)	0.0415 *** (4.0950)	0.0249 *** (3.5690)
L.gimports	0.0050 *** (3.0666)	0.0031 *** (3.1259)	0.0050 *** (12.2083)	0.0031 *** (12.1341)	0.0050 *** (9.1830)	0.0032 *** (8.1748)
gimportex	0.0369 (1.0395)	0.0232 (1.3306)	0.0369 (1.1725)	0.0232 (1.5109)	0.0648 (1.1782)	0.0366 * (1.9095)
currentaccdr	0.0151 (0.5732)	0.0081 (0.5156)	0.0151 (0.9441)	0.0081 (0.7327)	0.0129 (0.7485)	0.0080 (0.6874)
creditindu	-0.0102 (-0.8161)	-0.0070 (-0.9272)	-0.0102 (-0.8868)	-0.0070 (-0.9674)	-0.0107 (-0.7955)	-0.0066 (-0.8813)
L.gfixedassets	-0.0350 * (-1.9156)	-0.0229 ** (-2.0045)	-0.0350 * (-1.7509)	-0.0229 * (-1.8403)	-0.0451 ** (-2.1497)	-0.0262 ** (-2.0782)
L.gconsumption	-1.2503 *** (-4.4425)	-0.6913 *** (-4.6987)	-1.2503 *** (-4.7254)	-0.6913 *** (-4.8983)	-1.1515 *** (-4.8266)	-0.6389 *** (-4.7485)
cpi	-1.1224 *** (-28.8765)	-0.6554 *** (-28.7510)	-1.1224 *** (-24.3933)	-0.6554 *** (-25.4229)	-1.2348 *** (-22.4143)	-0.7202 *** (-24.7455)
stockindu	-0.0001 (-0.3388)	-0.0000 (-0.3346)	-0.0001 (-1.5693)	-0.0000 * (-1.6507)	-0.0001 (-0.9410)	-0.0001 (-1.2928)
grealestate	-0.0065 (-0.7472)	-0.0051 (-0.9256)	-0.0065 (-1.2604)	-0.0051 (-1.4424)	-0.0091 ** (-2.3053)	-0.0061 ** (-2.2445)
realestatecredit	0.0100 *** (3.8059)	0.0062 *** (3.6625)	0.0100 *** (4.1321)	0.0062 *** (4.0717)	0.0093 *** (2.8732)	0.0058 *** (2.8819)
grevenue	0.1466 ** (2.0506)	0.0861 ** (2.1113)	0.1466 * (1.9276)	0.0861 ** (2.0431)	0.1725 ** (2.5576)	0.1023 *** (2.7503)
gfiscalexp	0.0113 (0.8242)	0.0068 (0.8081)	0.0113 (0.7690)	0.0068 (0.7547)	0.0121 (1.0944)	0.0071 (0.9334)

续表

变量	混合稳健 ologit 回归	混合稳健 oprobit 回归	静态面板稳健 ologit 回归	静态面板稳健 oprobit 回归	动态面板稳健 ologit 回归	动态面板稳健 oprobit 回归
	(1)	(2)	(3)	(4)	(5)	(6)
deficit	-0.0010*** (-4.0539)	-0.0006*** (-4.1777)	-0.0010*** (-4.8120)	-0.0006*** (-5.5844)	-0.0011*** (-4.9602)	-0.0006*** (-5.2030)
L.deficitrate	0.0033 (0.8415)	0.0019 (0.6816)	0.0033* (1.9296)	0.0019* (1.6592)	0.0018 (0.6863)	0.0011 (0.8086)
L.PBCI_grade					-0.4146*** (-37.2003)	-0.2409*** (-39.4710)
cut1_cons	-1.4653*** (-33.1173)	-0.8829*** (-34.1138)	-1.4653*** (-27.2751)	-0.8829*** (-29.8885)	-2.9674*** (-44.1011)	-1.7466*** (-49.4247)
cut2_cons	-0.7321*** (-17.7091)	-0.4447*** (-17.9644)	-0.7321*** (-20.1318)	-0.4447*** (-22.2017)	-2.1483*** (-39.1479)	-1.2637*** (-43.1595)
cut3_cons	-0.0196 (-0.4868)	-0.0093 (-0.3812)	-0.0196 (-0.6865)	-0.0093 (-0.5704)	-1.3509*** (-28.9195)	-0.7854*** (-30.1263)
cut4_cons	0.5339*** (13.0283)	0.3256*** (13.2513)	0.5339*** (17.8374)	0.3256*** (18.6548)	-0.7357*** (-16.3930)	-0.4189*** (-16.4001)
cut5_cons	1.2473*** (28.1546)	0.7413*** (28.7981)	1.2473*** (34.7891)	0.7413*** (36.5516)	0.0491 (1.0197)	0.0354 (1.2996)
sigma2_u_cons			0.0000 (0.8904)	0.0000 (0.7241)	0.0000* (1.6529)	0.0000 (0.9507)
Obs	6665	6665	6665	6665	6665	6665
Adj R^2	0.0442	0.0430	—	—	—	—
Wald Chi^2	898.12	898.20	2617.23	3323.37	6944.50	6673.11
Prob	0.0000	0.0000	0.0000	0.0000	0.0000	0.0000

注：被解释变量为省域金融风险压力指数等级（PBCI_grade），即本章的表5-7等级划分结果；L.gimports 表示 gimports 的滞后一期，其他变量前加 L.解释同理；以上回归均经过以省域为聚类变量的稳健标准误调整。

进一步，本书根据表5-15中列（5）和列（6）所确定的具有显著性良好预警指标的指标对面板排序概率预警模型进行了简化，最终的面板排序概率回归结果如表5-16所示，表中列（1）和列（2）为静态面板排序概率回归结果,列(3)和列(4)为动态面板排序概率预警结果。从中发现,无论是静态面板回归还是动态面板回归,回归方程均整体显著且主要预警指标均显著相关,但动态面板排序概率回归方程的整体显著水平要明显优于静态面板排序概率回归结果。通过进一步比较列(3)和列(4)的回归结果,发现动态面板排序逻辑概率模型的整体显著性要略优于动态面板排序正态概率模型的回归效果。因此,通过本书对省域预警模型的不断调整优化,本书以表5-16中列(3)的动态面板排序逻辑概率预警模型作为我国省域金融风险压力指数等级的最终预警模型,具体预警模型如下:

$$\text{XTOlogit}(\text{pbci\_grade}_{i,t}) = -0.4146\text{pbci\_grade}_{i,t-1} + 0.0422\text{gexports}$$
$$+ 0.0048\text{gimports}_{i,t-1} - 0.0448\text{gfixedasset}_{i,t-1} - 1.1537\text{gconsumption}_{i,t-1} -$$
$$1.2351\text{cpi} - 0.0082\text{grealestate} + 0.0093\text{realestatecredit} + 0.1724\text{grevenue} -$$
$$0.0011\text{deficit} \hfill (5-24)$$

表5-16　基于面板排序概率预警模型的金融风险压力指数等级 MLE 回归结果（简化模型）

变量	静态面板稳健 ologit 回归	静态面板稳健 oprobit 回归	动态面板稳健 ologit 回归	动态面板稳健 oprobit 回归
	(1)	(2)	(3)	(4)
gexports	0.0330*** (2.8978)	0.0183** (2.0716)	0.0422*** (4.2767)	0.0255*** (3.7276)
L.gimports	0.0049*** (12.1635)	0.0031*** (11.9755)	0.0048*** (10.6562)	0.0031*** (9.3993)
gimportex	0.0365 (1.1835)	0.0231 (1.5161)	0.0634 (1.2258)	0.0362* (1.9350)
L.gfixedassets	-0.0347* (-1.7402)	-0.0228* (-1.8327)	-0.0448** (-2.1487)	-0.0260** (-2.0735)
L.gconsumption	-1.2520*** (-4.7328)	-0.6925*** (-4.9105)	-1.1537*** (-4.8374)	-0.6399*** (-4.7633)
cpi	-1.1226*** (-24.4576)	-0.6555*** (-25.4694)	-1.2351*** (-22.4432)	-0.7202*** (-24.7816)

续表

变量	静态面板稳健 ologit 回归	静态面板稳健 oprobit 回归	动态面板稳健 ologit 回归	动态面板稳健 oprobit 回归
	(1)	(2)	(3)	(4)
grealestate	-0.0055 (-1.0759)	-0.0044 (-1.2645)	-0.0082** (-2.0584)	-0.0056** (-1.9887)
realestatecredit	0.0100*** (4.2018)	0.0063*** (4.1549)	0.0093*** (2.9083)	0.0058*** (2.9185)
grevenue	0.1474* (1.9462)	0.0861** (2.0496)	0.1724** (2.5355)	0.1018*** (2.7233)
deficit	-0.0010*** (-4.6811)	-0.0006*** (-5.3482)	-0.0011*** (-4.8141)	-0.0006*** (-5.0008)
L.PBCI_grade			-0.4146*** (-37.1504)	-0.2408*** (-39.4373)
cut1_cons	-1.4597*** (-25.8859)	-0.8788*** (-27.9991)	-2.9591*** (-42.9245)	-1.7414*** (-47.5059)
cut2_cons	-0.7265*** (-18.5580)	-0.4406*** (-19.9927)	-2.1399*** (-38.0880)	-1.2585*** (-41.3840)
cut3_cons	-0.0141 (-0.4699)	-0.0052 (-0.3003)	-1.3426*** (-28.4599)	-0.7803*** (-29.3686)
cut4_cons	0.5393*** (18.3706)	0.3296*** (19.2462)	-0.7276*** (-16.5708)	-0.4138*** (-16.4371)
cut5_cons	1.2524*** (35.8979)	0.7452*** (37.6255)	0.0567 (1.1981)	0.0402 (1.4909)
sigma2_u _cons	0.0000 (0.2810)	0.0000 (1.0847)	0.0000 (0.2108)	0.0000 (0.2839)
Obs	6665	6665	6665	6665
Wald Chi^2	2376.76	2821.47	3612.42	3251.42
Prob	0.0000	0.0000	0.0000	0.0000

注：被解释变量为省域金融风险压力指数等级（PBCI_grade），即本章的表5-7等级划分结果；以上回归均经过以省域为聚类变量的稳健标准误调整。

与此同时，本书对拟建立的静态排序概率预警模型（见表 5-16 中列（1））和动态排序概率预警模型（见表 5-16 中列（3））分别进行了风险程度概率模型预测，并对各模型预警的准确度进行了统计分析，结果如表 5-17 所示。

表 5-17　　面板排序概率预警模型的总体预警准确度比较

	静态面板 Ologit 预警模型准确度		动态面板 Ologit 预警模型准确度	
预警范围	严格区制预警	大类区制预警	严格区制预警	大类区制预警
样本数量	6665 个月		6665 个月	
准确信号数量	2066 个月	3115 个月	2433 个月	3591 个月
预警准确度	31%	46.7%	36.5%	53.9%

注：以上实际样本月数是 31 个省域×215 个月 = 6665 个月，而不是 31 个省域×216 个月 = 6696 个月，是因为模型中有预警变量的滞后一期，由此导致每个省域的 2004 年 1 月无预警结果，下同。

从表 5-17 可知，从严格区制警情的预警准确度情况来比较（即模型预测的警情等级是否与 PBCI_grade 完全相等一致），面板动态概率预警模型的准确度（36.5%）要高于静态面板概率预警模型（31%）；而且，从大类区制预警模型（即根据本章表 5-6 对 PBCI 的大类划分为无警、轻警和中警警度 3 大类警情信号）来分析后可以看出，动态面板概率预警模型的预警准确度（53.9%）也要明显高于静态面板概率预警模型的预警准确度（46.7%）。因此，从总体上来判断，动态面板排序概率预警模型的预警准确度要好于静态排序概率预警模型。当然，相比西方发达国家动辄半世纪或上百年的大样本统计数据，本书由于受到样本数量的制约，以及我国部分省域（如西藏、青海等）经济金融统计数据的部分数据缺失等影响，将会影响到本书概率预警模型的准确性。但本书作为对我国省域金融风险概率模型预警的一次有益尝试，希望对我国省域金融风险模型预警研究的发展产生一定积极的理论与现实影响。

如果我们仅关注对省域金融系统产生不安全冲击威胁的风险信号（如本书重点关注我国省域金融风险压力指数 PBCI 中的中度警情及更严重以上的危险信号，即表 5-12 中风险等级为中警及以上），对于这类危险信号，银行类金融机构将会引起较大关注并采取一定的监管措施来抑制防范风险的继续，政府监管部门也会采取一定的监管手段以防范本省域系统性金融风险的发生。因此，本书重点关注我国省域金融风险压力指数中出现中度危险警情及以上的风险信号的排序概率模型的预警准确度，笔者进行了统计分析，如表5-18所示。

表5-18　　　　中警警度及严重以上的面板排序概率预警模型预警准确度比较

警度类型	静态预警模型		动态预警模型	
	轻警警度及以下	中警警度及严重以上	轻警警度及以下	中警警度及严重以上
实际样本月数：6665个月	4565个月	2100个月	4565个月	2100个月
模型总共发生该类预警信号月数	4175个月	2512个月	4076个月	2611个月
模型发出严格一致预警信号月数	3167个月	1092个月	3326个月	1350个月
模型发生非一致预警信号月数	1008个月	1420个月	750个月	1261个月
没有发出该类预警信号	2491个月	4153个月	2589个月	4054个月
预警准确率	75.9%	43.5%	81.6%	64.3%

从表5-18可得知，无论是对于中警及更严重以上，还是轻警及更轻以下的严格区制警度预测准确度，动态面板排序概率预警模型的预测准确度（64.3%）都要明显高于静态面板排序概率预警模型的预测准确度（43.5%）。同时，对于本书构建的动态面板排序概率预警模型：（1）轻警警度及更轻以下风险状态，实际观测的月数有4565个月，而该模型中有3326个月严格一致发出了轻警及以下信号，预警准确度高达81.6%。（2）中警警度及更严重以上风险状态，实际观测的月数有2100个月，而该模型中有1350个月严格一致发出了中警及以上信号，预警准确度已达到了64.3%。虽然这一预警准确比例并不是很高，但与国外学者样本外的预测结果相比，这样的结果已经可以接受，如Kaminsky等建立的KLR预警模型的样本外预警准确度仅为4%[1]，

---

[1] Kaminsky, G, Lizondo, S. and C. Reinhart. "Leading Indicators of Currency Crises" [R]. International Monetary Fund, 1997 (6): 1-46.

Frankel 等建立的 FR 预警的样本外预警准确度仅为 8%[①]，而 Bussiere 等建立的预警模型的样本外预警准确度也仅为 20%[②]。当然前面也提及，由于受到样本数量的制约，以及西藏、青海等部分省域经济金融统计数据缺失等影响，本书的样本数量远远少于国外学者相关模型预警的样本数量，将会影响到本书概率预警模型的预警准确性。而对于轻警及更轻以下的样本数量，本书动态概率预警模型的准确度已达 81.6%，相比"弃真"的比例（1-64.3% = 35.7%），本书"取伪"的错杀比例（1-81.6% = 18.4%）出现了相应的降低。

第三节　中国省域金融风险趋势预警实证分析（未来12个月）

为了进一步检验前面所构建的动态排序概率预警模型的精确度，本书以 2004 年 1 月至 2020 年 12 月作为样本内数据进行预警模型构建，而以 2021 年 1 月至 2021 年 12 月作为样本外数据（即未来 12 个月）作为预测月份来进行预测与实际的对比分析。其中对于样本内面板排序概率预警模型的回归结果如表 5-19 所示。

从表 5-19 结果可知，对比列（1）至列（4）的回归结果，我们发现动态面板排序概率回归模型方程的整体显著性要明显好于静态排序概率回归模型，同时对比列（3）和列（4）的估计结果，发现动态面板 Ologit 估计结果总体上略好于动态面板 Oprobit 估计的回归结果，这与表 5-15 对预警模型的分析结论相一致，这也是本书的主要面板概率预警模型。从表 5-19 中列（3）和列（4）的回归结果，可以明显发现滞后一项的风险压力指数等级对当期会产生显著影响，其他各预警解释变量的经济影响意义前面已作了解释，在此不再重述。

[①] Frankel, J. and A. Rose. "Currency Crashes in Emerging Markets: An Empirical Treatment" [J]. International Economics, 1996 (41): 351-661.

[②] Bussiere, M. and M. Fratzscher. "Towards a New Early Warning System of Financial Crises" [R]. European Central Bank Working Paper, 2002 (145).

表 5-19　基于面板 Ologit 概率预警模型的我国省域金融
风险压力指数等级样本内回归结果

变量	静态面板稳健 ologit 回归	静态面板稳健 oprobit 回归	动态面板稳健 ologit 回归	动态面板稳健 oprobit 回归
	(1)	(2)	(3)	(4)
gexports	0.0309*** (2.7095)	0.0165* (1.8333)	0.0403*** (4.0655)	0.0241*** (3.4811)
L.gimports	0.0048*** (10.9985)	0.0030*** (10.5950)	0.0049*** (16.4620)	0.0031*** (15.7305)
gimportex	0.0357 (1.1707)	0.0224 (1.4722)	0.0632 (1.2221)	0.0364* (1.9110)
L.gfixedassets	-0.0383* (-1.8358)	-0.0253* (-1.9536)	-0.0487** (-2.2054)	-0.0284** (-2.1370)
L.gconsumption	-1.2869*** (-5.2899)	-0.7103*** (-5.7081)	-1.1196*** (-5.1606)	-0.6173*** (-5.2389)
cpi	-1.1593*** (-25.1920)	-0.6801*** (-26.1903)	-1.2712*** (-23.0502)	-0.7428*** (-25.2407)
grealestate	-0.0051 (-0.9980)	-0.0041 (-1.1619)	-0.0078* (-1.9281)	-0.0053* (-1.8272)
realestatecredit	0.0100*** (4.0949)	0.0063*** (4.0660)	0.0094*** (2.8748)	0.0058*** (2.9210)
grevenue	0.1210 (1.4097)	0.0718 (1.4468)	0.1649** (1.9744)	0.1000** (2.2008)
deficit	-0.0012*** (-5.1061)	-0.0008*** (-6.0210)	-0.0013*** (-5.4500)	-0.0008*** (-5.9033)
L.PBCI_grade			-0.4209*** (-35.8677)	-0.2456*** (-37.7031)
cut1_cons	-1.4733*** (-26.3497)	-0.8882*** (-28.6912)	-2.9936*** (-43.3391)	-1.7673*** (-48.0295)
cut2_cons	-0.7457*** (-18.7093)	-0.4531*** (-20.3055)	-2.1786*** (-38.3520)	-1.2868*** (-41.6196)

续表

变量	静态面板稳健 ologit 回归	静态面板稳健 oprobit 回归	动态面板稳健 ologit 回归	动态面板稳健 oprobit 回归
	(1)	(2)	(3)	(4)
cut3_cons	-0.0154 (-0.4715)	-0.0070 (-0.3762)	-1.3607*** (-27.7376)	-0.7962*** (-28.7080)
cut4_cons	0.5399*** (17.3165)	0.3285*** (18.1281)	-0.7438*** (-16.5301)	-0.4283*** (-16.6659)
cut5_cons	1.2613*** (34.3200)	0.7485*** (36.0706)	0.0515 (1.0262)	0.0328 (1.1560)
sigma2_u _cons	0.0000 (0.5992)	0.0000 (0.6108)	0.0000 (0.6177)	0.0000 (0.0827)
Obs	6293	6293	6293	6293
Wald Chi²	1667.35	1927.89	3957.37	3862.44
Prob	0.0000	0.0000	0.0000	0.0000

注：被解释变量为省域金融风险压力指数等级（PBCI_grade），即本章的表 5-12 等级划分结果；以上回归均经过以省域为聚类变量的稳健标准误调整。

根据表 5-19 列（3）动态面板 Ologit 概率模型的回归结果，本书对我国 31 个省域 2021 年 1 月至 2021 年 12 月共计未来 12 个月的风险压力等级程度结果进行了概率模型预测，其预测发生的概率结果如表 5-20 所示。

表 5-20　　基于动态面板 Ologit 概率预警模型对未来 12 个月预警准确度分析

预警范围	严格区制预警	大类区制预警
样本外预测月数	341 个月	
模型发出准确一致信号数	98 个月	180 个月
模型发出非一致信号数	243 个月	161 个月
预警准确度	28.7%	52.8%

注：预测月数是 31 个省域×11 个月=341 个月，而不是 31 个省域×12 个月=372 个月，是因为模型中有预警变量的滞后一期，由此导致每个省域的 2021 年 1 月数据缺失无预警结果，下同。

从表 5-20 可知，从严格区制预警准确度仅为 28.7%，虽然这一准确度结果较低，但相比国外成熟的预警模型的预测准确度，这一预警结果已经达到可以接受的范围。从大类区制预警结果来分析，其预警的准确度为 52.8%，已经明显好于预期的预测结果，这一结果也明显优于国外经典的预警模型的预测准确度。

与此同时，本书通过表 5-19 列（3）的动态面板 Ologit 排序概率预警模型进一步对未来 12 个月（即样本外的 2021 年 1 月至 2021 年 12 月）的中警警度及更严重以上情况和轻警警度及更轻以下的情况进行分类预警，最终预警结果如表 5-21 所示。

表 5-21　　　中警警度及严重以上的面板排序概率
预警模型预警准确度比较

警度类型	轻警警度及轻度以下	中警警度及严重以上
样本外预测月数：341 个月	213 个月	128 个月
模型总共发生该类预警信号月数	216 个月	125 个月
模型发出严格一致预警信号月数	161 个月	73 个月
模型发生非一致预警信号月数	55 个月	52 个月
没有发出该类预警信号	125 个月	216 个月
预警准确率	75.6%	57%

从表 5-21 可得知，对于我国 31 个省域未来 12 个月的预警结果：（1）对于轻警警度及轻度以下的风险等级情况，发现原观测值共有 213 个月是轻度及以下，而预警模型发出严格一致的预警信号月数为 161 个月，预警准确率达到了 75.6%；（2）对于中警警度及严重以上的风险等级情况，发现原观测值共有 128 个月是中度及以上，而预警模型发出严格一致的预警信号月数是 73 个月，预警准确率达到了 57%。这两类预测的准确度相比国外经典成熟的预警模型，已经达到了比较高的预测准确度。

第六章　新时期中国省域金融风险防控路径分析

如何及时有效地防范控制省域金融风险，以维护省域经济金融系统健康平稳的运行发展，在金融开放时代条件下尤为重要。当前，随着我国金融市场深入扩大对外开放，包括放宽境外投资者对证券、基金、保险公司等持股比例限制，取消对中资银行和金融资产管理公司的持股比例限制，并深入利率市场化改革和汇率形成机制改革，逐步放松资本项目管制等，将会对我国外汇市场和国内省域金融市场形成较大的风险冲击挑战。立足金融市场扩大开放环境背景下，如何在识别我国省域内外源金融风险传导效应，对省域系统金融风险进行科学定量测度预警分析，并探讨省域金融风险监管防控机制路径是学术界与政府监管部门所关心的共同话题。《国家"十三五"规划纲要》明确指出要"防止发生系统性、区域性金融风险"。《国家"十四五"规划纲要》指出要"健全金融风险预防、预警、处置、问责制度体系，守住不发生系统性风险的底线""加强系统重要性金融机构和金融控股公司监管，强化不良资产认定和处置，防范化解影子银行风险，有序处置高风险金融机构，严厉打击非法金融活动，健全互联网金融监管长效机制。完善债务风险识别、评估预警和有效防控机制"。党的十九大报告曾提出防范重大风险是到2020年决胜全面建成小康社会的三大攻坚战首要任务，而防范重大风险的重点是防范金融风险，也是金融工作的生命线。党的二十大报告明确指出"我们要健全国家安全体系，完善高效权威的国家安全领导体制，完善国家安全法治体系、战略体系、政策体系、风险监测预警体系"。

2008年国际金融危机后，美国、英国、法国、欧盟等主要国家和地区都进行了一系列金融监管改革，以增强本国金融系统抵抗国际金融风险的冲击威胁能力，而中国在国际金融危机之后也进行了一些重要改革与思考，其中一大重要举措就是于 2007 年 11 月成立了金融稳定发展委员会来协调传统的"一行三会"机构监管模式存在的问题弊端，以加强金融监管协调，补齐监管短板。2023 年 3 月，中共中央、国务院印发了《党和国家机构改革方案》，决定在中国银行保险监督管理委员会基础上组建国家金融监督管理总局，不再保留中国银行保险监督管理委员会。5 月 18 日，国家金融监督管理总局揭牌。至此，我国新的"一委一行一局一会"金融监管体制构架正式形成。本书立足于我国从中央到地方的集分权监管体制国情和"一委一行一局一会"的金融监管体制构架安排（2018 年 3 月 13 日国务院公布了机构改革方案，将原来的银监会与保监会合并；由原来的"一行三会"变成"一行两会"；2023 年 3 月在原来的两会基础上新组建了金融监管总局，全国各省域成立相应的金融监管局），对我国中央层面的"一委一行一局一会"监管模式和省域层面的"一行两局"的监管模式进行了详细介绍，并对国际上金融风险监管模式和欧美主要国家金融监管改革实践经验进行了介绍和总结，在此基础上提出了新时期适合我国国情的省域金融风险监管模式。同时对省域金融风险应急监管防控路径进行了分析并提出了当前及今后一段时期的具体防控对策。

第一节　中国省域与国家总体金融风险监管协调机制分析

一、中央金融风险监管的"一委一行一局一会"权力构架安排

中央于 2017 年 7 月 14 日至 15 日在北京召开全国金融工作会议并宣布将设立国务院金融稳定发展委员会，旨在加强金融监管协调、补齐监管短板。2023 年 3 月，中共中央、国务院决定在中国银行保险监

督管理委员会基础上组建国家金融监督管理总局,不再保留中国银行保险监督管理委员会。到此,我国中央层面对全国金融风险监管负有直接的监管权力和责任的"一委一行一局一会"的直接权力构架正式形成。其中"一委"是指国务院金融稳定发展委员会、"一行"是指中国人民银行、"一局"是指国家金融监督管理总局、"一会"是指中国证券监督管理委员会。其中"一行一局一会"是在之前的"一行三会"基础上发展而来的,一直以来履行着我国金融业分业与混业监管的职能,而近些年成立的金融稳定发展委员会主要是针对2008年国际金融危机以来,国际上主要发达国家都加强了对本国系统性金融风险的监管,并相应改革设立了相关的系统协调性综合监管机构以应对本国横跨各个领域的系统性金融风险的发生、蔓延和深化,同时对于近些年来新出现的影子银行、互联网金融风险以及金融市场主体混业多元化经营的趋势等传统监管机构之间存在的监管真空问题,传统分业监管下各机构之间权力交叉、利益冲突问题,以及监管滞后、监管套利等重要问题急需进行相应弥补协调。我国设立金融稳定发展委员会的主要目的是:强化人民银行宏观审慎管理和系统性金融风险防范职责,强化金融监管部门监管职责,确保我国金融安全与稳定发展。因而可以概括为:加强监管与协调,补齐风险监管短板。从金融稳定发展委员会的权力定位来分析,作为国务院直属权力机构,显然金融稳定发展委员会的权力要凌驾于传统的"一行一局一会"监管权力之上。其中,中国人民银行是国务院26个组成部门之一,而国家监管总局和中国证监会则是国务院直属行政机构,分别履行着各自领域的金融风险的监管职能。因此,我国中央层面负有直接金融风险监管的"一委一行一局一会"的监管构架如图6-1所示。

(一) 金融稳定发展委员会

金融稳定发展委员会作为在中央层面设立的专门针对我国金融风险监管的最高权力机构,其主要职责体现在:(1)落实党中央、国务院关于金融工作的决策部署;(2)审议金融业改革发展重大规划;(3)统筹金融改革发展与监管,协调货币政策与金融监管相关事项,

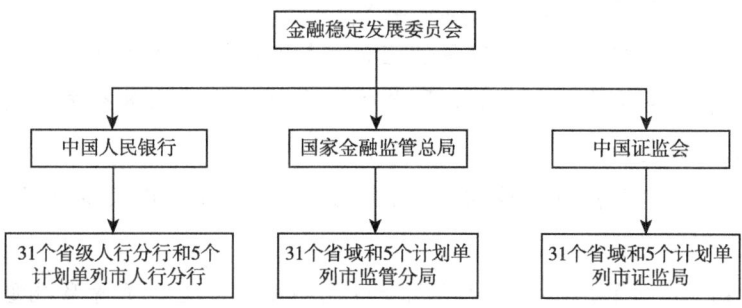

图 6-1 中央层面金融风险监管的"一委一行一局一会"构架体制安排

统筹协调金融监管重大事项,协调金融政策与相关财政政策、产业政策等;(4)分析研判国际国内金融形势,做好国际金融风险应对,研究系统性金融风险防范处置和维护金融稳定重大政策;(5)指导地方金融改革发展与监管,对金融管理部门和地方政府进行业务监督和履职问责等。

从以上职责可以明确得知,国务院金融稳定发展委员会主要职责体现在:落实、研判、规划发展、监管协调与问责、指导地方。因此,金融稳定发展委员会从某种程度上是我国金融系统监管的"总管家"与"总智囊",对影响全国金融系统风险的防范应对具有重要的作用。因此,在今后时期,"一行一局一会"(即原来的"一行两会")在我国金融风险监管领域更多的是执行角色。

(二)中国人民银行

中国人民银行作为我国的中央银行,一直以来作为我国制定与执行货币政策,代理国库干预外汇市场,对全国金融风险进行审慎监管的最高监管权力机关,对全国系统性和区域性金融风险的安全稳定起到重要的作用。从其机构归属、职能权力与对全国经济与金融系统安全的影响分析,中国人民银行的地位要高于"一局一会"的地位,因此排在第 2 位。中国人民银行的主要职责如下:

(1)拟订金融业改革、开放和发展规划,承担综合研究并协调解决金融运行中的重大问题、促进金融业协调健康发展的责任。牵头国家金融安全工作协调机制,维护国家金融安全。

(2) 牵头建立宏观审慎管理框架,拟订金融业重大法律法规和其他有关法律法规草案,制定审慎监管基本制度,建立健全金融消费者保护基本制度。

(3) 制定和执行货币政策、信贷政策,完善货币政策调控体系,负责宏观审慎管理。

(4) 牵头负责系统性金融风险防范和应急处置,负责系统重要性金融机构(除金融控股公司外)基本规则制定、监测分析和并表监管,视情责成有关监管部门采取相应监管措施,并在必要时经国务院批准对金融机构进行检查监督,牵头组织制定实施系统重要性金融机构恢复和处置计划。

(5) 承担最后贷款人责任,负责对因化解金融风险而使用中央银行资金机构的行为进行检查监督。

(6) 监督管理银行间债券市场、货币市场、外汇市场、票据市场、黄金市场及上述市场有关场外衍生产品;牵头负责跨市场跨业态跨区域金融风险识别、预警和处置,负责交叉性金融业务的监测评估,会同有关部门制定统一的资产管理产品和公司信用类债券市场及其衍生产品市场基本规则。

(7) 负责制定和实施人民币汇率政策,推动人民币跨境使用和国际使用,维护国际收支平衡,实施外汇管理,负责国际国内金融市场跟踪监测和风险预警,监测和管理跨境资本流动,持有、管理和经营国家外汇储备和黄金储备。

(8) 牵头负责重要金融基础设施建设规划并统筹实施监管,推进金融基础设施改革与互联互通,统筹互联网金融监管工作。

(9) 统筹金融业综合统计,牵头制定统一的金融业综合统计基础标准和工作机制,建设国家金融基础数据库,履行金融统计调查相关工作职责。

(10) 组织制定金融业信息化发展规划,负责金融标准化组织管理协调和金融科技相关工作,指导金融业网络安全和信息化工作。

(11) 发行人民币,管理人民币流通。

（12）统筹国家支付体系建设并实施监督管理。会同有关部门制定支付结算业务规则，负责全国支付、清算系统的安全稳定高效运行。

（13）经理国库。

（14）承担全国反洗钱和反恐怖融资工作的组织协调和监督管理责任，负责涉嫌洗钱及恐怖活动的资金监测。

（15）管理征信业，推动建立社会信用体系。

（16）参与和中国人民银行业务有关的全球经济金融治理，开展国际金融合作。

（17）按照有关规定从事金融业务活动。

（18）管理国家外汇管理局。

（19）完成党中央、国务院交办的其他任务。

从以上中国人民银行的职责可以发现，其中有些职责权力已经划归到金融稳定发展委员会，如第（1）条等。又如第（4）条对金融控股公司等金融集团的日常监管职责已划归国家金融监管总局负责。其他大部分职责都是作为一国央行的传统主要职能，如制定与发行货币，实行信贷窗口指导；制定和实行人民币汇率政策，干预外汇市场，维护国际收支平衡；发行人民币，经营国库，管理全国外汇储备；负责统筹监管全国支付清算系统正常运行；充当银行系统最后贷款人角度；代表中国政府参与和央行相关的国际活动等。可以说，即使现在成立了金融稳定发展委员会并且权力凌驾于中国人民银行之上，但作为中国央行，其对全国经济与金融系统的安全稳定依然起到极其重要的职能作用。

（三）国家金融监督管理总局（简称"金融监管总局"）

国家金融监管总局是2023年3月在原中国银保监会的基础上新组建而成的，因此国家金融监管总局基本上继承了中国银保监会的主要职责，同时将中国人民银行对金融控股公司等金融集团的日常监管职责、有关金融消费者保护职责，中国证券监督管理委员会的投资者保护职责划入国家金融监督管理总局。因此国家金融监管总局主要履行着原来银行与保险业金融监管的主要职责，而银行业与保险业在中国金融市场当中占据绝对主体（如本书中我国金融业内部结构分析部分，2021年银行业资产占金融业总资产的82%，而保险业资产占比为6%，两者之和为88%，尤其是银行业保持健康稳定对我国金融市场安全稳定的重要性），因此，根据近些年来国内外银行类机构与保险类机构的业务发展态势，加强我国银行业与保险业市场的监管，维持金融市场安全稳定的职责非常重要，新成立的国家金融监管总局主要履行着之前银保监会的主要职责，具体如下：

（1）依法依规对全国银行业和保险业实行统一监督管理，维护银行业和保险业合法、稳健运行，对派出机构实行垂直领导。

（2）对银行业和保险业改革开放和监管有效性开展系统性研究。参与拟订金融业改革发展战略规划，参与起草银行业和保险业重要法律法规草案以及审慎监管和金融消费者保护基本制度。起草银行业和保险业其他法律法规草案，提出制定和修改建议。

（3）依据审慎监管和金融消费者保护基本制度，制定银行业和保险业审慎监管与行为监管规则。制定小额贷款公司、融资性担保公司、典当行、融资租赁公司、商业保理公司、地方资产管理公司等其他类型机构的经营规则和监管规则。制定网络借贷信息中介机构业务活动的监管制度。

（4）依法依规对银行业和保险业机构及其业务范围实行准入管理，审查高级管理人员任职资格。制定银行业和保险业从业人员行为管理规范。

（5）对银行业和保险业机构的公司治理、风险管理、内部控制、资本充足状况、偿付能力、经营行为和信息披露等实施监管。

（6）对银行业和保险业机构实行现场检查与非现场监管，开展风险与合规评估，保护金融消费者合法权益，依法查处违法违规行为。

（7）负责统一编制全国银行业和保险业监管数据报表，按照国家有关规定予以发布，履行金融业综合统计相关工作职责。

（8）建立银行业和保险业风险监控、评价和预警体系，跟踪分析、监测、预测银行业和保险业运行状况。

（9）会同有关部门提出存款类金融机构和保险业机构紧急风险处

置的意见和建议并组织实施。

（10）依法依规打击非法金融活动，负责非法集资的认定、查处和取缔以及相关组织协调工作。

（11）根据职责分工，负责指导和监督地方金融监管部门相关业务工作。

（12）参加银行业和保险业国际组织与国际监管规则制定，开展银行业和保险业的对外交流与国际合作事务。

（13）负责国有重点银行业金融机构监事会的日常管理工作。

（14）完成党中央、国务院交办的其他任务。

根据国家金融监管总局的具体职责条款，我们可以将其大体分为6大类：第一类是参与起草拟定银行业与保险行业的法律法规并制定银行与保险业的监管规则；第二类是对银行业与保险行业中的各类金融机构主体的成立、分立、合并、变更、解散及破产清算等进行审批监管，对相关机构的高管人员实施任职资格审查等；第三类是依据审慎监管和金融消费者保护基本制度，制定银行业和保险业审慎监管与行为监管规则；第四类是银行业与保险业的经营情况实施现场与非现场监管；第五类是制定银行业与保险业的监测预警系统以及应急风险处置方案并实施；第六类是依法打击各类非法金融活动等。

（四）中国证券业监督管理委员会（简称"证监会"）

证监会作为中国传统的"三会"之一，成立于1992年10月，同时成立的还有国务院证券委员会；1995年3月，国务院批准《中国证券监督管理委员会机构编制方案》，确认证监会是国务院直属副部级事业单位，是国务院证券委的执行机构，对中国证券期货市场进行监管；1998年，国务院证券委员会被并入中国证券监督管理委员会，证监会成为国务院直属正部级事业单位，其依照法律、法规和国务院授权，统一监督管理全国证券期货市场，维护证券期货市场秩序，保障其合法运行。其监管的范围包括证券市场上的金融机构与上市公司、各类证券投融资金融工具等，在我国应对防范金融系统风险和维护我国多层次资本市场的健康完善起到非常重要的作用。

根据证监会的职责条款，我们可以概括为4类：第一类是对证券市场相关法规和监管规则的制定，包括制定证券期货市场的相关法律法规和证券期货市场监管的相关规章办法，垂直领导全国的证券监管机构，以便对全国实施监管。第二类是监管境内证券市场投融资标的产品（或投融资工具）在证券市场从进入到退出的整个过程活动，如股票、债券、基金、各种金融衍生产品的发行上市、交易、托管、结算等活动。第三类是监管证券市场的各种金融机构和上市公司的金融市场活动，包括对相关机构的审核成立及设定经营业务范围的权力等，可大体划分为4小类：其一为证券期货市场的中介服务机构，有证券公司、期货公司及其他证券服务类机构，如投资咨询机构、财务顾问机构、资信评级机构、资产评估机构会计事务所、律师事务所等；其二为证券期货市场的基础设施，有证券交易所、证券登记结算机构、期货交易所、期货结算所等；其三为机构投资者，主体为证券投资基金，还有合格境外机构投资者（QFII）；其四为境内外上市的中国公司。第四类是履行自身的职能义务活动，如对证券市场上的信息传播活动及其统计活动进行收集、统计整理和监管，并代表中国参与和证券监管相关的国际活动。2023年3月金融监管机构改革中，将原来由国家发展和改革委员会主管的企业债券发行审核职责，转为由中国证券监督管理委员会统一负责公司（企业）债券发行审核工作。过去分割的中国债券市场监管局面，终于迈向了统一监管体系。从以上中国证监会的职能可以看出，随着我国经济社会的发展，多层次资本市场的不断建立和发展，各种投融资活动的越来越活跃盛行，尤其是各类金融衍生工具的层出不穷和日益复杂化，证监会对促进我国资本市场的持续健康发展和防范化解金融市场上的各种金融风险，起到越来越重要的作用。

二、我国地方省域金融风险监管的"一行两局"权力构架安排

2013年11月，党的十八届三中会作出《中共中央关于全面深化

改革若干重大问题的决定》,并明确指出:"界定中央与地方金融监管职责与风险处置责任",但在2008年国际金融危机爆发之前,金融业基本上是由中央"一行三会"及在各省域的派出机构进行自上而下垂直统一监管。2008年国际金融危机之后,国家逐步允许各地政府试点批设地方性金融机构开展业务,由此一大批小型金融机构应运而生,包括小额贷款公司、融资担保公司、典当行等。2014年8月,《国务院关于界定中央和地方金融监管职责和风险处置责任的意见》进一步明晰地方政府要承担对部分金融活动的监管职责,包括引导和规范民间借贷、新型农村合作金融组织的行为,以防范和打击欺诈、非法集资等行为。2017年7月第五次全国金融工作会议召开,会议指出"地方政府要在坚持金融管理主要是中央事权的前提下,按照中央统一规则,强化属地风险处置责任",提出成立"国务院金融稳定发展委员会",并负责指导地方金融改革与监管,对金融管理部门和地方政府进行业务监督和履职问责等。同时,明确地方政府监管的对象包括"7+4"的类金融机构,7类金融机构指小额贷款公司、融资担保公司、区域性股权市场、典当行、融资租赁公司、商业保理公司、地方资产管理公司,4类机构指辖区内投资公司、农民专业合作社、社会众筹机构、地方各类交易所。而根据2023年金融监管机构改革方案,在地方的银保监局基础上组建地方金融监管局,并且成为省政府的直属机构,强化了地方金融风险属地监管的职责,各省专门负责本省域金融风险管理处置的机构主要是各省地方金融监管局,包括对以上"7+4"类地方小型金融监管的准入门槛和金融风险进行监管处置,以及地方出现的新型金融机构或新兴金融业态的监管,以避免过去容易存在的地方金融监管无法可依、监管权力有限、监管能力不足以及监管空白等问题。

当前,在我国省域层面的金融风险直接监管机构可以概括为"一行两局"的监管体制,主要负责监管本省域辖区范围内的金融风险发生,防范出现区域性金融风险蔓延深化,以致集中暴发问题。其中"一行"是指中国人民银行派驻全国31个省域分行和5个计划单列市分行;人行省域分行主要履行中央银行在地方上的相关具体监管职能,并与"两局"一起共同监管防范地区金融风险以维护地区金融稳定，同时还肩负着国家外汇管理局在地方上的相关外汇、外债和国际收支业务职能。"一局"是指全国31个省域的金融监管局，为各省人民政府领导下的正厅级行政单位，而5个计划单列市的金融监管局为副厅级行政单位。另"一局"是指中国证监会派驻到全国31个省域和5个计划单列市证监局，其中两局之间履行分业监管职能，并与人行省域分行一起共同防范化解地区金融风险，维护本地区的金融稳定。

省域"一行两局"的省域金融系统监管权力构架安排如图6-2所示。下面分别介绍省域各个金融监管机构，以对我国省域金融风险如何监管与改进有更加深入了解。

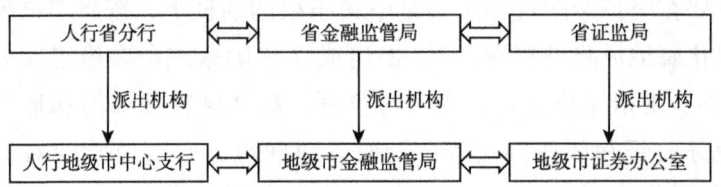

图6-2 我国省域层面金融风险监管的"一行两局"构架体制安排

（一）各省人民政府金融工作办公室（目前已并入省金融监管局）

省金融办是直属于省级人民政府领导的正厅级行政单位。省金融办主要负责全省金融协调监管与金融风险防范化解，谋求金融支持实体经济建设和推动地方金融机构改革创新等任务，以浙江省为例，根据浙江省金融办的具体金融职能条款，省金融办的主要职能大体可分为4类：第一是落实中央金融业的改革发展政策与金融监管的相关法规制度，并同时研究本省的金融业发展规划与面临的重大问题等；第二是协调与中央派驻省域的金融监管机构之间的沟通联系，包括中国人民银行驻省分行、原驻省银保监局和证监局，并在本省的政府、银行和企业之间等搭建相关的合作平台机制；第三是为本省实体经济的发展谋求更多金融资源的支持，并推动本省金融市场体系和金融聚集区建设，防范化解本省的金融风险；第四是推进本省银行类和非银行类金融机构的改革发展创新等工作。目前各省金融办已经并入省金融监管局里面，而省金融监管局成为了省政府的直属机构，强化了各省属地金融风险监管职责，并在一定程度上较好解决了中央金融监管派出机构与本地金融监管机构之间的协调配合问题。

（二）中国人民银行驻省域或计划单列市分行

中国人民银行驻省域分行是中国人民银行的派出机构，包括 31 个省级分行和 5 个计划单列市分行，如中国人民银行驻南京分行等。2023 年 3 月的金融监管改革方案已撤销省中心运行的建制并改为省分行建制。

以中国人民银行南京分行为例，其经中国人民银行授权的主要职责包括如下：

（1）认真贯彻执行国家有关法律、法规、方针、政策及中国人民银行的规章和有关政策规定；

（2）负责在辖区及江苏省贯彻执行中央银行资金、存款准备金、再贴现、利率等有关货币信贷政策，监督管理金融市场；

（3）防范化解辖区及江苏省系统性金融风险，维护地区金融稳定；

（4）分析、研究辖区及江苏省宏观经济金融形势，为中央银行的货币政策决策提供政策建议和依据；

（5）负责管理江苏省金融统计工作及信贷征信业务，推动建立社会信用体系；

（6）管理江苏省货币发行、现金管理和反假人民币业务；

（7）管理江苏省人民银行系统的会计财务、支付结算业务，负责对大额资金异常流动的监测；

（8）管理江苏省外汇、外债和国际收支业务；

（9）管理江苏省国库业务、科技和安全保卫工作；

（10）负责辖区人事、内审、党群等工作；

（11）承办中国人民银行交办的其他事项。

从以上职责，我们可以大体划归为五类：第一类是贯彻执行国家相关法律法规和中央银行金融监管相关政策规定；第二类是执行中央银行在本辖区的货币信贷政策，包括货币发行、现金管理和人民币打假等；第三类是研判本辖区的经济金融形势，并进行相关的监测统计工作等；第四类是防范化解本辖区的金融风险、维持本辖区的金融稳定；第五类是承担国家外汇管理局在地方的工作，包括管理本辖区的外汇、外债业务和国际收支业务等。

（三）国家金融监管总局驻省域或计划单列市的金融监管局

以国家金融监管总局驻天津金融监管局为例，天津市地方金融监督管理局（以下简称"天津金融监管局"）成立于2023年7月，是省政府直属机构，为正厅级，加挂天津市人民政府金融工作局牌子。地方金融监管局主要履行着原来省级银保监局的主要职责，如天津金融监管局主要职责包括：

（1）贯彻执行有关地方金融监管方面的法律法规，会同有关部门研究起草地方性法规、政府规章草案和政策文件等，拟订有关地方性规范、标准并组织实施。

（2）拟订本市地方金融业改革发展规划，研究分析宏观金融形势、国家金融政策和本市金融运行情况，对本市地方金融业改革开放和地方金融机构监管有效性开展系统性研究，提出对策建议。协调推进金融创新运营示范区建设。

（3）建立健全地方金融监督管理体系，负责制定对地方金融机构政策措施和监管制度。

（4）依法依规开展地方金融监督管理，负责本市小额贷款公司、融资担保公司、区域性股权市场、典当行、融资租赁公司、商业保理公司、地方资产管理公司等的监管，承担相应的风险处置责任。

（5）加强对本市投资公司、开展信用互助的农民专业合作社、社会众筹机构、民间借贷、新型农村合作金融组织等的引导和规范。

（6）负责本市金融监管职责范围内的金融消费者权益保护工作，加强金融知识宣传，增强金融消费者自我保护能力，督促监管职责范围内的金融机构加强信息披露和消费者风险提示。

（7）负责防范和化解地方金融风险。加强对所监管机构的风险监测评估、风险预警和风险处置，配合国家金融管理部门加强对本地区跨市场、跨行业交叉性金融业务的监测分析和风险管理。

（8）会同有关部门依法依规打击非法金融活动，规范金融秩序。会同有关部门防范和处置非法集资，开展相关金融领域信访和维稳工作，维护金融稳定。

（9）建立健全金融服务体系，为国家金融管理部门、驻津金融机构做好服务工作和信息交流工作，为本市地方法人银行业、证券期货业、保险业、地方金融机构规范发展提供服务。

（10）配合国家金融管理部门完善、规范本市资本市场体系，统筹权益类交易场所的监管。负责推动本市企业挂牌上市工作，会同有关部门做好上市公司的规范发展工作。为本市企业利用各种直接融资方式进行融资提供协调服务。

（11）建立金融监管职责范围内的地方金融机构数据统计制度，配合有关部门开展本市金融数据统计工作，推动金融信息共享。

（12）指导和监督区金融工作部门相关业务工作。

（13）组织开展地方金融业合作交流工作，配合推动金融聚集区建设，促进融资信息有效对接，配合有关部门推进社会信用体系建设。

（14）在职责范围内为安全生产工作提供支持保障，共同推进安全生产发展。

（15）指导本领域人才队伍建设。

（16）组织推进本领域招商引资工作。

（17）市委、市政府交办的其他事项。

（18）职能转变。围绕国家金融工作的指导方针和任务，进一步明确职能定位，强化监管职责，加强微观审慎监管、行为监管与金融消费者保护，加强事中事后监管，优化金融服务，推动地方金融机构业务和服务下沉，更好地发挥金融服务实体经济功能。

（四）中国证监会驻各省域或计划单列市证监局

省证监局是中国证监会的派出机构，隶属中国证监会垂直领导的正厅级行政单位，根据我国证券业监督法和证监会授权，对本辖区内的证券市场实施监管。以中国证监会浙江监管局为例，浙江证监局负责对浙江省杭州市、嘉兴市、湖州市、绍兴市、舟山市、台州市、金华市、温州市、丽水市、衢州市等 10 个地市的证券期货市场进行监管。

省证监局或计划单列市场证监局的主要职责包括：

（1）根据中国证监会的授权，对辖区内的上市公司，拟上市企业，证券、期货经营机构，证券期货投资咨询机构和从事证券业务的会计师事务所、律师事务所、资产评估机构等中介机构的证券、期货业务活动进行日常监督管理，防范和处置辖区内有关市场风险；

（2）对证券期货等金融机构的违法违规行为实施调查，并作出行政处罚，保护和教育证券期货投资者；

（3）法律、行政法规规定和中国证监会授权的其他职责。

三、基于国际经验的中央到省域金融风险监管协调模式再思考

（一）国际金融风险监管模式介绍

目前世界各国由于自身的政治体制、经济金融体制、法律体系和经济发展条件阶段等因素影响，各国的金融监管体制也呈现出多样性而没有统一标准。纵观各国在曾经和现行选择的金融监管体制，大体可分为以下几种监管模式。

1. 机构监管和功能监管。

（1）机构监管是指按照不同类型的金融机构来设立和划分监管机构，一种类型的金融机构由一个专门的监管主体来管理，但是该监管主体无权干涉其他类型金融机构的日常运营活动。在这种监管模式下，往往银行业、证券业和保险业分属不同的监管机构，但是监管保险业的机构无权干涉银行业和证券业的经营行为。

机构监管模式核心基础是分业经营体制，因为其优点之一是金融

行业内部分工明确，界限明晰，易于监管机构进行专业监管。还有一个优点就是当一家金融机构经营多项业务时，机构监管模式使得监管者可以评价金融机构整体产品系列的风险，因为不同系列的金融产品是相关联的，风险可以在不同系列之间传播，那么机构监管可以使得监管主体能够评价被监管机构整体性的经营风险。机构监管模式的缺点就是当金融产业组织的清晰界限变得模糊时（即该金融机构是综合性的，机构监管模式不知道该将其划分为哪类传统具体类型），不同金融市场和金融机构之间开始交叉，机构监管容易造成监管真空和多重监管；不同类型的金融机构很有可能会提供同种类型的产品，但是他们却要被区别监管，这样可能会导致一定的不公平性；另外，在金融混业经营体制下，监管者则要对被监管金融机构的多种类型业务进行监管（这又涉及功能性监管了），对每种类型的业务制定监管细则，加大了监管成本，降低了监管效率（所以对机构的机械划分已经不适用时代发展趋势，而被业务功能监管所取代）。

（2）功能监管是指按照金融体系的基本功能和金融产品的具体性质划分监管权限，即针对特定类型的金融业务（银行业务、证券业务和保险业务）分别进行监管，对于那种交叉性的金融业务同样明确其监管主体，新加坡是世界上第一个确立功能监管体制的国家。在混业经营下，功能监管相比机构监管有明显的优势，可以实现跨市场、跨机构、跨产品的协调，提高管理的协调性、一致性和连续性；根据金融产品功能进行监管可以避免监管真空和减少重复监管带来的效率损失；由于金融产品基本功能比较稳定，功能监管比机构监管更能适应将来金融市场出现的新情况；不同金融机构的同一金融业务适用同一种监管准则保证了公平竞争，避免了机构监管模式下的区别监管。

2. 统一监管和分业监管。

（1）统一监管是指对于不同的金融业务和金融机构，无论是业务监管还是审慎监管，均由一个主体统一监管。该种模式是典型的混业监管模式，把原来外部各监管机构之间的义务和权利进行内部化，将原来各独立机构之间的关系变为系统内权责利的统筹与协调，这样就不存在外部分工合作的问题，降低了信息处理成本和改善了信息质量，获得了规模效益，提高了效率，在处理跨资本市场和货币市场的综合性问题上，拥有较强的统一协调能力。该种模式于20世纪80年代末期在瑞典、丹麦和挪威开始实施，亚洲金融危机后，韩国和日本也开始采纳这种模式，目前最典型的统一监管模式是英国1997年金融改革后建立的监管体制，金融服务监管局（FSA）是英国唯一的金融监管机构，具有金融监管所需的全部法律权限（统一监管适合于某些国家，如国家金融市场规模小、金融机构数量少、从业人员少，不适合像中国这样的国家）。

（2）分业监管模式的基本框架是将金融机构分为银行、保险和证券3个领域，每个领域各设立一个专门的监管机构，全面负责该领域的审慎监管和业务监管，该种模式的实质是机构型监管，我国传统的"一行三会"就是这种监管体制。该模式利于促进监管机构之间的竞争（是否有必要竞争，都是公共性组织而不是营利性公司组织，都是为了维护金融安全稳定），但缺陷是协调性差，并会导致重复监管和监管真空，产生较高的监管成本。

3. 牵头监管模式。

牵头监管模式是对分业监管模式的改进，主要用来克服分业监管的协调性差、交叉监管和监管真空的问题。通过指定一个特定的监管机构作为牵头监管机构，总体负责各个监管机构的协调工作，建立起及时的协调磋商机制，方便各机构有效交换信息，并避免机构之间相互推卸责任。这种模式有两个主要优势：一是目标明确。目标明确的优势也是分业监管的主要优势，金融监管的目标往往是多重性的，而非单一的。分业监管可以对多重目标进行科学细分，然后各个监管机构在其监管领域针对特定细分目标进行重点和专业化的监管，最终有利于多重监管目标的实现。二是牵头协调提高了监管效率。监管机构之间的定期磋商协调，可以相互交换信息，加强了合作态势，既促进了监管机构之间的竞争，提高了效率，又避免了对交叉责任的推诿现象。这个模式最大的一个问题就是牵头机构是否应该承担控制整体性金融风险的责任，不同于统一监管体制，统一监管模式只有一个监管机构，负责监管整个金融系统，当然也由其承担控制整体性金融风险的责任，而在牵头监管模式下，具体的监管权力被分配到了各个监管机构，而牵头机构更多的是负责协调磋商，因此是否能够承担控制整体风险的责任值得怀疑。

4. "双峰"式监管模式。

"双峰"式监管模式，也叫目标监管模式，根据两个主要监管目标设立两类监管机构，一类负责金融机构的审慎监管，控制金融系统整体性的金融风险；另一类负责对金融市场业务进行监管，从而起到双重保险的效果。这种模式与统一监管相比保持了一定的制衡和分工，保证了监管机构之间一定的竞争度（注：监管机构不是营利性公司，是否有必要相互进行展开竞争）；与分业监管相比，从审慎监管和市场监管两个层面可以避免监管交叉和真空，也降低了监管机构之间的协调成本。澳大利亚在1998年实行的监管框架就是这种模式的典型代表，原来储备银行对银行业的监管权，保险与退休金委员会对保险和退休金的审慎监管权以及金融机构委员会的审慎监管职责都交给了新成立的澳大利亚审慎监管局；澳大利亚证券与投资委员会则负责金融市场经营方面的监管，制定市场行为准则和退休金、储蓄、投资、保险等金融产品的交易标准，维护信息披露机制，保护客户权益。

5. 伞形监管模式。

美国的金融监管体系也是一种标志性的模式，这种模式的特点总体可以概括为伞形监管加上功能性监管。美国于1999年颁布了《金融服务现代化法》[1]，该法案完成了美国的金融自由化进程，允许金融控股公司通过设立子公司跨界经营商业银行、证券、商业保险和投资银行等业务，建立了金融混业经营体系。为了适应金融经营体系的变迁，美国政府改革了原有的分业监管体系，建立了伞形监管和功能监管混合的监管模式[2]（见图6-3）。

---

[1] 《金融服务现代化法》又称《格朗—利奇金融服务现代化法案》（Gramm - Leach Financial Services Modernization）。

[2] 李变花. 扩大开放下中国金融安全与监管研究 [M]. 北京：中国经济出版社，2009.

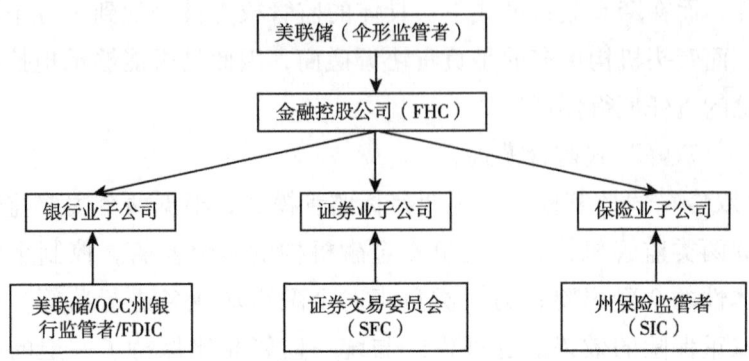

图6-3 美国伞形金融监管体系

伞形监管主要指的是对同时从事银行、证券、基金、保险等业务的金融控股公司,由美联储作为其伞形监管人,负责大型金融控股公司的综合性监管,限制金融控股公司从事高风险业务;功能监管主要是指金融控股公司旗下的银行类、证券类和保险类子公司分别保持原有的监管模式,即从事银行业的子公司接受银行业监管者的监管,从事证券业的子公司接受证券交易委员会(SEC)的监管,从事保险业的子公司接受州保险监管署(SIC)的监管。可以看出,美国的监管体系层次分明,体系严密,从母集团和子公司两个层面分别入手,具有一定的双重保险作用,但是为了避免重复和过度监管,一方面要加强伞式监管人和功能监管人之间的协调配合,另一方面美联储作为伞式监管人的权力也受到一定的限制,美联储必须尊重功能监管当局的权限,尽量采用其检查结果。联储在未得到功能监管当局同意的情况下,不得要求非银行类附属机构向濒临破产的银行注册资本;但是如果金融控股公司或者其附属机构的行为威胁到联储下属银行的稳定性时,联储有权干涉。

(二) 2008年国际金融危机之后欧美发达国家金融监管改革实践经验

2008年美国次贷危机引发的全球金融危机是对发达国家金融监管体制是否有效的"试金石",有英国的统一监管体制、美国的伞形监管加功能监管体制、法国的分业多头监管体制以及澳大利亚的双峰监管体制。

1. 美国金融监管体制改革。

在1999年《金融现代化服务法案》出台之前,美国实行的是严格的分业经营体制,与之相对应的是分业监管体制,分别对商业银行、证券公司和保险公司这3种不同机构划分监管权力,再加上美国是联邦与州二级行政体制,因此,在同一个行业有多个监管机构,如银行业,在联邦层面,货币管理署(OCC)负责监管国民银行(联邦注册银行),美联储理事会负责监管美联储州特许银行,联邦存款保险公司(FDIC)负责监管非美联储会员但获得FDIC保险的州特许银行,在各州的层面,各州监管部门负责监管州立银行。《金融现代化服务法案》实施之后,美国金融走向混业经营模式,允许以设立金融控股公司的方式实施混业经营,因此美国开始实施功能监管模式,并辅之以伞形监管架构。伞形监管主要指美联储作为伞形监管者综合监管金融控股公司;功能监管主要是指金融控股公司旗下的银行类、证券类和保险类子公司分别保持原有的监管模式,即从事银行业的子公司接受银行业监管者的监管,从事证券业的子公司接受证券交易委员会(SEC)的监管,从事保险业的子公司接受州保险监管署(SIC)的监管。

在次贷危机中,美国的监管体制暴露了严重的缺陷,主要表现为:第一,无法应对系统性的风险。美联储缺乏监控系统性风险的权威,无法应对系统性的突发事件,信息的滞后又妨碍了美联储及时制定出有效的应对措施。另外,众多监管机构之间缺少必要的协调机制。第二,监管区隔造成了监管真空。美国的功能监管体制是由原来的分业监管模式升级而来的,并不是另起炉灶的重新设计,没有从根本上动摇分业监管的基本格局,使得监管区域存在隔离现象,无法实现监管的无缝对接,如CDO(债务担保证券)、CDS(信用违约掉期)这样的金融衍生产品,没有在美联储、储蓄管理局,证券交易委员会之间明确监管机构。另外,监管重叠严重影响了监管机构对风险信息的处理速度,降低了处理危机的效率。

次贷危机爆发后,美国政府先后出台了两部改革方案,并于2010年6月由国会出台了相应的法律。这两部改革方案分别是2008年3月31日布什政府制定的《金融监管架构现代化改革蓝图》(《蓝图》),以及2009年6月17日公布的《金融监管改革——新基石:重构金融监管与规制》(《新基石》),这两部改革方案直接导致了国会出台了"多德弗兰克"法案。这两部改革方案以及最终出台的法律都说明了美国政府的监管改革目标是建立双峰监管体制,即目标监管模式。

《蓝图》共分为八个部分,最终的目标是建立以市场稳定监管、审慎监管和金融市场商业行为监管为三大支柱的金融监管体系,具体措施分为短期、中期、长期三个阶段。在长期阶段中,该方案提出:(1) 美联储是金融市场稳定的监管者,负责监控系统性的风险,保证金融市场整体稳定;(2) 设立金融审慎监管机构,把目前五个联邦机构负责的日常银行监管事务合并由金融审慎监管机构统一负责,监控其资金充足率和投资限制、活动限制等事项,并具有现场检查金融机构的权力;(3) 设立市场行为监管机构,合并证券交易委员会、商品期货交易委员会等监管机构的职能,负责商业行为监管,保障投资者和金融消费者的权益。

奥巴马上台后,继承了《蓝图》方案的宗旨,制定了《新基石》方案,并交予国会审批。《新基石》代表了美国今后几年的金融监管改革方向。2010年7月15日,基于《新基石》提案的"多德弗兰克"法案最终获得国会通过,为其最终成为法律清除了最后的障碍。该法案完全体现了目标监管的理念,将防范系统性风险和保护金融消费者权益作为监管改革的核心,主要内容有:

第一,设立金融稳定监管委员会(Financial Stability Oversight Council, FSOC)。该委员会的重要任务就是对威胁金融稳定的系统性风险进行监测和及时应对。委员会有10名具有投票权的委员,如果有2/3成员同意,那么FSOC有权拆分、限制可能对整个金融体系造成系统性风险的大型金融机构,有权要求非银行机构接受美联储的监管。这10名具有投票权的委员是:财政部长(担任委员会主席),1名总统任命的保险领域的专家,美联储、联邦存款保险公司、国家信用联邦管理委员会、消费者金融保护局、证券交易委员会、审计局、联邦住房金融局、商品期货交易委员会 8 家金融监管机构的代表。

第二，扩大美联储的权力，应对系统性的风险。该法案加强了美联储的监管权力，授权美联储解决系统性的金融风险。联储的监管范围将从银行控股公司扩大到所有可能威胁金融稳定的金融机构，比如保险公司、对冲基金等非银行机构均被列为美联储的监管范围，而之前联储对非银行类金融机构是没有监管权限的；针对"去杠杆化"，联储制定严格的最低资本金要求和其他资本监管标准，大型、关联性强的金融集团的监管标准则相对更严格，美联储对银行资本金要求有最终决定权；美联储将限制和监督企业高管薪酬，防止高薪刺激高管追求高风险。

第三，设立金融消费者保护局，保护金融消费者的合法权益。该法案在美联储内部设置独立的金融消费者保护局（Consumer Financial Protection Bureau，CFPB）。该局对提供金融产品和服务的银行类金融机构和非银行类机构均拥有监管执法权，可以在信贷类、存款储蓄类以及支付类等金融消费产品中制定消费者保护措施，制定管理金融产品的标准，排除高风险衍生品，审查各类复杂的金融产品，防止产品利用复杂的计算公式侵害消费者权益，独自拥有制定金融消费保护法规的权力，拥有制定最低的消费者保护标准的权力，各州的消费者保护标准只能比其更严格。

第四，建立规范的破产清算机制，破除金融机构"太大而不能倒"的困局。该法案允许拆分陷入困境的大型金融机构，禁止使用纳税人的资金救市；事前预防方面，联储将具有系统重要性的银行机构和非银行机构纳入更严密的监管之中；事后清理方面，大型金融机构被要求事先制订"坟墓计划"，这是一套安全的金融破产清算机制，万一该企业陷入困境，联邦存款保险公司拥有清算授权，负责监督该机构按照"坟墓计划"有序解散，或者被拆分。

第五，开始监管场外交易。联邦监管的范围扩大到了金融场外交易市场，抵押贷款担保证券交易以及复杂衍生产品交易都纳入监管范围，将大部分场外产品移入清算中心和交易所进行场内交易，赋予美联储监督金融市场清算支付系统的权力。

第六,实施沃克尔法则。该规则是由奥巴马政府经济复苏顾问委员会主席也是美联储前主席保罗·沃克尔提出,主要内容是指将商业银行业务与自营业务相分离,禁止银行利用参与联邦存款保险的存款进行自营交易,投资对冲基金和私募基金等。

2. 英国金融监管体制改革。

1997年5月,英国成立金融服务管理局(Financial Service Authority,FSA);1998年6月,英格兰银行将银行监管职能划转给FSA,英格兰银行负责维护金融系统的全局稳定;根据《2000年金融和市场服务法》,2001年12月,证券和期货监督局、投资管理监督组织和私人投资监督局等8家监管机构停止工作,职能全部划入金融服务管理局。由此,该局开始统一监管英国的银行、证券期货和保险等全部金融行业。金融服务管理局向财政部负责,因此英国在统一监管的基础之上形成了财政部、央行和金融服务管理局三足鼎立的框架。

美国次贷危机很快传导至英国。2007年9月,北岩银行的挤兑危机触发了英国150年来最为严重的金融危机。这使得英国认识到现存体制存在的缺陷和漏洞。

第一,财政部是金融系统的最高管理者,相比于英格兰银行和金融服务管理局,离金融市场却最远,无法及时地做出决策。由于政府财政部无法及时了解形势,而英格兰银行若要投放救市资金,必须获得财政部授权,因此不利于央行及时发挥最后贷款人角色。

第二,英格兰银行对金融体系缺乏必要的监管权。英格兰银行负责维护英国金融体系的稳定,而事实上大部分监管权在金融服务管理局手中,因此该行缺乏必要的监管工具和权力来匹配其职责。

第三,金融服务管理局采取统一监管模式,有助于减少监管重叠和监管真空,提高了监管效率,但是由于其承担职责过多,过多的资源放在了微观审慎监管层面,不堪重负,而无法对整体系统性的风险状况进行预判和事后应对。

第四,英格兰银行和金融服务管理局之间缺乏必要的沟通,这两个部门虽然都向财政部汇报工作,但负责微观监管的金融服务管理局并不向负责维护全局金融系统稳定的英格兰银行汇报情况，不利于两者合作应对系统性的风险，纵容了银行系统大规模的债务积累，延缓了应对危机的反应速度。

鉴于上述缺陷，英国政府开始寻求改革。2011年6月16日，英国卡梅伦政府公布了《金融监管新方法：改革蓝图》的白皮书，并于2012年1月26日正式提交议会表决。英国政府计划该法案在2012年年底前获得议会批准，2013年初运作新的监管机构。该方案新构建的监管架构（见图6-4）为：撤除原来的统一监管机构——金融服务管理局；设立金融政策委员会，置于英格兰银行内部，作为英格兰银行董事会的委员会，负责监测及处理系统性的金融风险；成立审慎监管局，统一负责金融机构的审慎监管；成立金融行为监管局，负责监管金融机构的金融市场服务行为，保护消费者权益；金融政策委员会对审慎监管局和金融行为监管局有指导建议权。我们可以看出，该改革方案的实质就是建立双峰监管模式，强化管理系统性的金融风险，并将金融机构的审慎监管同金融机构的市场服务行为分开管理，同时该方案大大加强了英格兰银行在维护金融稳定中的权威，金融政策委员会、审慎监管局及金融行为监管局都在央行框架内展开工作。

新金融监管框架中各机构及主要职能如下。

第一，金融政策委员会。金融政策委员会作为英格兰银行董事会的委员会而建立，共有11名成员，包括英格兰银行行长、英格兰银行负责金融稳定的副行长、负责金融稳定和金融市场的执行理事、财政部委派的一名代表、金融行为监管局主席和4名外部成员，其中英格兰银行行长担任该委员会主席。金融政策委员会的主要职责是判断识别威胁整个金融部门稳定的系统性的金融风险，并可采取相应的必要行动，具体有：针对特定的系统性威胁和金融市场缺陷，有权决定是否应用宏观审慎工具来处理解决；指导审慎监管局如何制定和使用宏观审慎监管工具，如果有必要采取特别监管行动，可以向审慎监管局和金融行为监管局这两个部门发出指令或者建议；就金融系统稳定问题，有权向英格兰银行董事会提出建议；关于改变监管范围和宏观审慎监管工具的问题，有权向财政部提出建议；划分审慎监管局和金融行为管理局的职权范围，协调两者之间的工作等。

第二，审慎监管局。该局在央行框架内独立开展工作，负责英国金融机构的审慎监管，监管范围覆盖英国2000多家金融机构，包括商业银行及其他存款机构、投资银行在内的经纪商、保险公司、部分投资公司等。审慎监管局既是宏观审慎监管政策的执行者，同时负责微观审慎监管，通过对金融机构的审慎监管，提升金融机构的稳健性和安全性，使其开展业务时不威胁整体金融系统的稳定，并将破产机构带来的影响降至最低。另外，审慎监管局负责向金融政策委员会提供金融机构的信息。

第三，金融行为监管局。该局在央行框架内独立开展工作，通过监督管理金融机构的市场服务行为来保护金融消费和投资者的合法权益。该局可以采取以下行动：有权对侵害消费者利益的行为采取行动，有权更改金融产品的属性，有权阻止金融产品入场以及监督金融机构的信息披露等。

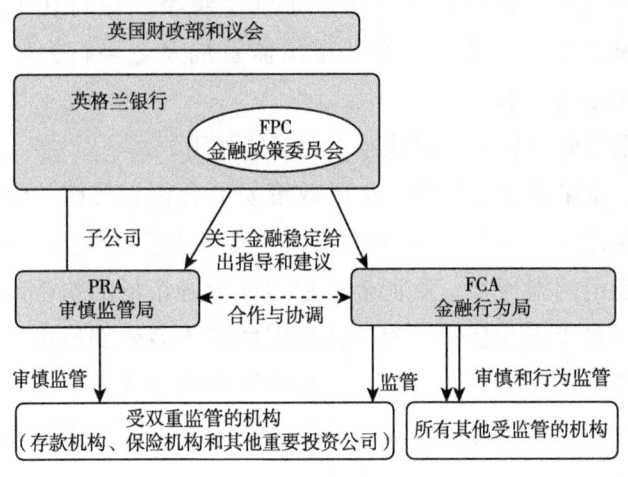

图6-4 英国新的金融监管体制

3. 法国、比利时及欧盟的金融监管体制改革。

次贷危机之后法国于2010年实施了最新的金融监管体制，由原来的分业多头监管架构变成了标准的双峰监管架构，见图6-5。双峰监管体制中两峰分别为：一是金融审慎监管局（ACP）负责对除了资产管理公司之外所有金融机构进行统一的审慎监管，不仅包括金融控股集团、商业银行和保险公司，还包括证券交易所等金融市场公司和除了资产管理公司之外的各类投资服务公司；二是金融市场管理局（AMF）负责对金融机构及其他金融市场参与者（上市公司和投资经纪人等）的市场行为进行监管，保护金融消费者的权益。金融机构的审慎监管在于监管金融机构的资质、履行合同能力、流动性以及风险控制情况等，保证金融机构的稳健运行，不仅仅注重对单个金融机构的微观审慎监管，更注重通过对所有金融机构的统一审慎监管来加强对金融系统的宏观审慎监管，防范系统性的风险；金融市场监管主要在于确保金融市场的透明度，保证投资者对重要信息的知情权，监督金融市场参与者遵守市场秩序，监管金融产品的标准和属性等。

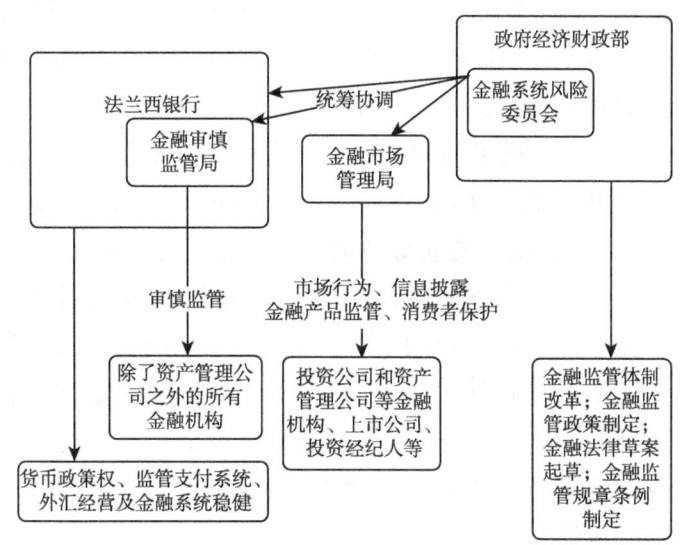

图 6-5 法国金融监管框架

法兰西银行作为法国的中央银行，主要职责为制定和实施货币政策、监管支付系统、经营管理外汇和维护金融系统的稳健运行。金融审慎监管局在法兰西银行的框架内独立开展工作，由法兰西银行提供人员和技术支持。法兰西银行维护金融稳定的重要手段有：一方面通过体系内的金融审慎监管局维护金融稳定，通过监管支付清算系统来评估整体金融局势，并作出应对之策，通过制定相应的货币政策和利率政策来干预金融市场；另一方面，法兰西银行行长既是金融审慎监管局的主席，又是金融市场管理局的领导成员之一，具有一定的统筹协调能力。政府的经济财政部是法国金融管理的最高权威机构，但是其无权干涉也不参与具体的金融监管事务，主要负责制定监管政策，改革金融监管体制以及起草金融法律草案等，另外，该部通过其设立的金融系统风险委员会，负责监测和处理系统性的金融风险，并在必要时刻指导和协调法兰西银行、金融审慎监管局和金融市场管理局的工作。

比利时在次贷危机后也进行了金融监管体制改革，新建立的体制同样是双峰监管体制。2010年7月2日，比利时出台法律建立双峰监管体制①（the "Twin Peaks Law"），2011年4月1日，比利时新建立的双峰金融监管体制开始运作：金融机构的审慎监管由比利时中央银行负责（比利时国家银行，the National Bank of Belgium），既负责宏观金融稳定，又负责对金融机构的微观审慎监管，金融机构的市场行为监管则由新成立的金融市场服务局（the Financial Services and Markets Authority）负责，该机构的前身是银行金融保险委员会（the Banking, Finance and Insurance Commission），银行金融保险委员会对金融机构的大部分审慎监管权力被移交给比利时国家银行。比利时在2002年金融改革后由银行金融委员会负责银行部门和证券部门的监管，保险监管署负责保险部门的监管，2004年银行金融委员会和保险监管署合并为银行金融保险委员会，也就是说2004~2010年金融改革之前，比利时实行的是统一监管模式。

次贷危机后，欧盟进行了金融监管体制改革（见图6-6），此次改革的核心理念就是加强宏观审慎监管。2010年11月17日，欧盟出台1096/2010号决议，成立欧盟系统风险委员会（European Systemic

---

① 比利时国家银行网站。

Risk Board, ESRB)。该委员会主席是欧洲央行行长,其他还具有投票权的委员有欧洲央行副行长、各成员国央行行长、欧洲银行监管局主席、欧洲保险和职业养老金局主席以及欧洲金融市场局主席等。该委员会的主要职责为可以要求所有监管机构及金融机构递交信息;监测评估一切可能威胁金融系统稳定的威胁;向各成员国监管机构发出风险警告,并对其发出指令或者建议;监测和评估各国的反危机措施等。欧盟系统风险委员会层级很高,从其委员可以看出,该委员会直接对欧盟的决策机构——欧洲议会和欧洲理事会负责。欧盟系统风险委员会是负责宏观审慎监管的机构,在微观审慎监管层面,此次改革设立了欧洲金融监管组织,下辖欧洲银行监管局、欧洲金融市场局以及欧洲保险和职业养老金局,这3个局前身是3个独立的委员会:欧洲银行监管委员会、欧洲金融市场委员会以及欧洲保险和职业养老金委员会,改革后则成为欧洲金融监管组织的三个直属部门,负责微观审慎监管。

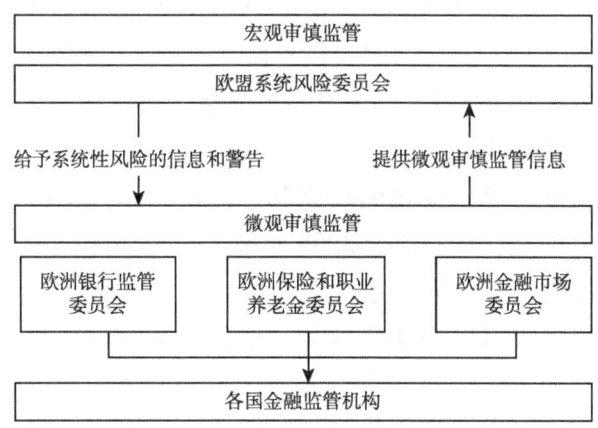

图6-6 改革后的欧盟金融监管框架

4. 澳大利亚金融监管体制。

澳大利亚于1998年建立了双峰监管模式,有两大金融监管机构来负责监管国家金融系统安全稳定。其一,澳大利亚审慎监管局,负责对所有金融机构的审慎监管;其二,澳大利亚证券与投资委员会负责金融市场秩序和消费者保护。而在本次金融危机中,该国金融体系并没有像其他发达国家那样受到重大的冲击，金融业经营状态稳健，没有出现一家需要政府救援或者濒临倒闭的金融机构。2008年8月，IMF在国别报告中指出，澳大利亚银行业的盈利能力和资本充足率并没有受到金融危机的影响，澳大利亚金融业整体健康。2009年7月，标准普尔对澳大利亚最大的四家商业银行继续维持"AA／-1+"的高评级。2009年10月6日，澳大利亚央行实施加息，成为金融危机以来G20成员国中第一个加息的国家，展示了该国经济和金融稳定向好的局势，这与欧美主要发达国家还处于金融危机的深化冲击影响中形成鲜明的对比。

（三）我国从中央到省域金融风险监管协调模式再思考

在未来一段时期，对我国目前金融风险监管体制的改革思考，首先必须也只能基于当前我国的国情来展开思考，而难以基于西方国家体制模式下来展开思考，同时也须基于中国金融战略目标的定位、中国金融结构的变化发展趋势和金融风险的变化来展开（巴曙松，2016；吴晓求，2017），因为目前世界范围内还没有哪国的金融监管模式是被证实绝对成功有效，而只有这样才更具有现实意义，也更有可能更被监管当局所采纳。

要构建良好的国家金融风险监管体制构架，先要明白国家金融风险监管的目的是什么？通过2008年欧美主要国家金融监管改革的经验教训，基本上都认同国家金融监管的核心问题在于防范系统性金融风险，以保持本国金融机构与金融体系持续健康有序运行，让金融更好地服务于实体经济发展需要，以创造更多国民财富；同时监管金融市场上各类市场主体的商业行为，以更好地保护广大投资消费者的合法权益。通过金融宏观审慎监管以防范本国系统性金融风险，同时微观审慎监管和市场行为监管以保护金融市场上广大消费者的合法权益，创造更多国民财富并让广大金融消费者分享国家经济发展成果。

在中央层面，我国基于领域专家们对2008年以来国际金融危机冲击教训的思考实践，已经在传统的"一行三会"的基础上成立了更高权力级别的金融监管机构"国务院金融稳定发展委员会"来统筹协调原来的"一行三会"（现在的"一行一局一会"）的传统分业多头监管模式，以避免出现监管真空、协调性差、风险溢口多（吴晓求，2017），传统监管机构之间权力交叉、利益冲突问题，以及监管滞后、监管套利等重要问题；同时，国务院金融稳定发展委员会立足国家整体系统性金融风险角度和国家经济金融安全高度，来研判影响国家金融安全的国内外形势；统筹协调国家金融改革发展与监管，货币政策、财政政策、产业政策和金融监管之间的关系，成为维护国家金融稳定的最高金融监管机构，是国家金融监管的"大脑"。

在此基础上，本书基于我国的经济与金融发展中大国国情（全国31个省域，陆地面积世界第三；从中央到地方的5级行政管理体制；金融机构数量和金融从业人员数量位居世界前列；区域经济与金融市场发展极不平衡，广大中西部地区还是欠发达经济，而北上深广等一线城市经济发展水平已经向国际前沿看齐等），以及逐渐向经济与金融强国迈进的发展趋势，当前对我国金融监管改革最具有借鉴价值的是美国2008年后的金融监管改革经验，同时在参考法国、英国、澳大利亚、欧盟等金融监管改革经验的基础上，笔者认为我国在未来一段时期宜采用"改进的伞形监管模式"。伞形监管模式是指对同时从事银行、证券、基金、保险等业务的金融控股公司，由国家金融监管总局作为其伞形监管人，负责大型金融控股公司的综合性监管，以限制金融控股公司从事高风险业务，而金融控股公司旗下的银行业、证券类、保险类子公司分别保持原来的功能监管模式。本书的改进是在伞形监管模式的基础上并根据我国新成立的"一委一行一局一会"金融监管模式框架而兼具目标监管模式特点，以体现金融风险监管的目的。伞形监管模式本身是对传统的功能监管模式的改进，而功能监管模式又是对传统的分业机构监管模式的改进，因此改进的伞形监管模式，是对我国传统的金融机构监管模式的三次改进，在2017年中国成立金融稳定发展委员会之前我国一直是传统的"一行三会"机构监管模式。

笔者认为，我国在未来一段时间选择"改进的伞形监管模式"的理由如下。

第一，基于2008年国际金融危机以来世界金融业发展的国际化趋势，即传统金融机构边界逐渐模糊，并有朝着金融多元化控股集团公司的趋势发展。

随着互联网金融的兴起，原来的银行、证券、保险等金融机构不断扩大自己的业务范围，如银行机构在利率市场化改革下，传统银行类机构存贷利差不断受挤压，大量中小银行、民营银行、互联网金融、影子银行的快速兴起，以及外资银行逐渐进入中国本土，使得传统银行存贷款业务面临的竞争压力不断增加，并积极与BAT（百度、阿里巴巴和腾讯控股）等互联网巨头寻求合作，积极扩大中间业务、自营业务等，同时积极参股其他金融类型机构等，如平安、中信、光大等金融集团都拥有银行、证券、保险等全牌照的多元化业务经营资质；而保险业也朝着集团性、国际化、多元化业务发展，如中国太平集团、安邦保险集团、中国平安集团等，下面控股银行、证券或基金信托、保险等不同类型的子公司，分别经营着不同金融领域的业务。同时，金融资产创新模糊了金融机构的边界，如新《基金法》颁布之后，银行、证券、保险等金融机构均可开展资产管理类业务，并通过资产管理产品开展类贷款业务等。而金融机构业务交叉和整合也在不断加强，如金融产品的交叉销售、资产管理类产品相互投资以及相互投资基础性金融服务等，使得金融机构之间及金融机构与金融市场之间的联系得到进一步增强。因此，中国传统的对各金融机构简单地划分为银行、保险、证券型机构的做法已经不能适应未来中国金融国际化发展趋势。

第二，2008年国际金融危机以来不断暴露出我国传统分业机构监管过程中出现的监管盲目和真空，交叉监管，缺少必要的协调机制，无法应对系统性金融风险的弊端。

2008年美国金融危机的导火索是以房地美、房利美为代表的次级房地产贷款巨头的次贷抵押证券恶化，两房公司出现持续巨大亏损所引发的。而对于"次级贷款抵押证券化"这种金融产品既横跨银行业务又横跨证券投资业务的新型金融投资产品就容易出现传统金融监管范围没有界定涉及的监管盲区或交叉监管领域。不仅如此，近些年快速增长的金融衍生金融工具的发展也为 2008 年国际金融危机的蔓延深化起到了推波助澜的作用。例如，美国房利美与房地美公司将贷款资质低、流动性较差的住房贷款通过资产证券化并将其转换成债券在市场上发售，以吸引投资银行等金融机构来购买，投资银行利用"精湛"的金融工程技术，再将其进行分割、打包、组合并出售，不断制造出价格不断放大的复杂的金融衍生产品出来，将金融交易的链条不断向更广涉及面和纵深处延伸，而人性对金钱的贪婪所导致的短期性投机炒作行为则催生了危机的爆发。金融衍生品由于其复杂性、杠杆性和表外性的特征成为次贷危机的罪魁祸首之一，容易引发系统性金融风险。如对冲基金、私募股权基金等类似于"影子银行"的金融投资行为在近 20 年来也获得了快速发展，特别是一些涉及资金规模巨大、覆盖网络较广的大型对冲基金、私募股权基金等容易引起系统性金融风险。目前包括我国传统监管机构在内，对于此类金融投资机构与金融投资产品还基本处于监管缺失状态。"影子银行系统"由于其特有的高杠杆、灵活复杂的金融产品和不透明的场外交易，容易累积并放大金融体系的系统性风险，加之对其缺乏资本充足率和存款准备金等约束，我国不仅基本上处于监管缺失状态，而且对于这些金融机构的监管还存在较大的难度。同时近 10 年来，特别是自 2013 年以来我国互联网金融呈现快速发展的态势，P2P 互联网借贷融资、互联网众筹、众银财富、移动互联网支付、互联网理财等新型的金融投资机构和新型金融投资产品等的大量涌现，对于我国传统的分业监管领域存在较大的监管真空。

第三，基于我国金融渐进式改革步调和我国金融业发展创新的需要。

改革分为渐进式改革和激进式改革，一般激进式改革在短期内完成对国家政治、经济、社会文化等领域改革，尤其是一些涉及政治体制、经济体制或社会文化传统等领域的重大改革，面临很大的社会阻力而容易面临改革失败，因为人的观念和行为容易接受一直以来的传统观点行为而容易在短时期内对新的事物产生抵触抑制心理，尤其是关系到权力分配、利益分配、历史英雄偶像崇拜等方面面临的社会阻力则更大。而渐进式改革则通过一定时期的过渡，使人们慢慢认识到新的改革为人们带来的利益好处，慢慢消除人们的心理阻碍，尤其是涉及权力和利益分配等问题，经过一个过程逐步处理改革中遇到权力和利益问题，则改革容易获得成功。

2008年国际金融危机之后，法国、英国、比利时、美国等的金融监管逐渐改革传统的分业监管而采取"双峰监管"模式，因此国内一些专家学者也大胆提出我国应顺应国外金融监管大趋势，采取统一监管，大央行监管（李波，2016）或双峰监管的模式（吴云等，2016a；吴云等，2016b）。笔者认为我国在短期内不宜采取统一监管模式（在全国范围内成立一个高度综合性监管主体来负责对各种金融机构和各种金融业务进行统一监管，并集各种监管权力于一身），或双峰监管的模式（即在全国范围内成立独立于政府权力之外的双峰监管机构），因为我国的国情不同和短期内改革的力度和难度较大，而选择"改进的伞形监管模式"则更为适宜。因为我国行政体制是自上而下的金字塔体制，根据"帕金森定理"①，官僚制组织容易走向自我膨胀，而不倾向于精兵简政以自行提高运作效率。因此，在官僚性体制中增加行政机构与人员容易，缩减行政机构和人员则非常困难。例如，我国1978年改革开放的推进是新中国成立以来最大的经济体制改革，将国家的重心转变到"以经济建设为中心"上来，是决定当代中国命运的历史转折时期。又如我国1998年推进政府机构改革，国务院组成部门由原来的40个精减到后来的29个，全国各省区市也相应进行了机构改革，全国从中央到地方由于精减党政群机关而精减行政编制人员

---

① 在此体制下，行政机构会像"金字塔"一样不断增多，行政人员会不断膨胀，每个人都很忙，但组织效率越来越低下，这条定律又被称为"金字塔上升"现象。帕金森定理认为此体制下机构人员膨胀的原因及后果：一个不称职的官员，可能有三条出路，第一是申请退职，把位子让给能干的人；第二是让一位能干的人来协助自己工作；第三是任用两个水平比自己更低的人当助手。这第一条路是万万走不得的，因为那样会丧失许多权利；第二条路也不能走，因为那个能干的人会成为自己的对手；看来只有第三条路最适宜。于是，两个平庸的助手分担了他的工作，他自己则高高在上发号施令，他们不会对自己的权利构成威胁。两个助手既然无能，他们就上行下效，再为自己找两个更加无能的助手。如此类推，就形成了一个机构臃肿、人浮于事、相互扯皮、效率低下的领导体系。

100多万。但这种情况在我国政府机构改革中是非常少的，需要领导人具有智慧、魄力和推进改革勇气决心，能够总揽稳定全局，我国政治与经济体制改革更多的时候都是渐进式改革。

我国传统"一行三会"监管体制实施了10多年，它们都是正部级单位，下到全国31省域、334个地级市、2850个县级派出机关，而从中央到地方的每个行政监管机构又有多个处室或科室，行政编制人员众多。前面已经分析过，一般统一监管模式由一个机构负责所有金融机构审慎和市场行为的监管，这主要适合于国家地域面积小和人口数量少的国家，如欧洲一些国家（如英国、瑞典、丹麦、挪威等），而我国则不适合。因此我国最有可能选择改革到双峰监管模式，但如果在短期内改革成双峰监管模式，需要将中国人民银行、银保监会、证监会系统自上而下进行合并和职能整合，并精减大量的处室与行政编制人员，这显然会面临很大的阻力困难；同时，独立于政府权力之外而直接由最高级领导的金融审慎监管局（如美国的美联储、法国的法兰西银行等）的分权制衡的模式在我国现行的政治体制下也很难以行通[1]。当然只要利国利民而切合时机，笔者认为再大的改革困难也要迎难而上，笔者认为我国目前还难以做到双峰监管模式，可以选择"改进的伞形监管模式"作为未来一段时期较为渐进的监管改革选择。因考虑到相比西方发达国家，我国金融市场真正发展起步晚，我国国有大型金融机构2000年以后才相继完成股份制改革上市，而我国证券业和保险业在2000年之前总体规模小且发展缓慢，加入WTO后中国证券业和保险业得到了快速发展，尤其是近20年来得到了更进一步的发展。但前面已经分析过，相比银行业，国内的证券业与保险业无论是从资产规模、机构数与人员数都无法与银行业相比，目前我国金融系统仍然是以银行业为主导；同时，相比欧美发达国家银行业、证券基金业、保险业3足鼎立的金融市场格局，我

---

[1] 根据我国《宪法》，国家主席是由全国人民代表大会和常务委员会决定任命，而国务院总理则直接由国家主席提名，经全国人民代表大会审议通过，而国务院副总理、国务委员、各部部长、各委员会主任等则由总理提名，由国家主席根据全国人大会议决定宣布任命。

国目前还有较长一段路要走，因此当前时期，我国既要防范金融风险并加强监管，也要考虑培育发展壮大我国的保险业和证券基金业，通过培育多层次资本市场和加强证券类机构和上市公司行为，让广大投资者共享改革发展成果；随着我国中产阶级规模的不断壮大，人们消费能力和保险意识的增强，尤其是当前老龄化时代的来临，我国的保险业还有很大的成长空间。因此，在未来一段时期，我国要处理好金融监管与金融创新、维护金融市场稳定和保持金融市场活力之间的关系（陶士贵，2016），既要防范系统性金融风险发生，又要不断培育壮大本土的银行、保险业和证券业走向国际化，并积极参与国际化市场竞争，建设金融强国并从根本上增加我国抵御外来金融风险冲击的能力。

我国实施"改进的伞形监管模式"的改革着力点。

第一，进一步加强目前的机构监管、功能监管与行为监管职能。

保持现行"一委一行一局一会"的监管格局，但在具体职能和运作模式上有调整。正如前面的介绍，国务院金融稳定发展委员会主要是从最高层面来协调监管"一行一局一会"，从国家战略角度制定国家金融业发展战略规划，并从国家金融安全的角度来研判国家金融风险的重要问题，对影响系统性金融风险的重要机构的拆分、合并、接管或撤销等进行表决裁定等。因此，国务院金融稳定发展委员会更多的是起到"总管家和总智囊"的角色，而对国家金融安全与稳定防范的具体监管执行工作则落到了"一行一局一会"头上。"一行一局一会"是我国传统分业监管构架的改进，但更多的还是执行机构监管的角色，即银行保险类机构则由金融监管局会来监管、证券类机构则由证监会来监管，同时兼具一定的功能监管职能，即不论是银业类机构、证券类机构还是保险类机构，如果其金融产品和业务性质属于银行类和保险类业务性质，则由金融监管局来监管；如果其金融产品和业务界定属于证券类业务性质则由证监会来监管；如果某类业务既带有银行类又带有证券类业务，如次级贷款证券化等，则由人民银行牵头进行协作监管。2017年7月，全国第5次全国金融工作会议强调："要加强宏观审慎管理制度建设，加强功能监管,更加重视行为监管"。这已经对传统的分业机构监管改革为功能监管发出了政策信号。

第二,确定人民银行为国家宏观审慎监管主要机构。

就中国人民银行的传统职能性质和在我国金融系统中所起到的作用而言,以及2018年中央政府机构改革中将原来银监会与证监会拟定法律法规的草案与审慎监管制度的职责划归人民银行的职权范围分析,人民银行在防范国家系统性金融风险的重要性上显然在"一局一会"之上,主要承担金融系统宏观审慎监管职责以防范全国系统性金融风险,包括跨市场的风险监管协调能力和系统重要性金融机构(除金融控股集团监管职责已划归金融监管总局)风险管控能力(吴晓求等,2017)。

中国人民银行作为我国的中央银行,既负有同世界各国一样的传统央行的主要职能,同时在改进的伞形监管模式下,人民银行还负有对全国跨市场、跨地区的金融风险,系统重要金融机构的监管,以限制其从事高风险业务行为,从而防范全国系统性金融风险的监管,包括阻止金融风险、衰减金融风险或防范金融风险外溢等(吴晓求,2017)。

第三,在"一行一局一会"中确定金融宏观审慎监管与微观审慎监管功能职责分工,金融市场监管与金融消费者权益保护行为,以体现目标监管的作用。

不同于西方国家的双峰监管模式,即在全国层面上成立独立于政府权力之外的金融审慎监管局(负责全国除资产管理机构外的其他所有金融机构的宏微观审慎监管等)和金融市场监管局(负责全国所有具有直接融资作用的金融机构微观审慎性监管和金融工具产品的市场行为监管)的做法,在未来一段时期我国金融市场上的金融机构主体的微观审慎监管主要还是交由金融监管总局和证监会,即由金融监管总局与证监会来负责执行各自所属业务领域范围内的微观审慎监管等职能,包括审批机构成立及经营范围、市场行为监管、审慎经营监管(包括监管金融机构的资质、履行合同能力、流动性,以及风险控制情况等)、市场风险监管,以及对不合法规等行为行使行政处罚权,以保证金融业务和金融工具产品的有序稳健运行等，尤其是中央特别将金融控股集团公司的监管职权由人民银行划归到金融监管总局，体现了对大型综合性微观金融主体监管的重视，而金融控股公司旗下的银行类、证券类和保险类子公司则分别由子公司注册经营所在地的金融监管局和证监会机构来进行履行功能监管。

中国人民银行作为"一行一局一会"中宏观审慎监管主要机构，则更注重对影响全国范围的系统重要金融机构包括银行类和非银行类但具有类"影子银行"的监管，以防止其从事较大风险的业务活动；以及对跨地区或跨市场的金融风险的宏观审慎监管，以防止引发潜在的系统性金融风险发生。国家金融监管总局作为2023年初新成立的监管机构，主要履行原银保监会的监管职能，同时将金融市场上消费者权益保护的监管由原人民银行内部划入总局监管范围，以体现金融监管的目的之一，并从机构、功能与市场行为监管上进一步统一与加强重视程度。

金融消费者权益保护主要职责一般包括：

（1）综合研究我国金融消费者保护工作的重大问题，并会同各相关方面制定金融消费者权益保护的政策法规等；

（2）研究制定交叉性金融业务和交叉性金融投资产品的市场运行规范标准；

（3）及时对交叉性金融业务和产品进行跟踪监测，并对其可能损害金融消费者权益的潜在风险进行评估分析；

（4）下设金融消费者权益侵害投诉处（匿名投诉以防打击报复，但要具体详细描述侵害事件过程），专门负责受理金融消费者的侵害案件；

（5）会同"一行一会"对各自领域内可能侵害消费者权益的金融业务与产品进行监管，对已经发生的侵害事件进行现场和非现场调查，并对自立案件作出判决处罚；

（6）配合公检法机构对相关侵害消费者权益的事件进行相关调查等；

（7）依法开展金融消费者权益保护的宣传和教育工作等。

第四，金融稳定发展委员会的运作机制。

国务院金融稳定发展委员会作为中央层面国家金融监管的"总管家和总智囊"机构，主要是"强化人民银行宏观审慎管理和系统性金融风险的防范职责，强化金融监管部门监管职责，确保我国金融安全与稳定发展"（2017年7月第5次全国金融工作会议），即加强监管与协调，补齐风险监管短板。其级别要高于"一行一局一会"并由国家领导来担任委员会主任；根据前面所述的委员会职责，下面分设不同的职能部门处理日常性基本事务工作，而对于重大金融发展战略规划的制定、威胁我国金融稳定的系统重要金融风险的防范处置等问题的决定行使集体委员表决权，集中不同领域集体专家的智慧来共同作出决定。其中金融稳定发展委员会实行委员集体匿名投票表决制，委员设定为10~15名（如果投票委员太少，容易出现投票结果的随机性，不能发挥多领域专家的集体判断智慧，不能协调发挥国务院下不同部属经济金融部门的监管协调一致性；而如果投票委员太多，尤其是动辄将国务院所有组成部门和直属部门等都囊括进来，则不容易展开小范围集体讨论，且人太多而每个个体成员所占重要性降低，容易出现成员思想懈怠投票过程"搭便车"行为，难以起到真正判断表决的作用），其中具有投票权的委员来自对国家经济金融安全稳定有重要影响作用的部委权力机构，笔者认为如果具有投票表决权的委员为10名左右，可来自中国人民银行、金融监管总局、证监会、财政部、国家发改委、国资委、中央财经领导小组、商务部、工信部、审计署等部属机构的主要专业代表负责人，其中金融稳定发展委员会主任负责召开会议并保证投票表决过程的公平公正权威性，但自身回避不参与投票过程以从级别上保证各投票委员都是同一行政级别的平等性，同时整个投票过程全部为匿名投票以消除投票委员的个人后顾之忧。1人1票，投票结果最终以2/3或以上的票数赞同某一方案为集体通过。表决结果一经通过则立即具有法律效力，国务院层面可以此结果来协调各相关部门采取共同行动以推动国家金融系统重要改革发展规划落实，或应对防范国家系统性金融风险以维护国家金融安全稳定。其中，在形成可供选择的投票表决方案之前，国务院金委会可广泛聘请我国经济金融及司法系统内的多领域专家学者来共同出谋出策，拟订相应的投票表决草案或预案以形成委员会讨论稿，显然这个过程是比较重要的。根据以上分析，我国中央层面的"改进的伞形监管模式"基本框架如图6-7所示。

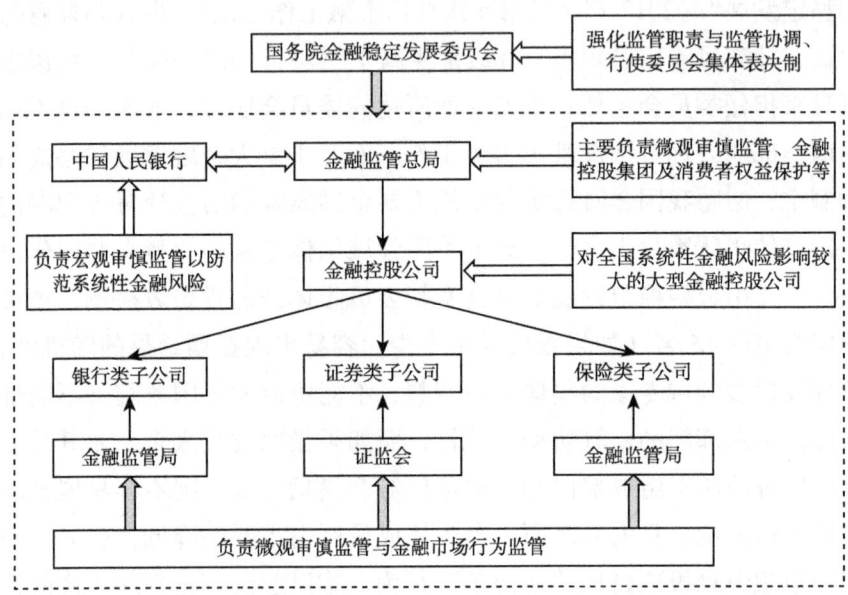

图6-7 中央层面"改进的伞形监管模式"基本框架

第五，我国省域金融风险监管的改革着力点。

当前，我国已经确立了以中央金融监管为主、地方为辅的双层金融监管体制，并成立了国务院金融稳定发展委员会来负责中央与省域地方的监管协调，以及业务监督和履职问责等，但目前中央并未就国务院金融委员会如何在现有的"一委一行一局一会"监管构架下协调中央与地方的金融监管关系，以防范系统性与区域性金融风险等做出明确规定。目前金融监管改革的变化之一是将原来地方银保监局由中央银保监会的派出机构，变成了现在的地方金融监管局，并且成为各省政府的直属机构，也即由各省域自己负责所在省域的金融风险监管职责。承接前面内容，本书分析探讨了我国未来一段时期省域地方金融监管模式构架及其与国务院金委会的协调机制。根据前面分析，我国省域层面金融监管体制，是中央"改进的伞形监管模式"在地方上的延伸，未来一段时期我国省域金融风险监管体制改革要点包括：

（1）2023年3月金融监管体系改革方案，已明确将大部分省域中心支行改名为省域分行，因为之前的按大区来设立省分行是计划经济的产物，且之前设立省域中心支行的省域，如浙江、福建等在近20年无论是金融机构与从业人员数量，还是省域金融市场活跃水平都获得到较大的增长，因此将原来的归大区管的中心支行直接改成人行省域分行，既符合省域金融发展的实际情况，也体现了中央对省域金融风险监管防范的重视。

（2）加强地方上"一行两局"的机构监管、功能监管与金融市场行为监管职能；同时人行省域分行作为国务院授权地方的宏观审慎监管机构，主要负责省域金融审慎监管职能，包括对本省域范围内跨市场或跨区域的金融风险的监管等以防范省域系统性金融风险；而对全国系统性金融风险影响较小的地方金融控股公司则由省域金融监管局负责监管，地方金融控股公司的下属银行类、证券类和保险类子公司则分别归属地方金融监管局和证监局来负责功能监管；同时，"两局"同样负有各自所属领域金融业务和金融产品的微观审慎监管和金融市场行为监管，而对于交叉性金融业务和金融投资产品工具等则由人行省域分行会同"两局"进行协调监管。

（3）在省域金融监管局内部下设金融消费者权益保护处，以负责省域地方上金融类公司的消费者权益保护相关监管工作，并由省域金融监管局副局长直接领导，以体现金融监管的目的和对广大金融消费者权利的重视。

（4）目前已将原来的省域金融办与省域金融监管局合并，以强化各省域对本地区金融风险监管的属地责任，消除以往中央派驻地方监管机构之间，以及派驻机构与本地金融办之间的监管盲区、监管空白和监管协调问题，提高防范处置金融风险能力，做好打击本辖区各类非法金融活动相关工作，可提高金融资源配置效率，解决金融发展不平衡不充分问题，推动金融资源更好地服务实体经济，深化地方金融改革，加快金融强省建设等。其中地方金融监管局的主要职责在本章前面已经介绍，在此不再赘述。

中央与地方金融监管协调的省域金融风险监管构架如图6-8所示。

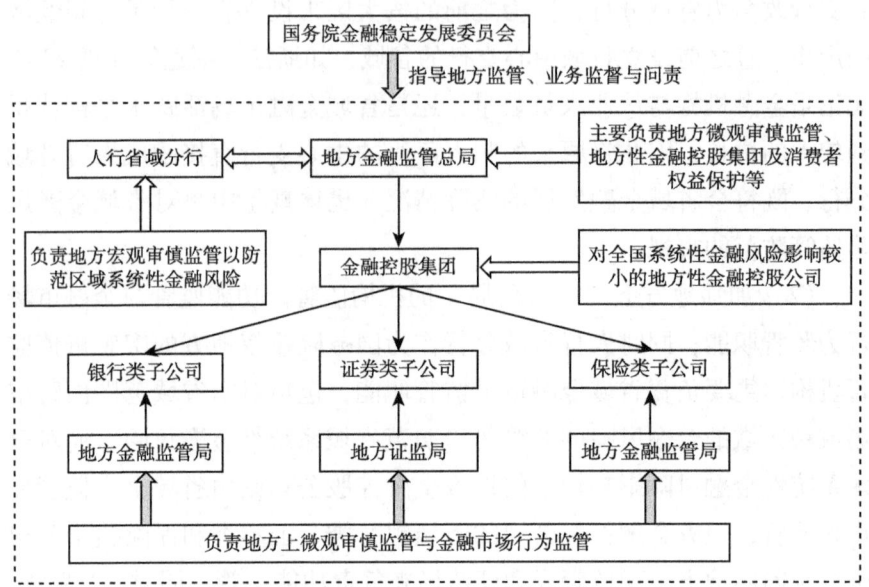

图6-8 我国省域"改进的伞形监管模式"基本构架

第二节 中国省域金融风险防控路径分析

一、省域金融风险警情监管防控的一般路径

（一）省域金融风险警情监管的理论分析

由于金融活动在交易过程中具有内在的不确定性，为了规范交易主体的行为，以维护市场秩序以保护其他市场参与者的利益。为了达到政府职能的需要，更好地提升本国或地区的国际竞争力，各国政府金融管理部门纷纷出台了一系列法律法规来实施金融监管活动。金融

监管活动是市场经济条件下政府等监管机构为弥补"市场失灵",保护市场自由竞争与金融市场各方参与者的利益而进行的有目的干预活动。金融监管是为了实现经济自由而进行必要自由规定限制的措施。金融风险监管的目的是控制金融风险,维护本国区域金融安全与稳定。金融监管的核心要点是处理好监管与创新、市场活力与市场稳定之间的关系。安全性是金融监管过程中的保守性因素,创新活力是金融监管中的积极性因素,正如事物矛盾的两个方面相互作用、相互制约、相互影响,共同维持金融体系的动态平衡。因此金融风险监管要把握好在防范金融风险过程中如何促进提升金融效率与创新活力,在促进金融发展活力与提升金融效率的同时注意如何防范金融风险,两者互为约束条件,共生共长。

金融风险的警情监管包括常规性监管与突发应急监管,常规性监管是指对金融市场与金融机构中出现的常规性风险状态起伏变化,其风险变化程度一般在可预料范围内的金融风险监管,该监管过程是由常设监管机构(如省域人民银行分行内设的金融稳定处等)来负责日常监测分析与常规预警;突发应急监管是指对金融市场与金融机构中出现的非常规性风险,或即使是常规性风险但其风险波动程度明显超出了日常预警的承受范围的监管过程。一般常规性监管过程中对特定金融市场或金融机构的一般风险来源有哪些,具体监测预警警素指标有哪些,其中哪些警素指标是重点要关注的指标等都比较清楚,这也与金融审慎管理的内在要求是一致的;但对于突出性警情,其风险来源在大家的预料之外,或虽然其风险来源在大家的预料之内但其风险程度却在大家的预料之外。例如,对商业银行进行常规性风险监测,有美国的 CAMELS 的骆驼评价指标体系和《巴塞尔协议Ⅲ》为世界各国审慎监管部门所接受,而中国也制定了《中国版巴塞尔协议Ⅲ新资本协议》的资本监管新规(巴曙松,2012),以及中国银行业监管还引入了杠杆率、拨备率和流动性监管指标等,并能较好地应对商业银行的常规性金融风险防范。常规性金融风险是金融市场或金融机构的日常经营行为过程中相伴相生的,其风险形式与风险状态是在大家的预测范围之内,因为金融风险是指由于金融活动的不确定性而使金融资产或收益遭受损失的可能性,这种不确定性是与金融活动本身是经营风险的活动密切相关,且伴随在一切金融活动之中,只要有金融活动,就必然存在金融风险,常规性金融活动多伴随常规性金融风险,它源于金融风险必要的时间与空间的差异;而突发性金融风险主要出现在以下几种情况:

(1) 新兴复杂的金融衍生产品,如次级贷款不断打包证券化。

(2) 或新兴的金融业务模式,如各种形式的互联网金融模式。

(3) 或是对于老的金融投资产品或金融业务模式,但对其可能产生的危害认识不足,如大型跨国或跨地区对冲基金,大型私募股权基金、卖空机制在资本市场下行过程中的潜在放大影响等。

(4) 系统重要性金融机构或金融市场的内部自身经营管理出现了极大漏洞,如权钱交易、内幕交易、关联交易、坐庄操作等,如巴林银行是历史显赫的英国贵族银行,因其长期较好的理财水准而受到客户青睐,但因新加坡首席交易员尼克李森的大量投机操作监管不善等而导致巴林银行巨亏倒闭①。

(5) 外部国际金融市场输入性风险冲击影响,如 1998 年东南亚金融危机对东南亚国家金融市场的冲击影响,2008 年国际金融危机对世界主要金融市场带来的巨大冲击影响等。

(6) 由于本国金融体系存在很大的缺陷,如本国没有达到金融自由化的条件而贸然实行自由化,或已经达到了部分自由化而过度金融抑制而错过了融入国际金融市场的时机,或金融监管体制存在较大缺陷,如没有建立起金融风险警情应对机制程序,或监管机构人浮于事形同虚设等。

金融风险监管按其监管的主要内容可以分为金融的经济风险监管、银行证券保险等金融机构监管、利率监管、汇率监管、内债监管、外债监管等;金融风险监管的原则包括依法监管的原则、适度监管的原

---

① 在英国具有 230 多年的历史显赫的巴林银行一向以稳健理财著称,但由于内部监管存在极大漏洞,于 1995 年在巴林银行派驻新加坡首席交易员尼克李森的赌徒性期货与期权合约操作后,对经济衰退后的日本经济看好并大量买了日经指数期货合约与期权头寸,但形势急剧直下出现巨亏,导致巴林银行宣布倒闭,并为英国和东南亚金融市场带来了很大的金融市场动荡。

则、动态监管的原则、国际协调的原则（张安军，2015），在此不再重述。

如果按照金融风险事件监管的时间逻辑顺序，可将国家或区域金融风险警情的危机监管分为事前监管、事中监管和事后监管。

事前监管本着防患于未然的准则，基于金融市场与金融机构审慎监管的内在要求，对各金融市场交易行为与金融机构的日常经营行为进行日常常规性监测分析，尤其是对影响国家或区域系统性金融风险的金融机构等进行日常动态监测，并对可能出现的警情作出及时的发现、上报讨论与监管应对处置的常规过程。在这种情况下，由于对警情发现得较早，对可能引起的金融风险源处置及时，将潜在较大可能出现的风险消灭于萌芽状态，一般不会导致进一步更大的金融风险发生。正如对于一个人的身体疾病状态，在身体没有出现任何症状的情况下进行定时检查，如果发现有病症苗头，立马医治处理，可确保个人身体健康无恙。一般高明的金融监管体制是将金融风险消灭于萌芽状态，在外人看来前期监管过程看似微风细雨悄无声，却胜似事后监管的狂风骤雨惊梦人，我们称事前监管为有备无患。

事中监管是本着有病就医的态度，基于金融市场与金融机构审慎监管的内在要求，对各金融市场交易行为与金融机构的日常经营行为中出现的明显金融风险事件，特别是对影响国家或区域系统性金融机构的重要事件进行上报讨论与监管处置的常规过程。在这种情况下，由于风险警情已经比较明显，需要及时作出金融监管处置，否则就会导致金融风险进一步蔓延深化并可能引起更大后果的金融风险事件。正如一个人的身体已经出现了不舒服的病症，需要去医院进行及时医治以消除病症，才能换来身体的重新健康，当然这个时候及时就医，虽然医治过程可能有些困难但基本上都能痊愈；否则如果不及时治疗而让病症拖延下去将会进一步加重病情，后果未知。事中监管好似穿林打叶之风雨，却胜似事后监管的疾风骤雨错无妨，我们称事中监管为有备有患。

事后监管是指由于事前事中疏忽麻痹，对各金融市场交易行为或金融机构的经营行为过程中已经出现的重要风险事件，特别是对影响国家或区域系统性金融机构的重大金融风险事件的事后上报讨论与应急监管处置的过程。在这种情况下，由于对警情发现较晚，对可能引起的前期金融风险源处置不及时或不适当，前期较小的金融风险已经蔓延深化为重大的金融风险或者已经演变为金融危机事件，如果此时不及时紧急监管应对处理，将会演变为金融危机的爆发或更大范围规模金融危机的爆发。正如一个人的身体状态已经现出了重大病情，如果此时紧急医治（如通过做重大手术等），将会直接危及生命安全。一般下智之做法才对已经出现重大险情的事件进行匆忙应急处理以防更大损失的发生，此时事后监管有似疾风骤雨，短快急促却摧残花谷，我们称事后应急监管为无备重患。

（二）省域金融风险警情监管的实践路径

前面已经对金融风险应急监管的相关理论进行了分析，再好的理论只有应用到实践中才能体现它的价值，而理论的优劣也只有通过实践过程才能得到更好的检验。根据前面的分析，金融风险监管包括事前、事中与事后监管，其中事前与事中监管重在积极预防与防范应对，而事后监管则主要是消极应对的减损弥补，在实践金融监管过程中，2008年国际金融危机之后，各主要国家都积极进行金融监管改革，积极应对防范本国系统性金融危机的发生，因此实践中事前监管和事中监管占主导，而对本国金融系统可能出现的金融风险警情进行准确的预警分析，就成了其中的关键。根据本书前面的分析，金融风险预警一般包括明确警情、寻找警源、分析警兆与预报警度4个阶段。其中，明确警情即金融风险预警的对象是什么，警情包括警素与警度，警素是构建警情的指标是什么，警度是指警情的程度；寻找警源是指什么因素导致警情发生变化的内在原因；分析警兆，是进行预警的关键环节，是对进行预警的警素指标进行分析，需要进一步分析警兆与警素之间的数量关系，找出与警素中的警限相对应的警兆区间，然后借助警兆的警区进行警素的警度预报；预报警度是预警的目的所在，即对国家金融安全状况可能发生变化之前提前发生预警信息。在这 4 个阶段中，明确常规警情早已被金融监管当局所清楚，既要对本国或本区域哪些重要的金融市场环节和金融机构进行监测预警分析，以防范可能的系统性金融风险；而寻找警源，即对引起金融风险上升的一般可能的内在原因进行梳理分析，查找警源是对金融风险进行监管防范的重要阶段，如果只是常规性警源一般都能及时排查发现，如果是非常规性警源，则不容易被发现或即使被发现也不知该如何合理处置；分析警兆即对警情的警素指标进行定量分析，显然这个环节是进行预警的关键环节，一般由金融监管当局的常设机构部门（如我国国家层面的中国人民银行内设金融稳定处和金融监管总局金融稳定处等，而省域层面则由负责金融审慎监管的人民银行省域分行内设的金融稳定处和金融监管局内设金融稳定处等）进行日常监测预警定量分析。预报警度则是根据警兆分析结果，并根据其结果程度大小确定此次的金融风险危害等级并启动相应的应急响应监管预案。

根据以上分析，我国省域金融风险警情应急监管程序如下：先由人民银行省域分行的内设机构金融稳定处和金融监管局内部金融稳定部进行沟通与数据信息共享、协调共同对省域常规金融风险的主要警素指标进行定量监测预警分析，并根据综合系统性金融风险程度结果（一般可分为特别严重、严重、较重、一般 4 种结果）反馈到省金融监管局，尤其是特别严重和严重的预警结果，省金融监管局通过开会讨论其可能的风险来源（包括宏观经济领域风险、金融市场风险、金融机构风险、政府内外债风险、外源性金融风险冲击等），并与各风险相关的省直相关经济管理部门共同沟通协调此次风险的影响危害及可能带来的损失，拟订具体有针对性的风险应对机制方案，并共同应对防控处置金融风险源，以维护本区域金融系统安全与稳定。一般过程如图 6-9 所示。

依据以上流程，并根据金融风险预报警度的风险程度大小，可以将我国省域金融风险监管响应预案分为 4 个等级，各等级可以用不同的颜色来分别表示，具体如表 6-1 所示。

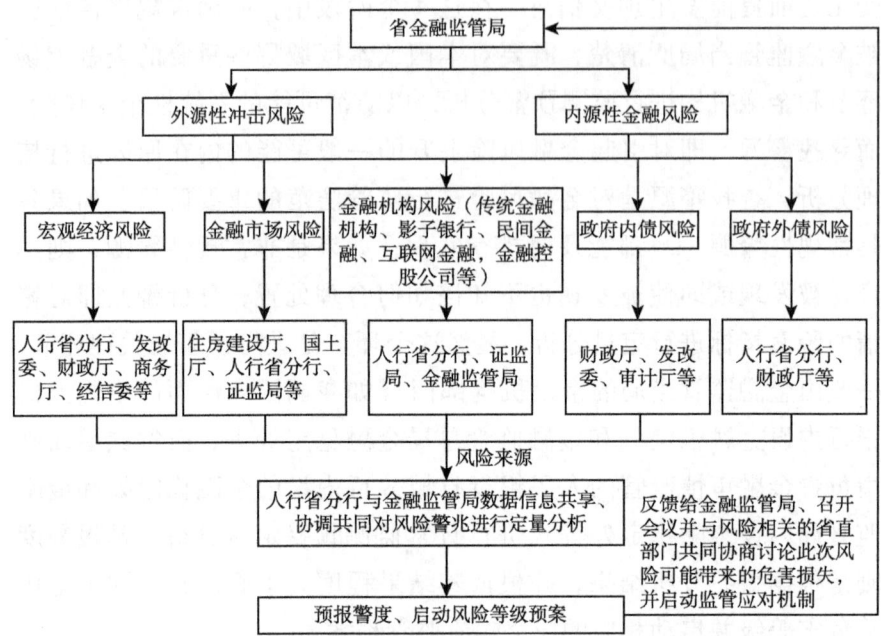

图 6-9 我国省域金融风险警情应急监管响应的一般机制流程

表 6-1　省域金融风险警情的应急监管响应方案等级对照

风险响应等级	颜色标识	预警程度	具体解释
四级响应预案	蓝色	轻警	省域金融系统内部某些关键领域或环节存在一定风险隐患,需要及时处理,否则风险会上升
三级响应预案	黄色	中警	省域金融系统内部某些关键领域或环节存在明显的风险威胁,此时需要及时监管防范,以防风险蔓延深化
二级响应预案	橙色	重警	省域金融系统面临很大的风险威胁,需要采取紧急响应监管方案,否则可能导致风险恶化或引发全省性金融危机
一级响应预案	红色	巨警	省域即将或已经爆发金融危机,短期内难以自我调节恢复,此时应立即采取紧急响应监管方案,以避免危机发生或将已发生的危机范围和损失尽可能降低减少

二、我国省域金融风险监管防控的对策建议

（一）国际开放格局下保持实体经济健康稳定发展，防范经济过冷或过热

实体经济最终决定虚拟经济，地区实体经济的持续健康发展是本地金融业健康稳定发展的最终保障。而广东、江苏、浙江、山东、北京、上海等是进出口贸易大省，与国际市场联系密切，进出口贸易额走在全国前列，因此，在我国深度扩大对外开放的格局下如何保持我国省域实体经济健康稳定发展态势是学界和监管当局着重思考的议题。根据本书第三章和第四章对我国省域金融风险监测预警实证结果，我们发现，省域对外经济与对内宏观经济运行态势都对本省域的实体经济风险产生较大影响。在对外经济贸易风险领域，2010~2021年，北京、上海、广东、浙江、天津、江苏等对外贸易综合依存度非常高并已经超出了40%的重度不安全警戒线，且对外贸易赤字率也比较严重，从而影响到省域金融经济的安全性；与此同时，实证预警表明，我国省域出口增长率与进口增长率均与我国省域金融风险压力指数显著正相关，因此我国省域需要在积极扩大对外出口贸易的同时，减少对外进口贸易的依赖，减少"两头在外"的传统贸易方式，不断增强自身的自主产品创新性、增加产品的技术和品牌附加值，从根本上增强国际竞争力。通过省域金融风险监管防控机制路径分析，要保持省域经济在长期内持续安全稳定发展，除了在国家层面要集思广益外，制定好每五年的如"十三五""十四五"中长期发展规划等稳定金融与经济发展预期，同时每年的中央经济工作会议与全国两会期间的国务院《政府工作报告》的经济导向也是各省域制定宏观经济政策的重要中央指示精神参考来源；与此同时，全国各省域也要充分认识清楚本地区的经济发展相对优势与国际市场未来竞争趋势，制定好适合本省域的五年规划纲要和每年中央经济工作会议传达的经济政策发展目标导向，由于五年规划纲要在时效性上既是中短期规划也是中长期规

划的衔接，而每年的经济政策则要在保持连续稳定为主基调基础上谋求发展，这样才能稳定实体经济发展预期与金融投资预期，才能较好持续推动本省域经济不断向前稳定发展。

（二）合理引导贸易中的国际热钱流入，防范外源流动性冲击风险

国际热钱的逐利本性，投机性很强，其特点表现为以中短期为主，资本流动快进快出，且没有固定投资场所，容易对一国的外汇市场、资本市场、房地产市场等形成风险冲击。而近些年流入我国的国际热钱途径较多，主要表现为：一是通过资本账户输入，包括利用地方政府招商引资政策进行虚假投资，将无实体资产投资资本投向房地产与有价证券等；国内投资者在国外以成立公司为名筹集境外资金进行返程投资；一些国际投资机构或跨国公司等从内部调集资金或短期借贷等，将境外转来的资金投向高利润行业。二是通过贸易账户输入，包括与国外公司签订虚假合同，向境内输入无实体交货款或预付货款；以高报出口或低报进口的方式，将超额货款用于国内投机。三是通过个人项目输入，包括利用个人申报金额小、大量分散等真伪难辨，混杂热钱流入；以国内投机机构或个人签订虚假合同，通过贸易中介佣金形式流入；通过职工报酬、赡养费等形式流入。四是通过地下钱庄的国内外分支机构转移资金流入等。例如，浙江省是我国对外贸易大省，在出口创汇与对外投资引进外资方面位居全国前列，而其中不乏大量国际热钱混杂其中流入浙江境内，尤其是浙江省内以杭州市、舟山市为代表的主要地级市普遍固定资产投资中对房地产投资依赖严重，房价短期内上涨过快，容易吸引外省及国外热钱流入省内从事房地产投机炒作等行为，而根据前面测算发现2010~2021年我国绝大多数省域房价收入比明显过高，房地产经济泡沫化将加大经济金融风险、损害省域实体经济的中长期发展。要抑制国际热钱流入需要中央与地方的共同努力：第一，我国资本账户要坚持稳定有序开放，既要避免过度保守而错过积极融入国际金融市场的时机，又不能短期内开放过快导致过度自

由化风险；第二，要加快人民币走向国际化，不断扩大人民币在对外贸易中的使用范围并做好相应的国际交易结算支付系统支持等；第三，从中央到地方要营造来华投资创业的良好体制机制与生活环境氛围，让世界更多地了解中国的实际经济发展情况，多鼓励国外的企业和投资者真正来华投资创业和生活；第四，从中央到省域政府监管当局一方面要严格审查贸易进出口合同与引进外资中可能存在的虚假贸易交易及可能存在的热钱流入，防止国际热钱大量流入中国境内对国内的股市和房市造成较大的投机性冲击影响，尤其要注意沪港通和深港通开通以后，北上资金对我国股票市场等投机行为所带来的冲击影响；第五，各省域要充分挖掘并利用好自身的良好优势资源，吸引更多的海外企业和人才来本地区投资创业与居住生活，吸引更多的国内外企业与人才的共同经营建设，而不是短期来从事短期性投机炒作行为；第六，浙江、江苏、福建、广东、江西等农村民间金融活跃，如以温州为代表的私人融资机构、"地下钱庄"等是民间短期资本躲避政府金融监管的重要渠道，但民间金融利率高、还款周期短、还款压力大，资金链条关系复杂，容易在短期内积累大量风险。因此各省域要不断创新中小企业融资便利机制，支持发展民营银行和私人银行，让更多的真正有前景的中小微企业能方便融到资金，减少对以高利贷为特征的私人高风险借贷行为的依赖，让更多的私人融资机构在阳光化运行；第七，浙江、上海、江苏、四川、北京、广东等互联网金融走在全国前列，尤其是以P2P为代表的互联网融资机构，以其目前固定的脆弱性容易成为金融风险的来源，人行省域分行和省证监局等一方面要积极鼓励本省域互联网金融业的发展，另一方面对于通过各种名义的互联网金融机构流入国际热钱的倾向行为进行严格监管，让互联网金融机构在阳光下健康发展。

（三）不断增强本地企业的竞争价值，防止房地产市场价格泡沫风险

从第四章我国省域金融风险监测分析结果发现，2010~2021年我国省域股市风险的平均安全程度处于从低度不安全到中度不安全，再到中度安全的先下降后上升的过程，且不同省域之间安全程度相差较大。其中在股市深化率方面，我国省域股市深化率风险平均处于重度不安全到中度不安全的变化状态，而造成金融安全程度较低的主要原因是，除北京、上海、广东、浙江等少数省域外，我国大部分省域股票市场金融深化率较低。例如安徽近 12 年股市深化率为 37.3%，明显低于 75% 的安全警限，表明当前我国大部分省域资本市场仍不活跃发达，直接融资相比间接融资比例仍相对较低，资本市场的培育发展仍有较大空间。从股市市盈率分析，近 12 年我国省域上市公司平均市盈率表现出波动特征，其中 2014~2016 年因 2015 年前后的杠杆牛市导致市盈率普遍偏高，而 2018 年因单边大熊市导致上市公司整体市盈率较低，而其他年份则处于相对合理区间。纵观我国股市市场近 10 年发展历程，上证基本上维持在 3000 点附近震荡，而板块之间近几年表现出快速轮动的特征，市场坐庄投机炒作成风，企业价值难以得到真正认可，"七亏二平一赚"似乎已经成为资本市场默认的炒股结局。造成其中的重要原因是价值投资难以在市场中得到真正体现，加之人性的短期暴富心理导致绝大部分人参与到短线的技术博弈当中。企业价值难以得到体现的一个重要原因是我国目前 5000 多家上市公司中真正具有国际竞争优势且盈利稳定的企业少之又少，目前我国资本市场上市发行与监管制度相比发达国家仍然不完善，上市公司财务造假也成为常态，2023 年全面实施注册制后一个显著变化是新股发行数量加快，退市的公司也越来越多，新股破发也成为常态，这对于让有真正投资价值的企业获得投资者认可创造了好的条件，但目前我国沪深两市失血严重，5000 多只上市公司股价轮动加快，难以表现出长牛特征，这不仅让国内投资者普遍失去了信心，也让北上资金及海外资本对中国股市信心不足。目前我国资本市场有近 2 亿股民和 7 亿基民，大多数是每个家庭的支柱力量且背后牵涉无数个普通家庭的生活乃至经济命运，如何保持我国资本市场健康平稳向前发展，如何让优秀的企业脱颖而出，让广大投资者分享企业发展带来的红利，是目前包括监管者、实务界和学界思考的重要议题。

从房市价格泡沫风险分析，2010~2020 年我国省域房地产市场风险的平均安全程度 2010~2013 年处于从中度不安全下降到重度安全状态，2014~2021 年处于重度不安全区间且安全程度有缓慢下降态势，2019 年是近 12 年的风险高点即接近危机状态。其中海南、北京、上海、江西、广东、山西等房地产投资占省域银行贷款比重较高，而近 10 年绝大部分省域城镇房价收入比都普遍较高并处于危机状态是造成房地产市场价格泡沫风险的重要原因。例如，近 12 年北京、上海、浙江、福建、西藏等平均房价收入比分别达到了 16.8 倍、15.3 倍、13.7 倍、13.5 倍、13.4 倍等，均严重超出了国际上公认的 7 倍危险警戒线，并处于危机状态。而第五章模型预警实证表明，房地产开发投资占省域银行新增信贷的比重越高，则短期内省域金融风险压力也越大，但房地产投资增长率因带动相关产业发展而促进省域经济增长，在一定程度上能缓解短期金融风险压力，因此如何抑制普遍高企房价及降低房地产开发投资贷款所占比重，以降低省域房地产价格泡沫风险并维护省域金融市场健康稳定发展是重要议题。

政府金融监管当局如何防止股市与房市过热的金融风险？笔者认为对于股票市场而言，首先，要从根本上提升我国省域上市公司的国际市场竞争力，如浙江省在近些年出现了一批在国内与国际市场具有较强竞争力而公司内在价值在持续提升的优秀上市公司，这些公司市值在合理的范围之内没有存在较大的股市泡沫，因此通过培育一批有实力有发展前景的优秀公司上市是发展壮大省域整体公司综合竞争力的优先选择；其次，我国目前资本市场在运行机制和市场监管方面与欧美发达成熟的资本市场相比还存在较大差距，我国股市价格波动频繁，国内股市投机炒作盛行，短期内难以体现优秀上市公司的真正内在价值，因此倡导理性价值投资而非投机炒作，让更多国内外投资者分享各省域优秀企业发展成果；再次，各省域证监局等要严格监管省域上市公司的内部交易、关联交易、投机炒作、操纵股价等市场行为，为省域上市公司营造一个良好的市场投资环境；最后，完善省域内区域金融交易市场，在借鉴欧美国家成熟经验基础上和合理管控风险前提下进行大胆先行先试创新，为更多的优秀中小企业提供多渠道投融资的优良土壤。对于目前我国大部分省域房地产市场存在的价格泡沫风险，笔者认为首先要从中长期发展战略的角度进行城市合理规划与布局，围绕未来有发展潜力的战略性新兴产业进行布局，而过去大规模开发投资房地产且容易导致产业"空心化"的时代已然成为过去，让房地产业回归服务本源健康平稳发展是当前思考的重要议题；其次，严格信贷审批，特别是对于没有经济实力基础的中小型房地产企业，防止其"空手套白狼"，房地产投资规划不当将面临资金链断裂跑路风险；再次，坚持"房子是用来住的不是用来炒的"定位下，联合多部门出台土地、租赁、过渡保障房等政策措施，解决来本省域工作就业和投资创业的青年群体能安居乐业；最后，严格监测外来炒房团集体的炒房行为，并制定严格政策以遏止外来团体和具有明显倾向的个体进行非居住式大批量炒房的投机炒作行为。

（四）保持财政赤字在合理运行范围内，管控好政府内债风险

从第四章的金融安全能力测度分析发现，2010~2021年我国省域财政风险处于从重度不安全到中度不安全，再到重度不安全状态的变化过程。其中，在省债负担率方面，2010~2021年全国31个省域债务负担率平均安全程度2010~2014年处于低度不安全区间并呈缓慢下降态势，2014~2016年处于从低度不安全到中度安全的安全程度不断上升态势，2017~2021年处于从中度安全到低度不安全的安全程度缓慢下降态势。同时，在省债债务率方面，全国31个省域债务率平均安全程度2010~2018年处于危机状态但缓慢上升态势，2018~2021年则又处于危机状态且呈不断下降的态势。近10年我国大部分省域债务率普遍较高，其中不少省域早已超过了100%的危险警戒线。在财政赤字率方面，2010~2021年我国31个省域当中有29个省域的财政赤字率超出了3%的国际警戒线，其中有26个省域处于危机状态。根据第五章模型预警实证发现，地方政府适当安排财政赤字有利于抑制地区短期金融风险，而追求财政收入增长速度反而可能会加大本地区的短期金融风险。

如何让我国省域财政保持在安全合理的范围内运行？第一，我国多数省域要减少存量债务负担，创新地方举债方式，从根本上增强本省域实体企业的市场竞争力以增加政府财源收入；第二，要进行结构性减税，帮助有实力基础、有创新成果的具有良好发展前景的中小企业减轻负担，让企业在短期内快速发展壮大，这从短期来看是减少了政府的财政收入，但从中长期来看是实现了企业发展壮大与政府财政收入持续增收的"双赢"；第三，政府在进行财政支出程度要考虑到短期支出过大或过缓所带来的不利冲击影响，取而代之的是基于中长期考虑的平稳性财政支出政策，尽量减少短期财政运行波动风险；第四，要精兵简政，减少政府机构运行成本费用负担，创造精简高效廉洁的现代服务型政府；第五，减除一些依靠政府隐性担保的利益链条的隐性债务行为，让这些利益组织在思想和行为上"断奶"，以减轻政府的隐性债务负担；第六，通过政府与企业合作等市场化机制来完成一些公益性的投资项目，减少政府融资平台等通过大量举债来完成公共性投资项目；第七，要加大反腐力度，对于政治官员的私下权钱交易、以权谋私、违反中央八项规定等行为要坚决查处制止，把权力关进制度的牢笼里。根据前面对监管机制分析，对于省域层面的财政运行风险监管协调，首先是通过人行省域分行与金融监管局金融稳定处等部门进行常规定量监管预警风险，其次及时反馈到省域金融监管局，最后与财政领域相关的厅局级机构如财政厅、发改委、省审计厅等协调制订财政债务风险监管与应对方案，以从源头上监管防控地方政府债务引发的金融风险。

（五）加强金融机构审慎监管，评估新兴金融业态商业行为的潜在风险

金融机构风险是省域金融风险的重点监管领域，保持省域系统重要的金融机构安全稳定是维护省域金融系统安全稳定的关键环节。根据本书第四章与第五章的测度预警分析，从传统正规银行类金融机构经营状况分析，近12年总体上处于中度安全状态变化区间，但不同省域之间相差较大。其中，造成我国省域传统正规金融机构金融安全程

度下降的主要原因之一是流动性下降，近 12 年我国省域金融机构的存贷款比例越来越高，从 2010 年的平均 69.1%，上升到 2021 年的 88%，其中 2020 年达到了 90.1%，严重超过了 80% 的危险警戒线；其次是盈利能力下降，2010~2021 年我国 31 个省域法人银行类机构净资产收益率的平均安全程度 2010~2013 年处于从低度不安全到中度安全的缓慢上升过程，2014~2021 年则处于从中度安全到中度不安全的缓慢下降过程，期间中美贸易摩擦的不断升级以及三年疫情大流行对实体企业的严重冲击影响，近些年商业银行之间竞争加剧，以及来自互联网金融冲击等是重要原因。因此，对于传统银行类金融机构，在加强对商业银行不良贷款风险监管与资本充足要求的同时，也要鼓励本省域商业银行机构加强内部治理，提高经营效率与客户服务水平，积极拓展中间业务等，在传统存贷款利差收窄、收入下降的背景环境下能积极扩展新的业务收入来源，以避免对传统存贷款业务依赖过重导致盈利能力下降的风险。

从省域影子银行规模分析，2010~2021 年我国省域影子银行规模风险的安全程度处于从中度不安全到中度安全的不断上升过程，主要原因在于我国大部分省域的委托贷款规模、信托贷款规模以及民间借贷规模等都出现了不同程度下降，同时我国各省域银行类金融机构的信贷总规模却在不断上升，影子银行规模在大部分省域的信贷总规模中所占比重出现了逐渐下降到接近安全范围。但不同省域之间相差较大，其中排名倒数后六位的省域依次是吉林、青海、江西、宁夏、贵州和西藏，除西藏处于中度安全外，其他五省域均处于低度不安全状态，而安全程度排名靠后的主要原因是影子银行规模及规模占比较大所致。但从省域民间贷款规模风险分析，2010~2021 年我国省域民间借贷规模风险的安全程度在 2010~2016 年安全程度处于中度不安全的稳定变化状态，2016~2021 年安全程度处于中度不安全但波动上升过程。其中安全程度波动上升的主要原因在于民间借贷规模占省域金融机构信贷规模的比重呈缓慢下降态势（如从 2013 年的 5.72% 下降到 2021 年的 4.44%），即使是这样，目前全国及各省域民间借贷规模仍处于中度不安全状态，需要引起金融风险监管警惕。其中不同省域之间相差较大，排名倒数后六位的省域依次是江西、河北、安徽、贵州、河南和吉林，此六省均处于危机状态。如江西省民间借贷规模占省域金融机构信贷比重达到了9.96%，河北达到了8.39%，安徽达到了8.38%，由于民间借贷活动存在交易隐蔽、利率过高，部分规模过大、风险不容易控制，以及正规民间借贷与非法集资交织等情况，容易造成资金链断裂等而引发区域内一系列连锁金融风险。

从互联网金融贷款问题平台发生率风险分析，2010~2021年我国省域互联网贷款问题平台风险的平均安全程度处于从极高度安全到中度不安全的波动下降态势。其中浙江、江苏、山东、上海和四川互联网贷款问题平台率排在全国前列，如浙江省处于低度不安全状态，而其他省域则处于中度安全状态。浙江省2019年问题平台发生率高达88%，2020~2021年也达到了72%和79.3%。近几年我国加大了对互联网金融的监管与惩治力度，自2018年以来我国实体经济经营困难，三年的疫情冲击导致网贷还款违约率明显上升，许多平台面临亏损倒闭，互联网金融相关业务近几年明显出现了萎缩，尤其是互联网金融比较活动发达的江浙沪等地区受到的冲击影响较大，如网贷之家等门户网站都已关闭，许多网贷平台网点都出现打不开现象，投资者损失惨重。而互联网金融是近10年来兴起的适合未来科技与消费发展趋势的新金融业态模式，是对传统正规金融业务的有益补充和良性竞争，促进与常态化监管互联网金融新业态是省域金融市场风险监管与金融市场健康发展的重要环节。

如何做好金融监管以维护省域金融机构长期稳定发展？目前在各省域银行、证券基金、保险类金融机构当中，银行类机构无论是从总资产还是净资产规模，以及金融机构数量和从业人员数都占据绝对优势地位，是省域系统性金融风险监管的核心领域，因此维护银行类金融机构的安全稳定是防范应对省域金融风险的关键。第一，在2008年国际金融危机之后各主要国家相继通过金融监管改革以加强本国系统性金融风险监管的趋势背景下，我国宜顺应时代趋势加强对传统银行类金融机构的微观审慎监管，包括非现场监管与现场监管，尤其是要通过事前监管与事中监管，以及时发现商业银行市场行为中可能存在的潜在金融风险；第二，当前我国省域银行类机构主要的风险在于自身流动性与盈利能力不足，在我国稳步推进利率市场化改革和新兴互联网金融渗透冲击传统银行业务的趋势背景下，积极鼓励传统商业银行机构扩大中间业务收入来源，不断提升商业银行经营管理效率和风险防范能力以不断增强省域银行的国际竞争力；第三，积极稳妥推进利率市场化改革，不断降低大量中小企业的融资成本，同时积极支持民营银行和网商银行的成立和快速发展，改变传统银行机构在区域形成垄断并坐吃垄断利润的传统经营模式，不断增强本省域银行业的良性竞争，从根本上提升银行机构的国际竞争活力；第四，积极发展多种融资渠道，不断提升直接融资比重，以避免融资风险过度集中于省域银行业。例如，积极培育鼓励实力雄厚业绩优良的企业通过 IPO 上市融资，同时培育发展多层次的融资市场，积极鼓励风险投资或产业基金来发掘支持有创新潜力的大量优秀中小企业快速融资发展壮大；第五，目前我国大部分省域外资类金融机构目前无论是机构数量还是从业人员数量所占比重都比较低下，在我国建设国际化金融强国过程中，各省域要抓住机遇坚持"引进来"与"走出去"相结合，积极引进外资类金融机构来参与本省域金融业务竞争，营造良性国际竞争环境，以提升本土金融机构的国际竞争力。

在监管防范民间金融领域，第一，不断增加中小企业融资渠道与降低中小企业的融资成本，让更多之前通过正规渠道而难以融到资金的大量优秀中小企业能顺利融到所需资金，以减少对民间高利贷融资的需求；第二，从法律层面制定更加细致的民间融资利率与规模规范，以及借贷利率与资金规模的法律保护区间适用范围，让更多民间借贷者知晓自身的民间借贷行为可能面临的法律保护与非保护风险界限，以谨慎自身的民间借贷行为；第三，加强对包括私人钱庄、民间财富管理组织等各种大规模的资金账户流动监测，尤其是跨境资金流动的监测分析，以防止国际热钱通过民间渠道在短期内大量进入并对本省域金融市场产生的冲击影响。在互联网金融领域，第一，要积极研究制定新兴互联网金融业务与金融投资理财产品的监管细化规则，以防止出现监管真空、交叉监管等现象；第二，对于"影子银行"类的金融业务与金融理财产品，尤其是资金量大的金融投资产品要加强微观审慎监管与金融市场行为监管，以防止其存在的潜在风险对省域金融系统可能带来的冲击传染效应；第三，省域金融监管局和证监局要加强各类投资理财产品，尤其是复杂金融衍生工具的市场行为监管，以防止其可能存在的侵害消费者合法权益和杠杆放大风险效应的影响等。

参考文献

[1] 艾洪德、张羽:"辽宁省区域金融风险实证研究",《财经问题研究》,2005年第3期。

[2] 巴曙松、居姗、朱元倩:"我国银行业系统性违约风险研究——基于Systemic CCA方法的分析",《金融研究》,2013年第9期。

[3] 巴曙松、沈长征:"从金融结构角度探讨金融监管体制改革",《当代财经》,2016年第9期。

[4] 巴曙松:"巴塞尔协议Ⅲ在中国的实施:差别与优势",《中国证券期货》,2012年12月。

[5] 白鹤祥、刘社芳、罗小伟等:"基于房地产市场的我国系统性金融风险测度与预警研究",《金融研究》,2020年第8期。

[6] 蔡则祥:"建立金融安全区,防范区域金融风险",《当代财经》,1999年第7期。

[7] 陈守东、马辉、穆春舟:"中国金融风险预警的MS-VAR模型与区制状态研究",《吉林大学社会科学学报》,2009年第1期。

[8] 陈守东、杨莹、马辉:"中国金融风险预警研究",《数量经济技术经济研究》,2006年第7期。

[9] 陈松林:"区域金融安全及监管目标模式",《中国金融》,2000年第2期。

[10] 陈卫华、张睿:"基于'可能-满意度'法的金融危机预警系统的构建与应用",《国际金融研究》,2007年第4期。

[11] 程建华、程硕:"长三角地区金融风险的区域差异性与动态预警研究",《安徽大学学报(哲学社会科学版)》,2021年第3期。

[12] 戴志敏、王海伦:"外资参股国内银行及其对金融安全的影

响",《浙江大学学报(人文社会科学版)》,2008年第2期。

[13] 董青马、卢满生:"金融开放度与发展程度差异对银行危机生成机制影响的实证分析",《国际金融研究》,2010年第6期。

[14] 冯芸、吴冲锋:"货币危机早期预警系统",《系统管理学报》,2002年第1期。

[15] 冯智杰、刘丽珑:"金融科技,固定资产投资与区域金融风险——基于空间计量模型的研究",《商业研究》,2021年第6期。

[16] 付俊文:"我国信用评级业发展与国家金融安全研究",《经济问题探索》,2010年第11期。

[17] 官晓琳:"未定权益分析方法与中国宏观金融风险的测度分析",《经济研究》,2012年第3期。

[18] 顾海兵、俞丽亚:"未雨绸缪——宏观经济问题预警研究",经济日报出版社1993年版。

[19] 顾海兵:"宏观经济预警研究:理论、方法、历史",《经济理论与经济管理》,1997年第4期。

[20] 郭俊峰、陈耀辉、刘芳:"地方金融稳定指数构建与区域经济增长关系——来自江苏省1999－2012年数据",《华东经济管理》,2015年第4期。

[21] 侯景新、伊卫红:"区域经济分析方法",商务印书馆2007年版。

[22] 胡燕京、高会丽、徐建锋:"BP人工神经网络:金融风险预警新视角",《重庆工商大学学报:西部经济论坛》,2003年第1期。

[23] 黄萍:"西部民族地区金融风险预警体系的嬗变与选择",《生产力研究》,2012年第1期。

[24] 贾拓、姚金楼、王承萍、汤春华:"区域系统性金融风险的识别与防范——以泰州为例",《上海金融》,2012年第12期。

[25] 姜洪、焦津强:"国家金融安全指标体系研究",《世界经济》,1999年第7期。

[26] 姜建华、秦志宏:"非均衡发展格局下的区域金融风险与宏观金融运行",《国际金融研究》,1999年第9期。

[27] 李波:"以宏观审慎为核心推进金融监管改革",《第一财经日报》,2016年2月5日。

[28] 李建军、卢少红:"区域民间金融风险预警方法与实证分析——以浙江省为例",《金融监管研究》,2013年第2期。

[29] 李凯风、李星:"债务风险水平的识别及对区域金融风险的影响——基于熵权TOPSIS法和综合模糊评价法",《上海金融》,2019年第3期。

[30] 林伯强:"外债风险预警模型及中国金融安全状况评估",《经济研究》,2002年第7期。

[31] 林筱文、宋保庆:"我国金融风险预警实证分析",《福州大学学报:哲学社会科学版》,2011年第4期。

[32] 林宇、黄迅、淳伟德、黄登仕:"基于ODR-ADASYN-SVM的极端金融风险预警研究",《管理科学学报》,2016年第5期。

[33] 刘超、孙晓鹏:"金融结构对金融风险影响的空间外溢性与区域异质性研究",《统计研究》,2023年第4期。

[34] 刘凤根、廖昭君、张敏:"中国区域金融风险的空间分布及演化特征研究",《云南财经大学学报》,2022年第4期。

[35] 刘佳丽、马庆:"我国影子银行对系统性金融风险影响的实证研究——基于2013-2020年省际面板数据",《吉林大学社会科学学报》,2021年第6期。

[36] 刘林:"基于模糊评判方法的区域系统性金融风险预警研究",《金融理论与实践》,2014年第12期。

[37] 刘清江、张晓田:"金融安全区问题研究",《当代财经》,2001年第2期。

[38] 刘锡良、孙磊:"金融结构视角中的金融安全论",《经济学动态》,2004年第8期。

[39] 刘锡良、孙磊:"我国政府对金融安全的影响和维护",《财经科学》,2004年第3期。

[40] 刘志强:"金融危机预警指标体系研究",《世界经济》,1999年第4期。

[41] 刘遵义："下一个墨西哥在东亚吗?"，联合国世界经济1995年秋季会议。

[42] 罗晓蕾、张明辉、许尚超："区域性金融风险监测预警体系研究——以河南省区域金融风险为例"，《金融理论与实践》，2018年第5期。

[43] 吕江林："我国城市住房市场泡沫水平的度量"，《经济研究》，2010年第6期。

[44] 闵剑、朱娇娇："基于证据推理的区域金融风险预警监测模型构建——以湖北省为例"，《财会通讯》，2020年第4期。

[45] 南旭光、孟卫东："基于等比例危险模型的金融危机预警"，《重庆大学学报：自然科学版》，2007年第5期。

[46] 聂富强："中国国家安全预警系统研究"，中国统计出版社2005年版。

[47] 欧阳禹、申焕章、黎和贵："区域金融稳定问题与评价指标体系研究"，《重庆工商大学学报（西部论坛）》，2005年第2期。

[48] 饶勋乾："基于压力指数的金融风险预警指标体系构建"，《统计与决策》，2015年第7期。

[49] 荣梦杰、李刚："区域金融风险的空间关联、传染效应与风险来源"，《统计与决策》，2020年第24期。

[50] 沈丽、刘媛、李文君："中国地方金融风险空间关联网络及区域传染效应：2009-2016"，《管理评论》，2019年第8期。

[51] 沈丽、张影、李文君、刘媛："我国区域金融风险的时空演化及驱动机制——基于经济四部门视角"，《南方经济》，2019年第9期。

[52] 沈悦、王宝龙、李巍军："人民币国际化进程中的金融风险识别及预警研究"，《西安交通大学学报：社会科学版》，2019年第5期。

[53] 石柱鲜、牟晓云："关于中国外汇风险预警研究——利用三元Logit模型"，《金融研究》，2005年第7期。

[54] 宋凌峰、叶永刚："中国区域金融风险部门间传递研究"，

《管理世界》，2011年第9期。

[55] 苏冬尉、肖志兴："基于亚洲六国宏观数据的我国金融危机预警系统研究"，《国际金融研究》，2011年第6期。

[56] 孙清、蔡则祥："'长三角'区域金融风险分析"，《审计与经济研究》，2008年第1期。

[57] 谭中明．区域金融风险预警系统的设计和综合度量"，《软科学》，2010年第3期。

[58] 陶玲、朱迎："系统性金融风险的监测和度量——基于中国金融体系的研究"，《金融研究》，2016年第6期。

[59] 陶士贵："制度惯性中的金融监管体制改革"，《探索与争鸣》，2016年第10期。

[60] 汪祖杰、吴江："区域金融安全指标体系及其计量模型的构建"，《经济理论与经济管理》，2006年第3期。

[61] 王春丽、胡玲："基于马尔科夫区制转移模型的中国金融风险预警研究"，《金融研究》，2014年第9期。

[62] 王国实．对金融风险统计监测预警指标体系的思考"，《管理世界》，2000年第2期。

[63] 王立平、陈瑶："区域金融稳定预警指标体系研究"，《金融理论与实践》，2007年第9期。

[64] 王维国、王际皓："货币、银行与资产市场风险状况的识别——基于金融压力指数与MSIH-VAR模型的实证研究"，《国际金融研究》，2016年第8期。

[65] 王晓婷、刘爱红、沈沛龙："基于宏观资产负债表的区域金融风险度量与评价研究——以山西省为例"，《经济问题》，2019年第2期。

[66] 文洪武："区域金融稳定宏观预警模型研究——基于河北省的实证分析"，《上海金融》，2011年第1期。

[67] 吴晓求："中国金融监管改革：逻辑与选择"，《财贸经济》，2017年第7期。

[68] 吴宜勇、胡日东、袁正中："基于MSBVAR模型的中国金融

风险预警研究",《金融经济学研究》,2016年第5期。

[69] 吴云、史岩:"监管割据与审慎不足:中国金融监察问题与改革",《经济问题》,2016年第5期。

[70] 吴云、张涛:"危机后的金融监管改革:二元结构的"双峰"模式",《华东政法大学学报》,2016年第3期。

[71] 肖争艳、任梦瑶:"媒体风险感知与系统性金融风险预警",《财经问题研究》,2021年第9期。

[72] 姚星垣、郭福春:"构建浙江省区域金融风险预警体系研究",《浙江金融》,2008年第5期。

[73] 叶莉、陈立文、王树强:"河北省金融安全监测预警系统的构建",《统计与决策》,2007年第20期。

[74] 易传和、安庆卫:"建立区域金融稳定评价指标体系研究",《财经理论与实践》,2005年第5期。

[75] 殷兴山、孙景德、徐洪水:"区域金融稳定评价体系与实证分析",《上海金融》,2005年第3期。

[76] 张安军:"我国省域金融风险动态预警研究——基于浙江省月度样本数据的分析",《经济理论与经济管理》,2020年第3期。

[77] 张安军:"中国金融安全监测预警研究",中国社会科学出版社2015年版。

[78] 张汉飞、徐沈:"国家金融安全面临的突出问题及其对策",《理论视野》,2010年第2期。

[79] 张帅:"基于指数法的我国区域金融风险评价及预测",《会计之友》,2021年第6期。

[80] 张瑜、李书华:"金融开放度与宏观经济波动——基于发达国家与发展中国家和地区的实证研究",《财经论丛》,2011年第5期。

[81] 张元萍、孙刚:"金融危机预警系统的理论透析与实证分析",《国际金融研究》,2003年第10期。

[82] 浙江省重大金融风险防范机构研究课题组:"金融强省视角下的浙江区域性金融风险防范机制研究",《浙江金融》,2008年第7期。

[83] 中国人民银行上海总部金融稳定分析小组:"中国区域金融稳定报告 (2015)",中国金融出版社 2015 年版。

[84] 仲彬、刘念、毕顺荣:"区域金融风险预警的理论与实践",《金融研究》,2002 年第 7 期。

[85] 周才云:"区域金融稳定预警指标体系与风险防范",《商业研究》,2006 年第 4 期。

[86] 周宏、李远远、官冰:"中国国际金融风险预警的理论问题研究",《统计研究》,2012 年第 1 期。

[87] 周小川:"金融政策对金融危机的响应——宏观审慎政策框架的形成背景、内在逻辑和主要内容",《金融研究》,2011 年第 1 期。

[88] Andrew Berg, Catherine Pattillo, Predicting Currency Crises: The Indicators Approach and an Alternative. *Journal of International Money and Finance*. Vol. 18, No. 4, 1999, pp. 561 – 586.

[89] Beckmann, Daniela, Menkhoff L, Sawischlewski K, Robust Lessons About Practical Early Warning Systems. *Journal of Policy Modeling*, No. 28, 2006, pp. 163 – 193.

[90] Berg, Andrew, Borensztein E, Pattillo C, Assessing Early Warning Systems: How Have They Worked in Practice? *IMF working paper*, 2005.

[91] Berkmen S, Pelin, Gelos G, Rennhack R, Walsh J, The Global Financial Crisis: Explaining Cross – country Differences in the Output Impact. *Journal of International Money and Finance*, No. 31, 2012, pp. 42 – 59.

[92] Bussiere, Matthieu, Marcel Fratzscher, Towards a New Early Warning System of Financial Crises. *Journal of International Money and Finance*, No. 25, 2006, pp. 953 – 973.

[93] Candelon B, Dumitrescu E, Hurlin C, Currency crisis early warning systems: Why they should be dynamic. *International Journal of F0orecasting*, No. 30, 2014, pp. 1016 – 1029.

[94] Comelli F, Comparing Parametric and Non – parametric Early

Warning Systems of Currency Crises in Emerging Market Economies. *Review of International Economics*, Vol. 22, No. 4, 2014, pp. 700 – 721.

[95] Cumperayot P, Kouwenberg R, Early warning systems for currency crises: A multivariate extreme value approach. *Journal of International Money and Finance*, No. 36, 2013, pp. 151 – 171.

[96] Cuneyt Sevi, Asil Ozteki, Ozkan Bal, Serkan Gumus, Erkam Guresen, Developing an early warning system to predict currency crises. *European Journal of Operational Research*, No. 234, 2014, pp. 1095 – 1104.

[97] Desai H, Rajgopal S, Yu J. J, Were Information Intermediaries Sensitive to the Financial Statement – Based Leading Indicators of Bank Distress Prior to the Financial Crisis? . *Contemporary Accounting Research*, Vol. 33, No. 2, 2016, pp. 576 – 606.

[98] Feng Zheng, Feng Ye, Early Warning Model of Local Governments' Debt Risk in China Based on the Financial Perspective. *Business and Management Research*, Vol. 2, No. 4, 2013, pp. 129 – 135.

[99] Frankel J, A. Rose, Currency Crashes in Emerging Markets: An Empirical Treatment. *International Finance Discussion Papers*, No. 41, 1996, pp. 351 – 66.

[100] Frost J, Saiki A, Early Warning of Currency Crises: What Is the Role of Financial Openness? . *Review of International Economics*, Vol. 22, No. 4, 2014, pp. 722 – 743.

[101] Gianfelice G, Marotta G, Torricelli C, A liquidity risk index as a regulatory tool of systemically important banks? An empirical assessmemt across two financial crises. *Applied Economics*, Vol. 47, No. 2, 2015, pp. 129 – 147.

[102] IMF, Global Financial Stability Report – Risk taking, liquidity and shadow banking: curbing excess while promoting grwoth, *World Economic and Financial Surveys*, 2014.

[103] Irving Fisher, The debt – deflation theory of great depressions.

Econometrica, Vol. 1, No. 4, 1933, pp. 337 - 357.

[104] John Maynard Keynes, *The General Theory of Employment, Interest and Money*. Palgrave Macmillan, 2007.

[105] Kaminsky G, C. Reinhart, Financial Crises in Asia and Latin America: Then and Now. *American Economic Review*, Vol. 88, No. 2, 1999, pp. 444 - 448.

[106] Kaminsky G, Lizondo S, C. Reinhart. Leading Indicators of Currency Crises. *IMF Economic Review*, Vol. 45, No. 1, 1997, pp. 1 - 46.

[107] Krugman Paul, Balance Sheets, the Transfer Problem, and Financial Crisis, MIT Working Paper, 1999.

[108] Krugman Paul, Crises: *The Next Generation? In Economic Policy in the International Economy: Essays in Honor of Assaf Razin*, Cambridge University Press, 2003.

[109] Krugman Paul, What Happened to Asia?, Mimeo, MIT. http://web.mit.edu/krugman/www/DISINTER.html. 1998.

[110] Krugman Paul. Boom, Crash: Theoretical Notes on Asia's Crisis, MIT Working Paper, 1998.

[111] Krugman Paul. A Model of Balance - of - Payments Crises. *Journal of Money, Credit, and Banking*, Vol. 11, No. 3, 1979, pp. 311 - 325.

[112] Kumara M, Moorthy U, W. Perraudin. Predicting Emerging Market Currency Crashes. *Journal of Empirical Finance*, No. 10, 2003, pp. 427 - 454.

[113] Llaudes, Ricardo, Salman F, Chivakul M, The Impact of the Great Recession on Emerging Markets, *IMF working paper*, Vol. 10, No. 237, 2010, pp. 1 - 35.

[114] Mikhail V. Oet, Timothy Bianco, Dieter Gramlich, Stephen J. Ong, SAFE: An early warning system for systemic banking risk. *Journal of Banking & Finance*, No. 37, 2013, pp. 4510 - 4533.

[115] Nag, Ashok, Amit Mitra. Neural Networks and Early Warning

Indictors of Currency Crisis. *Reserve Bank of India Occasional Papers*, Vol. 20, No. 3, 1999, pp. 183 – 222.

[116] Obstfeld M. The Logic of Currency Crises. NBER Working Paper, 1994.

[117] Obstfeld Maurice, The Logic of Currency Crises. *Cahiers Economique et Monetaires*, No. 43, 1994, pp. 189 – 212.

[118] PaulTucher, Shadow banking financing markets and financial stability. Bis Review, 2010.

[119] Pawel Dziekanski, Financial synthetic index and the economic security of the region in the context of local government efficiency. *Research Papers of Wroclaw University of Economics*, No. 324, 2013, pp. 46 – 61.

[120] Ryan S, Discussion of "Were Information Intermediaries Sensitive to the Financial Statement – Based Leading Indicators of Bank Distress Prior to the Financial Crisis?". *Contemporary Accounting Research*, Vol. 33, No. 2, 2016, pp. 607 – 615.

[121] Sachs J, A. Tornell, A. Velasco, Financial Crises in Emerging Markets: The lesson from1995. *Brookings Papers on Economic Activity*, Vol. 27, No. 1, 1996, pp. 147 – 215.